JN411158

선현들, 사회복지를 말하다.

<저자 약력>

이종일

계명대학교 철학과 철학박사
대구대학교 사회복지학과 철학박사
대구가톨릭사회복지회 『밀알』 편집부 근무
현재 경안신학대학원대학교 사회복지·상담·커뮤니티정책학과 부교수

『생명중심의 윤리학』
『인성교육의 이해』 (공저)
『노인복지론』 (공저) 등 저술

선현들, 사회복지를 말하다 (개정판)

펴낸곳/이문출판사 (변경등록: 2012. 6. 22. 제2012-9호)
발행인/지경원
지은이/이종일
개정판 발행/2019년 12월 30일

주소/42425 대구시 남구 중앙대로40길 11-14 101호
/03728 서울시 서대문구 모래내로24다길 15-5
전화/02) 359-8250, 053) 624-3113 팩스/02) 359-8251

값 14,000 원

ISBN 978-89-7334-173-3 93330

선현들, 사회복지를 말하다.

- 해월 · 다산 · 퇴계 · 율곡 · 원효 · 다석 · 윤노빈의
사회복지사상

이종일 지음

이문출판사

참된 윤리를 구하는 모든 이에게

사회복지와 종교적 신심의 길

이 책은 사회복지(정책 및 실천)와 종교적 신심(信心), 윤리와 철학 등의 관계를 논하려는 것이다. 우리나라 사회복지정책 가운데 대표적인 것은 2000년 10월부터 시행되고 있는 '국민기초생활보장제도'라는 공공부조이다. 이것은 국민들의 조세 가운데 일부를 최저생계비 이하의 시민들에게 지급하는 것으로서, 생계급여를 포함한 일상생활에 긴요한 여러 급여를 수급자의 갹출 없이 제공하여 자본주의 사회의 틀도 유지하면서 빈곤시민의 생존도 돕는, 말하자면 국가가 주체가 되어 국민들이 서로 돕되 특히 빈곤한 자들이 자립할 수 있도록 해주는 사회복지제도이다. 나는 이 제도가 제대로 역할을 하려면 국민들에게 일종의 종교적 신심이 필요하다고 본다. 종교적 신심은 사회복지를 발전시키는 토대가 될 수 있고, 종교인들의 공동체는 국가복지실현의 보고(寶庫)일 수도 있다. 신심은 사회복지와 이론적으로든 실천적으로든 이어져 있다.

사람마다 삶의 여건과 틀이 다르므로 종교인들의 신심도 사람마다 다를 것이다. 그러나 그 핵심내용은 대체로 기복적 신심, 속죄적 내지 참회적 신심, 그리고 영성적 신심 등 세 가지로 파악할 수 있다. 영성적 신심은 기복적 신심과 속죄적 신심을 포괄할 수 있고 속죄적 신심은 기복적 신심을 포함할 수 있으나, 기복적 신심은 속죄적 신심과 영성적 신심을 담아내지 못하며, 속죄적 신심은 기복적 신심을 담고는 있으나 영성적 신심을 간직하기가 어려울 수 있다.

기복적(祈福的) 신심은 오랜 역사를 지닌 것으로서, 복을 바라고 복을 비는 인간의 신심이다. 이 신심의 깊은 뿌리로 인하여 '종교적 인간'이라는 관점이 형성된다. 그 만큼 인간은 강하나 약하여 복을 빌고 또 빈다. 인간이 비는 복은 다양하나 그 복이 사람에게 좋은 것은 분명하다. 가령 어떤 이는 건강과 장수를 빌고 어떤 이는 가족의 취업과 부귀공명을 빈다. 그 복이 그 자체로 좋은 것일 수도 있고 다른 좋은 것을 위한 수단일 수도 있다. 옛날 우리네 어머니들은 부뚜막에 맑은 물 한 그릇 올려놓고 가족의 현재와 미래를 잘 되게 해달라고 진정으로 빌었다. 그렇게 빌고 또 빌다 보면 자신의 내면에 기쁨이 스며왔을 것이다. 비는 복이 자신을 위한 것일 수도 있고, 다른 이를 위한 것일 수도 있으며, 나아가 인류를 위한 복을 비는 경우도 있다. 복을 빌되 어떤 대상 앞에서 비는 경우도 있고, 어떤 대상을 상정함이 없이 그저 비는 수도 있다. 절대적인 존재 즉 하느님 앞에서 복을 빌 수도 있다. 그렇게 절대적 존재 앞에서 복을 빌다 보면 자신의 상대성이 깊이 반성되어 기복적 신심은 속죄적 신심으로 이어질 수 있고, 절대성에 대한 자각의 움이 싹터 영성적 신심에로 승화될 수도 있다. 기복적 신심은 불확실성과 유한성 안에 처한 인간의 운명에서 비롯되는 동서고금의 신심형태이다.

속죄적(贖罪的) 신심의 초점은 죄와 그 죄를 씻어줄 수 있는 존재, 그 가능성에 모아져 있다. 생각할수록 인간의 삶은 스스로든 관계 속에서이든 죄 혹은 결핍의 연속이요, 이것은 인간의 삶과 생각을 얽어매어 부단히 나락으로 떨어지게 한다. 개인적으로든 집단적으로든 이러한 죄를 참회하고 속함 받아 자유하여 걸림 없이 삶을 이어간다는 것은 필요하다. 누군가 대신 죄를 씻어줄 수 있다는 생각도 이 속죄적 신심에 깊게 드리워져 있다. 그래서 '속죄양(贖罪羊)'이라는 말이 나왔을 것이다. 군중들 가운데 속죄양의 존재, 그 존재에 대한 군중의 희망과 감사, 환호, 그리고 그 군중에게서 형성되는 신심형태 등은 우리에게 여러 가지 생각을 하게 한다. 참된 속죄를 통해 인간은 정화된다. 만일 속죄양의 존재가 절대적 존재로 인하여 참으로 거룩한 모습을 알알이 지닌다면, 그 거룩한 모습을 닮으려는 지혜로운 노력을 통해 속죄적 신심을 떠나 곧 영성적 신심에로 향하게 될 수도 있다. 영성적 신심은 정화를 넘어 성화(聖化)에로 우리를 이끈다.

영성적(靈性的) 신심의 초점은 영성과 그 영성의 존재근거, 영성의 실현을 통한 인격의 숙성과 완성에 모아져 있다. 인간은 명백히 몸과 마음의 존재이지만, 그 몸과 마음을 근원적으로 움직여나가는 영(靈) 혹은 얼의 존재이기도 하다. 몸과 마음은 존재들 간의 관계의 산물이지만 얼은 존재자체의 산물이다. 얼이 존재자체에게서 여기 지금 우리에게 스며들어와 있음으로 인간은 존재자체와 이어지고, 그 이어짐으로 말미암아 다른 모든 존재들과 참된 관계를 형성한다. 얼로 인하여 인간은 영묘한 존재, 존귀한 존재의 속성을 얻는다. 생각할수록 인간은 신묘하다. 그래서 정신(精神)이라는 말도 나왔을 것이다. 정(精), 즉 자연의 곡식(米)과 하늘의 가없이 넓음, 어디든 스며들어감과 새로움(靑)이 함께 만나면 몸은 충실해지고 힘은 장엄해져 신묘하게 밝아진다. 신묘하게 밝아지는 것은 우리의 얼이다. 얼이 자꾸자꾸 밝아짐으로 우리는 지혜와 사랑의 존재로 거듭나게 된다. 지혜와 사랑의 존재는 얼의 근원인 바 존재자체와 하나 된 존재이다. 하나 된 존재는 모두와 하나임을 깨달아, 여기 이곳에 있지만 저기 그곳과 이어져 이제 기쁨, 사랑, 평안에 휩싸인다. 이러한 휩싸임에서 이제는 소유가 아니라 다만 존재이다.

이 존재 안에서 유한과 무한이 만나고 상대와 절대가 만나며, 땅과 하늘은 만나 온전히 하나이니 하늘처럼 푸근하고 땅처럼 부지런하다. 하늘의 진리정신과 땅의 근로정신이 존재 안에서 하나가 된다. 아버지의 진리정신과 어머니의 근로정신이 아들 혹은 딸 속에서 하나를 이루는 것이다. 아들은 현상으로서 여기 있으나 아들 안에 아들과 하나 된 아버지와 어머니는 본질로서, 근원으로서 그렇게 있다. 아들이 그 본원을 볼 수도, 보지 못할 수도 있는 바, 영성적 신심은 제대로 정확히 보고 있음이요, 보려는 끊임없는 노력이며, 그 봄으로 살아감이다. 우리는 아버지와 어머니, 이렇게 말하지만 존재자체의 세계에서는 본원(本源), 하나일 뿐이다. 영성적 신심은 그 하나로 돌아감(歸一)이다. 그 하나로 돌아간 영성적 신심의 대표적인 사례의 사람으로서 우리는 여기서 프랑스인 샤를 드 푸코(1858-1916)와, 조선 혹은 한국인 다석 류영모(1890-1981) 등을 우선 말할 수 있다. 푸코는 그리스도교 안에서 영성적 신심을 이루어나갔다. 영성이 결국 사람과 하느님과의 교통 가운데 익어가는 것이라면 영성적 신심의 풍성한 곳간, 성경의 구약과 신약은 우리로 하여금 누구에게나 영성적 신심을 열어가도록 돕는 말씀들이지만, 푸코는 특히 성경의 복음기록 속 예수의 삶과 말씀 안에서 온전히 하느님과 하나 된 예수를 명료히 발견하고 자신도 예수처럼 살고자 힘 기울였다. 그 기울임의 핵심은 예수처럼 가난하게 살고자 하는 것이었고, 공생활 이전 나자렛에서의 예수를 각별히 닮으려는 것이었다. 푸코의 영성을 사람들은 나자렛 예수님의 발자취를 따르는 것으로서 흠모하여 세계적으로 그로 인한 19개의 영성단체들이 있고, 그 구성원들은 푸코를 통해 예수님처럼 하느님과 하나 되는 삶, 지극히 겸허하고 가난한 삶을 현대 물질문명의 여기에서 살려고 노력한다. 푸코의 영성이 잘 담긴 글월로는 그 구성원들이 늘 암송하고 실현하려는 '의탁의 기도'가 있다. 의탁의 기도는 이러하다. "아버지, 이 몸을 당신께 바치오니 좋으실 대로 하십시오. 저를 어떻게 하시든지 감사드릴 뿐, 저는 무엇에나 준비되어 있고, 무엇이나 받아들이겠습니다. 아버지의 뜻이 저와 모든 피조물 위에 이루어진다면 이밖에 다른 것은 아무것도 바라지 않습니다. 오, 주님, 제 영혼을 당신 손에 도로 드립니다. 당신을 사랑하옵기에 이 마음의 사랑을 다하여 제 영혼을 바치옵니다. 하느님은 제 아버지시기에 끝없이 믿으며 남김없이 이 몸을 드리고 당신 손에 맡기는 것이 어쩔 수 없는 저의 사랑입니다." 이 기도는 푸코가 예수의 마음과 온전히 일치되어 있음을 우리에게 보여준다. 그 일치의 영성은 푸코로 하여금 자꾸 말씀을 흘러나오게 하였던 바, 푸코가 남긴 방대한 서신들이 우리에게 남겨졌다. 우리나라 말로 번역된 책으로는, <사하라의 불꽃>, <주님과 똑같이> 등이 있다. 푸코는 예수를 삶의 유일한 모델로서 인식하고, 그렇게 살았다.

일찍이 교회옹호의 교리적 신앙, 속죄에 근거한 예수신앙에서 그 신앙을 시작한 다석이지만 자기 속에 찾아온 생각의 이치를 참으로 찾는 진리정신 안에서 결국 푸코와 유사하게 예수를, 하느님과 일치하는 부자유친(父子有親) 신앙인으로서, 참된 스승으로서 유일하게 따를 수 있는 이로 자각하게 되었다. 하느님을 아버지로 그렇게 친근히 살아 예수는, 다석에게서 영성적 신심의 참 모델이 되는 것이다. 다석은 인생의 목적이 무엇보다 육체적 짐승살이, 탐진치(貪瞋痴) 원죄를 핵심으로 이루어지는 상대세계의 여기에서, 영성적 사람살이, 진선미(眞善美) 가치를 본질로 하여 이룩되는 절대세계, 하느님나라의 저기에로 솟아나는 참나, 얼 나의 실현에 있다고 믿어 하루하루를 일생으로, 인류에게 주어진 동서고금의 말씀들과 자기에게 깃든 하느님 향한 생각들을 하나하나 묻고 풀며 얻어 예수처럼 하느님 아들로서 살았다. 다석은 예수에게와 마찬가지로 공자(孔子)에게 깃든 하느님의 덕(德)을 실현하는 영성, 붓다에게 깃든 하느님의 법(法) 혹은 불성(佛性)을 깨쳐

니르바나(涅槃)에 이른 영성, 노자(老子)에게 스며든 하느님의 도(道)를 체득한 영성, 단군에게 내린 하느님의 힘을 성실히 일깨운 영성 등을 서로 비교하며, 되새김질하여 이 모든 위대한 영성의 사람들이 결국 하나이신 하느님 즉 원일(元一) 혹은 으뜸하나(宗一)를 자기 처지 안에서 명료히 바르게 보았음을 알아내었다. 그러한 알아냄을 통해 다석 자신의 생각도 흘러넘쳐 하느님으로부터 오는, 자기에게서 솟는 말씀들을 쏟아내었던 바, 그이의 제자들이 기록한 강의들, 다석 자신의 일지(日誌) 등이 우리에게 건네졌다. 이렇듯 영성적 신심은 먼저 하느님에 대한 자각, 그 자각의 과정으로서 일정한 수양(修養) 혹은 수행(修行), 그리고 하느님과 참으로 동행하는 영성생활을 우리에게 보여준다.

신심은 사회복지제도의 수립과 실행의 과정 속에 깃들어 나라의 복지실현에 끼치는 바도 크고 깊으며, 사회복지의 실천주체 혹은 사회복지사의 마음 안으로 체득되어 들어가 결국 사람을 복지에로 이르도록 돕는 여정에 미치는 영향도 높고 향기롭다. 기복적 신심도 그 복을 구하는 대상이 절대적 존재이고, 그 복의 내용 역시 이기적 소아(小我)의 울타리를 벗어나 인류전체 우주전체의 복을 비는 이타적 대아(大我)의 복지라면 사회복지의 정책과 실천에 의미 깊다. 속죄적 신심도 사회복지사의 영혼을 정화시키는 일에 기여한다면 사회복지실천의 질을 향상케 하는 데 이롭다. 하지만 우리에게는, 사회복지사의 윤리를 가르칠 때 그 윤리강령을 숙지시키는 바, 사회복지사는 클라이언트의 인종, 종교, 정치적 취향 등 그 어떤 것에 의하여 차별하지 않아야 한다는 강령의 관점, 사회복지사와 대상자 사이의 신뢰관계형성을 위해 바이스텍이 힘주어 말한 바, 통제된 정서로서 관여함이라는 그 원리, 정신보건복지에서 중독치유를 위해 자기보다 더 위대한 힘께 모든 것을 맡기는 그 치유의 이치와 효과 등등의 시각에서, 영성적 신심이 여러 가지 면에서 사회복지에게 유익하다고 여겨진다. 영성적 신심과 사회복지와의 유의미한 관계의 증명(證明)은 점차 조사되고 연구될 것이다. 지금 우리로서는 영성적 신심이 사회복지실천주체에게 뿐 아니라 하나의 사회복지제도가 전체의 복지실현에 효과적으로 쓰이는 일에 있어서도 깊고 넓게 작용하리라 말하고 싶다.

인류 사회는 자기 공동체의 복지(福祉)를 나름대로 실현하기 위하여 예나 지금이나 여러 가지 사회복지제도나 현상을 만들어 시행하고 있다. 그 제도를 뒷받침하는 것이 사회복지사상이다. 그렇다면 복지제도를 진정한 것이도록 할, 있어야 할 바로서의 사회복지사상은 무엇인가? 이 책에서 우리는 그것을 모색하여 보고자 한다. 특히 우리는 한국의 역사 속에 존재한 사상가들의 관점 속으로 들어가 지금 여기 우리의 사회복지제도나 현상으로 하여금 참되게 사람과 사회의 복지에로 이르도록 하는 힘이 무엇인가를 얻어내어 정리해 보고자 한다.

서구의 사회복지사상을 살피다보면 우리는 다음과 같은 것을 말할 수 있다. 하나는, 우리 한국의 사회복지제도나 현상을 바람직한 것이도록 할 사상이 꼭 개인주의나 집합주의 혹은 자유주의나 사회주의, 또는 그 중도 등의 시각에로 함몰될 필요는 없다는 것이다. 우리의 사회복지제도는 우리 한국 문화경험의 역사적 맥락 속에서 늘 꿈틀거려왔던 사상에 의하여 조명되어야 한다. 둘은, 가령 서구 사회복지사상가 죠오지와 윌딩에 있어서의 생태주의 혹은 녹색주의는 역시 우리 사회복지제도나 현상의 복지를 실현하는 이념적 근거로서 충분히 수용될 가치가 있다는 점이다. 생태의 비복지나 오염, 파괴는 근원적으로 인간사회의 복지를 해한다. 자연생태의 복지는 인간사회복지의 토대이다. 셋은, 그렇게 볼 때 우리 복지제도나 현상은 가족친화적(가족은 개인주와 사회주의를 그 안에 통합하고 있다)이며 생태친화적 사상 위에서 형성되어야 한다는 점이다.

이 책에서 우리는 주로 우리나라 사람들, 해월 최시형, 다산 정약용, 퇴계 이황, 율곡 이이, 원효, 다석 류영모, 윤노빈 등의 사상을 살피고, 그 사상이 우리 사회복지제도나 실천의 토대로서의 사상구축에 어떤 함의를 던지는가를 탐색한다. 우리 앞서 살았던 이분들은, 그 이름이나 호(號) 뒤에 '학(學)'이 붙어, 실제로 우리 실존과 사회의 가치실현에 있어서 그 배움의 대상이요 연구의 주제가 되고 있거나 될 수 있는, 말하자면 우리에게는 모범적인 분들이다. 무엇보다 해월을 먼저 살피고자 하는 것은, 생태계의 파괴가 우리 모두의 복지를 근원적으로 허물어버릴 위험을 가져다주는 이 위기의 시대에 그는 일찍이 땅은 살과 같은 것이니 디디고 갈 때에도 조심조심 하라고 가르쳤고, 밥 한 그릇 가운데도 진리가 스며있음을 갈파하였으며, 더 나아가 그의 생각은 우리나라 전체를 참된 공동체에로 갈 수 있게 하는 어떤 힘을 지녀 갑오동학농민들의 가슴에 소중한 이념을 불어넣었기 때문이다. 그 다음에 보고자 하는 다산의 경우, 땅은 우리 생존의 토대이고, 그 땅을 골고루 나눌 때 우리는 바르다는 것을 진실로 보여주었고, 목민(牧民)하는 자의 진정성을 가르치어 오늘 우리 사회복지의 사람들에게 실천과 행정의 측면에서 적절한 교훈을 풍부하게 주고 있다. 퇴계는 우리 일상생활의 복지는 정신에 있어서 흐트러짐이 없을 때(敬) 비로소 가능한 것임을 말하고자 하였고, 율곡은 나라에 이념 혹은 정치력(理)과, 물질 혹은 경제력(氣)이 함께 조화를 이루어야 어느 정도 우리가 제대로 살고 있다는 것을 진심으로 가르치고자 하였다. 원효의 일심(一心)과 다석의 귀일(歸一)은 우리 모두에게 최고 혹은 최상의 복지가 어떤 것인가를 분명히 보여주고 있고, 특히 원효의 화회(和會)는 공동체의 갈등이나 조국의 분단을 슬기롭게 극복할 지혜를 던지고 있으며, 다석의 씨알나라는 오늘 우리 복지의 토대인 민주(民主)를 확연히 드러내어 주고 있다. 한반도의 남쪽에 살다가 가족이 함께 북쪽으로 건너가 북남과 남북의 하나 됨을 삶으로써 이룩하고자 한 윤노빈의 <신생철학>은 우리에게 통일된 한반도의 사회복지를 진지하게 궁구하도록 돕고 있다. 이분들의 삶과 그 가르침, 생각들은 우리 사회복지에게는 하나의 규범일 수 있다. 사회복지를 참되고 바르게 할 수 있는 그 규범으로서 말이다. 사회복지의 정책과 행정, 실천을 바르고 참되도록 이끄는 규범으로서의 생각 혹은 가르침은 규범적인 사회복지사상일 수 있다. 규범적 사회복지사상은 특히 정책, 실천에 개입하는 사회복지 주체 혹은 사회복지사, 사회복지전문가들의 마음속에 스며들고 체득되어 그 정책과 실천의 질을 높일 수 있을 것이다. 우리나라 선현들의 규범적 사회복지사상을 탐색하기 이전에 우리는 먼저 사회복지사상연구의 의의와 방법에 대하여 살펴보아야 한다.

차례

사회복지사상연구의 의의와 방법

1. 서론

이 글은 사회복지사상 연구가 사회복지학 속에서 더욱 체계적으로 활발하게 논의되어야 할 필요성과 중요성을 말하려는 것이다. 이 글에서 나는 어떤 구체적인 사회복지사상 하나를 주장하거나 펼치려 하지는 않는다. 다만 사회복지사상의 연구가 왜 필요한지, 어떻게 연구하는지 등을 입론하려고 할 뿐이다. 먼저 사회복지학 안에서 사회복지사상 연구가 차지하는 위치나 역할을 말하겠다. 그 다음 국내외 사회복지사상 연구의 몇 사례들을 검토할 것이며, 그 바탕 위에서 사회복지사상과 그 연구로서 사회복지사상론을 나름대로 분류할 것이다. 이렇게 분류될 수 있는 사회복지사상의 연구가 지니는 의의와 그 연구의 방법들도 살필 것이다. 이러한 논의가 우리나라 복지사회 실현과 사회복지학의 발전에 조그만 이론적 밑거름이 될 수 있다면 좋겠다.

2. 사회복지학에서 사회복지사상 연구의 위치

사회복지와 관련하여, 우리는 크게 두 가지 일을 할 수 있다. 하나는 사회복지를 지금 여기에서 실천하는 일이요, 다른 하나는 사회복지를 대상으로 연구하는 일이다. 사회복지학은 사회복지의 실천을 목적으로 삼아, 사회복지를 그 대상으로 연구하는 데에서 성립한다. 사회복지학은 사회복지를 실천하는 것과 관련된 이론적 작업의 산물이다. 사회복지를 실천하는 일이 사회복지학의 근본적인 존재이유이다. 사회복지 실천의 궁극적인 목적은 복지사회를 이룩하는 데 있다. 복지사회는 "모든 국민들이 이기적이고 탐욕적이 아니면서도 근면하고 자조정신이 투철한 인간들로 구성된 사회, 인정이 흘러넘치며 자기에게 부여된 권리와 자유를 마음껏 즐길 수 있고 그런 가운데 계급의식은 사라지고 모든 사회구성원들이 평등을 누리는 사회, 국가와 국민은 상호협조와 신뢰를 바탕으로 경제적 안정과 힘의 균형을 유지하는 사회를 기반으로 구축되는 국가의 형태"(김상균, 1987, 71-72)라고 할 수 있다. 개인은 경제적 소득, 사회적 인간관계, 정치적 안정과 권리, 문화적 삶의 향유 등에서 나름대로 자유와 풍요를 누리고, 공동체에는 평등, 평화, 안정이 이룩되고 심화되며, 개인은 공동체로 인하여 생존과 생활을 유지하고 발전시키며, 공동체는 개인들의 그러한 삶의 내용 탓으로 존속하는 그런 곳을 우리는 복지사회라 할 수 있다. 복지사회는 예나 지금이나, 서양이나 동양이나 바르고 좋은 이는 누구나 바라는 좋은 사회이다. 요즘에는 그것이 생태계의 유지와 보존, 문화의 향유와 확산 등을 통해 비로소 실현될 것이기에 공동체와 개인의 합심된 상당한 노력을 요구한다.

널리 알려져 있다시피 사회복지학은 크게 세 가지 시각에서 접근할 수 있다. 하나는 정책 및 행정의 시각이요, 둘은 실천 및 임상의 시각이며, 셋은 사상(思想)의 시각이다. 정책 행정의 시각에서 사회복지를 연구한다는 것은 인간생활의 사회적 위험이나 곤란을 공동체 구성원이 함께 원칙이나 목표, 가치나 이념에 입각하여 합리적이면서도 계획적으로 해결하고 원조하며 극복하고 예방하기 위함이다. 인간은 그 상황과 역사에 따라 나름으로 개인적 집단적 위험 예컨대, 실업, 빈곤, 노후의 생활고, 질병, 가정의 파탄, 장애, 사망, 산업재해 등을 겪으며(원석조, 2006, 208-211), 그것으로 인하여 생활과 생존에서 어려움이나 고통을 당한다. 이러한 고통이나 위험은 가족 차원에서 개인 자율적으로 해소하거나 해결할 수도 있겠지만, 공동체가 일정한 사회복지제도, 사회보장제도, 사회안전망, 관련 법령 등 사회적 장치에 의하여 해결하거나 극복하여 결국 상부상조, 사회통합, 사회연대 등의 효과를 거둘 수 있다. 그 효과를 이룩하기 위해 그 대상에 대해, 그 대상의 욕구나 문제에 대응한 적합한 자원이나 재원, 급여에 대해, 그 급여의 조달에 대해, 그 급여의 전달에 대해(N. Gilbert & P. Terrell, 1998; 박정호, 2001), 그 전달에 합당한 조직에 대해, 그 조직의 인사나 재정, 정보의 관리 및 운영에 대해, 그 조직의 할 일들과 평가, 책임성에 대해(김영종, 2007) 등등을 연구하고 논의할 수 있는 바, 여기서 사회복지 정책 및 행정이론들이 성립하고 전개된다.

실천 및 임상의 시각에서 사회복지를 연구한다는 것은 본래적으로 그 실천의 대상에 대한 세밀한 관심과 이해에서 출발한다. 실천의 주체는 대상의 존재로 말미암아 그 실천의 근거와 방법을 부여 받는다. 실천의 궁극적인 목적은 대상의 자립, 자활 등에 놓여 있다. 주체와 대상은 결국 동일한 환경과 사회 안에 함께 있으며, 그 환경 안에 대상을 적합하게 존재하도록 돕는다는 것은 주체와 대상 모두에게 소중한 일이다. 자기의 경험과 지식, 기술을 토대로 우리의 공동체를 복지의 상태로 옮기도록 한다는 일은 그래서 소중하다. 문제는 대상이 실천의 대상이 되었던 데에 따르는 온갖 이유들이 존재한다는 것이며, 우리는 그 이유들을 전문적으로 파악하여야 한다. 나아가 그 대상 스스로 안에 자기의 문제를 파악하고 그것을 나름대로 극복할 수 있는 힘이나 강점, 회복력이 어떤 모양으로든 있을 수 있으며, 주체는 역시 그것마저 세밀히 존중하여 대상으로 하여금 발휘하도록 돕는 것도 중요하다. 주체는 인간의 존엄성, 사회봉사, 사회정의, 인간관계의 중요성, 능력개발, 진정성, 따스함과 온화함, 창의성, 통제된 정서로서 대상의 삶 속으로 들어감, 공감, 욕구와 자원의 객관적인 파악, 대상의 자기결정에 대한 존중, 비밀보장, 수용 등의 가치와 태도, 지식과 기법을 어느 정도 체득하고 통달하여 일정한 기한 안에서 대상의 삶에 개입하여 그(녀)로 하여금 주어진 환경 안에서 정상적인 인간으로 살아갈 수 있도록 돕는 전문성을 지녀야 한다. 실천의 시각에서 사회복지를 연구한다는 것은 이러한 전문성을 분별하여 실천 주체로 하여금 익히도록 하는 것과 관련된 온갖 사항들을 탐구할 뿐만 아니라 욕구, 자원, 대상과 환경체계, 관계에서의 라포(rapport)형성 방법, 면접과 기록의 기술, 수준에 따른 다양한 접근방법들, 실천과정, 실천모델들(전재일 외, 2004) 등등에 대하여 기존의 지식들에 더 하여 나름대로 모색할 수밖에 없다. 이렇게 본다면 사회복지학에서 가장 기본적인 연구는 결국, 사회복지 정책 및 행정론, 사회복지실천론, 그리고 사회복지사상론 이 셋으로 요약될 수 있겠다. 이 세 가지에서의 연구를 기본으로 하여 장소와 대상의 다양성, 현실 사회에서의 복지와 관련된 다양한 요구들과 함께 사회복지의 지식체계는 점점 풍성하고 확대된다. 위의 세 가지 영역의 연구들이 유기적으로 연결되어 있다. 그 관계를 나무에다 비유하여 말한다면 실천론은 열매, 정책 행정론은 줄기, 그리고 사상론은 뿌리라고 할 수 있다. 뿌리가 깊고, 그 뿌리가 자양분을 풍부히 빨아올릴 때 줄기는 더욱 튼튼하며, 깊고 튼튼한 뿌리와 줄기에 의하여 온갖 열매는 자기 존재를 세상에 드러낸다. 사회복지학에서 열매는 사회복지 실천론이다. 그 열매는 사회복지정책 행정론이라는 줄기의 덕으로 굵어지고 익어간다. 정책 행정론과 실천론은 뿌리에 해당하는 사회복지 사상론으로 말미암아 결국 자라고 익는다. 정책 행정론이나 실천론도 사회복지학 안에 있는 한 복지사회를 실현하는 데에 필요하고 소중한 지적 토대일 것이며, 그 복지에 대한 사상과 이념이 구체적인 복지사회 실현에 반영되고, 어떤 복지사상인가에 따라 정책 행정론과 실천론의 내용이 자연히 영향을 받는다. 따라서 우리는 사회복지학 안에서 뿌리라고 할 수 있는 사회복지사상에 대한 연구를 결코 소홀히 할 수 없다. 뿌리가 깊으면 줄기는 튼튼하고 그 뿌리와 줄기 탓으로 열매는 익어가는 법이다. 아래에서 우리는 사회복지사상 연구의 구체적인 사례들을 살핌으로써 사회복지를 사상의 시각에서 연구한다는 것의 의미와 의의를 밝혀보고자 한다. 그리고 이어서 그 방법에 대하여도 파악하여볼 것이다.

3. 사회복지사상 연구의 사례

우리는 여기서 그 사례로서 국외 연구 4가지, 국내 연구 2가지 합해서 여섯 개의 사회복지 사상에 대한 구체적인 연구들을 살펴볼 것이다. 이 연구들에 의하면, 사회복지사상은 결국 사회복지현상(제도, 법, 실천 등)의 정당성을 뒷받침하는 이념적 근거요, 사회복지제도들의 기저에 깔려 있는 당대 사회적인 이념체(理念體)이다. 그 사상이 그 당시 사회 모든 이에게 지지되거나 수용되는 것은 아니요, 어느 정도 다수의 뜻을 같이 하는 이들에게 지지되고, 어떤 이는 나름대로의 이유로 그 사상을 거부하거나 또 다른 사상을 지지하기도 한다. 그 사상은 역사와 상황에 의하여 제약 받기도 한다. 사회복지사상은 철학에서의 이념처럼 상대를 초월하고 당시 사회를 초월하는 보편적인 진리는 아닌 것이다. 사상 자체는 어느 정도 보편성을 지닐 수 있다 하더라도 사회복지는 결국 시대와 공간에 따라 상대적일 수밖에 없을 것이기 때문이다. 때로는 제도가 사상에 의하여 영향 받거나 제약 받기도 하고 경우에 따라서는 제도에 의하여 사상이 형성되기도 한다(박광준, 2002, 38-39). 이제 여섯 가지 사회복지사상 연구의 구체적인 사례들을 하나하나 검토하여 보자.

첫째는 림링거(Gaston V. Rimlinger)의 연구(1971)이다. 그는 영국, 프랑스, 독일 등 유럽 국가들과 미국, 러시아 등에서 산업화와 함께 사회보장, 소득보장, 건강보호 등 사회정책이 어떠한 사회적인 힘과 이념에 의해 전개되는가를 우리에게 보여준다. 무엇보다 그의 기본 관점은 시민의 노동에 의해 국가경제가 발전할수록 국가는 소득이나 의료에 있어서 시민을 보호하고 보장해야 하며 그것은 시민의 권리에 근거한다는 것이다. 그는 복지에 대한 국가 책임과 시민의 복지권리를 논의의 토대로 받아들이는 셈이다. 하지만 어떠한 사회적 정치적 힘들이 존재하여 서로 밀고 당기느냐, 어떠한 이념, 예컨대 자유주의나 온정주의, 마르크스주의 등이 사회에 얼마나 영향을 미치느냐에 따라 사회정책의 내용과 복지에 대한 국가의 책임 강도와 복지에 대한 시민의 권리 인정의 강도 등에서 차이가 날 수밖에 없다. 농경사회에서 중상주의의 영향으로 산업화가 심화되어 산업사회에로 올수록 빈민은 점차 증가하고 국가는 중세적 보호이념에 의해 빈민을 보호하되 노동의 촉진을 통한 산업화에 박차를 가한다. 하지만 개인의 자율을 중시하는 자유주의의 도래와 함께 국가로부터 보호받을 빈민의 시민으로서의 권리가 방해 받는다. 여기에 멜더스 같은 이의 인구론은 더욱 빈민에 대한 국가의 보호보다 빈민 자신의 자립을 강조한다. 그 당시 영국이나 프랑스에서는 자유주의가 빈민의 구제 받을 권리를 비난케 하며 온정주의적 보호주의는 여전히 살아 있어 어느 정도 빈민의 사회적 보호에 유리하게 작용한다. 하지만 빈곤에 대한 과학적인 조사는 빈곤의 원인을 산업화에 있다고 보게 함으로써 국가의 빈민구제를 정당화시킨다. 영국이나 프랑스의 경우에는 산업화의 심화와 함께 자유주의도 풍미하여 국가의 사회보장 정책에 발목을 잡지만, 독일의 경우 상대적으로 뒤늦은 산업화 속에서 국가의 가부장적 보호의 역할을 통해 권력의 유지와 국가의 이익을 함께 구가하고자 하던 비스마르크의 1880년대는 오히려 질병보험, 재해보험, 노령과 폐질보험 등 사회보험제도들을 보다 앞서 출현시킨다. 여기서 림링거는 사회보험제도들을 둘러싼 독일에서의 여러 사회적인 힘들 예컨대, 국가의 보호주의, 노동자들의 힘, 자조를 강조하는 자유주의, 사회민주당, 마르크스주의 등의 밀고 당기는 긴장의 구도들을 흥미롭게 펼친다. 특히 20세기에 깊이 들어와 신자유주의의 이념 안에 있는 기민당(CDU)의 경제적 자유주의와 자유기업 정신, 시장경제의 옹호로서의 사회시장경제(Social Market Economy)와, 사회주의 안에서 중앙 집중적 경제와 자본주의의 수정을 강조하고 사회계획을 통해 복지국가에로 이르고자 하는 사민당(SPD)의 사회주의 시장경제(Socialist Market Economy)와의 대조, 사회보장의 대상은 경제적 약자에게만 한정해야 한다고 보는 자민당(FDP) 같은 보수적 지향의 참여 등의 상황은 오늘 우리의 복지 지향에 함축하는 바가 크다.

노동당의 관점과 베버리지(W. Beveridge)의 보고서 등을 통해 사회연대와 평등을 실현하려는 영국과, 사회보험의 발달을 통해 선진적 경제에로 이르고자 하는 독일, 이 두 나라는 기여와 급부의 적절한 조정과 관련하여 일종의 사회적 딜레마에 이를 수 있음을 지적한 림링거의 논의 역시 우리에게 시사하는 바가 크다. 기여와 급부를 동일하게 한다면 사회보장의 실패요, 차등의 기여라 하더라도 급부를 동일하게 하면 소득평등에는 유리하나 기여에 대한 불평등 대우요, 기여에 비례하여 급부한다면 자유의 이념에는 유리하나 현존 불평등은 여전하여 사회보장을 통한 평등의 실현은 요원하다. 미국의 경우, 경제에 있어서 인플레이션이 일어남으로써 국가에 의한 사회보장의 필요성이 대두되었고, 루즈벨트(F. D. Roosevelt)대통령은 사회보장제도의 형성을 통해 새로운 협상을 시도하지만, 그 근저에는 자유주의와 개인주의를 보전하자는 생각이 깊게 깔려 있었다. 러시아 역시 산업화와 함께 노동자의 세력이 대두하고, 자기 안에 일찍부터 있은 가부장적 보호주의와 마르크스로부터 솟아나온 집합주의의 영향으로, 기여에 근거하지 아니하고 급여하는 사회보장제도를 발전시킨다. 나중에, 특히 스탈린 사후에는 경제발전과 사회보장을 조화시키려는 정치권력의 노력이 분명히 보이나 그 안에는 근본적으로 평등사회를 지향하려는 러시아 나름의 분위기가 감지된다. 이런 점에서 러시아와 미국은 사회보장에의 지향에 있어서 이념적인 대조를 보인다. 림링거는 사회보장과 경제발전 사이의 불일치를 염려하는 자유주의 전통(보수)과, 사회주의에로의 흐름(진보)이 각 나라의 형편에 따라 조금씩 스며있지만, 사회보장의 발달을 통해 더욱 발전된 산업사회로의 길이 가능함을 말하고자 한다. 하지만 그럴 경우에 경제와 사회의 불평등 감소와, 정당한 불평등은 유지해야 한다는 두 가지 과제가 늘 놓여 있음도 지적한다.

둘째는 미쉬라(Ramesh Mishra)의 연구(1981)이다. 림링거와 달리 미쉬라의 연구는 보다 더 논리적으로 선명하다. 그는 복지에 대한 다섯 가지 접근들을 이론적 모형으로 만들고 그 뒤에 자본주의 사회구조와 사회주의 사회구조에서 복지를 대비시킨다. 그 다섯 가지 중 첫째는, 사회행정 혹은 점진적 사회공학의 접근으로서 영국의 경험과 그와 유사한 경험의 나라들이 공유한 관점이다. 이것은 사회문제들을 사회개혁의 차원에서 개입주의적으로 해결해 나간다는 것이다. 사회문제가 그 나라의 문제로서 특정하게 나타날 수 있으므로 이 관점은 한 나라에 국한될 수 있다. 또한 이 관점은 사회복지의 잔여적(residual) 관점과 제도적인(institutional) 관점만을 가질 수 있으므로 자본주의 구조 자체의 문제를 문제로서 보는 구조적 관점을 결여할 수 있다. 두 번째 시민권으로서의 복지관점은 주로 마샬(T. H. Marshall)의 공민권, 정치권, 사회권에 대한 논의에서 힘입은 바, 한 나라의 경험에 국한되는 한계를 어느 정도 벗어난다. 자본주의의 성장은 불평등을 심화하지만 시민권의 성장은 공동체의 평등에로 갈 수 있게도 한다. 하지만 권리로서 주어지는 복지는 자립, 자율, 자조를 지배 가치로 삼는 자본주의와 양립하기란 어렵다. 시민권이라는 규범이나 당위로서 사회복지에 접근한다면 인본주의적인 민주적 가치는 옹호되어 살아나나 경제의 기반을 중시하는 시장적인 가치가 잠식될 수 있어 복지국가의 경제적 토대를 허무는 주요한 문제를 일으킬 수 있다. 이제 그리하여 셋째 관점으로서 수렴이론 혹은 기술결정론이 등장하는 바, 이것은 복지제도의 형성과 발전에 있어서 산업화를 강조한다. 산업화는 각종 사회문제들을 만들며 전통적 가족제도나 공동체 등은 약화시키고 여기서 기능적으로 분화된 독자적인 복지제도의 필요성을 높인다. 이 관점은 복지제도를 국가통치와 시민의 자유 사이에 위치시킨다. 선진 산업사회는 제도로서의 복지를 실용적으로 적절한 것으로 지지한다. 복지의 필요성 앞에 어떤 이데올로기는 불필요한 것이다. 하지만 복지는 사회라는 하나의 유기체를 통합시키는 기능으로서 설득력을 지닐 수 있으니, 넷째로 기능주의적 관점이 논의된다. 산업화로 인한 해체와 갈등 앞에서 공동체 자체의 통합을 위하여 사회복지제도의 그 기능이 요구되는 것이다. 하지만 기능주의 관점은 기존 산업사회 자체의 구조적인 모순을

간과한다. 사회통합을 유지하는 이름으로 사회질서를 강화하여 기존의 질서 자체가 갖는 집단 사이의 갈등이나 계급적 이해관계와 불평등을 놓칠 수 있는 것이다. 다섯째는 마르크스주의 관점이다. 이것은 산업화로 인한 자본주의 사회의 생산력과 생산관계 사이에서 빚는 착취와 소외를 근본적으로 극복하는 협동과 연대의 탈자본주의적 공산주의의 복지를 제도화하여 복지가 진정으로 노동자 농민계급의 이익과 존중 실현의 도구이기를 바란다. 자본주의 유지의 도구로서의 복지제도는 자본축적과 인간존중의 정당성이라는 두 가지를 결코 함께 달성할 수 없으니 참된 복지는 자본주의의 시장지배를 극복하여 개인의 필요와 욕구의 국가에 의한 충족으로써 얻어진다. 하지만 누가 이 욕구를 충족시킬 것이며, 자본의 발달로 인한 국가복지 발전의 실제적 가능성을 어떻게 부정할 것인가. 미쉬라는 마르크스에게는 노동자에 대한 인본주의적인 열정이 풍부하였지만 자본주의를 타파하고 그 자리 위에서 국가복지를 실현하여 시장과 복지의 발전을 함께 가져오는 어려운 과제 앞에 서 있는 마르크스주의의 복지관점에는 그 인본주의적 정신마저 희미하다고 논평한다. 그렇다면 자본주의 국가가 복지제도를 통하여 어떻게 사회의 갈등과 소외를 극복하여 협력과 연대, 통합과 안정, 자유와 평등의 진정한 양립의 복지를 실현할 것인가가 문제일 수밖에 없다. 다섯 가지 복지에 대한 이론적 모형의 토대에 이어, 2부의 사회구조와 복지라는 주제를 통해 미쉬라는 자본주의 사회의 복지가 지니는 성격, 잔여적 모형에서 제도적 모형에로의 계속적 변화를 밝히고 추적하여 자본주의의 유지를 위하여 복지제도가 어떤 기여를 하는가를 분석한다. 자본주의 복지는 계급들의 갈등을 막고 사회통합을 위해 발전하였지만 그 복지가 오히려 상층계급과 중간계급의 사람들이나, 전문가나 공무원 같은 관료들에게 유리하여 대다수 하층의 일상인에게는 새로이 소외를 낳고 있는 부조리에 봉착한다. 그리하여 미쉬라는 '복지를 실천하는 데에서의 지도적인 원리' 즉 사회복지사상으로서 사회주의가 지니는 유리함을 설명해낸다. 사회주의사회의 복지는 잔여적이거나 제도적인 것이 아니라 구조적 모형을 지니며, 그것은 욕구의 실현에서의 국가책임 안에서 연대지향적인 서비스, 모든 국민에 대한 복지서비스, 평등에 근거한 욕구충족 등을 특징으로 삼는 이상적인 모형의 복지일 수 있다. 소련의 복지는 구조적 모형에 근접한다. 소련의 소득유지, 의료서비스, 교육, 주택 등 복지제도는 원리적으로 보편성, 포괄성, 적절성, 권리성을 지닌다. 소련과 같은 사회주의사회는 개인을 집합 속으로 흡수하여 개인의 욕구가 아니라 집합체의 욕구를 강조하며, 개별의 복지가 아니라 집합의 복지를 가치 있는 것으로 인식한다. 소련 망명자들도 소련의 복지제도에 대하여는 여전히 선호한다고 미쉬라는 말한다. 하지만 소련사회의 권위주의적이고 위계적인 성격은 복지의 진정성과 양립할 수 있을지 미쉬라는 의문을 표한다. 아무튼 미쉬라는 잔여적, 제도적, 구조적 복지모형에서 구조적 모형이 복지적으로는 가장 이상적이며, 그 구조적 모형 안에서 자본주의와 사회주의 사회가 수렴될 수 있지 않을까 여기는 것 같다. 여기서는 개인의 자유와 집합의 평등이 조화를 이룰 수 있다는 믿음이 내재하여 있으며 자본주의의 시장이 지니는 단점을 사회주의적 집합성으로 보완할 수 있다는 희망도 역시 들어 있다. 개인주의적 시장 중심의 사회가 끊임없이 낳는 소외와, 집합주의적 공공 중심의 사회가 낳는 관료성과 권위성을 함께 극복하는 사회복지이라면 그것은 참된 복지일 수 있을 것이다.

셋째는 죠지와 윌딩(Vic George & Paul Wilding)의 연구(1994)이다. 그들은 이미 1976년에 사회가치와 사회 정치적 관념이나 이념을 분석하지 않고서는 사회복지정책의 상이성이나 주장과 내용의 정당성을 충분히 이해할 수 없다는 전제 위에서, 사회문제들에 대한 사회 정책적 대응의 이념적 근거와 기반인 이데올로기들 네 가지 즉, 반집합주의(anti-collectivism), 소극적 집합주의(reluctant collectivism), 페이비언 사회주의(fabian socialism), 그리고 마르크스주의(marxism)가 지니는 사회복지를 둘러싼 서로 다른 주장이나 시각을 체계적으로 설명하고자 하였다. 그 뒤 시대와 상황의 변화와 함께 이들은 1994년에 신우파(the new right), 중도노선(the middle way), 민주사회주의(democratic socialism), 마르크스주의(marxism), 페미니즘(feminism), 그리고 녹색주의(greenism), 여섯 가지 이데올로기들이 복지에 대한 개인의 행동과 사유, 정부나 집단의 활동에 어떤 영향을 끼치고 미치는가, 복지국가에 대하여 어떠한 규범과 설명을 서로 내어놓을 수 있는가, 어떤 이데올로기가 보다 더 바람직한 복지구축과 이상적인 사회형성에 도움을 줄 수 있는가 등에 대하여 논의하였다. 그들은 사회복지사상이 사회복지제도나 현상에 미치는 함의를 추적함으로써 민주주의적이고 진정한 기회균등이 보장되며 부와 소득의 평등이 더욱 확대되고 선택과 자유가 강화되며 지속가능한 사회일 수 있는, 우리 모두가 원하는 사회를 모색하고자 하였다. 이 사회에서는 국가가 복지에서 주된 역할을 하여 공공의 이익과 개인의 안녕이 함께 강화되고, 시장의 결함을 국가가 보충하여 경제와 복지가 함께 발전하며, 누구든 인간이 존중되고 생태적으로 건강하다. 이들은 이러한 염원과 희망 안에서 사회복지사상을 설명해낸다. 신우파를 지지하는 대표적인 사상가는 하이예크(F. A. von Hayek), 프리드멘(M. Friedman) 등이고, 중도노선에는 멕밀란(A. H. Macmillan), 케인즈(J. M. Keynes), 베버리지(W. Beveridge), 마샬 (T. H. Marshall), 갈브레이드(J. K. Galbraith) 등이 있으며, 민주 사회주의 안에는 토니(R. H. Tawney), 티트머스(R. Titmuss), 플랜트(R. Plant), 해링톤(M. Harrington) 등이 있고, 마르크스주의 안에는 오코너(J. O'Connor), 오페(C. Offe) 등이 있으며, 페미니즘 안에는 보봐르(S. de Beauvoir), 바렛(M. Barrett) 등이 있고,

녹색주의 안에는 고즈(A. Gorz), 로버트슨(J. Robertson) 등이 있다(V. George & R. Page, ed., 1995). 신우파는 1970년대 이후 세계적인 경제위기 속에서 복지에 대한 공공의 지출을 억제하며, 시장의 자생적인 질서를 유지하고 존중하여 구성원 전체가 자발적으로 복지를 실현하는, 본질적으로 강제가 없는 소극적 의미의 자유주의 바탕 위에서, 사회정의라는 이름으로 공공복지를 확대하고 강화하는 복지국가의 발달논리에 대하여 대단히 비판적이다. 국가의 복지는 경제의 성장과 부위에서 가능하며 평등과 재분배의 실현으로 국가를 복지에로 이끄는 복지국가를 그들은 반대하는 것이다. 이들은 개인의 책임과 선택에 의한 시장의 발달을 통해 개인과 사회는 함께 복지의 상태에 이른다고 본다. 죠지와 윌딩은 신우파가 국가복지의 부정적인 면만을 애써 보려고 한 나머지 그것이 지니는 긍정적인 측면을 놓쳐 결국 편파적이게 되어 신중하고 냉철하며 공정한 태도에 이르지 못함을 지적한다. 중도노선은 복지국가를 비판적으로 수용한다. 그들은 자본주의의 시장실패를 어느 정도 인정하여 공동체 안 빈곤에 대한 국가의 역할을 충분히 긍정하지만 보다 본질적인 평등실현에서 국가의 역할을 수용하려 하지는 않는다. 중도노선은 신우파와 달리 시장의 실패를 수용하며 복지국가 옹호론자와 달리 복지에서의 정부실패 역시 인정한다. 그들은 우파와 좌파 사이의 중도이고자 한다. 국가권력은 포퍼(K. R. Popper)의 소극적 공리주의(negative utilitarianism)에서처럼 절대 선을 실현하려 하기보다 현실의 악이나 불행을 제거하고 최소화해야 한다고 본다. 그래서 그들은 소득 최저선을 보장하거나 기회평등의 증진 정책을 지지한다. 신우파가 경제정책을 복지정책보다 우선시하며 민주사회주의가 복지정책을 경제정책보다 중요시하는 것과는 달리 중도노선은 경제정책과 복지정책의 진정한 균형을 추구한다. 그들은 공공과 민간의 협력을 지지하며, 그 협력에의 신뢰 위에서 개인과 사회는 함께 발전하리라 본다. 따라서 중도노선이 우파와 좌파로부터 협공당할 수 있음은 자명하다. 죠지와 윌딩도 중도노선이 자본주의를 근본적으로 변화시킬 수 있는지 의문을 표한다. 민주사회주의는 현실의 복지국가를 적극적으로 지지함은 물론 그것이 자유방임적 자본주의에서 사회주의에로 이행하는 중간단계라고 본다. 국가가 복지를 제도적으로 증진시켜 평등을 점차 실현하는 일은 참으로 중요하다. 그러기에 복지국가 실현과 이타주의와의 만남도 귀중하다. 민주사회주의는 복지국가가 수직적 수평적 불평등 모두를 줄이리라고 확신한다. 이 사상의 근원은 죠지와 윌딩에 의하면 마르크스주의가 아니라 오웬주의, 페이비언주의, 그리스도교 등에서 비롯된다고 한다. 민주사회주의는 공동체의식을 회복하여 자본주의적 시장을 교정할 수 있으리라 여기지만 과연 그것이 자본주의의 실제적인 위험들을 없애거나 줄일 수 있을지 죠지와 윌딩은 의문을 던진다. 또한 죠지와 윌딩은 지난 몇 년 동안 사회주의가 자본주의를 사소한 방법으로 변화시켜온 데 반해 자본주의는 오히려 대폭적으로 사회주의를 변화시켜왔다고 본다. 그리고 미래의 사회주의는 과거의 사회주의보다 더 많이 자본주의적일 것이라 본다. 그렇다면 마르크스주의는 복지를 어떻게 볼 것인가. 마르크스주의자들은 자본주의의 관점 안에서 복지를 실현하려는 복지국가는 자본의 축적과 권력의 정당화라는 서로 모순된 것을 함께 얻으려 하기에 필연적으로 재정의 위기에 봉착하며, 자본가계급과 노동자계급 둘 다로부터 압력을 받을 것이기에 불안하다고 본다. 자본주의(사적 소유)의 바탕 위에서 어정쩡하게 평등을 실현하려하기보다 생산수단의 공동소유에 기초한 협동조합적 사회를 구성하여 개인의 능력에 따라 노동하고 각자의 필요에 따라 분배 받는 계급 없는 공산사회를 이룩하자고, 그것이 참된 복지사회라고 마르크스주의자는 우리에게 설득한다. 하지만 현실은 그런 사회에로 갈 수 있다는 징조를 전혀 보이지 않고 있다. 페미니즘 안에는 다양한 입장들이 있지만, 페미니즘은 서유럽 복지국가의 발달이 자본과 노동 사이 투쟁의 타협안이요 특히 여성차별적인 정치권력의 결과물이라 본다. 복지국가는 여성을 보다 빈곤에 처하도록 하며, 나아가 여성의 보살핌 노동의 사회적 의의를 놓치고 있다. 여성의 빈곤화를 역전시킬 수 있고, 보살핌 노동의 생명성을 소중히 하는 복지국가이어야 한다. 하지만 죠지와 윌딩은 예리하게도 페미니즘이 평등실현과 차별반대 가운데 어느 하나를 선택해야 하지 않겠느냐고 이의를 제기한다. 녹색주의는 복지국가를 통해 인간의 복지를 실현하려는 가운데 생태를 밑 모르게 철저히 비복지의 상태로 곤두박질치게 하는 인간중심의 복지가 빚어내는 생명세계에의 재앙을 우리에게 설득함으로써, 인간도 지구 위의 온갖 생명종도 함께 복지로울 수 있는 소지역 단위의 자립적이고 자치적인 생태복지 공동체를 희망한다. 자연친화적인 삶만이 복지롭다 할 수 있고 지속가능한 사회여야 살 만한 곳이다. 권력의 탈중앙화는 그래서 필요하다. 지구적으로 생각하고 지역적으로 행동해야 한다. 녹색주의는 생태 중심적이고 생명 중심적인 사유와 행위가 바탕이 되어 이룩될 수 있는 이상적인 복지사회를 모색한다. 하지만 죠지와 윌딩은 녹색주의를 대중이 실제로 수용할 수 있는지, 정치적으로 실행할 수 있는지를 물으며 그 녹색사회의 구체적인 운영사례의 제시를 요구한다. 그렇지만 이들은 녹색주의가 모색하는 사회의 윤리적인 가치를 충분히 인정한다. 복지국가에 대하여 신우파와 마르크스주의, 녹색주의는 나름의 이유로 반대이며, 민주사회주의, 중도노선, 페미니즘은 나름의 이유로 찬성이다. 경제성장과 사회정책에 대하여도 서로 다른 견해를 취한다. 좋은 사회는 개인과 사회 모두가 바랄 수밖에 없고 그것의 실현에서 국가의 역할은 현실적으로 부정될 수 없다. 그 국가는 인류 공동의 위험과 적, 비복지를 함께 규명하여 줄이거나 없이 하여야 할 것이다. 그런 점에서 죠지와 윌딩은 국가와 시장, 개인 모두의 역할을 중요시한다. 여러 사회복지사상들을 고찰함으로써 죠지와 윌딩은 우리로 하여금 좋은 사회가 참으로 무엇이며 어떻게 실현할 것인가를 진지하게 생각하고 행동하도록 만든다.

우리가 살피고자 하는 사회복지사상 연구의 국외 사례로서 마지막은 베리(N. Barry)의 것(1999)이다. 베리는 미쉬라가 사회복지의 관점에서 사상적으로 마르크스주의에로 친근하게 근접하고자 하는 것과는 달리, 확실히 신우파 안에 있는 것 같다. 그는 복지의 개념을 정의, 권리, 자유, 평등 등 철학이나 윤리학에서 논쟁의 논제로서 등장하는 주요 개념이나 가치와 매우 복잡하게 얽혀 있는 공동체 살림살이의 내용과 방향과 관련된, 그야말로 논쟁의 대상인 것으로 본다. 그는 매우 분명히 복지와 국가복지를 구분한다. 전자는 인간이면 누구나 자유, 정의, 안녕과 같이 바라고 추구하는 보편적인 가치인 셈이고, 후자는 공리주의 등의 영향을 받아 국가 자체가 국민의 복지를 주도해야 한다는 관점이다. 복지가 소중하다 하여 반드시 국가복지가 확대되고 발달해야 한다고 꼭 말할 수 없다는 것이 베리의 생각이다. 베리는 국가복지에 있어서는 항상 역사적으로 개인주의나 자유주의적 사상과, 집합주의나 마르크스주의 등 좌파 사상과의 긴장과 대립 속에서 논의되어 왔다고 본다. 베리는 복지가 원래 개인이 추구하는 것이며(이런 점에서 베리는 확실히 신우파이다), 시장의 질서를 통해 복지는 설득력 있게 효율적으로 극대화된다고 여긴다. 국가가 제도적으로 복지를 극대화하는 것은 의존성 문화나 도덕적 해이를 초래하니 결국 비효율적이다. 국가가 시민의 권리개념이나 공리주의 사상의 영향으로 개인의 복지를 제도적으로 향상시키기 위해 여러 자원을 투여한다 하더라도, 개인의 복지가 실현된 것인지는 여전히 논란될 수밖에 없으니 비효율적인 것이다. 복지와 국가복지가 제도적 보편주의적 복지국가 안에서는 개념적으로 혼융되어 있겠지만, 베리가 역사적으로나 철학적으로 숙고

하기에는 복지는 개인이 주관적으로 추구하며 경험할 일이다. 서구사회 안에서는 역사적으로 확실히 개인주의적 접근(우파)과 집합주의적 접근(좌파)이 대립하거나 타협하여 복지를 논의하거나 실현시키려 하였으나, 우리나라의 근원적 경험(지극히 서구의 영향을 무분별하게 받아들이는 최근의 경험에서만이 아니라)에서 볼 때 우리는 베리처럼 꼭 복지를 우파와 좌파의 갈등과 긴장의 눈으로 볼 필요는 없다. 베리는 매우 진지하게 복지의 문제는 국가복지의 확대보다는 결국 개인의 선택과 개인들 사이의 자발적 자선과 지역공동체의 자생적 문화에서의 상호부조 안에서 해결되고 실현되는 것일 수밖에 없다고 생각한다. 그 점에서는 우리 문화와의 부분적 연결점이 있기도 하다. 하지만 우리는 우리 문화와 사상의 맥락 안에서 복지를 보아야 한다. 개인주의와 집합주의, 개인과 국가, 개체와 공동체가 현상적으로는 분리되어 있는 듯 보이지만, 근원적으로는 이어져 있는 것이다. '하나'의 큰 나무줄기로부터 가지, 잎, 열매들이 차례차례 발생하고, 하나의 상수리 열매가 땅에 떨어져도 이 큰 나무의 그늘에서 새 나무가 쉽게 자랄 수 없는 상수리나무의 개인주의, 주관주의의 서양사상이나 철학과 달리, 우리 사상이나 근원적 문화는 땅 속 줄기를 통해서 점차 대나무 밭이 형성되는, 대나무의 관계철학이나 사상과 같은 것이다(송두율, 1989). 우리는 크게 한 가족의 구성원이다. 따라서 베리의 복지에 대한 진지한 숙고가 우리의 근원적 문화의 경험 안에서는 그렇게 설득력 있게 사유 속으로 스며들지는 않는다. 이제 우리나라 학자들의 사회복지사상 연구의 사례를 살펴보자.

김상균 외(1999)는 '복지이념모형'이라는 표현을 통하여 우리 사회복지사상을 연구하고자 한다. 그들은 이미 있는 우리 나름의 복지이념모형이 무엇인가를 밝혀내고 우리나라에 적합한 복지이념모형이 무엇일까를 모색한다. 1970년대 이후 역대대통령(예컨대, 박정희, 전두환,

김대중 등)과 그 당시 주요 정당 등의 복지 관련 진술들을 토대로, 그리고 의료보험제도와 국민연금제도와 관련된 여러 사회집단들의 이해관계와 논쟁들을 검토하여 복지이념모형을 일반화하여 보고자 한다. 그들은 역사 속에 구체적으로 존재하는 진술과 자료를 보고 특정 복지모형을 단순화시켜 보는 것이다. 이 연구에서 그들은 우리의 복지상황 속에는 서구에서처럼 계급이해의 실천과 사유에서 솟아나오는 마르크스주의적 복지모형이 없다고 본다. 그것은 우리나라 복지상황 속에 복지이념과 사회적 가치 등을 둘러싼 철학적 논쟁이 서구에 비해 그다지 많지 않았던 탓도 있고, 우리나라에 사회복지사상에 대한 연구의 양적 부족과도 관련 있으리라고 연구자들은 지적한다. 그런 점에서 상기한 바와 같이 개인주의와 집합주의와의 대립구도로서 사회복지사상을 보고자 했던 베리의 연구가 우리나라 복지사상의 연구에 별 설득을 못한다는 필자의생각과도 상통한다. 하지만 우리나라의 근본적 경험이나 전통의 사상이 본래 서구와 다른 탓으로 서구에서와 같은 복지사상의 논의구조가 우리에게는 깊이 있게 와 닿지 않는다는 것이 필자의 지적이요 느낌이다. 아무튼 그들은 복지와 관련하여 우리에게는 크게 '경제성장우선모형'과 '국가복지확대모형', 이 둘이 있으며, 국가복지확대모형에서는 다시 '분립복지모형'과 '통합복지모형', 이 둘로 나뉠 수 있다고 한다. 이렇게 볼 때 우리나라 복지이념모형에는 '경제성장우선모형'(경우), '분립국가복지확대모형'(분국), '통합국가복지확대모형'(통국), 이 셋이 있다. 그들의 정리에 의하면, '경우'는 국가정책의 최우선을 경제성장으로 삼고, 개인의 욕구충족은 가족단위로 일차적으로 시장에서 해결하며, 국가복지는 근로동기를 약화시키지 않는 범위에서 극빈자에 한정하고, 복지서비스는 경제성장에 순기능적인 것만 허용하며, 적극적인 분배(재분배)정책은 시기상조로 보고, 사회보험의 정책결정권은 노동자와 사용자가 행사하는, 그러한 모형이다. 이 모형은 미쉬라에 있어서 잔여적 모형과 유사하며, 연구자들 스스로 지적하듯이 죠지와 윌딩에서의 반집합주의 또는 신우파의 입장에 가깝다. '분국'은 사회정책의 재분배기능을 낮게 평가하고, 국가복지 예산 확보에 소극적이며, 사회보험에 비해 공공부조에 대한 관심이 미약하고, 사회보험 행정 및 재정에서 통합을 반대하고 분리운영을 강조하며, 국가복지의 확대시행을 연기하고자 하고, 자영자 소득파악 가능성을 부정적으로 본다. 그리고 '통국'은 사회정책을 통한 재분배에 적극적이며, 국가복지 예산 확보에 적극적이고, 총체적 사회안전망에 관심을 보이며, 사회보험의 통합을 통해 사회정의, 행정효율성 증대가 가능하리라 보고, 조기에 국가복지의 확대를 실시해야 한다고 보며, 자영자 소득파악을 가능하다고 본다. 국가복지확대모형이 죠지와 윌딩에서의 중도노선과 민주사회주의 혹은 소극적 집합주의와 페이비언 사회주의, 둘을 섞어 놓은 것 같은 느낌이나 분국이 중도노선에 가깝고 통국은 민주사회주의에 가깝다고 각각 말할 수 없다고 연구자들은 본다. 중도노선이나 신우파의 입장이 서구에서 가능한 것은 역사적으로 집합주의나 마르크스주의와의 대립, 긴장 등의 영향이나 여파로 인한 것이지만 우리에게는 연구자들이 잘 지적하듯이 사회복지사상과 관련하여 좌파의 입장이 역사 속에 실제로 형성되지는 않았고 그럴 만한 복지상황의 토대도 없었기에, 분국과 통국의 분리와 차별성이 우파와 좌파 사이에 위치한 중도노선과 민주사회주의와의 각기 유사성과는 전혀 다르다는 연구자들의 견해에 필자 역시 동의한다. 그들 연구의 전편에 흐르는 맥락에 대한 필자의 느낌에 의하면 연구자들은 결국 통국을 우리나라에 가장 좋은 복지모형이라 여기는 것 같다. 하지만 연구자들은 사회과학자답게(?) 셋 가운데 어떤 하나의 모형을 다른 것과는 달리 좋은 것이라 흔쾌히 가치판단을 하려고 하지는 않는다. 그렇다면 그들 연구의 원래 의도한 바, 우리나라 현실에 적합한 복지이념모형은 무엇인가?

필자는 사회복지사상 연구가 어떤 특정한 사상에 대한 선호에로 기울 수도 있어야 한다고 생각한다.

최균 외(2000)는 김상균 외(1999)와 같이 '복지이념모형'의 이름으로 사회복지사상을 연구하고자 하지 않고 '복지의식'이라는 표현으로써 연구하고자 한다. 그들이 말하는 복지의식 안에는 신우파, 중노도선, 민주사회주의, 마르크스주의 등 복지모형이나 복지이데올로기 등 가치 차원뿐 아니라 복지에 대한 태도, 행동지향을 포괄한다. 사회복지에 대한 가치 차원에서는 국가복지를 긍정적으로 보기도 하고 부정적으로 보기도 하여 서구에서처럼 개인주의적 자유주의 관점이나 집합주의적 좌파적 관점을 내포할 것이나, 이들은 사회복지에 대한 태도 차원도 역시 고려하여 사회복지사상을 연구하려고 한다. 복지태도는 기존 복지제도들이나 프로그램에 대한 태도로서 긍정적이기도 하고 부정적이기도 할 것이다. 그 긍정과 부정의 태도는 어떠한 복지이데올로기를 갖고 있는가에서 영향을 받기도 할 것이다. 그렇지만 복지에 대한 가치와 태도는 구분할 수 있다. 가치는 원론적일 수 있으나 태도는 보다 구체적일 수 있다. 나아가 가치와 태도가 어떤가에 따라 현실 속에서 어떤 행동을 지향하기도 한다. 그런 점에서 이들처럼 복지사상 연구 안에서 복지에 대한 가치, 태도, 행동지향을 함께 고려하는 것은 상당히 현실적인 적합성을 띤다. 이들은 복지의식을 복지실천의지가 높은지 낮은지, 복지책임주체를 개인으로 보는지 국가책임으로 보는지에 따라, 복지실천의지가 높고 복지를 개인책임으로 보는 민간주도 연대형, 복지실천의지는 낮고 복지를 개인책임으로 보는 민간의존소극책임형, 복지실천의지가 높고 복지를 국가책임으로 보는 국가주도 연대형, 복지실천의지는 낮고 복지를 국가책임으로 보는 국가의존소극책임형, 이 넷으로 유형화한다. 이들은 복지의식을 현실 속의 사람을 대상으로 질문하여 연구하고자 한다. 말하자면 실증연구인 셈이다. 실증연구는 실제 정책의 향방에 대하여 이론적으로든 실제적으로든 영향을 미친다. 이들의 연구에 의하면 우리나라 사람의 복지의식은 이중성을 띤다. 그 이중성의 하나로서 개인주의 가치관과 집합주의적 가치관의 혼재로 인한 것이 있고, 다른 하나는 복지책임주체에서는 국가책임지향적이나 복지실천의지에서는 복지비용부담에서 소극성을 보이는 등, 말하자면 국가가 복지를 책임져야 한다는 생각을 많이 하고 있고, 그런 면에서 중도좌파적 사상에 근접하나, 국가복지에 결정적으로 필요한 비용부담에서는 반대의 마음을 가지고 있으니, 결국 복지의식의 이중성 내지 비일관성을 드러낸다는 것이다. 이러한 복지의식의 이중성과 불일치성은 국가복지의 확대나 발달에 긍정적인 이념적 토대로서 보기란 어렵다. 왜 이러한 이중성을 보이는 것일까. 국가복지의 발달에 토대로서 작용해야 할 사상적 인프라로서 서양처럼 노블레세 오블리주 같은 것의 부족 내지 국가적 차원에서의 상부상조 정신이나 윤리의 부재 등에서 그 원인을 찾아야 할까, 아니면 대다수 서민들은 국가의 복지확대를 위하여 우리나라 자본주의 역사 속에서 이제까지 급속한 부를 쌓은 일부 재벌이나 부유한 이들의 재정을 충분히 활용해야 한다는 인식을 하고 있는 탓일까. 만일 상부상조 정신의 부재가 주요 원인임이 밝혀진다면 우리나라 사람에 대한 사회윤리교육을 제대로 해야 할 필요성이 심각하게 제기될 것이고, 부유한 이의 재정 활용의 문제이라면 정치권력은 한층 더 평등주의 사회실현을 위한 노력을 부지런히 해야 할 것이다. 아무튼 연구자들은 우리나라 사람의 복지의식이 지니는 이중성의 문제를 실증연구를 통해 어느 정도 밝힘으로써 우리에게 여러 가지 숙고사항을 던지고 있는 셈이다. 연구자들은 복지책임주체 여부와 복지실천의지 여부의 기준으로 유형화될 수 있는 네 가지 가운데 현재 한국 내지 한국인은 국가의존소극책임형에 머물고 있으리라 본다. 즉 복지책임에서는 국가의 주도적 역할을 강조하나,

복지실천과 비용부담의 의지에서는 매우 소극적이라는 것이다. 이러한 이중적인 복지의식은 어떤 연구나 방법을 통해서이든 극복되어야 할 과제가 아닐 수 없다.

지금까지 우리는 사회복지사상 연구의 국외 사례 4개와 국내 사례 2개를 나름대로 살폈다. 그 표현으로는 '사회적 힘', '복지모형', '복지이념모형', '복지의식', '복지이데올로기' 등 다양하다. 우리가 볼 때 이런 표현들은 '사회복지사상'이라는 표현 안으로 수렴될 수 있다. 우리의 근원적 경험과 문화 안에서 우리 나름의 사회복지사상이 정립된다면, 그 바탕 위에서 우리의 사회복지 정책이나 행정, 실천은 좋고 바르게 줄기 뻗고 열매 맺을 수 있을 것이다. 이제 사회복지사상의 연구를 위한 개념적 장치로서 '사회복지사상'을 한번 분류하여 보기로 하자.

4. 사회복지사상의 분류

우선 우리는 '사회복지(의) 사상'(thought of social welfare)과 '사회복지사상'(social welfare thought)을 나누어보기로 한다. 우리는 이미 있는 것과 참으로 있어야 할 것을 나눈다. 이미 있는 것이 참으로 있어야 할 것이라면 그것은 좋기도 하고 옳기도 하다. 무엇이 옳으며 좋은 것인가. 이러한 물음과, 이와 관련된 문제의식이 우리로 하여금 학문을 하게 한다. 사회복지학도 하나의 학문이요, 사회복지를 사상의 시각에서 연구하려는 일도 하나의 학문이라면, 이미 있는 사회복지사상과 참으로 있어야 할 사회복지사상, 이 둘로 나누어 이미 있는 것이 참으로 있어야 할 것으로서 있는지 묻고 답하며 설득하고 옹호하며 비판하고 수정하는 일은 필요하다. 우리는 '사회복지의 사상'이 실제 역사 속에서 제도, 법률, 우리의 인식 등 안에 이미 있는 것이요, '사회복지사상'은 그 사회복지 자체가 바르고 좋으려면 그 안에 담겨있어야 할 것이라고 생각한다. 가령, 중상주의, 공리주의, 자유방임주의, 멜서스주의, 낭만주의, 자유주의, 실용주의, 갈등주의, 페이비어니즘, 사회민주주의, 신우파, 신마르크스주의 등을 사회복지의 사상으로서 본다면(최혜지 외, 2008), 그것은 이미 있는 것들로서 사회복지의 사상이다. 그것도 서구의 역사 속에 있어온 일정한 사회복지 현상 속에 스며든 사상이다. 그것이 우리나라 사회복지 현상(정책, 행정, 실천 등, 혹은 제도, 법률, 인식 등) 안에도 그대로 담겨있어야 옳거나 좋다고 우리는 당연히 말할 수는 없다. 그렇다면 우리나라의 사회복지현상에 반영되어야 할 사회복지사상은 무엇인가, 무엇이어야 하는가? '사회복지의 사상'이 사실(facts), 존재(Sein), 현상(phenomena)으로서의 사회복지사상이라고 한다면, '사회복지사상'은 가치(values), 당위(Sollen), 본체(noumena)로서의 사회복지사상이다. 현상에 대한 과학적 파악의 이유는 본체에의 모색에 있다.

그 다음, 우리는 사회복지사상을 철학적 사회복지사상(철사), 종교적 사회복지사상(종사), 종교적이면서도 철학적인 사회복지사상(종철사), 이 셋으로 나누어볼 수 있다. '철사'는 인간의 이성이나 지성에 부합하는 즉, 합리적인 것이다. 그 이성이나 지성이 어떠한 생태환경 체계나 문화 안에 놓여 있는가에 따라 다양한 철사는 존재한다. 그 철사를 수용하고 지지하여 우리에게 설득하려는 이는 그것을 본체로서의 사회복지사상이라고 보려할 것이다. 가령, 노직(R. Nozick)의 최소국가론(minimal state theory)(1974)이나, 롤즈(J. Rawls)의 두 가지 정의원칙(1971), 포퍼(K. R. Popper)의 소극적 공리주의(1963), 유교에서의 대동세계, 불교에서의 화엄세계 등은 충분히 철사로서 이해되거나 해석될 수 있다. 노직의 경우, 가장 좋은 정부는 전혀 다스리지 아니하는 것이요, 차선은 국방 치안 등에서 최소로 다스리며 최대한 시민의 자유와 자율을 보장하는 것이 정의라고 할 때, 그 신우파적 정의관은 나름대로 사회복지에 대한 철학적 사상으로 읽힐 수 있다. 사회복지가 국가복지확대에로 이어져 시민의 관련된 자유나 자율이 간섭되어 복지(어떻게 보느냐가 영원한 과제이지만)에 침해만을 가져온다면 그것은 이미 바람직한 복지로 볼 수 없을 것이다. 롤즈의 경우, 정의의 두 가지 원리의 하나는 '자유의 우위성 원리'요, 다른 하나는 '차등의 원리'이며, 그 가운데 첫째는 '최소극대화(maximin)원리'이고 둘째는 '기회균등의 원리'이다. 롤즈는 자유시민사회 안에 이 원리가 어떻게 정당화되고 수용될 수 있는가를 위해 학문적으로 철학적으로 노력한다(이종일, 1991). 이 정의관은 전반적으로 사회복지의 사상으로 수용되거나 이해될 수 있다. 최소극대화의 원리에 의하여 공공부조제도의 정당성이 설득될 수 있고, 여러 사회복지 서비스나 보험들은 기회균등의 원리 안에서 그 존재이유를 획득할 수 있다. 롤즈의 관점은 보기에 따라 중도노선으로서 수용될 수 있다. 포퍼의 경우, 그의 소극적 공리주의는 개인들의 적극적 행복추구는 각자의 몫이지만, 공동체의 비참이나 불행의 감소나 제거는 공공정책의 역할에 맡겨져야 한다고 말한다(K. Popper, 1963, 345-346). 이러한 그의 생각은 우리에게 철사로서 이해될 수 있다. 예(禮)와 악(樂)으로써 질서와 조화가 함께 이룩된 유교의 대동세계도 잘 이해된다면 철사의 하나일 수 있고, 현상(事)과 이치(理)가 걸림 없이 펼쳐진 세계란 진정으로 확립된 마음 안에 있음을 보여주는 불교의 화엄세계도 잘 느껴진다면 또 하나의 철사일 수 있다.

'종사'는 이성이나 지성의 힘에 의해서가 아니라 초월 절대적이고 내재적인 하느님, 하느님 또는 하늘님을 믿고 따르고자 하는 마음 즉, 신심(信心)으로써 비로소 깃드는 바르고 좋은 세상에로의 동경과 희망이 빚어내는 것인 바, 가령 예수의 하느님 나라나 수운 최제우의 후천

개벽 등은 여기에 속할 수 있다. 보기에 따라 예수의 하느님 나라는 서구와 그 영향 아래에 있는 곳들의 복지사회 실현과 깊이 뿌리를 나누고 있다(최무열, 2008). 예수 복음의 핵심인 '하느님의 나라'는 이미 이루어진 완료적 시점, 현재 진행중인 시점, 미래에 완성될 시점을 중첩하여 지금 여기서 이루어지는 진리, 정의, 사랑의 나라일 뿐 아니라 장차 올 종말론적이고 초월적 나라이기도 하며, 사회복지의 공동체적 성격을 시사하기도 한다(차정식, 2007, 149-169). 그것은 개인의 잠재력의 실현은 물론 인간들 사이의 다양한 관계의 평등과 평화를 이룩하는 사상적 토대일 수 있다. 수운의 후천개벽 역시 우리의 이성이나 지성으로 논증되는 곳이라기보다 지극한 기운과의 합일, 하늘님의 모심 가운데 개인과 공동체 속으로 신명나게 스며오는 복지로운 공동체, 선천의 온갖 갈등과 차별, 상쟁을 흔쾌히 극복한 바르고 맑은 곳일 수 있다. 후천개벽 속에서 가정은 화목하고 사람은 마음을 하늘님께 두어 바른 기운으로 살아간다. 종사는 복지의 근원을 실현하는 핵심을 열어주는 사상적 토대로서 우리에게 다가올 수 있다.

'종철사'의 대표적 예로서 우리는 해월 최시형의 관점을 들 수 있다. 그 관점의 핵심은 '사인여천(事人如天)의 일상생활'이라 요약된다. 사람 섬기기를 하늘님 섬기듯 하되, 그것이 매일 매일의 삶 즉, 먹고 마시며 일하고 만나는 우리의 일상생활 안에 실현되게 하는 것이다. 이 삶을 도망 다니는 서른여섯 해 거의 대부분을 해월은 실제로 살았다(해월 신사법설). 그의 수도(修道)는 가족을 향하여 있으며, 그에게 인간은 본질적으로 가족적 존재이다. 이 관점은 우리나라 근원적 경험과 문화와 깊게 이어져 있으니 우리 사회복지의 실현에 있어서는 소중한 사상적 밑거름일 수 있다. 생각할수록 우리는 가족 속의 존재이다. 어떤 영향을 통하여 오든 우리나라 사람의 근원적 존재이유는 가(家)의 주체적 실현이다(최봉영, 1994). 가로서는 일차적으로 신체적 생명의 근원인 가정이 있고, 문화적 생명의 터전이요 귀착점인 업가(業家)와 국가(國家) 또한 있다. 해월의 사인여천은 근원적으로 가정 안에서 생명들의 실제 모습으로부터 솟아난 관점이요, 진실로 우리나라 근원 문화 안에 있다. 개인주의와 집합주의와의 갈등과 조화가 지극히 서구적인 것이라 한다면, 가정 안의 인간존재에서 풀어나가는 그 모든 인격의 수양과 공동체 복지의 실현은 지극히 우리나라다운 것이다.

이제 사상의 시각에서 사회복지를 연구하는 일 즉, 사회복지사상론을 분류해 보자. 우리는 그것을 기술적(descriptive) 사회복지사상론, 분석적(analytic) 사회복지사상론, 그리고 규범적(normative) 사회복지사상론, 이 셋으로 나누어볼 수 있다. 이러한 구분은 도덕 내지 윤리의 본질과 근거를 철학적으로 탐구하고자 하는 윤리학을 기술 윤리학, 규범 윤리학, 그리고 분석 윤리학, 이 셋으로 나누는 것(P. W. Taylor, 1975, 4-11)으로부터 시사 받은 바이다. 테일러는 기술 윤리학(descriptive ethics)에 의해서, 이미 있는 도덕이나 윤리 즉, 실제 도덕이나 윤리에 대한 과학적 기술과 설명으로서 파악한다. 이것을 그는 있어야 할 이상적인 도덕이나 윤리를 구성하고 정당화하는 철학적 윤리학과 구분하고자 한다. 규범 윤리학(normative ethics)은 어떤 존재나 행위의 윤리성 내지 도덕성 여부를 판가름하는 데에 필요한 기준이나 규칙의 정당화 이유들에 대한 탐구, 공공의 이익이나 좋음, 사회의 정의를 가져오는 어떤 도덕적 실천이나 원리에 대한 모색, 도덕이나 윤리의 기본 체계와 그것을 이루고 있는 판단들의 논리적 관계 구축 등의 일을 한다. 한 마디로 규범 윤리학은 바람직한 도덕이나 윤리를 체계화하고 정당화하여 이 땅과 이 사람들을 도덕적인 상태에로 변화하도록 돕는 지적 노력이다. 테일러는 분석 윤리학(analytic ethics)이란, 도덕과 윤리의 핵심 언어나 개념의 의미, 도덕적 추론의 규칙에 대한 인식론적 논리적 검토 등을 하는 것이라 본다. 분석 윤리학은 '좋음', '옳음', '해야 함' 등의 기능과 의미맥락을 분석하기도 하며, 도덕적 추론의 논리에 대한 분석을 하기도 한다. 윤리학에 대한 이러한 세 가지 구분으로부터 우리는 사회복지사상론 역시 삼분하는 것의 필요성과 의의를 유추해낼 수 있다고 여긴다. 기술적 사회복지사상론은 무엇보다 실제 사회나 사람 속에 있는 사회복지사상들이 무엇이며 그것이 우리에게 주는 함의는 무엇인가를 과학적으로 설명하고 기술할 수 있다. 사상의 시각에서 사회복지를 연구한 사례들(위에서 살핀)에서 림링거, 미쉬라(보기에 따라), 김상균 외, 최균 외 등은 바로 기술적 사회복지사상론을 나름대로 연구하였다고 생각된다. 규범적 사회복지사상론은 그야말로 우리에게 바람직하고 이상적인 사회복지사상이 무엇이며 그것을 어떻게 설득하고 정당화하는가에 관심을 갖는다. 그것은 당위, 가치, 본체로서의 사회복지사상을 모색하고 체계화하고자 한다. 분석적 사회복지사상론은 사회복지사상의 논의 속에 담긴 주요 언어나 개념을 명료히 하고, 사회복지사상 추론의 논리를 분석한다. 베리는 그의 논의 속에서 이것을 조금 하였다고 여겨진다. 하지만 이것은 지금까지 그 누구도 본격적으로 하지 않았던 일일 것 같다. 앞으로 이것은 충분히 할 만한 가치가 있는 일이다. 가령 '복지'가 어떤 의미로 쓰이는지, 사회복지사상과 연관된 '자유', '평등', '정의', '욕구' '권리' 등등의 개념이 어떤 맥락에서 어떤 의미로 사용되는지 등은 명료히 분석될 필요가 있다. 우리가 본격적으로 해야 할 보다 중요한 일은 규범적 사회복지사상론을 연구하는 것이다. 특히 지금 여기 우리에게 우리나라에 적합하고 정당한 사회복지사상이 무엇인지 묻고 답하여 그것을 여러 사람들에게 설득하는 일은 참 중요하다. 왜냐하면 그것을 토대로 사회복지의 정책이나 행정, 실천에 대한 논의는 물론, 현실 사회복지 제도나 법률, 이 시대 사람들의 복지에 대한 가치관이나 태도 등도 보다 나은 방향으로 움직여나갈 것이기 때문이다. 다음으로 우리는 사회복지사상 연구의 방법과 의의를 말하여 보기로 한다.

5. 사회복지사상 연구의 방법과 의의

우선 사회복지사상의 연구를 어떤 방법으로 할 것인가? 널리 알려져 있다시피, 방법은 연구의 길 즉, 그 목적과 그 내용이 존재해야 할 이유가 분명하고 확고하다면 그것에 따라 당연히 자연스레 정해진다. 방법(method)은 길(hodos)을 따르는(meta) 것이니, 그 길이 있고 그 길을 따르려는 마음이 있다면 당연히 따라 가게 된다. 하지만 방법은 연구의 객관성과 설득력을 높이는 데 수단이니 가끔 정교해지지 않을 수 없다. 그렇다고 하나의 정해진 방법이란 있을 수 없다. 사실 과학이나 학문 연구의 방법은 그 길에 따라 다양하다. 그 길이 그렇다는 것, 그 길이 길이라는 것을 보이는 검증이나 확증, 실증의 방법이 있는가 하면, 그런 길은 길이 아닐 수 있음을 보이는 반증의 방법도 있겠다. 방법은 길에 따라 너무나 다양하고 어떤 방법이든 나름대로 한계를 지니는 탓으로 '어떻게 하여도 무방하다'(anything goes)라는 말이 나올 지경이다(P. Feyerabend, 1975, 295-296; 이종일, 2004).

위에서 언급한 사회복지사상 연구의 사례에서, 림링거는 주로 그 당시 경제 사회 정치의 경향을 비롯하여 사회보장체계의 내용을 담은 문헌자료들을 분석하되, 국가 간의 비교를 통해 분석하는 방법을 사용하고자 하였고, 미쉬라는 어느 정도 일반화를 하여 개념이나 모형을 만들어 구체적인 자료나 연구문헌을 통해 검증해나가는 방법을 택한다. 이러한 미쉬라의 방법은 시스템분석이라 불리기도 한다(김상균 외, 1999). 죠지와 윌딩의 방법은 진술분석이라 칭해지며(김상균 외), 개인 집단 사회의 행동에 영향을 미치고 그들에 의해 유지되고 지지되는 가치나 신념의 체계로서의 이데올로기를 일정하게 분류하고 개념화한 뒤 그것이 각각 복지국가에 대하여 지니는 태도, 복지국가의 발달과 그 원인에 대한 설명, 복지와 이상사회에 대하여 지니는 입장 등을 분석하는 식이다. 베리는 자유주의와 집합주의와의 대조 가운데에서 관련 연구문헌 특히 철학적 관점의 자료를 주로 참조하여 논증하는 방법을 취한다. 김상균 외는 스스로 말하듯이 진술분석의 방법을 택한다. 그들은 이 방법이 그 당시 각 세력집단의 복지관련 이념들의 차이를 밝히고 복지이념모형을 구축하는 데에 적합하다고 본다(김상균 외). 반면에 최균 외는 어느 정도 복지의식에 대한 개념규정을 통해, 그 당시 모수(전체집단)의 일부를 다단계 집락표집과 유의표집이 혼용된 방식으로 표집 하여, 정해진 질문에 따라 직접 조사하는 실증연구의 방법을 따른다(최균 외, 2000). 최균 외는, 연구에 의하여 밝혀진 방법의 타당성과 신뢰성에 힘입어 사회복지의 의식과 태도, 사상을 연구하고 있는 셈이다.

진술분석의 방법에 의해 사회복지사상을 연구한다고 할 때, 그 진술은 무엇인가? 진술(statement)은 우선 문장(sentence)과는 다르다. '비가 내린다.', 'It is raining.', 'Es regnet.'는 세 문장이지만 하나의 진술이다. 서로 다른 세 문장이 같은 사태(state of affair)를 진술하고 있다. 하나의 진술이 세 나라 말의 문장으로 표현되고 있다. 진술은 명제(proposition)와도 구별될 수 있다. '현재 한국의 대통령은 독재자이다'라는 명제는 1975년에 표현되었을 때는 참인 진술이지만 2007년에 표현되었을 때는 거짓인 진술이 된다. 하나의 명제가 언제 어떤 시점에 기술되는가에 따라 거짓이기도 하고 참이기도 할 수 있다. 이렇게 볼 때 세 문장이 동일한 사태를 진술한다면 하나의 명제 또는 진술이며, 동일한 사태를 표현하는 명제라 하더라도 어떤 시점에 묘사되었는가에 다라 서로 다른 진술일 수 있다(B. A. Brody, 1973, 52-55). 진술은 하나의 사태를 그 당시에 지시하고 있는 셈이다. 이것은 사실지시적 또는 사태지시적 진술이다. 진술에는 사태나 사실을 지시하는 것이 아니라 무엇인가 좋다든가, 해야 한다든가, 어떤 행위를 명령하는 것을 담은 것도 있다. 이것을 우리가 윤리적 진술이라 할 때, 이 윤리적 진술은 사태나 사실을 지시하는 진술만이 진술이라고 보는 실증주의의 관점에서는 아무 것도 지시하지 않기 때문에 무의미하다고 할 수 있다. 하지만 의미를 사태나 사실에서 찾지 아니하고 그 진술의 용도(use)에서 찾는다면, 윤리적 진술도 나름대로 용도를 지니며, 그래서 의미 있다. 윤리적 진술은 처방성 또는 규정성(prescriptivity), 보편화가능성(universalisability) 등의 용도나 의미를 지닌다(R. M. Hare, 1952&1963). 진술분석이라 할 때, 우리는 그것이 사실지시적 진술만이 아니라 윤리적 진술일 수도 있음을 인지하여야 하겠다.

진술은 진술자가 규정하고 알리면서 나타내 보이는 것이기도 하다. 그렇다면 우리는 그 나타내 보이는 것을 지금 여기서 나름대로 해석할 필요가 있다. 진술이 드러내 보인 그 당시 맥락과 지금 여기의 맥락과 지평의 융합에서 그 보이고자 한 것을 우리는 해석할 수 있다(E. Hufnagel, 1976). 진술은 그 사태나 의미, 용도의 분석 대상이기도 하지만 해석의 대상이기도 하다. 사회복지사상 연구의 방법으로서 진술분석은 이렇듯 그 의미, 용도, 사태의 분석뿐 아니라 진술해석으로도 이해될 필요가 있다. 진술의 사태나 사실의 분석은 실증주의 안에 머물지만 진술의 용도에 대한 분석이나 진술해석은 실증주의를 넘어선다.

기술적 사회복지사상론의 경우, 그 당시 상황이나 그 당대 집단이나 개인 속에 깃든 사회복지사상을 일정한 가설이나 모형(어느 정도 일반화에 의한)의 관점에서 문헌자료나 질문 등을 통하여 조사하거나 실증하는 방법이 필요하다. 그것은 결국 상황 속에 어떤 사상이 있는가를 파악하고자 하는 것이 주요 목적일 것이기 때문이다. 이와 달리 규범적 사회복지사상론은 어떤 사상이 있어야 하는지, 어떤 사상이 사람과 사회를 복지롭게 하는 근본이념일 수 있는지를 모색하고자 하는 탓으로, 인간과 사회, 자연 등 존재를 유기적이면서도 총체적으로 복지의 관점에서 숙고하고 반성하는 사유의 방법을 필요로 한다. 하지만 규범적 사회복지사상론은 기술적 사회복지사상론에 의하여 파악된 기존 사회복지사상에 대한 근원적인 반성은 물론, 분석적 사회복지사상론에 의하여 연구된 보다 명료한 복지 관련 핵심 개념이나 관점의 도움을 등에 업는다. 우리는 규범적 사회복지사상론 안에서 분석적 사회복지사상론과 기술적 사회복지사상론이 만나고 또한 변증적으로 극복되고 종합될 수 있다고 믿는다. 또한 규범적 사회복지사상론은 사회복지의 관점 안으로 수렴되는 종교적 철학적 진술들의 해석 역시 그 방법의 하나로 삼을 수 있다. 이 해석은 진술의 상황과 현재의 지평이 해석자에 의하여 사회복지의 관점 안에서 융합된다.

사회복지사상 연구의 의의는 무엇인가? 김성이는 사상 연구가 학문의 기본이요, 사회적 행동의 방향을 정해주며, 사회복지의 학문을 발전시키는 데에 도움이 된다고 언급한다(김성이, 2002, 18). 김상균 외는 사회복지 사상 공부의 필요성을, 사회복지 문제가 지니는 주관적 가치성, 가치가 지니는 사고와 행동에의 예측성, 사회적 가치가 지니는 사회변동에의 추동력을 사회복지전문가가 이해하고 있어야 한다는 점(김상균 외, 2007, 160) 등에서 찾는다. 필자는 사회복지사상이 마치 전쟁에서 참조하는 지도(map)와 같은 것으로서, 그 지도를 보면서 장군들이나 군사들이 보다 효과적인 전쟁, 전쟁에서의 승리를 위하여 논의하고 계획을 세우듯이, 그 지도는 복지사회의 실현이나 사회복지학의 변화와 발전을 이끌어내기 위한 이념적 관념적 밑거름이라 생각한다. 그리고 사상이나 의식, 인식이 어느 정도 공유되고 축적돼야 현실의 정책이나 행정, 실천 또는 제도나 행위는 진보한다. 그런 점에서 사회복지사상 연구는 학문적인 이유뿐 아니라 실제적인 이유로도 필요하다. 사회복지의 역사 연구는 그 당시 사회사상과의 관련성 안에서 행해져야 함이 당연한 것이지만, 사회복지정책이나 행정, 실천에서의 논의 역시 사회복지사상과의 연관성과 그 토대 위에서 보다 근원적으로 전개될 수 있다. 복지사회를 향한 인류의 열망은 결국 자유, 평등, 정의, 평화 등과 같은 기본적 사회가치의 구체적 실현에의 소망과 분리될 수 없는 것이다.

6. 결어

지금까지 우리는 사회복지사상에 대한 연구가 사회복지학 안에서 뿌리의 역할 내지 지도와 같은 역할을 할 수 있다는 것을 나름대로 설득하려고 하였고, 사회복지사상의 몇 가지 연구 사례들을 요약하여 소개하였으며, 사회복지사상 내지 그 연구로서 사회복지사상론을 나름대로 분류하여 보고자 하였다. 여기서 우리는 기술적 사회복지사상론, 분석적 사회복지사상론, 그리고 규범적 사회복지사상론이 있을 수 있음을 말하고자 하였다. 그리고 이러한 사회복지사상 연구의 의의와 방법을 간략하게 논의하였다. 앞으로 우리의 근본 과제는 사회복지의 논의와 복지사회 실현의 이념적 토대로서의 규범적 사회복지사상론을 정립하는 일이다.

제2장

해월 최시형의 사회복지사상

1. 들어가며

오늘날에 있어서 사회복지학은 결국 사회복지제도나 현상의 성립, 전개, 실행, 평가, 수정, 폐기 등과 관련된 여러 가지 것들을 연구하는 이론적이고 학문적인 체계요 대화라고 할 수 있을 것 같다. 그 사회복지현상이나 제도가 필요한 이유는 사회양심, 사회윤리 등 인간심성의 선함에서 찾아지기도 하고, 사회통제, 국가위기 관리와 조절 등 사회과학적 인식에서 정당화되기도 하며, 권력이나 부를 가진 자의, 가지지 못한 자에 대한 억압이나 착취 등 현재 사회에의 근원적인 비판이나 반성, 부정에서 보일 수 있게도 된다. 이렇듯 자본주의적 산업사회에서의 사회복지현상은 극단적으로 옹호되기도 하며 극단적으로 부정되기도 한다. 또한 그것은 중립적으로 보일 수도 있다. 옹호와 부정, 객관적 사실로서의 인식 등은 나름의 이념이나 가치에 의하여 그리 되는 것이다. 사회복지현상에 대한 하나의 학문으로서 사회복지학의 연구주제들은 무엇일까? 그것은 크게 말하여 다음과 같이 정리될 수 있다: ①사회복지정책이나 제도의 성립, 평가, 수정에 대한 연구, ②사회복지조직의 성립, 발달, 평가 등에 대한 연구, ③사회복지재정이나 자원에 대한 연구, ④사회복지조직의 사업내용이나 프로그램에 대한 연구, ⑤사회복지실천이론의 성립, 검증, 평가 등에 대한 연구, ⑥사회복지실천기술과 기법에 대한 연구, ⑦사회복지정책이나 제도, 실천이론과 기술의 생성, 발달, 전개에 있어서 그 역사적 배경과 원인에 대한 연구, ⑧사회복지정책과 실천의 역사에서 작용하는 가치, 이념, 철학 등에 대한 연구, ⑨사회복지학의 정체성에 대한 연구. 이렇게 볼 때 ①-④는 사회복지정책 및 행정론으로 표현되며, ⑤-⑥은 사회복지실천론으로 수렴되고, ⑦-⑧은 사회복지역사 및 사상론으로 명기될 수 있으며, ⑨는 메타사회복지학이다. 사회복지학 연구의 핵심 영역은 사회복지정책 및 행정, 사회복지실천, 그리고 사회복지사상으로 요약된다.

사회를 하나의 숲으로, 사회복지를 그 숲의 한 나무로서 비유한다면, 그 나무에서 사회복지실천은 열매 내지 꽃이며, 사회복지정책 및 행정은 줄기 내지 가지요, 사회복지사상은 뿌리라 할 수 있다(이종일, 2008, pp.42-43). 사회복지는 결국 사회복지대상자의 존재 탓으로 존재할 것이고, 그 대상자에게서 일어나는 효과와 결과가 곧 사회복지의 목표일 것이며, 그 목표달성의 과정에 있어야 할 온갖 것들은 얼마나 목표를 달성하였는가에 의하여 존재이유를 획득한다. 열매가 실하려면 근원적으로 뿌리가 땅이나 주위 환경으로부터 자양분을 빨아올려 나무의 줄기와 가지, 잎 등, 나무 전체를 튼튼하게 하여야 한다. 사회복지의 건강은 사회복지사상에 의하여 좌우될 수 있는 것이다.

서구의 사회복지현상의 전개에 있어서 그 역사적 경험에 의하면 개인의 자유를 중시하는 자유주의와, 사회전체의 평등실현을 중시하는 평등주의 내지 사회주의, 이 두 가지 사상의 조화와 갈등, 긴장이 주로 영향력을 발휘하였으며, 그 둘의 입장에서 나름대로 중도를 견지하고자 하는 사상 역시 어느 정도 역할을 하였다. 하지만 서구(서구의 사상에 영향을 받아온 현대 우리나라 역시)는 지금 인간의 소외와 심성의 황폐로 인한 이웃의 소멸과 공동체의 파괴, 자연환경의 오염과 파괴 등, 한마디로 비복지 내지 반복지의 사회문제를 겪고 있으며, 사회복지는 나름대로 이런 잘못을 고쳐보려고 노력하지만 그 비복지는 여전하다. 이것은 사회복지를 건강하게 하는 토대 내지 뿌리로서의 사상에 뭔가 문제가 있음을 드러낸다. 자유주의, 평등주의, 그 중도 등의 사상이 과연 인간, 사회, 그리고 자연에 대한 올바른 이해를 하고 있는지, 그 사상 위에 서 있는 사회복지현상이 참된 것인지, 반성해 볼 필요가 있다. 사회복지학 안에서 사회복지사상을 연구하는 일은 사회복지사 내지 사회복지전문가가 나름의 주관적 가치성을 지니고 사회복지실천의 바람직한 방향을 예측하고 사회의 가치 있는 변동에 나름대로 기여하는, 실제적 미시적인 이유에서도 필요하고(김상균 외, 2007, p.160), 사회복지의 학문을 발전시키는 일에도 도움이 되며(김성이, 2002, p.18), 사회복지정책 및 행정이 튼튼하고 온전해지도록 하여 사회복지실천을 견실하게 하는 데에 토대가 된다.

사회복지사상의 연구에는 크게 말하여 두 가지 길이 있을 것 같다. 하나는 시간과 공간 속에 구체적으로 있는 사회복지현상이나 제도, 법률, 당대 사람들의 그것에 대한 태도나 인식, 그것을 향한 당대 사람들의 욕구 등에 스며있거나 들어있는 사회복지사상을 있는 그대로 과학적으로 발견하고 조사하여 그 토대 위에서 기존 사회복지를 반성하는 길이며, 다른 하나는 사회복지현상이나 제도, 법률 등 그 속으로 스며들어 그것을 참되고 바르며 좋은 것이 되도록 돕는 당위적이고 규범적인 사회복지사상을 정립하는 길이다. 전자는 기술적(descriptive) 사회복지사상론, 후자는 규범적(normative) 사회복지사상론(이종일, 2008, p.63)이라 표기될 수 있다. 필자는 이 연구에서 주로 후자의 입장에 서서 사회복지사상을 연구해보고자 한다. 후자는 우리 사회와,

우리 같은 인간을 참으로 복지롭게 하는 것이 무엇인가 라는 물음을 그 문제의식으로 가지고 있으며, 인간 개인과 공동체를 함께 복지의 상태로 변화토록 하는 것이 무엇이고, 인간과 사회의 존재적 터전인 자연과 생태계의 복지 안에서 다시 인간과 사회의 복지를 과연 어떻게 실현할 것인가 라는 질문을 역시 지니고 있다. 규범적 사회복지사상에의 연구는 기존 사회복지현상과 제도, 법률 등을 근원적으로 반성하는 힘을 지니리라 생각된다.

필자는 여기서 조선후기 경주 황오동에서 태어나 뒷날 수운 최제우를 만나 나름대로 인생과 자연의 이치와 진리, 도덕을 깨쳤다고 하는 해월 최시형(1827-1898)의 언표와 삶에서 지금 우리의 사회복지현상과 제도를 바람직한 것이도록 할 사회복지사상을 도출하고 정리해보는 연구를 하고자 한다. 해월의 언표(천도교 안에서는 법설이라 함)는 사회복지가 추구하는 가장 기본적인 신조요 가치인 인간의 존엄성(윤찬영, 2008, p. 155)을 깊이 통찰하고 있으며, 인간의 존엄성뿐 아니라 인간의 자기결정권이나 인간의 기회균등, 사회에 대한 인간의 책임(전재일 외, 2005, pp.23-26)이라는 사회복지의 기본가치에도 부응하고, 요보호자의 일반인과의 같음을 같음으로서 인정하고 다름을 다름으로서 수용하는 차별의 철폐와 평등의 인식으로서의 정상화이념(박태영, 2003, pp. 65-66)과도 상통하며, 나아가 그의 이천식천(以天食天)이나 삼경(三敬), 특히 경물(敬物) 같은 경우, 인간과 사회의 생존과 유지의 근본 토대인 자연의 복지에 대한 심오한 사유를 드러내고 있다. 또한 그의 언표는 그 당시 소외되고 천대 받던 아동과 여성의 권리나 존엄성을 들어 높이 올리고자 하는 신념을 보여준다.

자연생태계는 인간생명뿐 아니라 온 생명의 토대요, 여성은 모든 인간생명의 모태이며, 모든 아동은 여성의 자궁에서 움터 나온 생명이다. 생명을 참으로 살리고 살게 하는 것이 복지라면, 생명복지의 관점에서는 생태, 여성, 아동은 존재적으로 이어져 있다. 따라서 우리는 여기서 생태복지, 여성복지, 아동복지의 사회복지 관점 안에서 해월의 사상이 오늘 우리에게 주는 바가 무엇인가를 얻어내고자 한다. 이 연구를 위한 우리의 물음은 다음과 같다: 첫째, 해월은 어떤 시대적 상황에 처해 있었는가? 둘째, 해월의 사회복지사상은 무엇인가? 셋째, 해월 사회복지사상이 오늘 우리에게 함의하는 바는 무엇인가?

2. 해월의 시대적 상황

오늘 우리 시대는 어떠한가? 모든 생명의 근원인 생태계의 오염과 파괴의 상황, 자본적 산업의 상황, 자본증식의 토대인 직업상실 즉, 실업(失業)의 점증시대, 살인도 서슴없이 행해지는 인성의 오염과 파괴의 상황이 아닌가? 우리 시대의 실업도, 기실 가진 자의 탐욕과 도덕 불감증으로부터 기인하는 것(김만수, 2004, pp. 204-212)이라 한다면, 우리의 자본 사회는 병든 공동체요, 그 병은 인성의 상실과 생명경시의 정신과 연결된다.

해월 최시형을 한 사람으로서 바르게 있게 한 동학(東學)은 1860년 경신 4월 5일 한날, 수운 최제우(1824-1864)의 하느님 만남의 체험에서 비롯된다. 그 수운은 자기 시대를, "우리나라는 나쁜 병이 세상에 가득 차서 백성들이 언제나 편안할 때가 없다"(포덕문)고 표현한다. 그런가 하면 비록 유교적 세상, 주자학적 성리학의 세상이었지만, "이 세상은 요순의 다스림으로도 부족할 뿐이요, 공맹의 덕으로도 좋게 하기란 어렵다"(몽중노소문답가)고 한탄한다. 공맹의 그 덕도, 요순의 그 다스림도 고치기 어려운 나쁜 병이 세상에 깊이 스미어 있기에 민중들의 삶은 그야말로 비복지 내지 반복지 상황에 휩싸여 있는 것이다. 공자는 군군(君君) 신신(臣臣) 부부(父父) 자자(子子)의 세상(논어, 제12 안연) 즉, 임금은 임금답고, 신하는 신하다우니 어버이는 어버이답고, 어린이는 어린이다운 세상이어야 바르고 좋은 곳이라 하였으나, 수운은 "군불군 신불신 부불부 자부자"의 상황을 밤낮으로 탄식하고(몽중노소문답가) 있다. 게다가 "요망한 서양적이 중국을 침범해서 천주당 높이 세워" "천하에 편만하니"(권학가) 참으로 공포스럽고 우습기도 한 시대적 상황에 수운은 처하여 있다. 그리하여 우리나라의 운수는 참으로 가련하다(안심가)고 수운은 깊이 느낀다. 이 가련한 우리나라를 어떻게 구할 것인가, 보국안민(輔國安民)의 방법과 정책은 어디에서 나와야 할 것인가(포덕문), 수운은 진실로 묻고 있다. 그만큼 수운의 시대적 상황은 뿌리 깊게 어려웠고, 민생은 도탄에 빠졌으며, 세상은 병들어 있었다.

글이나 말은 일정한 공간과 시간의 산물이다. 진실한 글이나 말일수록 그 시대상황을 드러낸다. 해월의 글들 속에서도 우리는 그 시대상황을 감지한다. 해월의 시대에는 유난히 여러 이유들로 사람에 대한 차별이나 구별이 심했던 것 같다. 해월의 다음 표현 속에서 우리는 그것을 느낀다: "우리나라 안에 두 가지 큰 폐풍이 있으니 하나는 적서(嫡庶)의 구별이요, 다음은 반상(班常)의 구별이다"(포덕). 이어 해월은 이런 구별에 대하여 나름으로 다음처럼 평가를 내린다: "적서의 구별은 집안을 망치는 근본이요 반상의 구별은 나라를 망치는 근본이다"(포덕). 수운이 나라 안에 나쁜 질병이 있어서 백성이 편안할 날이 없다고 하였다면, 해월은 그 질병을 이러한 인간차별에서 찾았다. 인간차별이 결국 공동체를 망하게 한다고 해월은 진단하였으며, 공동체의 유지와 안정은 인간을 얼마나 평등하게 대하고, 인간사회에 얼마나 평등이 깃들게 하는가에 근원적으로 달려 있음을 해월은 누구보다 체득하고 있었다.

적서의 구별과 반상의 구별은 당시 사회의 이념과 질서의 유지, 기득권의 옹호 등을 위해서는 필요하였을지 모르나 실제로 가정과 국가를 망치는 뿌리로서 작용한다. 아무튼 해월의 시대에는 속속 인간차별의 고질병이 깊이 스며있었다.

해월은 "사람이 바로 하늘이니 사람 섬기기를 하늘처럼 하라"(대인접물)고 표현한다. 이 표현은 우리로 하여금 그 당시에 어떤 사람은 하늘처럼 전혀 섬김 받지 못한 사실이 있음을 느끼게 한다. 아니 어떤 이는 사람이지만 사람으로서 대접받지 못하였을 것이다. 사람으로서 사람답게 대우받지 못하였다면 그 사람에게 해월의 언표는 복지의 소식이 아닐 수 없다. 사람을 사람으로서 대우하는 것이 모든 복지의 시작이라 한다면 해월의 시대는 그만큼 복지의 필요성이 절실하였다. 복지가 절실하였던 시대를 해월은 살고 있었다.

해월은 "이 때를 당하여 윤리도덕이 자연히 무너지고 사람은 다 짐승의 무리에 가까우니 어찌 난리가 아닌가"(개벽운수) 하고 한탄한다. 그토록 윤리도덕을 숭상하고 존중한다는 조선의 후기에 해월이 자기 삶의 자리에서 체험하던 것은 거꾸로 윤리도덕이 무너지고 인간은 짐승처럼 변질되는 일이었다. 유교나 성리학의 군자나 선비의 기개와 정신, 가정의 효제, 인의예지신의 윤리도덕, 불교의 자비, 자리이타 등은 어디에 있었던가. 그것은 일부 사람의 삶과 마음속에만 있었던가. 아무튼 해월의 표현 속에서 우리는 해월의 시대가, 윤리도덕이 무너지고 인간의 마음이 짐승처럼 욕망 충족적이고 포악하던 상황이었음을 느낀다.

해월의 시대는 위생이나 청결에 있어서도 상당히 심각하였던 것 같다. 해월은 "가래침을 멀리 뱉지 말며, 코를 멀리 풀지 말고, 침과 코가 땅에 떨어지거든 닦아 없이 하며"(내수도문)라 하여 일상생활에서 가래나 침 등을 함부로 뱉어서 위생이나 보건에 장애가 적거나 없도록 당부한다. 이는 곧 그 시대에 보건위생에 있어서 상당히 불결하고 문제가 있었으며, 코나 가래를 통하여 질병이 잘 옮겨질 수 있었던 것 같다. 질병에 걸리지 않으려면 그만큼 청결하고 위생적인 환경을 유지하는 것이 필요하던 시대 상황이었던 것이다.

그렇다면 역사의 기록이나 자료에 의하면 해월의 시대는 어떠하였던가. 널리 알려져 있다시피, 해월이 살았던 조선후기는 여전히 왕조사회요, 어느 정도 신분 내지 계급제 사회이었다. 해월시대의 왕으로는, 순조(1800-1834), 헌종(1834-1849), 철종(1849-1863), 고종(1863-1907), 이렇게 넷이었다. 해월의 시대 내지 조선후기 사회의 특징으로서 우리가 가장 먼저 지적할 수 있는 특징은 고착화된 신분제의 이완과 신분의 변동이다(국사편찬위원회, 1995, 한국사 34, pp. 1-157). 좀 더 구체적으로 말하면, 여러 가지 이유로 인한 양반인구의 급증, 양반의 첫째 부인이 아닌 자식이나, 양반이 아닌 어머니와 양반 아버지 사이의 자식 등 소위 서인(庶人)의 증가와 지위 향상, 상품경제, 화폐경제 등의 변화로 인한 중간층서민의 성장, 노비의 실질적 해방과 그 수의 감소와 신분 상승 등이 양반, 중인, 하인 등으로 나누어져 굳어져 있던 조선의 신분질서를 상당히 변화시키고 있었다. 넓게 말하면 조선 후기는 봉건적 계급적 신분제 사회에서부터 오늘과 같은 민주적 평등의 근대사회에로 넘어오는 그 중간의 과정 즉 역사적 전환의 시대이었다고 할 수 있다.

해월 시대의 두 번째 특징으로서 우리가 말할 수 있는 것은 관리의 지극한 타락이다. 그토록 타락해버린 관리들의 나라 조선도 처음에는 유교의 이념과, 그 이념의 공동체적 실현의 활발한 의지에 의하여 세워졌다. 유교이념의 핵심은 인의예지요, 가정생명공체에서는 효제(孝悌)요, 사회공동체에서는 내성외왕(內聖外王) 내지는 수기치인(修己治人) 즉 스스로 인격의 완성에 이르되 끊임없이 나를 포함한 주위 사람을 함께 그 경지에로 이르도록 돕는 그 도리에 있었다. 왕조국가 조선의 통치 질서와 경제(經濟)질서를 함축하는 언어체계이자 기본 법전인 <경국대전(經國大典)>도 6개 전(典)으로 나누어 나라의 기강과 여러 규정을 명시하고 있는 바, 이전(吏典)에서는 관직의 위계질서와 이름, 역할을 표현하여 적재적소에서 관리의 정사(政事)가 바르게 펼쳐지도록 하고, 호전(戶典)에서는 땅과 세금, 주택과 노역, 생산 등 경제관계의 원칙을 정하여 나라의 살림살이가 규모 있게 발전하도록 하며, 예전(禮典)에서는 관리의 선발 방법, 연회와 사신접대, 음악과 제사, 관리들의 회의, 의사전달 등에 있어서 규정을 분명히 하여 나라의 온갖 예법이 바르게 시행되도록 하고, 병전(兵典)에서는 군사의 업무와 군대의 기강을 세워 나라의 안팎 호위와 치안, 국방이 잘되도록 하며, 형전(刑典)에서는 범죄의 발생을 다스려 인간관계가 도리에 맞게 펼쳐지도록 하고, 공전(工典)에서는 산과 강이 인간의 삶에 맞도록 공사하고, 나무 심기, 도자기, 각종 생필품 만들기에 대하여 규명하여 임금, 관리와 백성의 일상생활이 가지런히 되게 하였다(윤국일 옮김, 신편 경국대전, 2005). 특히 관리의 선발시험 즉 과거(科擧)에서는 4서 5경 등 유교의 핵심 책들을 얼마나 잘 외우고 잘 이해하고 있는가 묻고, 답하게 하는 것을 그 시험과목들 가운데 포함시켜 뽑고자 하였는바, 결국 의사소통 능력과 도덕윤리의 품성이 관리자격의 핵심이게 하였다(경국대전, 예전 참조). 그런데 역사가 흐르면서 어찌하여 관리들은 타락하여 갔단 말인가. 남을 배려하고 덕행을 하며, 정직하고 사회정의를 실현하며, 근검, 성실, 절제 등 도덕과 관례, 가례, 상례, 혼례, 주법과 끽연법, 식사와 의복에서의 예의 등 예절을 구별하는 것은 필요하며, 조선사회와 특히 조선의 지배계층은 정작으로 유교의 핵심인 인(仁)이나 공정성, 자유, 정직, 평등 등의 중요한 도덕을 숭상하지는 아니하고 오히려 민중들을 심하게 차별하고 엄청난 고통을 주었으며, 유교의 원리를 교묘하게 이용하여 매우 예절 지향적이지만 지배계급은 극도의 계급 이기주의, 족벌 이기주의에 빠져 공공의 이익보다는 사리를 추구하였다. 공맹을 따르자고 무수히 말하였지만 오히려 공맹의 위대한 가르침을 배반하여 결국 조선사회는 쇠락하고 멸망하였다. 조선사회의 타락과 멸망은 유교의 도덕 탓이 아니라 예절로 치장된 매우 부도덕함에 그 근원이 있다고 진단하는 윤리학자의 이러한 견해(김영진, 2000, pp. 13-68)는 조선사회 쇠망의 이유가 오늘 우리 사회의 흥망에도 분명히 이어주는 바가 있음을 시사한다. 하지만 조선후기로 올수록 관리들, 지배계급의 윤리적 타락과 부도덕은 몇 가지 사회통치구조의 변동과 각종 부세 및 조세제도 등 제도의 문란과 연계되는 바가 크다. 우리는 관리의 타락을 가져오는 사회구조의 변질에도 주목해야 한다. 여기서 우리가 반드시 거론해야 할 것 가운데 하나는 세도정치이다. 세도정치는 정조가 돌아가고 순조가 겨우 11세의 어린 나이로 즉위하자 왕을 보좌하던 김조순이 자신의 딸을 순조의 왕비로 책봉하게 하고 왕권을 압도하면서 안동 김씨에 의하여 저질러졌다(이기백, 1982, pp. 296-297; 송찬섭 외, 2001, pp. 210-212). 그 뒤 역대 왕들과 척족관계에 있는 양반관료가 실제 정치를 장악하였다. 순조 말년부터 헌종 때까지는 헌종의 모후가 조만영의 딸이었던 고로 풍양 조씨의 세도가 행해지다가 철종이 즉위하자 그 비(妃)가 김문근의 딸이었으므로 다시 안동 김씨의 세도정치는 일어났으며 왕권은 명목에 지나지 않았고 요직은 권문일족의 사유물이 되었다. 유교적 이상을 실현하기 위하여 시작된 조선은 거룩한 배움(聖學)을 체득하여 실천하는 왕권과, 그를 보좌 보충 보완하는 충신(忠信)의 신권(臣權)이 상호보완 상호견제하면서 결국 백성의 편안을 도모하고, 경국대전에서처럼 모든 나라의 운영과 관리의 선발이 규율과 기강에 맞게 행해져야 국태민안 하거늘 세도정치는 이러한 균형과 도덕을 근본적으로 뒤흔든 셈이다. 공자의 언급처럼 정치가 제대로 되려면 군은 군이요, 신은 신이어야 하나 신이 군을 대신하고 군은 군답지 않으니 나라는 뿌리 채 바르지 않게 되었다. 수운의 "유도(儒道) 불도(佛道) 누천년에 운이 역시 다했던가"(교훈가)라는 탄식어린 표현은 타락한 관리들의 조선에 대한 근원적 직감적 반성이다. 정권의 도덕성이 상실되고, 가문의 사사로운 이익을 위해 정국이 운영되어 자연히 부정과 부패가 만연하자 관직의 매매도 성행하였다. 벼슬자리가 치부의 수단이 되었던 것이니 특히 지방재정을 담당하는 수령직의 매매가 유행하였다. 19세기 후반의 수령들은 뇌물을 받고 향임을 임명하는 것이 응당한 관례로 인정하게 되었을 정도였다(국사편찬위원회, 1995, p. 38). 세도정치, 매관매직의 영향 안에서 국가의 가장 중요한 재정수입원인 전정(田政), 군정(軍政), 환곡(還穀)의 소위 삼정(三政)은 극도의 문란에 빠지게 되었다. 지방 관리들은 삼정의 문란과 함께 농민들로부터 부당하게 거둬들인 것으로써 점점 살쪄 갔다. 말단에서 행정을 담당하는 향리들도 그러하였다. 농민의 부담은 과중하였고 국가의 재정마저도 위협 받았다(이기백, 1982, p. 298). 삼정의 문란과 조선 후기 지주제도 안에서 농민들은 부를 축적하기는커녕 가족의 생존도 유지하지 못하여 많은 이들이 유랑하였고 농촌사회는 피폐케 되었다(신용하, 2005, p. 285).

해월 시대의 세 번째 특징은 외세침략이다. 임진 1592년(선조 25년)에 왜군(일본)이 침략하여 난리를 일으키고(임진왜란), 병자 1636년(인조 14년)에 청군(胡)이 침략하여 또 난리를 일으켰다(병자호란). 요즘처럼 하나의 주권 국가로서 국제적 협약이나 합리적 규율에 의해 경제 정치의 교역과 외교를 통한 상생관계가 아니라, 분쟁과 갈등, 부정부패로 나라 자체가 허약할 때 하나의 세력으로서, 자기 자본상품의 판매시장 확보를 위해, 자원을 침탈하기 위해, 자기네 이념이나 신조 등을 퍼뜨리기 위해 등등, 온갖 이유로 다른 나라가 우리에게 서로 간에 대등한 협약이나 절차 없이 들어온다면 그것은 외세침략이다. 이것은 반드시 나라에는 중대한 위협이요, 나라를 위기에 빠뜨린다. 임진과 병자의 악몽이 사람들 마음속에 깊은 상처로서 여전히 남아있는 때 조선 후기에 청, 일본, 러시아 같은 이웃 나라뿐 아니라 남아메리카, 아프리카 등지를 식민지로서 개척한 자본주의적 제국주의 서구 열강들이 동아시아로 침략의 손길을 뻗치고, 1832년(순조 32년) 충청도 해안에 나타난 영국 상선이 무역을 요청하며, 대원군의 쇄국정책에도 불구하고 천주교 선교사를 앞세운 프랑스의 함대, 제너럴 셔어먼호의 미국, 독일, 이탈리아, 벨기에 등이 조선으로 쳐들어왔다(이기백, 1982, pp. 314-317; 이이화, 2004, pp. 23-63; 송찬섭 외, 2001, pp. 229-231). 일본은 조금 뒷날 결국 우리나라를 침탈하였고, 조선에 대한 침략에서 최종적으로 승리한 것은 미국이었다. 수운은 미국침략의 근원적인 비극을 아직은 섬세히 깨닫지 못하였으나, 일본에 대하여는 "개 같은 왜적놈을 한울님께 조화받아 일야간에 멸하고서"(안심가)라 하며 나라의 근원적인 적(敵)으로서 깊이 인식하고 마음의 칼날을 내세운다. 외세의 침략은 나라 사람의 편을 갈라 서로 싸우게 하고, 그 생존과 주체적 문화생활을 사정없이 뒤흔든다. 해월은 그런 시대의 초창기에 처하여 있었다.

해월 시대의 네 번째 특징으로서 언급해야 할 것은 질병의 전염과 생존의 위협이다. 1727년(영조 3년) 이후 3년간과 영조 26년에는 앓다가 죽은 자가 30만 명 이상이나 될 정도로 전염병이 크게 유행하였다(국사편찬위원회, 1995, p. 84). 1821년(순조 21년)에는 서부지방에 전염병이 크게 번져 10만여 명이라는 엄청난 숫자가 목숨을 잃었다(박영규, 2005, p. 461). 1859년에는 일본에서 콜레라가 옮겨 와 크게 유행하여 1860년 6월에 치러야 할 대·소과(大·小科)의 초시(初試)를 다음 해 봄으로 연기해야 할 정도이었다고 한다(김경애, 1984, p. 60).

개신교 선교사의 부인 한 사람은 1895년 7, 8월에 콜레라가 조선을 휩쓸었다고 기록하기도 한다(언더우드부인의 조선견문록, 2008, p. 173). 사람들에게 여러 가르침을 행하던 해월도 1886년 4월에 이르러 악질의 유행을 염려하여 위생준칙을 지어 여러 곳에 보냈다(표영삼, 2005, pp. 137-138). 그 해 6월 하순부터 전국에 콜레라가 크게 유행하였고, 콜레라가 번지면 마을 전체가 공포에 휩싸였으며 많은 목숨은 죽어나갔다고 한다. 해월은 한 층 기도에 힘쓰고, 특히 청결을 주로 하되, 묵은 밥을 새 밥에 섞지 말고, 묵은 음식은 새로 끓여 먹으며, 침을 아무데나 뱉지 말고, 집안을 청결히 닦으라고 당부하였다(천도교 창건사, 2편, p. 38). 해월의 <내수도문>도 질병의 전염을 막는 일과 관련된다. 우선 생존해야 우리 모두 보다 나은 삶을 향할 수 있을 것이기 때문이다.

해월 시대의 특징으로 마지막으로 말할 수 있는 것은 민란의 발생이다. 예나 지금이나 사람 사는 세상에, 상생의 정신에 의한 정당한 통치는 만인의 동의와 수용을 가져오지만, 억압과 착취, 지배 등 생명 죽임의 통제는 반드시 개별적 조직적 저항을 불러온다. 가령 1811년(순조 11년) 평안도에서 몰락한 양반 출신 홍경래와, 그를 도운 우군칙, 김사용 등이 일으킨 민란, 그 영향이 확산되어 전국적으로 쉴 새 없이 일어난 소규모의 민란들, 1862년(철종 13년)의 진주민란(이기백, 1982, pp. 304-305), 드디어는 1894년 갑오동학농민혁명 등은 타락하다 못해 악질적인 존재로 전락한 관리들, 벌열(閥閱)정치, 세도정치 등에 의해 빚어진 병든 양반사회 자체에 대한 민중의 저항이자 반란이요, 평등주의적이고 민주주의적인 사회건설에 그 부여된 역할을 하고자 한 것이며(고석규, 1998, p. 381), 외세의 침략에 의한 나라 잃음을 막으려는 항거요, 새로운 사회, 복지사회를 향한 인간생명의 사회적 표출이었다. 이러한 시대적 상황에서 어릴 때 이름은 경상, 다섯에 어머니를 여의고, 열둘에 아버지를 잃으며, 17세에 생활의 곤궁으로 종이 만드는 공장에서 일하고(천도교서, 해월신사편), 19세에 밀양 손씨와 부부의 의를 맺으며, 33세(기미 1859년)에 금등골 산속으로 이사 가서 밭을 일구어 농사짓던 해월은 35세에 이르러, 경주 용담에 신인(神人)이 나타났다는 소문을 듣고 몇 친구들과 같이 용담으로 찾아가 자기보다 세 살 위인 수운을 만났다(표영삼, 2004, pp. 234-239). 이 만남은 해월로 하여금, 일상생활의 권태로움을 해소시킬 수 있는 대상에로의 무비판적 몰입의 정념인 열광(熱狂)이 아니라, 내밀의 공간에서 조용히 잔잔하게 일어나는, 항거할 수 없는 매력으로 다가온 감격, 새로운 삶에로 나아갈 수 있다는 희망의 기쁨, 새로운 삶의 차원으로 들어 올리는 느닷없는 생기(生起), 새로운 창조, 형이상학적 경험, 삶을 긍정하면서도 삶을 바꾸는, 개인을 다른 차원으로 바꾸면서도 역사를 새롭게 바꾸는 근원적인 힘으로서의 열망(熱望)에 휩싸이도록 하였다(이규성, 1996, pp. 32-46). 우리는 이러한 해월의 그 삶에서 솟은 사상을 사회복지의 사상 즉, 오늘 우리의 사회복지실천과 정책으로 하여금 그 뿌리채 복지이도록 하는 어떤, 정신의 토대로서 읽을 수 있다고 느낀다.

3. 해월의 사회복지사상

1) 생태복지사상

이 하나뿐인 지구 위에서 수많은 생명종의 하나인 인간은 모든 생명의 보금자리 지구를 끊임없이 허물어왔다. 이 허묾은 인간 이기주의로 온갖 자연 자원을 탐욕스레 집어삼키고 인간생활의 온갖 폐기물을 지구 구석구석에로 쏟아버리는 인간의 실로 무지한 욕망의 결과이다. 아무도 이 허물에서 면죄될 수 없다. 1990년에서 1997년 사이의 지구 총생산량이 문명의 발생 이후 1950년까지 성장한 수치와 같은 양으로 증가하였으며, 1997년 한 해의 경제성장이 17세기 동안 이룩한 경제 성장과 거의 맞먹는다고 한다. 소비와 낭비 지향적인 인간의 생활형태가 지구를 위기에 처하게 했다. 20세기 끝에 모든 지구 삼림의 절반이 사라졌다. 멕시코의 국토 면적보다 큰 면적의 삼림이 1980년에서 1995년 사이에 사라졌으며, 지금도 매년 48억 평의 삼림이 없어지고 있다. 모든 대륙의 지하수면이 매년 1-3미터씩 낮아지며, 어장이 붕괴되고, 농토는 침식되며, 강물이 마르는가 하면 습지가 없어지고, 많은 생물종이 사라진다(조셉 젠킨스, 2004, pp. 18-19). 21세기에 들어와서는 지구 온난화 현상이 부쩍 늘고 있다. 이것은 우리의 위기이며, 지구에 대한 우리 모두의 책임적 윤리문제를 제기한다(한스 큉, 1992, p. 26). 인간에 의한 생태계의 오염과 파괴는 지금까지 자본주의적 경제생활과, 그것을 가능케 한 인간의 개인적 집단적 사고방식과 생활방식에 기인하며, 만일 우리가 온전히 살기를 바란다면 이제 그 방식들을 근본적으로 반성해야 한다. 복지사회는 자연과 인간이 조화를 이루어 살되 인간으로 인하여 자연이 존속되는 인간의 사회일 것이고, 인간의 복지적 삶이란 결국 자연생태계와의 친화적인 공동생활이 아닐 수 없다. 기존 사회복지학이 어떤 방향이나 시각, 방법으로 논의되고 연구된다 하더라도, 사회복지와, 생태계 유지와 보전의 문제는 실제에 있어서 근원적으로 분리될 수 없다. 이러한 생태복지의 시각과 문제의식에서 해월의 사상이 우리에게 건네 오는 바는 크고 깊다.

경주 용담에서 100여리 정도 떨어져 있고 현재 경북 영일군 신광면 반곡리에 있는 금등골에서 조선시대 봉건지배기구의 말단으로서 수령의 자문기관의 역할을 맡아보던 향청의 향임의 하나였던 풍강(집강)도 했다 하고, 화전을 일구어 농사로 생계를 꾸리며, 청소년기에는 머슴살이 생활에 '머슴 놈 머슴 놈' 하면서 천대 받음에 가슴이 멍들 정도로 괴로워하기도 했던 해월이 동학의 무(無)귀천사상, 남녀평등사상, 유무상자(有無相資)의 경제 공동체적 생활 등으로 소문나고, 무엇보다 무극대도(無極大道)를 깨달았다는 수운에게 배우고 공부(工夫)하기 위해 서른이 훨씬 넘은 나이에 찾아갔다(박맹수, 1995, pp. 30-35). 스승 수운은 찾아온 해월에게 자신의 신접(神接)신비체험에서 얻은, 13자 주문(爲天主顧我情 永世不忘萬事宜)을 처음에, 나중에 8자 주문(至氣今至 願爲大降)을, 그 다음에 다시 13자 주문(侍天主造化定 永世不忘萬事知)을 주어 지극 정성으로 외우도록 하였고(박맹수, 1995, p. 35), 해월은 '생업도 돌보지 않고', '문밖출입도 삼간 채' 송주(誦呪)하였다(해월선생문집). 수운은 도를 닦는 절차와 방법이 오직 21자(지기금지원위대강 시천주조화정 영세불망만사지)로 될 따름이요(논학문), 13자(시천주조화정 영세불망만사지) 지극하면 만권시서(萬卷詩書)도 필요 없음을(교훈가) 힘주어 말하였다. 해월은 하느님 모심(侍天主)의 삶을 지극히 성실하고 정성스레 살고자 노력하였다. 해월은 수운의 가르침에 충실하였던 셈이다.

천주(天主) 즉 한울님, 하느님을 모시면 조화가 정해진다는 수운의 도는 그 당시 이미 조선에 전래된 가톨릭 즉 천주교(天主教)로 혐의받아 조정으로부터 나쁘게 보이기도 하였다. 수운은 천주교 즉 양학(洋學)은 자신의 도(道)와 같은 듯하나 다름이 있고, 주(呪)가 있으나 실(實)이 없으며, 운(運)은 하나요 도(道)인 즉 같으나 이(理)인 즉 아니라(논학문)고 한다. 하느님을 믿고 따르고자 함에서는 천주교와 동학이 같으나 그 하느님에 대한 이해에 있어서는 다를 수 있는 것이다. 천주교 즉 그리스도교의 경전인 성경은 "한 처음에 하느님께서 하늘과 땅을 지어내셨다(창세기)" 하여 지음 받은 하늘, 땅과, 지은 하느님을 구분한다. 하느님은 여기서 초월존재이다. 수운의 하느님은 한국민의 심성 속에서 수천 년 간 형성 발전되어온 존재로서 절대적 초월자로서 주(主)이면서도 동시에 삼라만상 위에서, 속에서, 그리고 더불어 관계 맺는 지극히 가까운 세계의 충만이요, 지금 여기에 와 있고 지금 여기에서 확산되는, 무신론과 유신론을 넘어설 뿐만 아니라 언제나 휴머니즘도 넘어서는, 생명생성의 무궁함과 광활함, 창조와 진화의 존재로서 범재신관(汎在神觀)의 존재이다(김경재, 1982, pp. 220-225). 수운은 하느님에 대하여, 상제(上帝), 한울님, 천주 등으로 표현하였고, 수운에게서 그 님은 인격적인 분, 유일하신 분, 되어져 가는 분, 몸에 모셔져 있는 분(표영삼, 2004, pp. 108-124)으로 이해되고 체험되었다. 해월에게서 이 하느님은 마음으로 길러가야 할 양천주(養天主)이다. 해월에게서는 서구의 철학에서처럼 초월로서의 신 존재증명의 수고와 논리적 부담이 필요하지 않다. "오직 한울을 기르는 사람에게 한울이 있고, 기르지 않는 사람에게는 한울이 없기"(양천주) 때문이다. 해월은 이렇게도 말한다. "내 핏덩어리만이 아니어니 어찌 시비하는 마음이 없으리오마는 만일 혈기를 내면 도를 상하므로 내 이를 하지 아니하노라. 나도 오장이 있거니 어찌 탐욕하는 마음이 없으리오마는 내 이를 하지 않는 것은 하느님을 봉양하는 까닭이니라"(대인접물). 하느님을 봉양함(養天主)은 자기 속의 하느님을 길러 하느님 사람이 되고자 함이다. 해월은 "사람이 바로 한울이요 한울이 바로 사람이니, 사람 밖에 한울이 없고 한울 밖에 사람이 없다"(천지인 · 귀신 · 음양)고 한다. 해월은 수운의 주문을 외우고 외워 확실히 깨달아 아무리 생각해봐도 사람이 곧 하느님임을 보았고, 그 사람은 그런 면에서 생명세계의 누구보다 최고로 영성적이며, 그러므로 만물의 주인이고(기타), 누구라도 사람을 업신여기거나 못살게 구는 일은 없어야 함을 조선후기 그 시대상황에서 자각하였다. 하느님 섬김은 곧 사람 섬김이요, 사람 섬김은 그 안의 하느님을 봉양하여 실로 온전한 인격에 도달하는 일이다. 그 인격은 생명세계의 유지와 보존, 생태복지실천에 책임지는 존재이다. 한울을 봉양하고 기르는 일은 생명세계 속에서 사람에게 주어진 책임이요 도리일 터이다.

해월의 마음눈에 우주 만물은 한 기운의 소사(所使)요, 한 하느님의 하는 일(所爲)이다(기타). 만물이 다양하나 다 하느님의 표현이다. 우주 안에는 혼원(渾元)한 한 기운으로 충만하다(성 · 경 · 신). 이 하늘과 땅(天地)은 사람의 부모(父母) 같으며, 부모 역시 천지이니 천지부모가 한 몸이다(천지부모). 사람의 먹 거리 곡식은 천지의 젖이요, 부모가 아기를 낳음은 천지가 결국 낳음이며, 그 어머니의 젖은 곧 천지의 젖이다(천지부모). 곡식으로 빚어진 밥 한 그릇 먹을 때 마다 하느님, 천지의 은덕을 마음 깊이 새겨야(食告), 그 이치를 아는 자라 할 수 있다. 밥 한 그릇을 먹음의 이치를 아느냐 모르느냐가 모든 일의 이치를 아느냐 모르느냐를 좌우한다(천지부모). 밥 한 그릇의 노동적 사회경제적 우주적 존재적 이치를 모르니 어찌 무엇을 안다고 할 수 있으랴. "땅을 소중히 여기기를 어머님의 살같이 하라"(성 · 경 · 신)는 해월의 당부에서 그의 생태복지사상은 극치를 이룬다. 이 당부는 결코 이성적 · 철학적 사유에서 나온 것이 아니라 깊은 종교적 영성에서 우러나온 깨달음이며 체험이다(김춘성, 1999, p. 60). 해월의 생태복지사상은 영성적 체험의 산물이다.

스승 수운의 주문을 성경신(誠敬信)으로 외우고 또 외워 하느님의 마음이 곧 해월의 마음이 되니 하느님의 그 조화(造化)는 해월의 마음 속에 자리 잡았고, 하느님 그 본래 마음을 지키고 지켜 몸과 마음의 기운을 바르게 하니(守心正氣) 만사의 이치를 아는 데(萬事知)에 해월은 이르렀다. 해월은 1861년에 수운을 만났고, 1864년에는 대구에서 수운이 죽임 당하는 것을 목격하였다. 그는 관의 지목을 피해 도망 다녔다. 그는 스승의 책과 밥을 보따리에 넣어 싸서 경상도, 강원도, 충청도, 전라도 등 이곳저곳으로 다녔다. 그래서 최보따리 라는 이름을 얻기도 하였다. 1890년(경인) 7월에 해월은 강원도 인제의 이명수 라는 이의 집에 이르렀다. 마침 새 무리가 뜰 나무에 앉아 우는 것을 그는 보고, “저 역시 시천주(侍天主)의 소리도다. 묘하구나. 하느님 길 영묘하여 일에 간섭치 않음이 없다”(천도교창건사, 6편, p. 40)고 말한다. 무릇 사람과 숨 쉬는 생명 모두가 하느님의 근원적인 한 기운의 표현이요, 새 우는 소리가 그대로 해월의 마음 귀에는 하느님 모시는 소리로서 들렸다. 이는 해월이 ‘만사를 깨닫게 된다’(萬事知)는 단계의 체험에 이르렀음을 말한다(최동희, 1998, p. 27). 우리가 이러한 귀를 회복할 때 비로소 생태복지는 보장될 것이다.

해월의 생태복지사상은 그의 삼경(三敬) 즉, 경천(敬天), 경인(敬人), 경물(敬物) 가운데, 경물에서 함축적으로 드러난다. 경천은 스승께서 창명하신 도법(道法)이요, 그것은 결국 마음을 공경함이며, 그런 점에서 곧 경인으로 이어지고, 사람을 공경하는 그 행위에 의하여 경천은 실제로 효과가 나타나며, 경천만 있고 경인이 없다면 농사의 이치는 알되 땅에 실제로 씨를 뿌리지 않는 것과 같고, 하느님과 사람은 하나이니 사람을 버리고 따로 하느님을 공경한다는 것은 물을 버리고 해갈(解渴)을 구하는 것과 같으며, 도덕(道德)의 극치에 도달하려면 물(物) 곧 자연생명을 공경하는 데(敬物)에 있어야 하고, 경물은 천지기화(天地氣化)의 덕과 하나 됨이다(삼경) 라고 해월은 우리에게 가르친다. 그것은 경천과 경인이 분리될 수 없고, 이 둘은 결국 경물에서 완성된다는 가르침이다. 사람을 공경하고 한울을 공경하며, 한울을 공경하듯이 사람을 공경하고, 한울과 사람을 공경하는 일은 드디어 자연생명의 만물을 공경함에서 실제로 완성된다고 이해될 수 있는 해월의 가르침은 해월 사상의 핵심이요, 오늘 우리의 삶과 사회의 바른 방향에서도 소중한 밑거름이다. 물론 우리는 이 가르침을 오늘 여기서 생태복지사상의 근원으로 삼을 수 있다. 사람과 사회의 비복지(非福祉)는 근본적으로 경물을 실행하지 않거나 못함에서 비롯된다. 사회의 복지는 사람 하나 하나가 경물할 때 비로소 깃든다. 경물은 인간의 인위적 당위이라기보다 이치에 맞는 행위이다. 사회복지는 이렇듯 존재의 이치를 깨닫는 데에서 시작된다. 생명세계의 이치를 깨달을 때 모든 생명에의 공경은 자연스러우며, 사회복지의 실현은 그 이치를 깨달을 수 있어야 역동적이게 된다.

해월의 생태복지사상이 오늘 우리의 구체적인 실천에로 이어질 수 있게 하는 것은 그의 '내수도문'에서의 "나무라도 상(上)순을 꺾지 말며" 등과, 특히 '십무천(十毋天)' 즉 우리가 한울과 함께 혹은 한울에 대하여(어떤 이는 여기서 '한울'을 '마음', '사람', '만물', 세 가지 의미로서 이해하고자 하지만[김춘성, 1999, p. 57] 우리는 한울을 생명이요, 그 생명의 근원이라 보고자 한다. 왜냐하면 '마음', '사람', '만물'은 결국 생명이며, 해월은 가끔 '한울' 안에서 그 생명의 근원을 말하려고 하는 것 같기 때문이다), 하지 말아야 할 열 가지 당부에서 나타난다. 그것은, 무기(欺)천 즉, 한울을 속이지 말라, 무만(慢)천 즉, 한울을 거만하게 대하지 말라, 무상(傷)천 즉, 한울을 상하게 하지 말라, 무난(亂)천 즉, 한울을 어지럽게 하지 말라, 무요(夭)천 즉, 한울을 일찍 죽게 하지 말라, 무오(汚)천 즉, 한울을 더럽히지 말라, 무뇌(餒)천 즉, 한울을 주리게 하지 말라, 무괴(壞)천 즉, 한울을 허물어지게 하지 말라, 무염(厭)천 즉, 한울을 싫어하게 하지 말라, 무굴(屈)천 즉, 한울을 굴하게 하지 말라는 열 가지다. 생명과 그 생명의 근원인 한울이 이 생명세계 안에서 함께 생명답게 살아가는 세상, 그리하여 생명이 서로 도와 서로를 살리되 스스로 진화, 약동, 확산하는 생태적으로 건강한 생명복지의 사회를, 해월은 수운의 후천개벽의 영향 아래에서 보다 구체적으로 염원하며 실현하고자 하였다. 그런 점에서 우리는 해월이 이미 생태복지의 사상적 토대를 잘 다져놓았다고 느낀다. 생태복지의 토대가 없는 사회복지는 모래 위에 지은 집과 같다. 생명이 근원적으로 허물어지고서야 어찌 복지이겠는가.

2) 여성복지사상

'여성복지'는 '여성'과 '복지'의 합성어이다. 여성은 여자라 하여 남자와 대비되고, 어머니라 하여 아버지와 대비된다. 여성이 남성과 다른 점은 아기를 임신하고 출산하는 점에 있다. 우리 모두는 아기이었다. 우리 모두는 여성의 자궁 속에 있다가 거기서 나와 여성 혹은 사람의 보살핌을 통해 오늘 여기에 이르렀다. 가족 속에서 여성은 할머니이기도 하고 아내이기도 하며 며느리이기도 하다. 여성을 가족의 시각, 생명공동체의 관점에서 볼 수도 있고, 일반 사회의 한 구성원으로서 볼 수도 있다. 어떻게 여성을 보든 여성은 사람 가운데 남성이 아닌 그 모두이다. 물론 요즘에는 성전환수술이나 시술을 통해 여성에서 남성에로, 혹은 그 반대인 경우의 존재도 있는 것 같다. 하지만 자연의 질서에서는 여성은 여성이요, 남성은 남성이다. 아주 오랜 한 때에는 여성중심 혹은 모계사회이기도 했다고 한다. 지금의 가족제도가 탄생하고, 씨족, 부족, 국가의 형성 속에서 가족과 사회의 생명을 부양하는 데에 필요한 자원과 물질, 자본을 획득하는 일에 있어서 신체, 사회, 정신적으로 보다 나은 남성이 중심이 되어 이제는 부계사회이다. 하지만 지성과 능력을 겸비한 여성들 혹은 여성의 입장을 섬세히 대변하는 소수의 남성들에 의하여 여성, 남성, 양성(兩性) 평등사회에의 운동과 연구, 노력이 많기도 하다. 양성평등의 사회는 남성중심의 사회, 가부장제도의 가족, 자본주의의 남성 위주 노동시장 등에서의 남성에 비한 여성의 열세, 남성 혹은 권력에 의한 여성의 억압과 착취, 여성의 인간존재로서의 권리비하와 인격무시, 여성을 남성의 성적 쾌락의 도구로 전락시키기, 여성의 성 상품화, 여성에 대한 폭행과 폭력 등으로 인하여 인간 공동체가 질적으로 떨어지면서 보다 나은 사회 공동체를 이룩하기 위한 염원과 열망으로 등장하는 개념이다. 따라서 여성의 복지에 대한 요구도 이러한 여성존재의 질적 향상과 부정적 무시와 억압으로부터의 해방과 보호, 여성 가운데에서도 특히 어려움에 처해 있는 여성에 대한 원조와 지원 등, 소위 '여성복지'의 시각에서 나오기도 하며, 모든 면에서 남성중심으로 되어가는 사회 속에서 여성의 해방과 자주(自主)의 이유에서 제기되기도 한다. 여성복지론 안에서도 이처럼 여성복지의 시각과 여성해방의 주장이 미묘하게 얽혀 있다. 가령 어떤 이는 '여성정책'과 '여성복지'를 구분하여, 여성복지는 모든 여성의 복지를 추구하는 광의의 개념과, 도움이 필요한 여성만을 대상으로 하는 요보호 여성 중심의 협의의 여성복지로 나누되, 여성복지문제에 관여하는 사회복지의 하나로 보며, 여성정책은 남녀차별주의나 성차별, 가부장적 가족제도에서의 여성의 비인간화와 여성억압 등이 빚는 여성의 다양한 삶에 연관되는 정부의 정책이라고 보기도 한다(김태진, 2007, pp. 3-22). 하지만 어떤 이들은 인류의 절반은 명백히 여성이라 말하면서 우리 사회 모든 면에 스며든 남성위주 이데올로기가 빚어내는 여성 불리(不利)의 제도와 인식을 사라지게 할 여성주의(feminism)의 시각으로 여성복지란 결국, 모든 여성이 인간다운 삶을 누리기 위해 가부장제와 자본주의와 같은 여성을 억압하는 기제를 제거하고 양성평등을 실현하는 것을 목적으로 하여 사회 전체가 모든 여성을 대상으로 거시적(제도적 · 정책적) 측면과 미시적(기술적 · 대인적) 측면에서 수행하는 모든 실천적 · 이론적 노력이라 본다(김영화 조희금 외, 2002, p. 92). 여성복지에 대한 논의 안에 여성복지의 사상과 여성해방의 운동이 혼재되어 있는 셈이다. 여성복지이든 여성해방이든 궁극적으로는 복지사회의 실현을 목표로 할 수밖에 없다. 다만 여성이 처해 있는 상황에 대한 인식이 여성복지와 여성해방으로 나누어 길을 걷게도 한다. 보다 과거에는 즉, 지금처럼 산업화가 이토록 편재하기 이전의 사회 가령, 촌락중심의 농업공동체에서는 여성은 다만 가족 안에서의 존재였으나 이토록 자본제적 기계 기술적 상품생산이 편만한 도시사회에서 여성은 가족뿐 아니라 직장에도 속하여 있다. 가족에서는 어머니로서의 여성이나 직장에서는 남성과 다를 바 없는 한 사람이다. 직장이 없으면 생존이나 생활이 어려운 여성에게는 직장 구하는 일은 필수이다. 직장 개념에서의 여성은 남성보다 열등하게 처우될 합당한 이유는 없다. 또 여성과 남성 역할의 이분법 또한 설득력을 잃는다. 자본제적 사회에서는 양성평등이 그야말로 이치에 합당하다. 그렇다면 오늘 이러한 미묘히 다른 관점이 얽혀 있는 여성복지론에게 해월의 관점이 주는 것은 무엇인가.

<천도교경전>의 해월신사 법설이나 <동학사>, <천도교창건사>, <천도교백년약사>, <천도교서>, <해월선생문집>, <최선생문집도원기서> 등에서 해월의 언표들을 볼 때, 우리는 해월이 여성에 대하여 '부인(婦人)', '안(內)', '자부(子婦)' 등의 표현을 주로 쓰고 있음을 확인할 수 있다. 해월의 마음속에 있는 여성은 결국 가족속의 존재이며 가정의 한 구성원이다. 본가(本家), 업가(業家), 국가(國家) 등 가(家)의 실현이 삶의 중심으로서 자리 잡은 한국인의 전통과 역사, 사회적 성격 등(최봉영, 1994)에서 볼 때 해월은 지극히 한국적이요 조선적이다. 해월은 가족적 인간관과 사회관 안에서 여성을 본다. 그런 면에서 해월은 서구의 개인주의적 여성관과는 근본적으로 견해를 달리한다.

물론 사람을 포함한 모든 자연생명이 하느님 모시지 않음이 없음을, 스승 수운을 통하여, 나름의 공부와 삶을 통해서 깨달은 해월은 "물이라는 것이 만물의 조상이다(水者 萬物之祖也)"(천지이기)라고 한다.

생명의 근원이 물에 있음을 해월은 보고 있는 것이다. 이것은 생명적 세계관이요, 세계를 한 뿌리의 유기적 상호부조의 존재로서 보는 눈이다. 나아가 이것은 생명근원의 여성성을 깨닫고 있는 것이다. 물은 모든 만물을 살리고 살게 하며 감싸고 낳는 존재이다. 물 없이 살 수 있는 존재는 없다. 물은 지극히 여성적이다. 물이 만물의 조상이라고 보는 해월은 만물의 창조주체로서 남성적인 초월적 유일신(唯一神)을 수용하고 그 존재를 찬미하는 길과는 확실히 분리되어 있다. 그 유일신은 만물을 창조하고 섭리하며 주재하고 통제하지만 물은 다만 만물을 보살피고 서로 살게 하며 만물에 내재한다. 만물 밖에 따로 주재자란 있지 아니하다. 이것을 깨닫는 자는 나요, "나 밖에 어찌 다른 하느님이 있겠는가(我外豈有他天乎)", 하느님을 모신다 함은 곧 "내가 나를 위하는 것(我爲我)"이며, 그러니 "사람이 바로 한울 사람이다(人是天人)"(수도법). 이렇듯 하느님을 바로 알고 사람을 바로 알아 사람의 무궁한 마음을 기르는 일이 사회의 진보에 무엇보다 중요하며, 이 방법은 수운의 가르침과 해월의 실천 속에 있음을 이돈화는 우리에게 잘 말하고 있다(수운심법강의). 사람의 얼굴, 형제의 얼굴 속에서 하느님의 얼굴(브니엘, Peniel)을 보아 하느님의 이름으로, 잘못된 신관에 의해 이 땅 어디서든 사람을 억압하고 착취하는 그릇된 일이 사라져야 하겠다(윤노빈, 2003, p. 327). 잘못된 신관은 생명 전체의 복지에 별로 도움되지 않는 미성숙하거나 덜 발달된 것이요, 가까운 이웃의 얼굴, 자기 속에서 하느님을 보는 일은 그야말로 자신에게든 남에게든 복음(행복한 소식)이다. 해월이 사람은 곧 한울 사람이라 할 때 물론 여성도 포함되며, 그 당시 남자 통치자나 관리들은 그런 생각을 못하였겠지만 여성은 바로 한울 사람이다.

해월은 또 "한 사람이 착해짐에 천하가 착해지고, 한 사람이 화해짐에 한 집안이 화해지며, 한 집안이 화해짐에 한 나라가 화해지고, 한 나라가 화해짐에 천하가 같이 화해진다(一人善之天下善之, 一人和之一家和之, 一家和之一國和之, 一國和之天下同和矣)"(대인접물)고 한다. 한 사람의 맑고 밝음이 집안, 나라, 세상 전부를 맑고 밝게 한다. 그리고 해월은 "부인은 한 집안의 주인이다(婦人一家之主也)"(부화부순)라고 한다. 한 부인의 맑고 밝음이 가정, 국가, 세상 전부를 맑고 밝게 한다. 부인의 수도(修道)를 해월은 그만큼 소중히 여겼으며, 부인을 가정의 종처럼 취급한 이에게는 혁명적인 사고의 전환이 아닐 수 없다. 여기서 우리는 해월의 눈을 통하여 여성에 의한 가족의 복지, 사회의 복지를 볼 수 있는 실마리를 갖게 된다.

우리는 해월의 여성복지사상을, 여성을 대상으로 하는 복지 즉 여성대상복지와, 여성이 주체가 되는 복지 즉 여성주체복지, 이 둘로 나누어 살필 수 있다. 먼저 해월의 여성대상복지사상을 살펴보자. 여기서 우리가 반드시 언급해야 할 것은 1885년(을유) 청주 북이면 금암리에 있는 제자 서택순의 집에 들렀을 때 해월이 안방에서 들려오는 베 짜는 소리에, 제자를 향한 해월의 물음, "그대의 며느리가 베를 짜는가, 하느님이 베를 짜는가"(천도교창건사, 2편, p. 36; 표영삼, 2005, pp. 129-130)이다. 이것은 천주직포설(天主織布說)로 알려진 해월의 유명한 이야기이다. 점심도 거르고 베 짜는 서택순 며느리의 부지런한 노동 앞에서 해월은, 하느님이 베를 짜고 있구나 라는 깨달음을 마음 깊은 데서 표출한다. 계급적 신분제 사회에서 노동은 천민의 의무로서 여겨졌다면, 해월은 그 노동이 생명을 살리는 일이요, 그렇다면 그 노동으로 가정을 일구어 가는 여성이 곧 하느님임을 선포하고자 한다. 이 인식은 도심(道心)의 산물이다. 또한 이 인식은 해월 나름의 여성대상복지사상으로서 우리에게 다가온다.

해월의 여성대상복지사상으로서 우리가 들 수 있는 두 번째는 부인이 성질을 내는 경우, 그 부인에게 남편은 진심으로 정성을 다하여 한

번 절하고 또 두 번 절하라는 당부(부화부순)이다. 성질내고 화내는 부인을 따스한 말과 부드러운 표현으로 대하여 일배이배(一拜二拜) 절하면 반드시 감화 있을 것이고, 결국 가정이 화평해지리라는 해월의 생각은 여성을 복지의 상태에 존재하게 함으로써 이룩되는 가족의 복지, 나아가 나라의 복지를 우리에게 가르친다.

해월의 여성주체복지사상은, 해월이 가정의 부인에게, 손님이 집안에 왔을 때 "손이 오셨다 말하지 말고 하느님 오셨다(天主降臨) 말하라"(대인접물; 천도교창건사, 2편, p. 36)에서 보이고, 그의 <내수도문(內修道文)>과 <내칙(內則)> 등에서 드러난다. 우리는 이러한 해월의 여성주체복지사상을 다음 몇 가지로 정리할 수 있다: ①여성은 집안에 오는 손님을 하느님으로서 인식함으로써 세상을 복지롭게 할 수 있다. ②여성은 집안의 자녀를 하느님으로서 인식하고 때리지 않음으로써 자라는 생명으로 하여금 거룩하게 성숙하도록 도울 수 있고 결국 사회의 복지를 실현할 수 있다. ③여성은 부모와 남편을 극진히 사랑하고 공경함으로써 가정의 평화를 이루고 나아가 세상의 복지를 이룰 수 있다. ④여성은 집안의 위생을 청결히 하고 생명 살리는 음식을 정성스레 빚음으로써 가족과 사회의 복지를 실현할 수 있다. ⑤여성은 임신 가운데 있을 경우, 몸가짐과 마음가짐을 지극히 가지런하고 믿음과 공경으로 함으로써 문왕과 공자 같은 훌륭한 아기를 낳을 수 있으며, 그럼으로써 세상의 복지를 실현할 수 있다.

3) 아동복지사상

아동복지는 인생과 사회 속에서 아동이 지니는 존재의 가치와 소중함, 그 권리에 대한 분명한 인식의 토대 위에서 제대로 실천되고 실현된다. 서구에서는 아동의 권리를 문자로서 선언하여 사람과 공동체가 그것을 실천하도록 하였고, 그 선구는 1922년 영국의 국제아동기금단체연합이 발표한 세계아동헌장이었으며, 뒷날 이것에 뒷받침되어 1924년 제네바에서 개최된 국제연맹 회의에서 제네바 선언 5개항이 채택되었다(장인협 · 오정수, 2004, p. 41). 그 5개항은 다음과 같다: "1. 어린이는 신체적으로 정신적으로 정상적인 발달을 위해 요구되는 모든 수단을 강구해야 한다. 2. 굶주린 어린이에게 먹을 것을, 병든 어린이에게 치료의 혜택을, 지능발달이 뒤늦은 어린이에게는 도움을, 불량한 어린이에게는 감화를, 고아와 부랑아에게는 주거를 마련하여 보호해 주어야 한다. 3. 위기에 직면하였을 때, 최우선적으로 어린이를 구해야 한다. 4. 어린이에게 장래 설계를 세울 수 있는 지위로 이끌며, 모든 종류의 착취에서 보호를 받을 수 있어야 한다. 5. 어린이에게 자기의 능력은 인류동포에게 봉사하기 위한 것이라는 자각을 주며 교육을 해야 한다." 이렇듯 제네바 선언은 아동의 생존권보장, 아동보호의 방법과 최우선 원칙, 아동의 자립과 착취에서의 보호, 아동육성과 교육의 목적을 명시하고 있다.

우리나라의 소파 방정환과 그의 동지들은 동학 및 천도교(소파의 장인인 의암 손병희가 1905년 수운과 해월의 가르침을 '천도교'로 명명한다)의 영향과 일제 식민 상황에서 나라와 민족을 바로 세우고자 하는 열망으로 '어린이'(육당 최남선이 1914년에 활자로서 처음 쓴 이 말을, 소파는 아해, 애 등의 말로 그 존재를 성인의 부속물, 미성숙의 상태로서만 보고자 한 생각을 넘어 늙은이, 젊은이와 마찬가지로 자주 독립의 사람으로 들어 높이고자 하는 용어로서 자주 쓰고자 한다)의 날 행사, 어린이에게 존댓말 쓰기 운동, 어린이의 지식, 덕성, 감성, 신체 발달과 성숙에 도움 되는 동화, 동요, 연극, 그림, 사진, 우리나라 풍습 등이 담긴 책과 잡지 만들기, 어린이 교육 및 육성 운동을 1920년 전후, 그 이후 지속적으로 실천한다(임재택 · 조채영, 2000, pp. 13-18). 이것은 소파의 어린이 삶의 복지와 우리나라에 대한 지극한 사랑의 표현이다.

1923년 3월 20일에 창간된 <어린이>의 '처음에' 라는 글에서 소파는 다음과 같이 말한다: "새와 같이 꽃과 같이 앵두 같은 어린 입술로, 천진난만하게 부르는 노래, 그것은 그대로 자연의 소리이며, 그대로 한울의 소리입니다. 비둘기와 같이 토끼와 같이 부드러운 머리를 바람에 날리면서 뛰는 모양, 그대로가 자연의 자태이고 그대로가 한울의 그림자입니다. 거기에는 어른들과 같은 욕심도 있지 아니하고 욕심스런 계획도 있지 아니합니다. 죄 없고 허물없는 평화롭고 자유로운 한울나라! 그것은 우리의 어린이의 나라입니다. 우리는 어느 때까지든지 이 한울나라를 더럽히지 말아야 할 것이며 이 세상에 사는 사람사람이 모두, 이 깨끗한 나라에서 살게 되도록 우리의 나라를 넓혀가야 할 것입니다."

소파는 어린이의 모습과 삶 속에서 하느님과 하느님 나라를 보고자 하였고, 우리나라의 자주독립과 복지를 염원하였다. 소파는 1921년 6월에 천도교 개벽사에서 창간된 <부인>의 뒤를 이어 1923년 9월에 발행된 <신여성> 2권 6호에서 '어린이 찬미' 라는 제목의 글에서, "고운 나비의 날개, 비단결 같은 꽃잎, 아니 아니 이 세상에 곱고 보드랍다는 아무 것으로도 형용할 수 없이 보드랍고 고운 이 자는 얼굴을 들여다 보라! 그 서늘한 두 눈을 가볍게 감고, 이렇게 귀를 기울여야 들릴 만큼 가늘게 코를 골면서 편안히 잠자는 이 좋은 얼굴을 들여다 보라! 우리가 종래에 생각해 오던 한울님의 얼굴을 여기서 발견하게 된다. 어느 구석에 먼지만큼이나 더러운 티가 있느냐? 어느 구석에 우리가 싫어할 한 가지 반 가지가 있느냐? 죄 많은 세상에 나서 죄를 모르고, 더러운 세상에 나서 더러움을 모르고, 부처보다도 예수보다도 하늘 뜻 그대로의 산 한울님이 아니고 무엇이랴."(안경식, 1999, pp. 48-50, 재인용)라고 쓴다. 소파의 이 마음은 "하느님의 나라는 이런 어린이와 같은 사람들의 것이다. 나는 분명히 말한다. 누구든지 어린이와 같이 순진한 마음으로 하느님 나라를 받아들이지 않으면 결코 거기 들어가지 못할 것이다."(마르코 10, 14-15)라는 표현에서의 예수의 마음과도 상통할 것 같다. 서구의 어린이 인권운동과 시기적으로 결코 뒤지지 않을 소파의 어린이복지실천 운동은 해월의 어린이복지사상의 깊은 영향 속에 있다. 해월의 그것은 무엇일까?

해월은 이치를 확연히 보는 마음의 눈으로 천지의 품에 안겨 사회 속에서 살아가는 인간의 모습과, 부모에 의하여 가정 안에서 엄마의 배(胎) 속에 깃든 태아(胎兒)의 모습을 결국 하나인 것으로서 볼 수 있었던 것 같다. 해월은, "천지는 곧 부모요 부모는 곧 천지이니(天地卽父母 父母卽天地), 천지부모는 일체니라(天地父母 一體也)"(천지부모)라고 하면서 나의 생성, 변화에 있어서 천지와 부모는 하나라는, 존재의 사실을 있는 그대로 드러낸다. 해월은 이어 '포태(胞胎)' 라는 용어를 사용하여 "부모의 포태가 곧 천지의 포태니(父母之胞胎 卽天地之胞胎), 사람이 어렸을 때에 그 어머니 젖을 빠는 것은 곧 천지의 젖이요(人之幼孩時 唆其母乳 卽天地之乳也), 자라서 오곡을 먹는 것은 또한 천지의 젖이니라(長而食五穀 亦是天地之乳也)"(천지부모)라 한다. 어머니는 곡식의 밥을 드시어 엄마젖이 되고, 아기는 그 엄마젖으로 자라 곡식의 밥을 먹는다. 엄마젖과 천지의 젖은 다를 바 없고, 그리하여 부모와 천지는 한 몸이다. 부모의 젖을 먹고 자라서 어른이 되었음을 아는 이가 부모에게 효도하지 않을 수 없듯이 천지의 젖인 곡식으로 만든 밥을 먹고 자라는 이가 천지에게 효도하지 않을 수 없다. 천지의 화생(化生)과 부모의 양육(養育)으로 나의 존재가 생성, 변화, 진화함을 깨달을 수 있는 이 사람은, 그런 점에서 "모든 생명 가운데서 최고로 신령한 자"(萬物中最靈者)(기타)이다. 내 안의 신령함을 깨닫는 이는 그 존재 근거인 하느님을 모시고 살아가는 사람이요, 그런 사람(聖人)

이도록 일찍부터 깨우치는 일은 그래서 소중하다. 복지사회는 그 깨침을 생애 초기부터 제공하는 여건을 갖춘 곳이다. 복지사회는 가정의 복지와 부부 화순의 토대 위에서 비로소 가능하다. 해월은 가정의 태교(胎敎)를 강조하고, "갓난아기의 마음"(赤子之心, 영부주문)이 모든 이에게서 유지되기를 바란다. 여기서 해월의 아동복지사상은 성립한다. 해월의 아동복지사상 역시 여성복지사상에서처럼 아동대상복지사상과 아동주체복지사상으로 나누어 볼 수 있다.

해월의 아동대상복지사상에서 핵심은 아동을 때리지 말라는 데에 있다. 특히 아동을 낳아 기르는 일을 주로 하는 부인은 "경솔히 아동을 때리지 않아야(輕勿打兒)"(대인접물) 한다. 아동을 때리는 것은 곧 하느님을 때리는 일이요, 하느님을 싫어하고 하느님께 상처를 내는 일이다. 모든 생명 가운데 하느님은 깃들어 있되 만물 가운데 최고로 신령한 사람, 그 가운데에서도 가장 하느님의 마음과 닮은 천연(天然)의 아동 가운데 확실히 하느님은 깃들어 있기 때문이다. "경솔히 아기를 때리면, 그 아기가 반드시 죽는다"(輕打幼兒則 其兒必死矣)(대인접물)고 해월은 우리에게 매우 엄정하게 일러준다. 아기가 죽는다는 것은 그 아기가 아동이 되고 점차 어른이 되어 거룩한 사람이 되며, 그리하여 이 사회의 복지를 실천할 근거 자체가 애초에 사라지는 일이다. 죽이는 것은 생명을 없이 하는 일이기도 하지만 그 정신과 양심을 짓밟고 죽이는 것이기도 하다. 때려도 인간의 모진 생명이 살아 있을 수야 있겠지만, 그 속에 깃든 하느님의 마음은 유린되고 죽어 그 생명이 성인(聖人)되는 길은 근원적으로 차단된다. 해월이 "천지조화가 다 이 내칙과 내수도 두 편에 들어있다"(내칙)고 하는 이유는 포태한 부인의 태아를 위한 마음과 몸가짐, 삶의 방법, 삶의 태도 등이 담긴 <내칙>과 부인의 수도(修道)를 위한 일상생활의 내용인 <내수도문>이 결국 사람의 초기 아기, 아동을 복지롭게 하는 일의 엄청난 중요성과 이어져 있다.

아동을 때리지 않음이 아동복지의 근원이요, 아동을 거룩한 사람 되게 하는 일은 아동복지의 목표이다. 이것이 해월 아동대상복지사상의 주된 내용이다.

아동주체복지사상이란 아동이 우리 가정과 사회를 복지의 곳으로 만든다는 것에 대한 이념이다. 해월의 아동주체복지사상은 그 자신의 깨달음, 가정환경, 일상생활에서 나온다. 해월은 1888년 3월, 61세의 나이에 의암 손병희의 여동생 밀양 손씨를 세 번째 부인으로 맞이하여 1890년 1월에 아들 동희(東曦)를 낳는다(천도교백년약사, 1981, p. 156). 환갑이 넘은 나이에 새 생명을 얻는 가정의 환희가 깃드는 것이다. 하느님 모심의 존재이치를 깨닫고 그 마음과 기운을 바로 지켜 가정과 나라를 옳고 좋게 하여나가는 길 위에서 살아가는 해월로서는 이 귀한 아들의 존재에서 솟아나는 높고 깊은 뜻이 각성되지 않을 수 없다. 해월에게 죽임의 그림자가 스며드는 경각의 상황에서(1898년 4월) 해월은 아들 동희(9세)가 아이들과 놀면서 "병정(兵丁)이 우리 집에 들어온다"라고 하는 말을 듣는다. 해월은 아들의 이 말을 듣고 곧 "이것은 천어(天語)이구나. 심상히 듣지 못할 소리로다"라 한다(천도교백년약사, p. 310). 아동의 소리에서 하느님의 소리를 해월은 듣고 있는 것이다. 그리고 해월은 가까이 함께 하던 이들이 각기 집으로 돌아가 깨어 있도록 하고 스스로는 병사들의 체포에 준비하고, 드디어 체포되어 수감되고, 1898년 음력 6월 2일 오후 2시 경 서울에서 조선정부에 의하여 죽임을 당하였다(천도교백년약사, p. 312).

아동은 때때로 우리에게 하느님의 소리를 하고, 그것은 우리의 존재를 가다듬게 하며, 가다듬는 존재로 인하여 가정과 사회는 복지의 곳으로 거듭날 수 있다. 해월은 "나는 비록 부인 · 소아의 말이라도 배울 것은 배우고 좇을 것은 좇나니 이는 모든 선(善)은 다 천어로 알고 믿음이다"(천도교백년약사, p. 121)라고 하며, "누가 나에게 어른이 아니며 누가 나에게 스승이 아니리오. 나는 비록 부인과 어린아이의 말이라도 배울 만한 것은 배우고 스승으로 모실 만한 것은 스승으로 모신다"(대인접물)고 말한다. 이는 사람 속에 깃든 하느님을 보아 겸허히, 때로는 담대히 살아가는 해월의 모습이요, 자기가 늘 잘나고 자존(自尊)에만 빠져있으며 남을 특히, 어린이나 여성을 업신여기는 사람에게 진심으로 하는 해월의 말이다. 선하고 선한 아동의 말이 우리와 우리 사회를 복지롭게 할 수 있는 것이다.

대인(待人)과 접물(接物) 즉, 사람을 귀하게 존중하고 자연생명과 조화롭게 어울리는 일이 모든 사람의 도리임을 깨닫고 틈나는 대로 말해왔던 해월은 그 대인의 방법이 어린이에게서 올 수 있음을 간파한다. 해월은 "사람을 대할 때에 언제나 어린아이 같이 하라(待人之時 如少兒樣). 항상 꽃이 피는 듯이 얼굴을 가지면 가히 사람을 융화하고 덕을 이루는 데 들어간다(常如花開之形 可以入於人和成德也)"(대인접물)고 말한다. 해월의 아동주체복지사상의 핵심은 해월의 이러한 표현 속에 들어 있는 것 같다. 아동이 서로 활짝 핀 얼굴로 웃고 재잘거리며 신나게 돌아다니고 뛰어 노는 곳이야말로 복지사회이며, 그곳에 살아가는 모든 사람은 평화와 안정, 복지와 희망을 얻어 갖는다. 우리 모두 사람을 대할 때에 아동처럼 맑고 밝게 대한다면 어디 싸움이 있고 불화가 있으랴. 복지의 핵심은 인화(人和)요 성덕(成德)이 아닐 수 없다. 그것의 방법을 아동은 우리에게 가르쳐주고 있는 것이다.

그가 죽임 당하기 1년 전, 1897년 10월 해월이 어느 날 방에 누워있었고, 그 때 밖에서 아이들의 나막신 끄는 소리가 들려왔다. 해월은 "나막신 끄는 소리가 내 가슴을 울려 아프게 한다."(천도교백년약사, p. 300-301)고 말한다. 아이들이 나막신을 신고 땅을 쾅쾅 밟고 지나갔을 것이다. 그 소리가 해월의 귀에는 천지의 기운을 난동(亂動)케 하며 결국 하느님이 싫어할 것으로 들린다. 아동의 행위는 가끔 이렇게 우리에게는 비복지의 것으로 다가 오며, 그렇다면 그것은 복지의 상태에로 변환되어야 할 것이다. 아동이 우리를 비(非)복지롭게 하는 것으로서의 아동주체복지사상도 해월은 우리에게 보여주고 있는 셈이다.

4. 해월 사회복지사상의 함의

수운과 해월의 사상, 동학, '인내천주의'(人乃天主義)(신인철학, p. 53)는 우리나라 전통의 경천(敬天)사상을 이어 받아 하느님을 내재화함으로써 조선과 한국의 근대화, 인간 평등주의, 근대적 인간윤리의 형성(신일철, 1998, p. 29)에 크고 깊게 영향을 미쳤다. 1987년 10월에 전문개정된 대한민국헌법의 전문은 "유구한 역사와 전통에 빛나는 우리 대한민국은 3·1운동으로 건립된 대한민국임시정부의 법통"을 계승하고 있다고 밝힌다. 널리 알려져 있다시피 3·1운동에서 조선민족대표 33인은, 손병희(천도교), 최린(천도교), 권동진(천도교), 오세창(천도교), 림례환(천도교), 권병덕(천도교), 이종일(천도교), 라인협(천도교), 홍기조(천도교), 김완규(천도교), 라용환(천도교), 이종훈(천도교), 홍병기(천도교), 박준승(천도교), 양한묵(천도교), 이승훈(오산학교장), 박희도(기독청년회간사), 최성모(북감리교목사), 신홍식(북감리교목사), 양전백(장로교목사), 이명룡(장로교장로), 길선주(장로교목사), 이갑성(세브란스병원), 김창준(감리교전도사), 이필주(북감리교목사), 오화영(남감리교목사), 박동완(기독교신보사), 정춘수(남감리교목사), 신석구(남감리교목사), 유여대(의주교회목사), 김병조(기독교목사), 한용운(불교승려), 백용성(불교승려)이다(오상준, 본교역사, 참조). 천도교에서 15인, 기독교에서 16인, 불교에서 2인이 함께 일제식민지로부터 우리나라의 자주 독립과 해방을 천하에 선포하였다. 대한민국 형성의 주요한 정신이 삼일운동에 근거하고, 삼일운동은 천도교의 사상과 기독교의 이념, 불교의 각성 등에 의하여 가능하였다. 삼일운동의 최종 협의는 인내천주의를 삶으로서 살고자 한 의암 손병희의 집에서 2월 28일 오후 8시에 민족대표들이 참여하여 이루어졌다. 정작 3월 1일 오후 2시에는 태화관에서 대표들이 모이고(길선주, 유여대, 김병조, 정춘수 불참), 이종일에 의하여 각 대표들 앞에 독립선언서가 놓이며, 만세3창으로 선언서가 선포되었다고 한다(본교역사, 참조). 또한 인내천의 사회적 실천이라 할 수 있는 1894년 갑오 동학농민혁명에서도, 전주를 함락한 뒤 동학 농민군과 관군이 함께 폐정개혁을 착수한 바, 그 내용은 다음 12조로 알려져 있다(동학사, p. 222): 1. 도인과 정부 사이에는 숙혐을 탕소하고 서정에 협력할 것, 2. 탐관오리는 그 죄목을 사득하여 일일이 엄징할 것, 3. 횡포한 부호배는 엄징할 것, 4. 불량한 유림과 양반배는 엄징할 것, 5. 노비문서는 소각할 것, 6. 칠반천인의 대우는 개선하고 백정 두상에서 평양립을 탈거할 것, 7. 청춘과부는 개가를 허락할 것, 8. 무명잡세는 일체 과하지 말 것, 9. 관리채용은 지벌을 타파하고 인재를 등용할 것, 10. 왜와 간통하는 자는 엄징할 것, 11. 공사채를 물론하고 기왕의 것은 소멸시킬 것, 12. 토지는 평균하게 분작시킬 것. 이 조항은 조선의 정의와 복지의 실현에 있어서 근원적으로 필요한 것들을 담고 있다. 이 조항들이 내포하고 있는 토지의 평등화, 인간불평등의 시정, 공직자 부정부패의 근절, 여성의 해방, 인재의 공정한 선발, 공정과세의 실현, 민족 주체성의 확립 등은 지금 우리에게도 여전히 유효하다. "우리 힘으로 동학혁명을 성공시켰더라면, 지금쯤 동양에서 가장 발전한 실력 있는 나라로"(류달영, 1998, p. 50) 우리나라가 되었을 것이다. 조선 정부는 왜군(倭軍)을 자기 땅으로 끌어들여 농민군을 소멸시켰다. 만일 그 때 조선 정부가 오로지 왕위의 보전과 일가일문(一家一門)의 영화에 집착하지 아니하고 대도(大道)를 취하였더라면 농민군이 표방한 보국안민(補國安民) 광제창생(廣濟蒼生)은 어느 정도 실현되어 우리나라는 더욱 튼튼한 반석 위에 자리 잡아 나갔을 것이다(하기락, 1992, p. 699).

동학혁명이 조선 정부에 의하여 좌절되었다 하더라도 특히 해월의 사상이 우리 공동체의 정의와 복지에 심대하게 영향을 끼칠 것임은 분명하다. 앞에서 몇 가지로 정리된 해월의 사회복지사상이 오늘 여기의 사회복지현상(정책, 행정, 실천 등)에 주는 함의는 무엇인가?

첫째로, 가족친화적인 사회복지일 필요가 있다는 점이다. 사회구성의 첫 단위는 실제적으로나 존재적으로 개인이라기보다는 가족이다. 해월은 생활에 있어서 부부화순, 밥 한 그릇 등을 강조하면서 끊임없이 가족의 복지를 소중히 여겨왔던 셈이다. 깨달음의 핵심은 얼마나 스스로 함께 가족을 따스하게 품는가에 달려 있다. 직장이나 지역사회에 가족친화적인 환경이 세밀하게 만들어진다면 우리 사회의 복지는 한층 더 실현될 것이다(한국여성정책연구원, 2007). 생명을 제대로 살리는 가족의 역할이 지금 우리에게 부활하여야 하겠다.

둘째로, 생태친화적인 사회복지일 필요가 있다는 점이다. 모든 생명의 움터가 복지로울 때 우리 인간 사회의 복지도 근본적으로 보장된다는 것은 명약관화한 일이다. 해월은 부단히 '경물'이라는 표현 속에서 땅과, 온갖 생명을 소중히 여길 때 인간의 성품과 그 사회가 온전해질 수 있음을 역설하였다. 생명의 실상과 삶의 이치를 보다 깊이 느끼고 이해하면서 그 생명을 실로 소중히 여기는 일이 스며든다면, 우리 사회복지는 보다 참될 것이다.

셋째로, 사회복지는 서민(庶民) 중심이어야 한다는 점이다. '서(庶)'는 집을 뜻하는 글자(广엄)와 빛을 뜻하는 글자(光광의 옛글자)의 합성어이다. 그것은 빛이나 열을 중심으로 집안에 사람들이 모여 있음을 말한다. 서민은 따스하게 둘러 앉아 오손도손 살아가는 실제 백성이요, 무리이며, 민중이요, 민초(民草)이다. 서민이 공동체를 있게 하였다. 서민은 서양어 'people'과 그 맥이 통한다. 영국에서 등장하는 '제3의 길'이 우리에게는 서민중도주의로 이해될 수 있고, 이것은 우리나라 복지의 이념적 방향에 긍정적으로 시사하는 바가 있다(임채원, 2007). 서민은 실제 삶의 사람이요 왕이나 귀족과는 대비된다. 해월 당시 조선에서 서민은 결국 여성이요, 아동이었다. 오늘 우리에게 서민은 신빈곤층, 노동자, 농민, 도시빈민 등이다. 물론 사회복지가 모든 시민을 아우르는 보편성을 지닐 수밖에 없지만 사회복지의 초점은 결국 서민에게 맞추어진다. 사회복지의 본질은 보편적 개념에 있기보다는 잔여적 내지 보충적 관점에 있는 것이다. 해월은 우리의 사회복지가 부단히 서민중심적이어야 함을 우리에게 말해주고 있다.

마지막으로, 사회복지가 실현되는 마당은 곧 일상생활이라는 점이다. 해월은 늘 일용행사 하나하나가 깨달음 아님이 없다는 것을 '심고(心告)', '식고(食告)'의 표현으로서 보여주었다. 일상생활은 생명을 만나는 자리요 사람을 대하는 곳이며, 밥 먹고 일하는 곳이다. 이러한 일상생활이 '사람 섬기되 하늘처럼'(事人如天)이기를 해월은 빈다. 성경신(誠敬信)을 '사인여천'에 적용한다면, 성실하게 사인여천하며, 공경으로 사인여천하고, 믿음으로 사인여천하게 된다. 해월의 사상이 정치학에로 스며들어간다면 우리의 정치도 생활을 섬세하게, 보다 낫게 하는 것이어야 함을, 생활세계가 보다 이치에 맞는 것이어야 함을 역설할 수 있게 된다(오문환, 1994). 마찬가지로 우리의 사회복지도 일상생활의 복지에 그 초점을 맞출 필요가 있다. 밥 먹을 때 생명모심의 진리를 깨닫고, 일할 때 세계와의 유기적 연계를 느끼며, 사람 만날 때, 그 속에 계시는 하느님을 뵙는다고 믿고 감사하고 고마워한다면, 그리고 우리의 사회복지도 그 일에 세밀히 기여한다면, 우리는 진정복지의 상태에 놓여 있다.

5. 나가며

우리는 이 글에서 해월 최시형(1827-1898)의 사상이 사회복지의 관점에서 어떤 의의를 제시하는가를 조명해보고자 하였다. 우선 그의 시대적 상황이 간략하게 고찰되었고, 그의 사회복지사상은 생태복지사상, 여성복지사상, 아동복지사상으로 나누어 일별되었다. 그리고 그의 사회복지사상이 오늘 우리의 사회복지에게 주는 함의가 무엇인지 탐색되었다. 그의 사회복지사상은 사회복지가 가족친화적이고, 생태친화적이며, 서민중심적일 때 비로소 참된 것이요, 나아가 그것은 우리의 일상생활이 곧 사회복지 실현의 장소라는 것을 우리에게 보여준다. 해월의 관점이 우리 사회복지의 진정한 이념적 방향에 대하여 제안하는 바가 분명히 있음을 우리는 느낄 수 있었다. 우리는 해월을 사회복지의 관점에서 주로 긍정적으로 보고자 하였으나 그렇게 보지 아니하는 해석의 여지도 가능할 것이다. 우리는 앞으로도 계속, 한국의 토양속에서 나온 삶과 사상이 지금 여기의 사회복지에게 건네 오는 소리를 듣고자 할 것이다.

제3장 다산 정약용의 사회복지사상

1. 들어가며

생존과 생활에 있어서 곤경에 처한 사람을 슬기롭게 돕는 일, 개인과 집단의 자유와 평화, 평등이 이룩된 복지사회의 실현에 관한 일 등에 대하여 나름대로 관여하고자 하는 사회복지의 학문은 그 정책, 행정, 그리고 실천에 있어서의 목표, 방법, 기술 등을 체계적으로 논의하지 않을 수 없으며, 그 토대인 이념이나 가치, 사상에 대한 논의 역시 도외시할 수 없다. 사회복지의 정책, 행정, 실천 등의 연구가 나무의 줄기, 열매에 비유될 수 있다면 사회복지의 사상에 대한 연구는 나무의 뿌리에 해당되며, 뿌리가 깊고, 그 뿌리가 자양분을 풍부히 빨아올릴 때 줄기도 튼튼하고 좋은 열매는 맺힌다. 사회복지의 사상에 대한 연구에 있어서도 두 가지 길이 있을 수 있는 바, 하나는 이미 있는 그대로의 사회복지의 사상을 연구하는 기술적(descriptive) 사회복지사상론이요, 다른 하나는 원래 있어야 할 사회복지의 사상을 모색하는 규범적(normative) 사회복지사상론이다. 규범적 사회복지사상론에 있어서도 연구자 나름의 사회복지사상을 모색하여 볼 수도 있으며, 일정한 시기와 공간에 살다간 사람의 사상을 사회복지의 관점에서 이해하여 그것이 오늘 우리의 사회복지에게 미칠 좋은 파장과 영향을 탐색하여 볼 수도 있다.

여기서 우리는 우리 앞의 역사, 조선시대를 살다간 사람, 다산 정약용(1762-1836)의 사상을 사회복지의 관점에서 이해하고, 그의 사상이 오늘 우리의 사회복지에게 건네 오는 바르고 좋은 파장과 영향을 탐색해보고자 한다. 우선 우리는 다산의 삶, 상황, 그리고 사상을 나름대로 정리하고, 그의 사회복지사상을 토지복지사상, 빈민복지사상, 그리고 목민복지사상으로 표현하여 이해하며, 그것들이 오늘 우리의 사회복지에 대하여 함의하는 바를 탐색할 것이다.

2. 다산의 삶, 상황, 그리고 사상

어떤 인생의 이모저모를 문자로 표현하려고 할 때, 우리는 그 인생이 어디에서 언제 무엇을 하였는지, 어떤 생각으로 살았는지, 잘 살았는지 못 살았는지, 즉 그 인생의 의의 등을 말하려 한다. 이런 인생의 모든 것은 그 인생의 존재와 행동에 대한 언급으로 요약된다. 존재에 대한 언급은 내면의 관점과 신념 내지 신앙을 표현하는 것이고, 행동에 대한 언급은 그 내면의 밖으로의 표출을 표현하는 것이다. 여기 우리 관심의 대상인 다산에 있어서 존재와 행동은 어떻게 표현될 것인가. 우리는 다산의 삶을, 그의 나고 죽음과 관련된 생애, 벼슬살이, 귀양살이, 그리고 저술활동, 이 네 가지로 표현하여 보고자 한다.

다산 정약용은 1762년(영조 38년 임오) 8월 5일(음력 6월 16일) 경기도 광주군 초부면 마현(마재)(지금의 경기도 남양주시 조안면 능

내리)에서 아버지 정재원과 어머니 해남 윤씨 사이에서 태어났고, 1836년(헌종 2년 병신) 4월 7일(음력 2월 22일) 그의 회혼일에 마재 자택 정침에서 마침 모인 친족들과 문생들 가운데 조용히 서거하였다고 한다(박석무 정해렴 편역, 다산논설선집, 2001, 부록, 다산 정약용 선생 연보; 이덕일, 2009, 2권, pp. 302-309; 과학원 철학연구소 편, 정다산 연구, 1989, p. 10; 신용하, 2000, pp. 13-49; 정일균, 2000, pp. 35-64; 정일균, 2000, 부록, 정규영 편, 俟菴先生年譜 참조). 그의 아버지 정재원은 다산이 태어난 해 3월 말에 평생 꿈꾸던 출사의 길을 포기하고 고향 마재로 발길을 돌렸고, 5월 어느 날 영조의 아들 사도세자는 뒤주 속에 들어갔으며 여드레 뒤에 불귀의 객이 되었다. 정조는 그 사도세자의 아들이다. 다산의 본관은 압해(지금 전라남도 신안군에 속하는 섬)이지만 조선시대에는 나주에 속하여, 나주이기도 하다. 그가 태어날 때 세 형들이 있다. 의령 남씨와 아버지 사이에 태어난 이복형인 만형 약현, 둘째 형 약전, 막내 형 약종이 그들이다. 약전과 약종, 약용은 모두 해남 윤씨의 소생이다. 나주 정씨의 시조는 다산의 13대조인 정윤종이요, 그는 고려 유민으로서 조선왕조가 개국하자 황해도 배천 땅에 은거하여 지조를 지키고 말없이 남을 돕는 덕을 쌓으며 집안을 일으키는 기반을 닦았다. 그 아들 정자급 때부터 벼슬에 나오기 시작하여 서울에 와 살았고, 그 이후 5대조 정시윤에 이르기 까지 다산의 직계 선조는 8대가 잇달아 옥당(홍문관)에 오를 만큼 대대로 학자들을 배출하였다. 다산은 자기 집안의 가풍을, 삼감(謹), 서툴음(拙), 착함(善), 신실함(諒), 네 가지로 요약한다(금장태, 2005, pp. 23-25). 다산의 외가(해남 윤씨)는 고산 윤선도의 가문이다. 윤선도는 만년에 보길도에서 어부사시사를 지었고, 그의 증손자 윤두서는 인물화를 섬세하게 잘 그렸다. 윤두서의 아홉 아들 중 셋째인 윤덕렬의 딸이 다산의 모친이다. 다산은 아홉 살 때 모친을 여의었다. 윤두서는 다산의 외증

조이며, 윤선도는 외가로 6대조이다. 학문에의 길, 예술의 향기 등이 다산의 친가, 외가 속에 스며들어 있는 셈이다.

다산이 열다섯 살 때(1776년) 3월에 영조가 죽고 정조가 즉위하여 새로운 정국이 열렸으며, 그 해 2월에 다산은 서울에 사는 풍산 홍씨 홍화보의 딸과 결혼하였다. 그는 아내 홍씨와 사이에 아들 여섯 딸 셋으로 자식을 아홉 낳았는데, 그 중에 아들 넷과 딸 둘이 천연두(마마)나 홍역을 앓다가 어려서 죽는 비참한 일을 겪었다고 한다(금장태, 2005, pp. 247-248). 여럿의 자식을 잃은 다산의 슬픔과 죄 의식은 골수에 사무쳤고, 그 체험들은 다산으로 하여금 의학에 깊이 관여하게 하였으며, 서양에서 개발된 우두술을 조선에서 처음으로 전수하고 또 연구하게 하였다(최익한, 1989, p. 463). 다산 자신도 어릴 때 천연두를 앓아 오른 쪽 눈썹에 흔적이 남아 눈썹이 세 개로 나뉘어져 삼미자라는 호를 어릴 적 가졌다. 아픔의 경험은 동병상련의 이웃에의 깊은 관심과 배려에로 승화되어 그 분야의 객관적인 학문을 발전시키는 추동력이 된다. 살아남은 두 아들은 학연과 학유요, 다산은 사는 동안 끊임없이 자식에게 몸소 사람 되는 길, 먹고 사는 길, 삶을 바르고 좋게 하는 데 있어야 할 여러 가지 가르침을 부지런히 주었다. 딸은 강진에서 가르친 제자 윤창모와 결혼하였다. 다산은 유배지 강진에 살던 남편에게 그리움으로 보낸 아내의 다홍치마를 받고서 이것을 작게 잘라 삶의 귀한 훈계가 적힌 작은 책자 네 개를 만들어 두 아들에게 주었으며, 남은 조각은 간직했다가 딸이 시집갈 때 자신의 시를 쓰고, 새 한 쌍이 앉은 매화가지를 그려 족자로 만들어 주었다. 딸의 남편은 친구 윤서유의 아들이었다. 다산의 서거 며칠 뒤 아내도 병으로 이승을 떠났다.

늘 그렇지만 벼슬살이를 하려면 관련 공부를 해야 하고, 마련된 시험에 합격하여야 한다. 공부는 시험 준비요, 그 내용은 벼슬살이에 필요한 것인 바, 사람으로서의 바른 길, 다른 이를 돕는 데 있어서의 지식과 지혜일 것이다. 다산은 스물여덟 살 때(1789) 1월 성균관에서 시행하는 과거시험에 수석을 하고, 그 해 3월에 전시에서 갑과 제2인의 성적으로 합격하며 마침내 대과에 급제하여 벼슬길로 나가게 된다(금장태, 2005, p. 66). 그의 첫 벼슬은 희릉(중종 계비 장경왕후의 능)의 직장(直長, 종7품)이었다. 그 당시 임금 정조는 다산의 재능과 관점을 아끼고 사랑하였다. 정조는 다산이 벼슬에 들어오자 곧장 규장각 초계문신으로 발탁한다. 그 해 5월에는 오위에 속하는 무관의 직책인 부사정으로 옮기고, 6월에는 승정원의 가주서(정7품)로 승진한다. 10월(여전히 1789년)에 정조가 친아버지 사도세자의 무덤 영우원을 수원 화산 현륭원으로 이장하여 그 복권과 추존을 도모하면서 다산은 수원으로 가는 한강의 배다리 설계를 맡아 훌륭히 해내었다. 배다리는 억울하게 죽임 당한 사도세자에 대한 정조의 한을 푸는 것이기도 하였다. 이듬해 스물아홉 살 때(1790) 다산은 우의정 채제공의 천거로 한림의 후보로 뽑혔고 예문관의 검열 벼슬을 맡는다. 하지만 사헌부에서 한림의 선발 과정이 격식에 어긋난다는 비판을 제기함에 따라 다산은 사직상소를 두 번이나 올리고 대궐 밖으로 물러나 임금이 불러도 나가지 않자 정조는 잠시 그를 충청도 해미로 열흘 동안 유배시켰다. 해미에서 돌아오는 길에 온양의 온천에서 목욕하였고, 거기서 그는 30년 전(1760)사도세자가 이곳에 왔을 때의 일을 그곳 노인에게 물어, 세자가 호위 병사들의 말이 망가뜨린 수박밭에 대한 넉넉한 보상을 해주었던 일, 활을 쏜 곳에 홰나무를 심고 단을 쌓게 한 일을 들었다. 다산은 절차를 밟아 정조에게 그 일을 보고하였고 정조는 그곳에 '영괴대'라는 이름의 비석을 세워 아버지의 자취를 기념하였다. 다산이 돌아오자 정조는 그를 다시 예문관 검열에 임명한다. 세 번째로 사직하는 상소를 올리자 그는 용양위 부사과(종6품)에 임명되고, 그 해 7월에는 사간원 정언(정6품)에 오르며, 9월에는 사헌부 지평(정5품)으로 곧바로 승진한다. 지평으로서 무과시험을 감찰 하는 가운데 그는 공정한 마음으로 지방의 무사들이 시험에 많이 합격하는 기회를 열어주기도 하였다. 규장각에서 벼슬하는 동안 다산은 정조 앞에서 문신들과 함께 <중용>, <대학>, <논어>, <맹자> 등의 책을 나라의 발전과 사람의 수양에 도움 되도록 해석하고, 인재 계발에 대한 대책 등에 대한 논의도 문장으로서 작성하였다. 정조는 유교 경서에 대한 다산의 이해와 논의를 사랑하고 칭찬하였다. 다산의 학문은 그렇게 정조와의 인연으로 깊어지고 넓어졌다. 서른한 살(1792)에는 홍문관 수찬(정6품), 서른세 살(1794)에는 성균관 직강(정5품), 곧 이어 경기지역 암행어사로 나간다. 다산은 암행어사로서 특히 연천 전 현감 김양직의 환곡을 자기 재물로 삼은 그 비리를 엄중히 징계토록 계를 올리면서 백성의 복지에 깊이 관여하였다(경기암행어사 보고서, 다산논설선집, p. 186). 암행어사로서 백성의 있는 그대로 삶을 보고 받은 충격이 뒷날 <목민심서>의 저술동기가 되기도 하였다(신용하, 2000, p. 29). 서른네 살(1795) 정월에는 사간원 사간(종3품), 이어 승정원 동부승지(정3품)로 임명되어 정조 임금의 곁에서 왕명의 출납을 맡아본다. 2월에 정조는 아버지 무덤 참배의 길 행차를 수행하는 병조 참의(정3품)로 다산을 임명한다. 그 뒤 정조는 그에게 국가의 중요한 의례절차를 규정한 의궤 편찬의 일, 규영부(곧 규장각)에서의 정부 편찬 서적 교정의 일 등을 맡긴다. 믿음과 사랑으로 자신에게 맡겨진 일들을 다산은 온 심혈과 지혜를 기울여 하고자 하였다. 그러면서 다산의 지식과 지혜는 깊어갔다. 그는 민생의 도탄을 보기도 하였고, 관리들의 탐욕과 착취를 목격하기도 하였다. 다산이 깊이 지닌 애민의 마음과 정의심으로 인하여 적도 생기게 되고, 그 적들은 다산의 생존과 벼슬길에 참 많이 방해하였다. 같은 해(1795) 7월 다산은 종6품인 금정역 찰방으로 좌천되기도 한다. 12월 용양위 부사직이라는 무관의 직책을 맡아 서울로 올라왔으나 실제 역할은 제대로 하지 못한다.

금정에서 다산이 천주교도들을 깨우치는 공적이 노론벽파의 중심인물인 심환지에 의해 공로로서 임금에게 보고되고, 다산은 다시 규장각 일을 실질적으로 맡으며, 12월에는 좌부승지, 바로 이어 부호군, 서른여섯 살(1797) 6월에 다시 동부승지에 임명된다. 동부승지 사직서를 올리면서 다산은 천주교에 귀의하고 또 빠져나오는 것들에 대하여 자신의 심정을 표현한다(다산논설선집, pp. 306-315). 정조는 다산에 대한 적들의 공격을 잠시 누그러뜨리기 위해 그 다음 달 곡산부사로 외직에 내보낸다. 곡산부사로서 2년 동안 다산은 직접 고을을 맡아 살면서 피폐한 민생의 이유에 대한 통찰과 그 극복의 방법 등에 대해 고구하는 좋은 기회를 가졌다. 그것은 목민관에의 철학과 방책, 애민애국과 복지사회의 실현에 대한 학문과 기술이 다산으로부터 솟아나는 기회이었다. “정약용은 곡산부사로 있는 (약)2년 동안 그의 실학정신을 현장에서 구체적인 행정으로 실현함으로써 10년 남짓한 관료생활 가운데서도 가장 빛나는 시기를 지냈다고 할 수 있다”(금장태, 2005, p. 129). 1799년 2월 곡산부사로 있으면서 그는 황주영위사에 임명되어 호조참판이라는 임시직함으로 청나라 건륭황제의 죽음을 조선에 알리러 오는 청나라 사신을 접대하는 일을 맡는다. 황주에 머무는 그해 3월, 다산은 정조의 비밀스런 지시로 그 당시 황해도 지역 수령들의 잘잘못과 폐해를 조사하는 안렴사의 일을 맡기도 한다. 4월 정조는 그를 병조참지로 다시 조정에 불렀다. 곡산부사로서 다산이 올린 보고서를 보고 정조는 그에게 형조참의를 맡긴다. 다산이 곡산에서 행한 옥사(형벌내림)의 탁월한 처리 능력으로 말미암은 것이다. 다산에 대한 더욱 거센 공격으로 다산은 서른아홉 살(1800) 초여름 형조참의에서 물러나 처자와 함께 고향으로 돌아간다. 어찌 자네를 버리겠느냐는 정조의 간곡한 요청으로 다시 서울로 돌아온다. 1800년 6월 28일 정조는 앓던 종기로 인하여 갑자기 세상을 떠난다. 이제 다산은 보호자 없이 수많은

정적들 앞에 마주선다. 그 해 겨울 다산은 고향으로 돌아간다. 자기 고향집에 여유당(與猶堂)이라는 이름을 붙이며 망설이고 경계하며 조심조심 살고자 한다.

살얼음판 딛는 위기의 현실 속에서 다산은 귀양살이에로 내몰린다. 정조의 타계, 정적들, 특히 노론계 관료들의 다산에 대한 배척, 1791년 진산에서의 천주교도들의 제사 폐지와 신주 불태움, 순조 원년(1801) 신유사옥(천주교를 그 당시 조선국의 공식 입장에서 표기할 경우) 또는 신유교옥(천주교를 하나의 종교로 보고 표기할 경우)의 천주교 탄압 등은 다산을 감옥으로 가게 하였고, 이윽고 1801년 2월 27일 밤에 감옥에서 풀려나 다산은 경상도 장기로 유배 길에 오른다. 권리와 자유는 박탈되고 형벌이 내려진 것이다. 구속과 형벌 속에서 고독과 허망을 실감하면서도 다산은 존재와 공동체를 성찰한다. 행동의 자유가 극히 제한된 가운데 그는 내면의 자율을 체험하기도 한다. 다산의 장기 유배 당시 바로 위의 형 약종은 옥사하였고, 그 위의 형 약전은 신지도로 유배되었다. 천주교인 탄압과 살상의 실상을 알리고, 서양의 무기와 군대를 보내 조선에서도 신앙의 자유가 있도록 눈물로 베이징의 주교에게 요청하는 황사영(다산의 맏형 약현의 사위) 백서가 발견되면서 다산과 약전은 장기와 신지도에 들이닥친 금부도사에 의해 서울로 압송되어 조사를 받는다. 두 형제는 심한 고문도 받는다. 두 형제가 황사영 백서 사건과 관련되었다는 증거는 나오지 않았다. 다산이 곡산부사로서 선정을 베풀고 정의를 실현하였다는 정일환의 보고도 있자 죽음마저도 각오한 다산을 조정은 전라도 강진으로, 형 약전은 흑산도로 유배하는 형벌을 내린다. "정약용은 영산강을 건너고 월출산을 넘어 강진으로, 정약전은 무안을 거쳐 흑산도로 가야 했다"(이덕일, 2009, 2권, p. 125). 다산이 강진에 도착한 것은 1801년 11월 말 경이었다. 강진 사람들은 유배된 죄인을 싫어하여 죄인이 머무는 집 대문을 부수기도 했다. 죄인을 받아주려는 집이 거의 없었다. 그나마 강진 동문 밖 주막의 노파가 받아 주어 소란스러운 주막의 뒷골방에 겨우 스며들 수 있었다. 다산이 강진에서 유배생활을 하는 동안 몇 차례 풀려날 기회가 있었으나 그 때마다 반대파의 저지를 받았다(금장태, 2005, pp. 180-181). 강진의 유배생활 18년(1801-1818) 동안 다산은 네 곳에서 머물렀다고 한다. 조금 전 말한 노파의 주막집 골방, 강진으로 찾아온 큰 아들 학연과 함께 한 강진읍 북쪽 우두봉 아래 보은산방, 1806년 가을 읍내 남쪽 목리에 살던 제자 이청의 집, 그리고 강진읍 남쪽으로 20리 떨어진 다산(茶山, 여기서 그의 호, 다산이 나옴)의 귤동 외가 친척 윤단의 산정에 자리 잡은 다산초당(또는 다산정)이다. 이 다산초당에서 다산은 10년가량을 살았다. 강진에서 그는 민생을 볼 수 있었고 때때로 정의감에 근거한 분노를 느꼈으며, 다산초당에서 그는 자신의 생애에서 가장 빛나고 풍성한 학문의 결실과 저술의 업적을 이루고 거둘 수 있었다. 또한 거기서 그는 제자들을 가르치기도 하고 학승들과 차도 마시며 친밀하게 교류하기도 하였다. 다산의 학문과 교류, 저술활동은 1818년 고향으로 돌아와 1836년 생애를 마치는 날 직전 까지 계속되었다. 벼슬살이 속에서 그의 정치활동과 목민활동은 세상과 사람을 바르고 좋게 하는 것이었고, 그것은 정치활동을 멈춘 뒤에도 형태와 내용을 바꾸어 지속되었다. 그 활동의 내용은 현실 속에 구체화된 것이라기보다 소원과 희망의 모습으로, 결국 글과 시, 그림의 양식으로 우리에게 건네졌다. 이제 다산의 저술활동을 살펴보자.

벼슬에서 물러나 고향에 머물던 아버지로부터 다산은 글도 배우고 천자문도 배우며 경전과 역사를 배웠다. 일곱 살에는 "작은 산이 큰 산을 가리우니(小山蔽大山), 멀고 가까움 다르기 때문(遠近地不同)"라는 시를 처음 지었다고 한다. 일곱 살에 한자(조선에서 학식을 지닌 이 모두 그렇듯)의 의미를 알고 글로 표현하며, 사실의 세계를 이치에 맞게 파악하는 재능을 그는 지닌 셈이다. 이런 익힘과 배움이 토대가 되어 다산은 열 살 이전에 이미 자신의 글들을 모아 <삼미집> 또는 <삼미자집(三眉子集)>으로 묶었다. 회갑(61세)을 맞아 그는 자기 살아온 삶을 스스로 정리한, 그리고 후세 사람에게 알리고자 한 <자찬묘지명(自撰墓誌銘)>의 집중본에서, "선대왕(정조)의 비평을 받았던 <모시강의(毛詩講義)> 12권으로부터 시작하여 별도로 <모시강의보> 3권을 저술해 놓고, <매씨상서평(梅氏尙書平)> 9권, <상서고훈(尙書古訓)> 6권, <상서지원록(尙書知遠錄)> 7권, <상례사전(喪禮四箋)> 50권, <상례외편> 12권, <사례가식(四禮家式)> 9권, <악서고존(樂書孤存)> 12권, <주역심전(周易心箋)> 24권, <역학서언(易學緖言)> 12권, <춘추고징(春秋考徵)> 12권, <논어고금주(論語古今注)> 40권, <맹자요의(孟子要義)> 9권, <중용자잠(中庸自箴)> 3권, <중용강의보> 6권, <대학공의(大學公義)> 3권, <희정당대학강록> 1권, <소학보전(小學補箋)> 1권, <심경밀험(心經密驗)> 1권을 저술했으니 이상 경집(經集) 232권이었다"(박석무 정해렴 편역, 다산문학선집, 2000, p. 233)고 하며, "시 작품집으로 18권이 있는데 깎아내서 6권이 되게 했고, 잡문 전편 36권, 후편 24권이 있다. 또 잡찬(雜纂)의 책은 종류가 각각 다른데 <경세유표(經世遺表)> 48권은 미완성이고, <목민심서(牧民心書)> 48권, <흠흠신서(欽欽新書)> 30권, <아방비어고> 30권은 미완성이며, <아방강역고> 10권, <전례고> 2권, <대동수경> 2권, <소학주천> 3권, <아언각비> 3권, <마과회통> 12권, <의령(醫零)> 1권을 합해서 문집(文集)으로 하면 도합 260여 권이 된다"(p. 245)고 말한다. 회갑 이후에는 평소 교류가 깊은 가족과 교우, 친지들 가령, 권철신, 이가환 등의 묘지명을 지어드리기도 하고, 강을 유람하여 <산행일기(汕行日記)>, <산수심원기(汕水尋源記)>를 짓기도 하며, <서경(書經)> 즉 <상서(尙書)>를 계속 고구하여 <상서고훈>과 <상서지원록>을 고치고 다듬으며 <매씨서평>을 고치기도 하였다. 다산은 자기의 저술을 크게 경집과 문집으로 나눈다. 그리고 다산은 "육경사서(六經四書)로써 자기 몸을 닦게 하고 일표이서(一表二書)로써 국가를 다스릴 수 있게 하고자 함이었으니, 본(本)과 말(末)이 구비되어 있다고 하겠다"(p. 246)고 술회한다. 다산 자신은 '경집'과 '문집'으로 나누지만, 후학들은 다산의 저술이 결국 <경학(經學)>과 <경세론(經世論)>으로 이루어진다고 말하며, 그의 저술은 유교에 근거한 실학(實學)이고, 사람과 사회를 함께 좋고 바르게 하는 데에로 집대성되었다고 본다.

다산의 삶과 저술활동은 시대의 상황과 연계되어 표현되었고, 상황의 제약과 영향 속에 있었다. 다산의 시대적 상황을 논한다면, 우리는 크게 세 가지를 주요하게 말할 수 있다. 하나는 서학 또는 천주교의 전래이다. 중국의 명나라에 선교사들이 와 활동하였고, 조선의 실학자들이 서양문화와 문명과 함께 천주교에 관심을 기울였으며, 이수광은 <지봉유설> 안에 마테오 리치의 <천주실의>를 소개하였고, 성호 이익이나 안정복 같은 이도 서학과 천주교에 호기심을 가졌다. 특히 정조 때에는 이승훈, 이벽, 이가환, 정약전, 정약종, 정약용, 권철신, 권일신 등 남인의 명사들이 암담한 현실의 모순 속에서 천주교로부터 믿음과 희망의 빛을 발견하였다(이기백, 1982, pp. 285-287). 조선에 전파된 천주교에 대하여 안동 김씨 세도정치의 시파(時派) 가령 김조순이나 순조(1800-1834) 때에는 심하게 탄압하지 않았으나 풍양조씨 세도정치의 벽파(辟派)는 탄압을 많이 하였다. 천주교를, 양반 가운데 정권에 참여하지 못한 남인(南人)의 시파 학자들이 많이 믿었다. 주로 서울과 그 부근에 신자가 집중되어 천주교는 농촌의 종교라기보다는 도시중심의 종교였다. 믿는 이들은 모든 인간이 한결같이 천주(天主)의 자녀로서 평등하며, 현실의 고통을 넘게 하는 천국과 내세에의 복된 소식의 희망 앞에 있다는 설교와 가르침에 많이 설득되었다. 천주교에의 귀의 자들은 양반사회에 대하여는 상당히 비판적이었다(이기백, 1982, pp. 307-308). 다산은 스물세 살 때(1784) 4월 큰 형수의 제사가 있어서 서울에서 고향으로 내려갔고 제사가 끝나고 서울로 돌아가는 길에 둘째 형 약전, 이벽(큰 형수의 동생) 등과 함께 배를 탔다. 그 배 안에서 그는 이벽으로부터 천주교 성전, <천주실의>, 판토하의 <칠극> 등에 기초한 천주교의 가르침을 진지하게 들었고, 그 신앙에 빠져들게 된다(금장태, 2005, pp. 43-54). 그것은 다산의 중용이나 대학 등 유교 경전의 이해에 어느 정도 영향을 주었을 수 있다. 이을호 교수도 다산 수사학(洙泗學)의 구조는, 실사구시(實事求是), 경세실용(經世實用), 무실역행(務實力行), 실심사천(實心事天), 이 네 구조로 이루어져 있고 그 정점은 실심사천에 있다고 본 바(이을호, 1976, p. 142-153), 이 실심사천은 홀로 생각과 행동에서 삼가고 부지런하여 세상과 이웃에게 유익한 존재가 되어 결국 천주의 신앙 속으로 휩싸여 들어가는 일이다. 여기서 우리는 다산의 마음에 스며든 천주교의 영향을 감지할 수 있다. 하지만 다산 정신의 근본은 공자와 맹자 등의 유교에 있었고, 유교국가의 완성을 향하는 가운데 위로 임금에의 충실, 아래로 백성에로의 사랑, 자신의 가족에 대한 효도와 우애로써 구성되어 있다고 말할 수밖에 없다. 천주교 전래는 다산과 주위 사람들에게 깊이 영향을 주어 삶으로, 행동으로 표현되도록 하였다.

다산 시대 상황의 둘째로 우리는 사도세자(이후 장헌세자)의 죽음을 말하고 싶다. 다산이 태어나기 한 달 전인 1762년 윤5월 21일(음력)에 정조의 아버지이자 영조의 아들 사도세자가 임금이 채 되지못하고 참혹하게 죽음을 당했다. 집권 노론세력의 압박 속에서 아버지는 아들을 죽여야 했던 것이다. 조선은 왕권과 신권의 적절한 조화, 왕을 높이 받들고 보조하는 신권에 의하여 이어지고 있었으나, 신권 가운데 득세하는 신하들의 마음이 오히려 왕권을 내리누르는 상황이 펼쳐진 것이다. 이것은 조선이라는 나라를 유교 이념적으로나 실제적으로 근본적으로 흔드는 일이다. 나라가 흔들리니 백성의 삶이 안정될 리 없다. 그렇지 않아도 임진왜란, 병자호란 등의 외침을 통해 크게 나라는 흔들렸다. 더욱이 나라 안으로 붕당이나 당파가 갈라져 권세 다툼을 벌이고 급기야 세자가 비극적으로 죽으니 나라는 깊은 슬픔과 비복지에로 스며들 수밖에 없다. 다산 등 바르고 생각 있는 신하를 통하여 나라를 안정시키고 복지롭게 하고자 하는 정조의 뜻은 실로 간절하다. 사도세자의 죽음은 다산의 실천에 여러 가지 영향을 미쳤다. 배다리를 놓는 일에 수학과 과학을 접목시키고, 화성을 조성하는 데 온갖 도구를 발명하고, 국방과 민생의 안정에 노심초사 심혈을 기울이게 되는 것, 그리고 경전을 바르게 이해하고 실천하는 일 등은 직 간접으로 사도세자의 죽음과 관련된다 할 수 있다.

다산 시대 상황의 셋째로 우리가 들 수 있는 것은 삼정(三政) 즉, 전정(田政), 군정(軍政), 환곡(還穀)의 문란이다(송찬섭 홍순권, 2001, pp. 205-210). 이것은 그 당시 인구의 대부분을 차지하는 농민에 대한 수탈과 생존의 어려움, 관리와 농민 사이, 지주와 소작농 사이 등의 계급대립이나 갈등을 의미한다. 보다 잘사는 사람들은 나라에 세금을 덜 내거나 안 내고 오히려 못사는 사람들로부터 온갖 것들을 빼앗으니 결국 나라 자체도 넉넉하지 못하고 대다수 백성들도 점점 가난해지는 모순되고 비합리적이며 기괴한 일이 자꾸 생기는 것이다. 이러한 상황은 나라에도 보탬이 안 되고 백성에게는 참기 어려울 정도로 잘못된 현상이다. 이것은 공동체 전체의 심각한 문제요, 병리이며, 나라와 농민 내지 백성의 삶을 근본적으로 허무는 일이다. 다산은 경기도 암행어사나 곡산부사 같은 관리로서의 삶, 장기나 강진에서의 귀양살이 등에서 삼정의 문란이 어떻게 농민과 백성의 삶을 도탄과 비참에 빠뜨리는가를 목도하였으며, 자신이 이해한 철학이나 윤리, 과학이나 예술의 관점에서 도저히 용납될 수 있는 일이 아니었다. 이러한 상황이 고쳐지지 아니하고는 반드시 나라가 망하리라는 느낌을 다산은 가질 수 있었다(방례초본 서문). 다산이 관념적인 형이상학의 탐구에 몰두하거나 탐미적 유유자적의 삶에 매몰되지 않으며 지속적으로 경세와 개혁의 논의를 전개하는 것도 그 이유 때문이다. 나라가 망하고 나서야 어떻게 그 모두가 제대로 살 것인가. 나라가 망한다면 후세들에게 지금의 사람들은 그 얼마나 부끄럽고 염치없는 일인가. 다산의 사상은 이러한 상황에서 형성되고 변형되며 심화된다. 이 연구에서는 다산의 사상을 세 가지 즉, 실천(實踐)에의 강조, 균(均), 그리고 나라와 임금에의 충(忠)으로 보고자 한다.

다산은 실천 내지 실행을 강조한다. 그는 공자나 맹자처럼 수기(修己)와 치인(治人)이 언제 어디서나 우리가 실천해야 할 가장 핵심적인 일이라 본다. 수기치인은 관념적으로 마음에 두고 입으로 말만 하고 실제로는 인간답지 못하게 살고 겉으로는 남을 위하는 척하나 실제로는 남의 등쳐먹는 삶이 아니라 현실 속에서 이웃과 함께 실행해야 할 것이다. <논어고금주>를 통해 다산은, 공자가 <논어>에서 인성의 구조를 이론적으로 밝히는 일을 한 관념적 형이상학자가 아니라 실제로 인(仁)을 실천하여 사람다운 사람으로 구체적으로 살고자 하였다고 본다. 중국의 주자나 그 후학들처럼 성리학의 체계를 이룩하고 천리와 인성의 관계를 이치적으로 구명하는 일에만 몰두하는 것이 아니라 사람과 사람 사이에서 사람구실을 하고 사람다운 사람으로서 실천함이 그 사람과 사회, 나아가 나라를 바르고 좋게 하며, 결국 복지롭게 한다고 다산은 힘주어 말하고자 한다. 남을 향한 사랑이 우리 마음 안에 천리로서 새겨져 있다고 강조할 것이 아니라 우리 안에 스며든 사랑의 마음을, 구체적인 사람을 향해 실행하는 것이 중요한 것이다. 다산의 시대와 상황은 그것을 필요로 하고 있었다. 자기 속에 있는 사랑을 깨닫는 일이 곧 수기요 내성(內聖)이며, 그 사랑을 실제로 사람에게 베푸는 일은 곧 치인이요 안민(安民), 안백성(安百姓), 애민(愛民), 위민(爲民), 외왕(外王), 목민(牧民)이다. 또한 다산은 <중용>의 이해에서도, 꾸준히 성실하게 천(天) 내지 상제(上帝)께서 심어준 사랑의 마음을 실천하여 누가 보더라도 참된 사람(君子, 聖人 즉 成仁의 사람)으로서 살아가는 일을 강조한다. 사람에게 하늘로부터 깃든 성(性)을 <대학>에서 잘 말하고 있듯이 효(孝), 제(悌), 자(慈) 같은 밝은 덕(明德)으로 실천할 때 사람다운 사람이 되는 것이지, 성의 내재함을 이치적으로 이론적으로 안다고 그 성을 알았다고 할 수 없다. 앎은 행함으로써 생기는 것이다. 다산의 삶 자체가 언제든 어디서든 행함으로써 빚어지는 앎의 연속이었다. 그 만큼 공부 자체가 목적이 아니라 현실을 바르게 하고 현실의 사람을 좋게 함의 현실적 필요성에 의하여 다산의 공부는 발흥하고 숙성되었던 것이다. <대학>의 이해에서도 다산은, 성의(誠意), 정심(正心), 수신(修身)의 성기(成己)와 제가(齊家), 치국(治國), 평천하(平天下)의 성물(成物)로서, 즉 먼저 스스로 사람다운 사람이 되고, 그 바탕 위에서 백성과 나라, 세상을 서로 살 만한 곳으로 바꾸고 만들어가는 것이 참된 사람의 일이요, 실천이다. 유교 경전의 이해와 함께 다산은 우리 속에 본래 깃든 마음과 본질은 사람과 세상을 향해 실행될 때 존재하게 됨을 깊이 느꼈다. 그리하여 이을호 교수는 다산의 경전이해 내지 경학을 그 당시 조선 지성인들의 주요 의지 인물인 정자나 주자를 넘어 그 근원인 공자와 맹자에게로 갔다 하여 수사학(洙泗學)이라 하고 또는 공자의 수기치인의 군자학(君子學)이라 한다(이을호, 1976, p. 11). 정성철은 다산의 "특징적인 학풍은 고대 <경전>들에 대한 력대 주석가들의 견해를 비판적으로 분석고증하면서 자기의 사회, 정치, 륜리도덕의 현실적 리해를 <성현>의 뜻으로 대치시킨 독창적 태도"(정성철, 1989, p. 391)로 인하여 '실학적고전학'이라 부르고자 한다. 사람으로 태어나 참 사람을 부지런히 겸허하게 염치를 알고 이루어나가는 일이 곧 실천이다. 다산은 경전 연구나 이해가 자신의 명예 이익을 얻는 수단이 되거나, 기껏해야 생명과 사실에 대한 객관적이거나 형이상학적인 지식 나부랭이를 알게 하거나, 과거 시험에 급제하여 백성을 수탈하고 죽이는 일에 필요한 도구로 전락시키는 일을 참으로 엄격하게 경계하면서 수기치인하여 사람과 사회, 나라의 복지를 실현하기 위한 지혜의 바탕이 되어야 함을, 공부와 관리의 경험, 한 자식의 체험으로 깊이 깨달았던 셈이다.

다산은 자신의 저술들 여러 곳에서 '균(均)'이라는 표현을 주요하게 쓴다. 그가 곡산부사로서 일할 때(38세, 1799년) 쓴 <전론(田論)>에서 토지제도의 개혁을 제안하면서 산업을 '골고루(均)' 만들고, 재산을 '고르게(均)' 하는 제도를 만들며, 전지를 '고르게' 하는 일이 실행된다면 백성이 고르게 되고 세월이 흐르면 '크게 고르게(大均)' 되리라 본다(박석무 정해렴 편역, 2001, pp. 15-20). <목민심서>에서 다산은, "목민하는 길은 고를 균(均) 한 자가 있을 뿐이다"(다산연구회, 역주목민심서 III, p. 55)라고 하여, 수기치인을 고을에서 나라에서 실천하는 길이 '均'에 있음을 보여준다. 우리가 보기에 다산에서 '均'은 '경학'과 '경세학' 두 축으로 '인륜'과 '의례' 두 축을 밝히는 그의 학문체계(금장태, 2005, p. 235)에도 해당될 사유방식이요, 실제로 가진 자의 것을 나누어 못 가진 이에게로 가게 하는 사회형평, 공정분배, 분배정의의 실천적 방식으로도 이해된다. 균형 잡힌 사유, 골고루 잘 사는 사회의 실현, 이 모두가 다산이 하고자 하고 말하고자 했던 '均'이다. 균형 잡힌 사유는 이치에 맞는 사유요, 아무리 생각해도 천지자연의 이치에 맞는 사유는 곧 사랑의 마음(仁)이며, 그 마음은 수기를 통하여 비로소 깃들고, 그 마음을 실제 현실 속에서 사람과 함께, 사람을 향하여 실천(치인)할 때 사회의 均은 이룩된다. 한 사람에게는 수기하여 치인하고 치인하여 수기함, 수기와 치인의 상호교류를 통한 참 사람(君子, 聖人)됨이 均이요, 한 사회에서는 가진 자의 것을 덜어내어 못 가진 이에게 나눌 때(이 나눔의 주체는 다산에게는 목민관이요, 우리에게는 사회복지사이지만) 均은 실현된다.

다산은 나라에의 충(忠)과 그 나라의 근거 주체인 임금(君王)에의 충성을 그 목민관의 자연스런 일이라 보는 바, 목민관은 결국 조선왕조 국가에서 군왕의 대리 역할 존재이겠기 때문이다. 따라서 다산의 사상 속에는 이 忠이 깊게 들어 있다. 1799년 형조참의의 사직 상소 <辭刑曹參議疏(사형조참의소)>에서 다산은 "살아서 성대(聖代)를 만나 높은 은혜를 보답하지 못하고, 아직 늙지 않은 나이에 영원히 대궐문을 하직하려 하니, 종이를 대하매 눈물이 쏟아져서 말할 바를 모르겠습니다."(박석무 정해렴 편역, 2001, p. 319)라 하여 임금을 향한 충의 마음을 진실로 지닌다. 비단 이 글월만이 아니다. 우리가 이해하기로 다산의 관료로서의 삶은 그 조선시대 모든 관료와 마찬가지로 구조적으로 제도적으로 왕에 의하여 그 존재근거를 얻기 때문에 참된 관료 즉 목민관은 자기 하는 일에서는 나라에 충성해야 하며, 그 존재근거로서는 결국 왕에게 충성해야 하는 것이다. 이러한, 그 당시에는 진실한 다산의 사상에서부터 우리는 오늘 우리가 다산으로부터 근본적으로 물려받지 않아야 할, 또는 끊어버려야 할 사상을 보기도 한다. 이것은 어떻게 표현하면 '의미 있는 결별(訣別)'(정일균, 2000, p. 4)이라 하여도 되겠다. 왜냐하면 오늘 우리의 나라와 정치의 참됨은 민본(民本)이 아니라 민주(民主)요, 대궐에 있는 한 사람이 왕이 아니라 우리(民) 모두가 왕이기 때문이다. 하지만 그 민주의 참됨을 과거에 실로 미리 조금 본 다산에게도 있는 바, 그것은 <탕론(湯論)>과 <원목(原牧)> 같은 곳에서 천자(天子)와 수령의 지위는 백성의 추대에서 비롯되는 것임의 표현으로 나타나기도 한다(박석무 정해렴 편역, 2001, p. 68, 345).

특히 수령은 백성을 위해서 있는 목민관임을 명심해야 되는 것이다. 그래서 신용하 교수는 다산의 사상 속에 서구 계몽사상에서의 사회계약설처럼 사회계약에 의한 국가 사회 통치자 법률의 성립, 천자중민추대설(天子衆民推戴說), 입헌군주제의 싹의 요소 등이 있기에 신민본주의(新民本主義)라 표현한다(신용하, 2000, pp. 50-63). 뒷날 동학농민혁명의 사상적 근거는 비단 수운이나 해월의 종교사상만이 아니라 다산의 사상이기도 하다는 생각이 나오기도 한다. 하지만 일인 왕조중심의 관점은 지금의 우리에게는 명백히 결별되어야 할 것이다. 결별하려고 노력할 때 즉, 다산의 사상과 표현을 진지하게 볼 때 우리는 지금도 이어가야 할 것을 발견한다. 그것을 우리는 사회복지의 관점에서 보려고 한다.

3. 다산의 사회복지사상

1) 토지복지사상

'토지복지사상'은 '토지', '복지', '토지복지', 그리고 '토지복지사상', 이 네 표현으로 이루어져 있다. '토지(土地)'는 땅의 흙이다. 존재의 세계가 하늘, 땅, 생명(사람)으로 요약될 때 땅은 생명의 바탕이다. 땅에서도 흙은 사람을 살리는 곡식을 얻는 곳이다. 토지는 땅에서도 그 흙을 집중적으로 말한다. 토지는 사람의 생명이 그것으로 살게 되는 온갖 곡식을 있게 하는 터이다. 토지에 씨앗을 심어 가꾸고 걷는 일을 하는 이는 곧 농사를 짓는 사람(農者)이다. 농사짓는 사람에게서 토지는 생활의 수단이요 복지의 질료이다. '복지'는 결국 생존이 유지되고, 그 바탕 위에서 문명과 문화의 생활을 함으로써 자유와 평화를 누림의 상태이다. 사회복지는 그 복지가 본질적으로 사회와 함께, 사회 속에서 실현된다는 것을 말한다. '토지복지'는 복지의 근원이 토지에 있음을 말하고 토지가 오염되지 않고 건강하며 복지로울 때 그 안에서 온갖 곡식이 잘 자라고 수확되어 결국 사람의 생존과 생활이 가능함을 말한다. 또한 매우 단순히 토지가 복지의 핵심 방편이나 수단임을 의미할 수도 있다. '토지복지사상'은 토지복지의 이치와 이념을 객관화하는 것이다. 토지가 사회의 복지실현에 근본이라는 것을 객관화하고 이론화한다면 우리는 그것을 토지복지사상이라 말할 수 있다. 다산은 우리에게 토지복지사상을 잘 보여준다. 다산은 사회복지의 핵심이 토지복지에 있다고 보았으며, 토지복지가 이룩되지 않으면 사회는 근본적으로 복지롭지 않을 수 있음을 알았다. 하지만 다산은 토지가 이렇듯 사회복지 실현의 토대이어야 함에도 오히려 토지가 복지의 방해요인이 될 수 있음을 경기도 암행어사 시절, 곡산부사의 역할, 귀양살이 속에서 깨달았다. 그리고 그는 토지가 사회복지와 농민복지의 토대일 수 있는 길을 진실로 모색하였다. 무엇보다 다산은 그 당시 토지의 제도를 개혁하는 것이 사회와 국가를 바르고 좋게 하는 데에 핵심임을 실감하였다. 만일 그 사회의 대다수가 농사짓는 사람이라면 토지복지는 사회복지의 더 더욱 핵심이 아닐 수 없다. 이제 우리는 다산의 토지복지사상을, 그의 <전론(田論)> 등에서 나타나는 여전제(閭田制) 토지개혁사상을 통해 살펴보자.

토지의 공동소유, 공동생산, 공동분배를 그 주요내용으로 삼고 있는 다산의 여전제는 다산만의 "매우 독창적 구상"(신용하, 2000, p. 113)이요, "이후의 농민운동에 직접 또는 간접으로 영향"(정석종, 1994, p. 433)을 미쳤을 것이며, "오직 혁명의 소유자에 의해서만 이루어질 수 있는 일"이요 "민주 민권주의 정치사상과 밀접한 관련"이 있는 "실로 그의 농민혁명 이념의 위대한 체계"(최익한, 1989, p. 373)이고,

"확실히 혁명적 사상이며 농민 해방의 사상"이지만 "봉건 사회 발전의 력사적 법칙을 리해하지 못하였기 때문에 봉건적 토지제도의 발전방향을 구체적으로 제시하지 못하였"고 이는 "그의 리론이 가진 력사적 제한성"(과학원 철학연구소 편, 1989, p. 91) 탓이며, 여전제의 "농민은 사적지주의 착취는 면하나 국가지주의 착취에서는 해방되지 못하며 세기적숙망인 토지의 주인으로는 되지 못하"는 바, 이는 다산의 "봉건유교적관념에서 벗어나지 못한 양반출신지식분자로서의 제한성"(정성철, 1989, p. 473)이 있기 때문이라는 등 여러 가지 논평에 직면한다.

다산이 여전제를 제안한 근본 이유는 그 당시 토지와 함께 농사를 지으면서도 굶주리고 심지어 죽어가는 농민을 목격한 데 있다. 다산은 다음과 같은 표현을 통해 우리에게 이를 말하려 한다. "누군가가 전지(田地)10경(頃)을 소유하고 있다고 하자. 그런데 그의 아들은 10명이었다. 그의 아들 1명은 전지 3경을 얻고, 2명은 2경을 얻고, 3명은 1경씩을 얻고 나니 나머지 4명은 전지를 얻지 못하였다. 그래서 그들이 울부짖으며 굴러다니다가 길바닥에서 굶어죽는다면, 그 사람은 부모노릇을 잘한 것인가? (박석무 정해렴 편역, 2001, p. 15)"

여기서 부모는 하늘이라 할 수도 있고, 그 하늘의 일을 대신한다고 여겨지는 그 당시 나라의 임금이라 할 수도 있으며, 그 임금의 일을 고을에서 대신하도록 위임되고 선출된 목민관이라 할 수도 있다. 백성은 하늘, 임금, 목민관에게는 다 마찬가지 자식이다. 어떤 자식은 더 귀하고 어떤 자식은 길바닥에 굴러다니다가 죽어도 좋을 천한 존재가 되는 것이 아니다. 심지어 다산은 옛날에는 백성이 있었을 뿐, 수령이나 목민관은 그 백성을 위해 있다(상기, 原牧, pp. 345-347)고 하여 그 목민관을 있게 한 임금도 기실은 백성을 위해 있음을 말하고자 한다. 백성이 굶어죽는 일이 일어난 것은 임금과 수령이 자기의 근본존재이유를 잊은 것이고 자기의 본무를 제대로 하지 않거나 못한 탓이다.

또 다산은 자신이 여전제를 제안하고자 하는 큰 이유는 놀고먹는 선비를 놀고먹는 상태에서 벗어나 선비도 나름대로 농민의 생존과 생활에 책임을 지고 구체적인 일을 하도록 하기 위함에 있다고 말한다(상기, p. 21). 다산은 사대부(士大夫)들이 노동하지 않고 세금도 내지 않으며 오히려 위세를 휘둘러 백성들에게 해독을 끼치니 이런 놀고먹는 사람들이 어떤 모양으로든 일을 하여야 고을의 질서가 선다고 본다(상기, 農策, pp. 290-291).

다산은 중국의 하(夏), 은(殷), 주(周) 3대에 실시된 정전(井田)의 한계도 지적하고, 반계 유형원 등이 제안한 균전(均田)도 현실적이지 않음을 지적하며, 성호 이익이나 연암 박지원이 제기한 한전(限田)도 크게 도움이 되지 않는다고 본다(상기, pp. 16-17). 그리고 균전이나 한전은 농사짓지 않는 사람도 전지를 얻도록 하니 옳지 않다고 말한다. 다산에 의하면, 전지는 오직 농사짓는 사람만이 얻고 농사를 짓지 않는 사람에게는 전지를 얻지 못하도록 하는 것이 옳다. 여기에 다산의 그 깊은 뜻이 담긴 농자득전(農者得田)의 법칙이 성립하는 것이다. 이 법칙이 실현되려면 여전이어야 한다. 다산은 그것을 다음과 같이 표현한다. "무엇을 여전(閭田)이라 하는가. 산골짜기와 하천의 지세를 가지고 경계를 그어 삼고는, 그 경계에 포함된 것을 여(閭)라 이름하고 여 셋을 이(里)라 하며, 이 다섯을 방(坊)이라 하고, 방 다섯을 읍(邑)이라고 한다. 여에는 여장(閭長)을 두고 무릇 1여의 전지는 1여의 사람들이 다 함께 그 전지의 일을 다스리게 하되, 서로간의 경계가 없게 하고 오직 여장의 명령만을 따르도록 한다"(상기, p. 18).

다산은 중국의 주나라 제도에서는 1여가 25가구이지만 자신은 30가구 내외로 하며, 그 여 안에는 내 땅 네 땅 구별이 없게 하고, 산골짜기와 시내, 강 등 자연적인 지세를 따라 경계를 그어서 여를 만들고자 하였다. 여장은 여민들의 노동과 작업에 있어서 분담을 지시하고, 그 노동량을 일역부(日役簿) 안에 하나하나 정확히 기록한다. 가을 추수 뒤 수확한 곡물은 먼저 국가의 세(稅)로 바치고, 여장의 녹봉으로 보내며, 그 기록된 노동량에 따라 소출의 곡식을 분배하되, 일을 많이 하고 노력을 많이 들인 집이 더 많이 갖게 한다. 그 분배기준을 도식으로 나타내면 다음과 같다(홍덕기, 1990, P. 107).

* 여(閭)의 순소득(여민에의 분배총량)=총산출량−(국가세금+여장녹봉)

$$* \text{ 가족별 분배량} = \frac{\text{여의 순소득}}{\text{여민 총 노동일수}} \times \text{가족별 투하노동일수}$$

이렇듯 노동에 의한 분배원칙을 확고히 함으로써 다산은 놀고먹는 자에 대한 분배를 허용하지 않았다. 그렇다면 남의 토지를 빼앗기도 하고 놀고먹는 선비들(아마 다산은 자신의 학문 탐구와 관료 생활 등 안에서 만나거나 들은 바 있는, 이기 논변이나 형이상학적 공리공담으로 세월을 보내거나 시 구절을 읊조리는 그런 사족들이나 작자들을 염두에 두고 있을 것이다)은 어떻게 먹고 살 것인가. 다산은 그들도, 직업을 공업이나 상업으로 할 수도 있으며, 아침에 밭이나 논에 나가 농사일을 하고 밤에는 돌아와서 옛사람의 글을 읽을 수도 있고, 여민의 자제에게 글이나 지혜를 가르쳐줄 수도 있고, 생산이나 노동의 이치를 강구하며, 토지의 적성을 연구하고, 수리(水利)를 일으키며, 기구를 만들어 인력을 덜게 하고, 곡식 심고 가꾸는 일과 축산 방법을 연구하여 농사를 돕는 등 여러 일을 할 수 있게 해야 한다고 본다(박석무 정해렴 편역, 2001, p. 21). 그리고 다산은 여전제가 시행된 지 8, 9년이 되면 분배량이 많은 곳으로 여민이 이동하거나 일손이 적은 곳으로 여민이 합리적으로 자유롭게 이동하여 전국적으로는 크게 고르게 될 것이고, 그렇다면 호적을 분명히 만들어 이제는 이동을 관리해야 할 것이라 생각한다(상기, p. 20). 또한 다산은 여민들이 군포도 일정하게 내고, 군대의 일원으로서 국방이나 지역수호에도 나서는, 병농(兵農)일치를 제안하기도 한다. 다산은 여전제에서 그 소득의 10분의 1을 국가에 세(稅)로 내게 하여 백성들이 수령의 착취, 감사의 횡포, 아전의 농간 등으로 부당하고도 가혹한 부세 수탈에서 벗어나게 하여 공정과세의 이상을 실현하려고도 하였다(상기, pp. 21-22). 당시 토지사유가 확립되어 있었고, 그렇다면 그것을 어떻게 여전에 포함, 즉 공유화하느냐 라는 지난한 문제 앞에 아마 다산은 두레와 같은 공동 노동의 관습과, 아직 서른여덟 살, 그런대로 기운 왕성한 때 현실의 지극한 모순 앞에서 쓴 <전론(田論)>이고(과학원 철학연구소 김석형은 여전제가 유배생활 18년간의 정력적인 연구과정의 고귀한 결실이라 보아 다산의 57세 이후 작이라 하지만[과학원 철학연구소 편, 1989, p. 30], 정석종이나 김용섭 등은 <전론>이 정조 23년 1799년 다산 38세 때의 저작이라 본다[홍덕기, 1990, pp. 82-83]), 정조와의 신뢰관계 속에서 임금에게 거는 깊은 희망 등으로 사전(私田)의 공동 소유화가 가능하리라 여겼을 수 있으며, 여전제의 사상이 그런 면에서 다만 젊은 지식인의 이상론인 것은 아니다. 아무튼 이렇게 토지를 중심으로 노동, 부세, 국방, 분배의 합리적이고 합당한 원칙을 실현함으로써 다산은, 국가도 이익되고 백성도 부유하게 되는 복지가 실현되기를 염원하였다.

2) 빈민복지사상

토지가 복지의 방편이라면 빈민은 복지의 대상이다. '빈민복지사상'은 빈곤한 사람을 그 빈곤에서 벗어나 복지에로 이르게 하는 일이 곧 복지의 존재이유요, 그것은 빈곤한 자 자신만의 행위에 의해서가 아니라 그 자신은 물론 그를 둘러싼 공동체 전체의 합심과 노력을 통해 가능하다는 것을 드러낸다. 빈곤을 겪는 것은 그 개인의 일이지만, 빈곤의 발생과 극복은 공동체에 의해 야기되고 또 달려 있다는 것이다. 다산은 빈곤한 자가 빈곤하게 되는 이유가 사회적 구조와 제도적 요인에 있음을 자신의 관료생활, 귀양살이 등을 통해 눈이 시리도록 분명히 깨닫는다. 그리하여 그는 빈곤을 야기하는 제도의 현실에 대하여 통찰할 뿐 아니라 빈곤을 극복할 수 있는 제도에 대한 모색 역시 진실로 하고자 하였다. 앞 절에서 설명된 여전제는 그 모색의 산물이다. 여기서 우리는 다산이 빈곤한 자의 삶과 그 비참을 어떻게 표현하고자 하였는지, 그리고 빈곤한 자가 왜 빈곤해지는가에 대한 그의 통찰이 어떠하였는지 살펴보고자 한다.

가끔 다산은 빈곤한 자의 참상을 시(詩)로 표현한다. 시어(詩語)는 정제된 감성의 표출일 뿐만 아니라 의지와 지성의 표현일 수도 있다. 그것은 때때로 고발이기도 하고 행위의 유발에로 이끌기도 한다. 빈곤한 자의 현실이 묘사된 시는 읽는 이로 하여금 빈곤을 가능하게 한 현실을 나름대로 느끼게 하고, 나아가 변화시켜나가고자 하는 힘과 의지를 감성 속에 심어줄 수 있는 것이다. 시는 그림처럼, 보는 이로 하여금 다양한 상상에로 이끌 수 있다. 다산의 시는 그 상상을 바른 실천에로, 사람과 사회를 좋고 바르게 바꾸어 나가는 힘으로 변화될 수 있게 하는 의지와 진실을 담고 있다. 마음을 변화케 하는 의지와 진실은 사랑에 토대를 둔 현실에의 체험에서 솟아나온다. 다산은 극심한 가난에 시달리는 농민을 목도한다. 서른세 살 때(1794년) 경기도 암행어사의 명을 받고 연천지방에서 다산이 썼다고 하는 <奉旨廉察 到積城村舍作(적성촌에서)>는 이렇다.

시냇가 허물어진 집 뚝배기처럼 누웠는데
겨울바람에 이엉 걷혀 서까래만 들쭉날쭉
묵은 재에 눈 덮여 아궁이는 썰렁하고
어레미처럼 뚫린 벽에 별빛이 비쳐든다.
집안에 있는 물건 몹시도 쓸쓸하니
몽땅 팔아도 칠팔 푼이 안 되겠네.
개꼬리 같은 조 이삭 세 줄기 걸려 있고
닭 창자 같은 마른 고추 한 꿰미 놓여 있다.
깨진 항아리 뚫려 새는 곳 헝겊으로 발라 막고
떨어져나갈 시렁대는 새끼줄로 얽어맸다.
놋수저는 지난번에 이장에게 빼앗기고
무쇠솥은 엊그제 옆집 부자 앗아갔다.
검푸르고 헤어진 무명이불 한 채뿐이라서
부부유별(夫婦有別) 따지는 건 마땅치도 않구나.
어린 것들 입힌 적삼 어깨 팔뚝 나왔으니
태어나서 바지 버선 입어 보지 못했으리.
큰아이는 다섯 살에 기병으로 올라 있고
작은애도 세 살에 군적에 묶여 있다.
두 아이 군포세로 500푼을 바치고 나니
빨리 죽기나 바랄 판에 옷이 다 무엇이랴.
갓난 강아지 세 마리 애들과 함께 잠자는데
호랑이는 밤마다 울 밖에서 으르렁거린다.
남편은 산에 가 나무하고 아내는 방아품 팔러 가니
대낮에도 사립 닫혀 분위기 비통하구나.
아침 점심 다 굶다가 밤에 돌아와 밥을 짓고
여름에는 늘 솜 누더기 겨울엔 삼베 적삼 걸친다.
들냉이 싹도 깊이 박혀 땅 녹기를 기다리고
이웃집 술 익어야만 지게미나 얻어먹지

(중략, 박석무 정해렴 편역주, 다산시정선 상, pp. 98-99).

빈한한 시골 마을 궁핍한 살림이 다산의 눈과 마음을 통해 그려져 있다. 암행어사로서 지방 관리들의 비리 캐는 일을 하고자 하나 그 마음에는 오히려 민중의 애환을 눈물겨워 한다. 수기치인의 수행이 되었고 현실 개혁에의 의지가 없고서는 이런 글이 나올 수 있을까. 민중의 빈곤이 빼앗아가는 이장, 군정(軍政)의 문란 등 빈민 밖의 현실과 이어져 있음을 이 시는 또한 말한다. 다음의 <飢民詩(굶주리는 백성)>에서 다산은 이렇게 쓴다(박석무 정해렴 편역주, 다산시정선 상, pp. 103-109). 군데군데 생략하면서 여기에 옮겨본다.

인생이 풀이라냐 나무라냐
물이랑 흙으로만 살아갈거나.
힘껏 일해도 초목만 먹고 살라니
콩과 조 그걸 먹어야 하는데
콩과 조 귀하기 보배 같으니
혈액과 생기가 어떻게 기름질쏘냐.
야윈 목은 구부러져 따오기 모습
병든 살결 주름져 닭껍질이네.
우물 있어도 새벽물 긷지도 않고
땔감 있어도 저녁밥 짓지를 않네.
팔다리는 그런대로 움직이지만
걸음걸이는 맘대로 못하는구려.(중략)

빈민은 제대로 먹질 못해 걸음조차 뜻대로 안 된다. 다산의 이러한 사회시(社會詩)는 삼정의 문란, 관리들의 착취 등의 현실과 제도 탓이지만, 무엇보다 가난한 사람의 삶을 있는 그대로 들어다 보아 참된 세상을 만들고자 하는 뜻이 없이는 나오지 않는다(송재소, 1990, pp. 48-71). 기민시를 계속 보자.

까마득한 하늘땅의 만물 기르는 이치
고금에 어느 누가 알 수 있으랴.
저 많은 백성들 태어났건만
야윈 몸에 재해까지 겹쳐
메마른 산 송장이 쓰러져 있고
거리마다 만나느니 유랑민들이네.(중략)

다산이 목도한 빈민들은 한 둘이 아니다. 거리에는 빈민들로 넘친다. 농민 인구가 대다수를 차지하는 농업중심국가 조선의 현실이다. 대다수가 굶주리고, 일부가 잘 사는 그런 사회를 다산은 살면서 글을 쓰고 사유를 한다. 이래도 좋은가? 어떻게 해야 하는가? 질문이 나오지 않을 수 있겠는가. 다산의 기민시를 조금 더 듣자.

누렇게 수척한 얼굴 생기도 없고
가을 오기 전에 시든 버들가지네.
구부러진 허리에 걸음조차 못 걸어
담장을 부여잡고 억지로 일어나네.
부모 자식 사이도 보전하지 못하는데
길 가는 남을 어떻게 동정하리요.
어려운 삶에 착한 본성을 잃어버려
굶주리고 병든 자를 웃으며 보네.
이리 저리 앞뒷집 돌아다니나
마을 풍속 본디가 이러했으랴.
부러워라 저 들판 참새떼들은

잎 떨어진 가지 앉아 벌레를 쪼네.
고관집엔 술과 고기 많기도 하여
이름난 기생 맞아 풍악 울린다.
태평세월 만난 듯 한껏 즐기고
대감님네 풍도라고 거드름피운다.(중략)

빈민의 삶이 그토록 죽임의 위기에 내몰려 있음에도, 다산의 시가 잘 말해주고 있듯이, 고관대작들은 넘치는 음식에, 술에, 기생에, 태평세월 노래 소리에 흥이 겨워, 그렇게 산다. 불평등은 어느 곳 언제나 일상이다. 하지만 그 불평등이 사람의 심성과 공동체의 풍속을 극도로 해한다면 양심이 있는 이는 누구나 그걸 바랄 수 없다. 누리고 사는 자신의 사회가 위험하고 비복지일 때 그 누림은 온당할 수 없다. 다산의 여러 경세론 저술들 여기저기를 유심히 보노라면, 다산은 국부민유(國富民裕)하여야 그토록 성리학자들, 주자의 영향을 받은, 잘 먹고 잘 사는 선비들이 힘주어 말하는, 인간의 심성도 고아하고 맑을 수 있음을 잘 깨닫고 있었음을 우리는 느낄 수 있다. 그러기에 형이상학적 이기(理氣)논변보다 심성정(心性情)의 이치를 제대로 밝히는 일보다 세상을 바르고 좋게 하는, 즉 복지사회의 실현이 무엇보다 필요함을 다산은 우리에게 보여주고 있는 것이다. 다산은 빈곤이 왜 발생한다고 보는가?

우선, 토지소유의 고르지 못함(不均)에서 그 원인을 찾고자 한다. <전론>에서 다산은 이렇게 말한다. "지금 문관(文官) · 무관(武官) 등의 귀신(貴臣)들과 지방의 부자 가운데는 1호당 곡식 수천 석(石)을 거두는 자가 매우 많은데, 그 전지를 계산해 보면 100결(結) 이하는 되지 않을 것이니, 이는 바로 990명의 생명을 해쳐서 1호를 살찌게 하는 것이다. 우리나라의 부자로 영남(嶺南)의 최씨(崔氏)와 호남(湖

南)의 왕씨(王氏) 같이 곡식 1만 석을 거두는 자도 있는데, 그 전지를 계산해 보면 400결 이하가 되지 않을 것이니, 이것은 3,990명의 생명을 해쳐서 1호만을 살찌게 한 것이다"(박석무 정해렴 편역, 2001, p. 16). 대지주의 존재는 소작농의 빈곤을 가져온다. 토지소유의 불균등이 생존의 어려움을 초래하는 뿌리인 것이다.

둘째, 군정(軍政)의 문란이 빈곤을 가져온다. 다산은 <목민심서> 병전(兵典) 첨정(簽丁)조에서, 위에서 인용한 <적성촌에서> 라는 시를 암행어사로서 시골 마을에 이르러 지었다고 한다(다산연구회, 역주목민심서 Ⅳ, pp. 114-115). 이 시는 다섯 살 된 큰 아이는 기병으로 병적에 올리고, 세 살 된 작은 아이 군관(軍官)이 쓸어가며, 두 아들의 군포(軍布)가 한해에 5백 푼이어서 하루 빨리 죽기를 바라는 빈민의 참상을 담고 있다. 또한 1803년 가을 다산은 강진 귀양살이에서 빈한한 백성이 아이 낳은 지 사흘 만에 군포 대신 재산 중의 재산인 소를 빼앗기게 되자 자신의 남근을 자른 그 눈 뜨고 보기 힘든 참상을 <애절양시(哀絶陽詩)>로 표현한다(상기, pp. 115-116). 백성의 실정을 돌보지 않는 군정의 문란이 빈곤을 발생시킬 뿐 아니라 빈민의 삶을 더욱 곤경에 빠뜨린다.

셋째, 환정(還政)의 폐단 역시 빈곤을 가져온다. 가난한 사람들에게 봄에 곡식을 빌려주고 가을에 갚도록 한, 원래는 구휼과 복지의 의미를 담은 제도가 이제는 빈민을 궁지로 몰아넣는다. 가져오거나 받지도 않았는데 갚아야 할 어처구니없는 일도 생긴다. 그래서 다산은 "지금은 백상(白上)은 있어도 환상(還上)은 없다."(다산연구회, 역주목민심서 Ⅲ, p. 32)라고 한다. 환정의 문란은, 수령의 비리, 아전의 농간, 법의 근본적 혼란 등이 겹쳐 일어난다. 다산은 그 폐단을 경험의 논리로서 세밀히 파헤친다(상기, pp. 8-32). 환정의 극심한 왜곡과 부패는 다산 당시 빈곤 발생의 구조적 이유요, 국가와 민중의 동시 빈곤을 가져오는 요인이다.

마지막으로, 아전, 수령, 감사 등 임금의 일을 대신하여 민중을 사랑하고 민생을 책임지는 이들이 농간을 부리고 탈취하며 횡포를 일삼고 속이는 등등에 의하여 빈곤은 자꾸 발생한다. 이것을 다산은 경세론의 여러 글들 속에서 자주 지적한다. 목민해야 할 사람들이 압민(壓民)함으로써 나라는 나라대로 백성은 백성대로 도탄에 빠지는 것이다. 따라서 다산은 여전제와 정전제(경세유표, 지관 수제, 전제)와 같은 제도를 제안함으로써 그 빈곤을 넘어서려고 할 뿐만 아니라 목민의 윤리와 이치, 내용을 다시 확인함으로 국가와 민중의 복지 실현을 희망한다.

3) 목민복지사상

다산에게서 토지가 목민의 방편이고 빈민이 복지의 대상이라면 목민은 복지의 내용이다. 만일 수령이나 감사, 향리 등이 백성을 다스리고 부양하는 일(목민심서, 自序)에 진실하다면, 한마디로 자신의 존재 자체가 백성을 위해 있다는 것(原牧)을 깊이 인식하고, "녹봉만 타먹는 것이 부끄러운 일임"(박석무 정해렴 편역, 2001, p. 28)을 알고 있다면 그들은 목민관이라 할 수 있다. 다산의 목민복지사상은 목민을 통해 백성과 국가가 결국 복지의 상태로 변할 수 있고, 그 일은 임금과, 임금의 일을 위임 받은 목민관의 몫임을 말하는 것이다. 우리가 볼 때 다산 복지사상의 핵심은 목민복지이다. 즉 목민관이 얼마나 자기에게 위임된 일을 제대로 하는가가 백성과 국가의 복지에서 관건이다.

<목민심서>에 의하면, 목민관이 마음 깊이 새겨야 할 것은 크게 열두 가지, 하나마다 여섯 씩 있으니 일흔두 가지이다. '부임(赴任)'에는 직을 임명받고, 행장을 차려, 임금에게 하직인사를 드리고, 부임 행차를 엄숙하고 가지런히 하며, 임지에 부임하고, 부임하여 실무를 맡아보

는 데에서 새겨야 할 바가 있다. '율기(律己)'는 자기 몸가짐을 가다듬고, 마음을 맑게 하며(여기서 다산은 청렴을 강조한다), 자기 집안 단속을 잘하고, 외부 청탁을 물리치며, 모든 씀씀이에 절약하고, 베풀기를 즐겨할 것을 강조한다. '봉공(奉公)'은 임금의 덕을 받들어 흐르게 하고, 임금에게 근거를 둔 법을 받들어 지키며(여기서 다산은 특히 대명률과 대전통편을 늘 갖추어 익히라고 말한다), 상하 동료 사이에 신중하며 예의 있게 대하고, 문서 작성을 꼼꼼히 하며, 아전의 부정부패와 백성으로부터 나오는 재물의 오고 감을 잘 살피고(여기서 다산은 목민관이 환정, 전정, 군정에서의 부조리를 반드시 척결하고 바르게 시행되도록 해야 함을 설득한다), 상사에 의해 차출되어 딴 일을 맡으면 책임있게 할 것을 말한다. '애민(愛民)'에는 '양로(養老)', '자유(慈幼)', '진궁(振窮)', '애상(哀喪)', '관질(寬疾)', '구재(救災)', 여섯이 있다. 이것은 오늘 우리가 좁게 말하는 사회복지와 직접 연관된 것이다. 나중에 좀 더 자세히 보자.

'이전(吏典)'은 아전을 규율에 따라 잘 단속하고, 위엄과 신뢰로 부하를 통솔하며, 사람 쓰는 일에 진실 되며 공정하고, 고을의 인재를 잘 천거하며, 아전의 작태와 민간의 동태 등 물정을 잘 살피고, 휘하 아전들의 공적을 엄격하게 평가하여 인사이동의 자료로 삼아야 함을 말한다. '호전(戶典)'에는, 토지와 결부된 세금 내기, 세법(稅法)에 관한 일(세법에 따른 세내는 일은 투명하고 공정해야 하며, 다산은 그의 경세론에서 농민과 나라의 복지는 실로 이것과 깊이 관련돼 있음을 알고, 이 일에 많은 심혈을 기울여 논의하고자 하였다), 환곡의 운영에 관한 일(다산은 곡식을 받고 갚는 것의 내용, 창고의 곡식 등을 명료히 경위표로 그려 파악하라고 말한다), 호적에 관한 일(다산은 백성의 살림살이 내용을 표로 명료히 그려 전정, 군정, 환정의 자료로 삼으라고 권한다), 온갖 부역을 공평히 하는 일, 농사를 권장하는 일이 담겨 있다.

'예전(禮典)'은, 공동체에서 지내는 제사에 관하여, 고을에 오는 손님 접대에 대하여, 백성들의 교화(敎化)에 관하여, 교육과 학문의 진작(그리하여 백성이 예를 익히고 악을 누리도록)에 대하여, 백성의 상하구분과 등급의 질서에 관하여(여기서 다산의 사상이 민본주의이겠지만 오늘처럼 민주주의이라고 말할 수 없음을 우리는 느낀다), 관리 선발시험 제도에 대하여 말하고 있다. '병전(兵典)'은, 군정의 공정에 대하여, 군사훈련에 대하여, 병기를 간수하는 것에 대하여, 무예를 익히는 것에 대하여, 변란의 대응에 대하여, 적의 침입을 막음에 대하여 말하고 있다. '형전(刑典)'은, 백성의 쟁송을 신중하고 바르게 심리하는 것에 대하여, 옥에 갇히거나 갇힐 사람의 조의 경중이나 유무의 바른 판단(이 문제를 다산은 특히 <흠흠신서>에서 비중 있게 다룬다)에 대하여, 형벌 시행의 바름에 대하여, 죄수의 보호와 불쌍히 여김에 대하여, 백성의 삶에 해악이 되는 횡포들의 금함에 대하여, 백성에게 미치는 온갖 피해의 제거에 대하여 다룬다. '공전(工典)' 6조는, 뫼와 숲, 내와 못, 관아건물관리, 성의 수리(修城), 도로, 물품 만듦이다. '진황(賑荒)'은 고을의 어려움을 대비하고 예방하며 해결하는 것이니 우리의 오늘 사회복지와 긴밀히 연계된다. 이 진황에는, 흉년에 빈민을 구제하기 위해 곡식과 돈 등 물자를 미리 준비하는 일(備資), 흉년이 들어 굶주리는 백성이 늘어나면 그들의 어려움을 정확히 파악하고 부유한 이들의 곡식이나 재물을 권장하여 내놓게 하여 합리적으로 나누는 일(勸分), 진휼의 세부계획을 세우되 빈민의 등급을 상 중 하로 나누어 적절하게 실천하는 일(規模), 진휼의 조직을 설치하고 거기 직원을 배치하되 진휼의 대상과 내용을 정확히 표로 만들어 시행하는 일(設施), 흉년이나 가뭄 등이 닥쳤을 때 민생을 안정시키는 일(補力)(여기서 다산은 흉년에 도적이 생기면 그들을 돕고 도적이 생기지 않도록 하는 지혜, 굶주리는 백성이 불 지르지 않도록 막는 것, 흉년에도 곡식 소비를 많게 하는 술 담그기를 자제토록 하는 것 등을 설득한다), 진황의 처음과 끝, 그 진행과정을 잘 반성하여 상벌과 결산을 정확히 하는 일(竣事)(그리하여 다산은 백성들이 빈곤과 어려움에 처할 때 잘 돕고 그것을 서로 분명히 기억하여 장차 극복하여 풍년으로 나아갈 것을 희망한다)이 있다. 그리고 열두 가지 가운데 마지막 '해관(解官)'은, 관직의 교체, 임기를 마치고 돌아감, 임기의 유임을 백성이 청함, 임기 중 잘못의 용서를 빔, 임기 중 관료의 사망, 임기를 끝내고 임지를 떠나 있음에서 그 때 백성으로부터 사랑 받음(목민을 제대로 했음의 증거)을 담고 있다.

<목민심서>의 열두 가지 가운데 오늘의 복지내용과 직접 연관이 깊은 것은 '애민'과 '진황'이다. 여기서 앞에 잠시 말한 것처럼 '애민'의 여섯을 좀 더 살펴보자.

애민 여섯 가운데 맨 처음은 어르신 모심이다. 다산의 경학에서 우리는 이미 다산이 효, 제, 자 같은 밝은 덕을 실제로 실천함이 곧 공부요, 이 공부를 통하여 비로소 세상의 사람과 처지를 보다 낫게 할 수 있음을 힘주어 말하고 있음을 보았다. 이것이 유교의 핵심 가르침이기도 하지만 인류의 보편적인 상식이기도 하다. 다산은, 마을에서 무엇보다 노인을 잘 모셔야 함(養老)을 설득한다. 마을의 재정이 한계가 있을 경우, 80세 이상의 노인만을 우선 초청한다. 그분들을 모시고 온 동네 사람들, 관리들이 모인 가운데 목민관은 예를 갖추어 음식 향연을 베풀고 예를 다하여 절하고 말씀 나눈다. 마을에서 이런 공식적인 노인대우가 엄숙하고 경건하게 행해질 때 그 마을 사람의 마음 속 깊이 자기 집안의 어르신에 대한 예우가 솟아나고 이어질 것이다(다산연구회, 역주목민심서 II, pp. 8-18).

그 다음은 어린이를 돌보고 양육하는 일이다. 특히 이 자유(慈幼)는 어버이 없이 있는 고아들을 잘 살게 하는 것이다. 백성이 곤궁하면 자식을 낳지 않으려 할 수 있고 자식을 낳았더라도 잘 기를 수 없을 터이니, 그 어린이를 공동체의 존재로서 인식하고 고을에 목민관을 중심으로, 함께 양육하여 목민관은 곤궁한 아이의 부모 역할을 해주어 고아가 잘 큰다면 백성들도 감동 받을 것이고 실제로 고을은 지속되고 훈훈해질 것이다. 고을의 복지는 이처럼 삶이 훈훈해지고 안정되며 안심하는 것이다. 여기서 다산은 고아의 용모, 나이 등을 정확히 파악하여 기록을 하게 하여 그 기록에 따라 합법적으로 길러야 함을 강조한다(상기, pp. 19-33).

셋째는 진궁으로서, 홀아비, 과부, 고아, 늙어 자식 없는 사람 등 스스로 일어나 살기 어려워 남의 도움을 필요로 하는 이들에 대한 고을의 도움이다. 여기서 다산은 나이, 친척, 재산 등 어려운 이의 상황적 사실을 잘 파악하여, 관에서 돌보아야 할 사람인지 아닌지를 정확히 분별하고 그 어려움의 경중에 따라 적합하게 곡식, 주거 등을 제공해야 한다고 강조한다. 특히 다산은 나이가 많음에도 곤궁하여 혼기를 놓친 이는 관에서 적극 도와 결혼할 수 있도록 해야 함도 설득한다(상기, pp. 33-39).

애상(哀喪)은 공동체가 죽은 이에 대한 예절을 다함이다. 특히 곤궁한 사람이 죽고 어려울 경우 극진히 그 장례를 관이 도와야 한다. 기근과 유행병으로 사망자가 한꺼번에 많을 경우비상을 선포하고 목민관은 진휼을 시행한다. 객지에서 벼슬살이하던 이의 시신이 그 고을 지나면 극진히 돕는다. 고을의 여러 관리의 사망 때도 목민관은 예를 다하여 조문한다. 이처럼 다산은 죽음의 예절바른 원조를 통해 고을과 삶의 복지 실현을 희망하고자 하였다(상기, pp. 40-47).

관질(寬疾)은 질환이 있는 사람의 경우, 그 질환의 경중에 따라 부역이나 각종 세금에 있어서 면해주거나 덜 하도록 덜 내도록 하는 일이다. 다산이 곡산부사로서 일할 때 그 황해도 곡산에 유행성 독감 탓으로 많은 이들이 죽었고, 다산은 그 상황에서 부유한 이들로 하여금 그 죽음과 가족을 돕게 하여 도와준 내용만큼 품계를 내리기도 하였다. 다산은, 앞에서 잠시 말하였지만 일찍이 자식들 여섯이 어린 나이에 이승 떠나는 아픈 경험을 하고, 이렇듯 벼슬살이에서도 많은 이의 질환과 죽음을 겪으면서 질병의 치료와 예방의 과학과 지혜에 대하여 줄곧 진지하게 탐구하였다(상기, pp. 47-55). 의료복지는 빈곤극복의 복지와 함께 예나 지금이나 핵심적 공공복지이다.

마지막 여섯째는 고을에 환란과 재앙이 닥쳤을 때 그 구원함(救災)이다. 여기서 다산은 재앙이 오면 목민관은 신실함과 성실함으로 신속하게 대처하고 극복해야 함을 강조한다. 재앙의 해결도 중요하지만 필요한 것은 재앙이 일어나지 않도록 둑을 쌓고 수리를 일으키는, 예방이라고 다산은 설득한다(상기, pp. 55-66). 늘 그러하지만 다산은 이러한 모든 논의들 가운데 중국이나 조선 역사 속에서 관련된 자료나 사례들을 일일이 예거하여 우리를 설득하고 깨우치며 가르치고자 한다. 다산에게서 수신(修身)이 반이었고 그 나머지 반은 목민(牧民)복지이었다. 뒤는 앞을 근거하여 가능함이 다산의 글들 속에 배여 있다.

4. 다산 사회복지사상의 함의

조선시대에도 진휼(賑恤)정책, 시식(施食)정책, 견감(蠲減)정책, 진대(賑貸)정책, 경조(輕糶)및 방곡(防穀)정책, 권분(勸分), 보양(保養), 양로(養老), 의료정책 등 사회정책 내지 사회복지제도 등이 있고, 그에 따른 의창, 상평창, 사창(社倉), 동서활인서, 제생원 등의 조직 내지 기관이 있었다(최익환, 1946). 정조대의 경우, 부세 수취 중심의 전정, 군정, 환정에 이어 복지의 의의를 지니는 황정(荒政)이 더해져 4정체제가 들어서고, 공진(公賑), 사진(私賑), 구급(救急)의 이재민에 대한 무상구제시책, 환곡 등에 의한 유상구제시책이 있었으며, 조세부담 완화책으로서 견감(蠲減)이 있어서 곤궁한 백성의 지세(地稅)나 호세(戶稅), 부역을 감해주었고, 재해나 빈곤 등으로 유랑하는 백성에 대한 안집(安集)이 있었으며, '자휼전칙(字恤典則)'을 반포하여 유기아를 구휼하고자 하였고, 노인직제수나 가자제 같은 노인 우대 제도도 있었으며, 전염병 환자의 치료와 예방 등 의료복지의 노력, 죄수에 대한 사면과 완형, 치료의 노력이 있었고, 재해에 대한 대비책, 구휼행정체계 확립으로서 각종 자료의 기록화(가령, <혜정요람> 등), 보고체계 정비, 관리 감독 강화 등이 있었으며, 따라서 그 당시 이러한 제도와, '백성의 나라'를 세우려는 인식은 지금의 복지와도 별 차이가 없었다(조성린, 2009).

하지만 다산 자신은 가끔 자기 시대의 복지제도에 대하여 비판적이기도 하였다. 가령 <환상론(還上論)>의 경우가 그렇다. 다산은 그 글 속에서 곡식을 가난한 백성에게 빌려주어 가을에 갚게 한 환자법(還上法)은 참으로 악법이어서 그것으로 인해 백성의 울부짖는 소리가 하늘을 진동시킨다고 한다. 그것은 결국 복지를 가장한 백성에의 착취였기 때문이고, 다산은 그것이 폐지되기를 희망했다(박석무 정해렴 편역, 2001, pp. 109-111).

다산이 그 당시 현실 속에서 백성 특히 빈민의 복지에 대하여 나름대로 심혈을 기울인 것은 분명하다. 그러나 다산이 오늘 우리에게 특히 우리의 복지 현실에 어떤 영향을 미치는지, 그것이 긍정적인지 부정적인지, 논란은 가능하다. 전준우 교수는 다산의 전제개혁안과 환곡 등 조세개혁안, 과거제도(인사등용 방법)와 행정기구의 개혁안, 나아가 사회개혁안을 분석하고 설명하면서, 재야 학자로서 그 당시 실제에 직접 반영하기에는 모자라는 여건이었고 근본적으로 유교적 왕정(王政)

의 범주를 넘어설 수 없겠지만 오늘 우리에게도 많은 교훈과 방책을 시사하고 있다고 평한다(전준우, 1982). 하지만 최원규 교수는 다산의 복지관을 평등, 자유, 민본주의 등 사회적 가치지향으로서 검토, 평가하고, 그 복지관을 '실학적 안민이론'으로 개념화하면서, 다산이 사회문제가 발생하는 원인을 어떻게 보는지, 복지책임의 소재를 어디에서 주로 찾는지, 어떤 사람이 욕구를 지닌 사람이고 자원배분의 준거를 어디에서 찾는지, 당시 복지수혜자에 대한 낙인(스티그마)에 대하여 어떤 반응을 보이는지, 어떤 수단과 방도를 통해 부국안민이라는 이상을 실현하려고 하는지 등, 오늘 서구와 우리의 복지현실에서 주요하게 논의되는 주제와 관점을 가지고 질문하고, 가능한 한 다산의 논술에 의하여 답하며, 그 답이나 주장에 대하여 나름대로 평가하면서, 다산의 복지관에서 나타난 내용들 중에서 오늘날 그대로 수용할 부분은 거의 없고, 만일 다산 복지관의 내용들을 오늘의 사회복지정책의 실천에 적극 수용하자고 주장한다면 그것은 전근대적인 사회복지정책을 옹호하는 것으로 귀결되리라 본다(최원규, 1989).

다른 한편 박승희 교수는 다산이 늘 읽고 영향 받던 사서(논어, 대학, 중용, 맹자)에 나타난 유교의 사회복지사상을 논하면서, 유교는 왕을 주권자로 보는 군주제 사회 내지 국가이고, 주권을 국민에게서 찾는 오늘의 상황과는 사뭇 다르지만 공동체적인 연대를 강화하며 공동체를 보호하려하고, 공동체 안에서 물질적인 부양뿐 아니라 정서적인 부양도 무리 없이 하려는 사회복지의 방식은 오늘날 사회복지의 약점을 보완해줄 수 있다고 보기도 한다(박승희, 1999).

모든 권리의 원천을 시민이나 민중에게서 찾는 오늘 서구적인 한국에서, 왕조국가의 현실에서 옹호되고 모색되던 복지관점이나 제도를 그대로 수용한다는 것은 분명히 온당하지 못하다. 하지만 복지의 존재 이유를 만드는 오늘 우리의 사회현실과 온갖 문제들의 발생 원인을 심도 있게 추적하고 반성해볼 때, 결국 원자론적 개인주의나 개인적 집단적 이기주의의 욕망추구 등으로 여러 사회문제가 솟아나온다고 본다면, 인간과 사회를 유기적으로 보고, 집(家)을 이루어가는 공동체적 존재로서 인간을 보려던 오랜 우리의 전통(최봉영, 1996)과, 인의예지의 덕으로 사람과 공동체를 보살피고 심려하는 그것이 오히려 오늘 우리에게 우리 복지의 실현을 위하여 이어져야 한다고 볼 수도 있다. 사상이나 철학은 만일 그것이 인간과 공동체에 대한 깊은 고뇌와 숙고에서 솟아나왔을 경우, 언제든 어디서든 필요한 영향을 미칠 것이다. 우리는 이 논의에서 다산을, 사회복지에 대한 일정한 사상(思想)을 드러내는 존재로서 수용하고자 하였으며, 따라서 다산의 그 사회복지사상이 우리에게 함의할 수 있는 바를 지금 여기서 잠시 말하고자 한다.

첫째, 여전제의 논의에서 볼 수 있듯이 다산은 모든 비복지의 근원을 고뇌하였고, 그것을 토지제도의 잘못에서 찾고자 하였다. 우리는 이러한 다산의 견해는 합리적일 뿐만 아니라 윤리적이라 말하고 싶다. 그리고 다산의 여전제는 보기에 따라 '여(閭)협동농장' 또는 '여협업농장'(신용하, 2000, p. 123)이다. 이러한 협업농장제도가 오늘 우리의 여러 생산현장에 적용될 수도 있다. 공장은 공장대로 마을은 마을대로 공동생산, 공동노동하며, 합리적이고 합당한 기준에 의하여 분배하고, 그렇다면 비복지의 현실이 근원적으로 차단될 수도 있을 것이다.

둘째, 다산은 때때로 민간에서 부유한 이의 재산 덜어냄(勸分)으로 복지가 이루어지는, 민간 복지를 말하기도 하고 행하기도 하였지만, 복지의 주체를 분명히 국가에서 찾았다. 다산은, 국가가 어버이와 같이 백성을 보살펴야 하고, 지방 행정관은 그 국가의 일을 대신하는 목민관이어야 한다고 늘 생각하였다. 국가가 끊임없이 복지의 주체로서 자기 일을 잘해야 한다는 다산의 생각을 오늘 여기 우리도 이어받아야 할 것이다.

셋째, 다산은 그 복지의 주체는 항상 여러 덕(德)으로서 수양되어 있어야 한다고 보았다. 사람을 돕고 보살피는 일이 복지라고 볼 때, 그 돕고 보살피는 일의 주체는 보살피고자 하고 돕고자 하는 마음에서 그 일을 해야 한다. 주체에게서는 마음이 먼저인 것이다. 복지 대상의 권리에서만 그 일이 행해질 수는 없는 것이다. 공정하게 말하고자 한다면, 대상의 권리와 주체의 마음 내지 덕이 잘 어우러질 때 우리의 복지는 질적으로 향상된다. 온갖 어려움을 무릅쓰고 더 어려운 상황에 즉하여 심사숙고하고, 좋음과 옳음을 향하려는 마음이 행위의 그 결과를 질적으로 높이리라는 것은 예나 지금이나 변함없는 사실일 것이다.

5. 나가며

우리는 여기서 다산 정약용의 삶, 상황, 사상과, 그의 사회복지사상에 대해 나름대로 살피고 그것이 오늘 우리의 복지현실에 어떤 의의로서 다가오는가를 말하려고 하였다. 다산의 사회복지사상은 그의 관심이 집중되는 영역이 광범한 탓으로 여러 이름들로서 개념화될 수 있다. 하지만 다산의 여러 저술들과, 그에 대한 여러 연구서들을 읽고 묵상하면서 우리는 그 사회복지사상을, '토지복지사상', '빈민복지사상', 그리고 '목민복지사상' 이라는 표현으로 정리하고자 하였다. 다산은 농업중심국가 속에서 토지제도의 혁신이 복지실현의 근원이라 보았던 듯하며, 토지는 복지의 방편이요, 빈민이야말로 복지의 대상이고, 목민은 복지실현의 내용이라고 보았다. 무엇보다 다산이, 복지의 주체가 인의예지의 덕으로 평소 수양되어 있어야 함을 설득하고, 그것을 통해 사회복지가 근원적으로 실현되는 그것에 대하여 깊이 고뇌하고 모색하고

자 한 그 모습과 태도는 오늘 우리의 복지현실에도 이어져도 좋으리라 우리는 생각한다.

퇴계 이황의 사회복지사상

1. 들어가며

죽음이 다가옴을 준비하는 가운데 자신의 전체 삶을 돌이켜보면서 그 분은, 이런 시를 스스로 남긴다.

태어나서는 크게 어리석고 커 가면서 병통도 많았구나.
중년에는 어이해 배움을 즐겼으며 만년에는 어이해 벼슬을 받았던고?
배움은 찾을수록 더욱 멀어지고 벼슬은 마다할수록 더욱 불어나더구나.
나아가 일함에는 실패하고 물러나 갈무리함에는 뜻을 지켰으나
나라 은혜에 깊이 부끄럽고 성인 말씀에 참으로 두려웁구나.
산은 높고 높으며 물은 솟아나서 끊임이 없는데
벼슬 전 평민 옷을 너울거리며 온갖 비방 훌훌 벗어 버렸으나
내 그리운 님 길이 막혔으니 나의 패물 누가 봐줄거나.
옛사람을 생각해 보면 참으로 나의 마음 쥐고 있었지만
나는야 어찌 오는 세상을 알 수 있으리오 지금의 눈앞도 잡지 못하는데.
근심 속에 즐거움 있고 즐거움 가운데 근심 있는 법.
조화 타고 다함으로 돌아가는데 다시 무엇을 구하랴.

(이윤희, 2010, pp. 316-317)

生而大癡 壯而多疾
中何嗜學 晩何叨爵
學求猶邈 爵辭愈嬰
進行之跲 退藏之貞
深慙國恩 亶畏聖言
有山嶷嶷 有水源源
婆娑初服 脫略衆訕
我懷伊阻 我佩誰玩
我思古人 實獲我心
寧知來世 不獲今兮
憂中有樂 樂中有憂
乘化歸盡 復何求兮

그분은 이 '자명(自銘)'을 남겨, 자신의 무덤 앞 조그만 돌에 소박하게 새겨지기를 바랐다(퇴계선생언행록, 2007, p. 270). 옛사람의 마음은 수신제가치국평천하(修身齊家治國平天下)에 있었고, 자신은 평생 그것을 이상으로 삼아 실천하려고 노력하였다(권오봉, 2001, p. 322). 옛사람의 뜻을 자신의 마음으로 굳게 잡고, 그 뜻을 삶 속에서 나름대로 실행하려 하였으니 이제 나고 죽음의 그 이치에 온 존재를 맡기려 한다. 다시 무엇을 근심하랴. 생각할수록 삶에는 즐거움과 근심, 양면성이 있었으나, 돌이켜보면 그 둘은 함께 있었다. 일의 어려움 앞에서 진실로 근심하는 우환의식을 지니되(이완재, 2001, p. 84) 그 근심으로 말미암아 비로소 편안할 수도 있었다. 또한 죽음 다음에 오는 세상을 알지는 못한다. 다만 공경하고 경건한 마음으로 맡길 뿐이다. 그분의 자명은 이런 것들을 우리에게 말한다. 필자는 이 논문에서 사회복지의 시각으로서 위와 같이 '자명'을 남긴, 퇴계 이황(1501-1570)의 사상을 살피려고 한다.

복지는 본래 사회 속에서 사회와 함께 이룩되는 것이다. 그것은 복지의 주체로서 인간이 깊이 사회적인 존재이기 때문이다. 함께 더불어 삶 속에서 우리의 복지는 요청되고, 이룩되는 것이니 복지는 그야말로 '사회복지'일 수밖에 없다. 이 사회복지의 주관자, 방법, 대상, 목표 등은 그 시대의 상황과, 사람들의 복지에 대한 인식과 경험에 따라 끊임없이 변화하겠지만, 물질의 소유에서 오는 생명존재의 유지와 풍요, 정신의 존재가 필연적으로 요구하는 안녕과 안정, 평화라는, 복지의 본래 의미는 시대와 상황의 변화를 초월할 것이다. "社會福祉는 社會와 福祉의 복합어이다. 여기서 福祉의 福을 나눠보면 시(示)행은 신에게 공물을 얹어 놓은 상을 옆에서 본 형태로 시(示)가 붙은 자는 대개 신(神)과 관계되는 자가 많다. 다음 福자 중 나머지 부분의 一은 하늘을 뜻하며, 그 밑의 구(口)는 고(高)자의 약자로 곡물이 높이 쌓여 있는 모습을 상징한다. 그 밑의 전(田)은 곡물을 수확하는 밭을 의미한다. 따라서 하늘 아래 밭에서 곡물을 많이 생산하여 쌓아놓은 물질적인 풍요를 의미한다. 이것에 자연 즉, 신으로부터 받은 선물을 나타내기 위해 시(示)행이 붙어 福자가 된 것이다. 그리고 祉자는 신에게 마음의 안정을 기원하는 자세인데, 지(止)는 욕망의 추구를 멈추는 의미를 지녔다. 즉, 과도한 욕망을 버리고 마음을 비우는 것이 심리안정의 길이라는 것을 암시하고 있다. 따라서 福祉는 물질적 풍요와 심리적인 안정을 내포하고 있다고 할 수 있다"(김상균 외, 2011, 개정3판, p. 27). 언제든 어디서든 우리가 생각하더라도, 어떤 존재가 우선 물질적인 소유를 획득함으로써 자립하고, 그 소유를 통해 삶을 지속할 수 있도록 그 정신심리가 안정되며, 그 바탕 위에서 자기 아닌 다른 존재와 교류할 때 비로소 복지롭다고 할 수 있을 것이다. 따라서 필자는 존재의 자립과 안정, 존재들 사이의 교류가 사회복지의 주요한 시각을 이룬다고 본다. 이러한 사회복지의 시각에서 퇴계 이황의 삶과 사상을 살필 때 우리는 퇴계로부터 오늘 여기 우리에게 건네 오는 여러 시사점을 발견할 수 있다.

필자의 견해로는, 퇴계는 복지의 실현 장소가 무엇보다 개개인 존재의 일상생활이라 보았을 듯하며, 그렇게 삶 자체가 복지로운 이는 나아가 가정과 마을의 사람들에게 유익을 끼치고, 나라와 세상을 평화롭게 하는 일에 기여할 때 비로소 삶다운 삶을 산다고 여겼을 것이다. 따라서 필자는 퇴계의 관점을 '생활복지사상', '지역복지사상', '국가복지사상'의 언표로서 일별할 것이다. 이러한 일별을 위해 필자는, 퇴계가 그 당시 임금에게 올린 그림이나 글월, 예컨대 성학십도, 무진육조소, 주위의 사람들에게 써서 보낸 편지들, 주위의 사람들이 기록으로 남긴 퇴계의 언행록, 이자수어 등을 기본 자료로 삼을 것이다. 먼저 퇴계의 삶, 상황, 그리고 사상을 요약해보도록 하자.

2. 퇴계의 삶, 상황, 그리고 사상

퇴계의 성은 이(李)이고, 이름은 황(滉)이며, 자는 경호(景浩)요 관향(貫鄕)은 진성(眞城)이다(이상은, 1978, p. 16). 진성은 지금 주로 '진보'로 표현되며, 청송군에 속한다. 지금도 진보에 가면 이촌이 있다. 진성 이씨의 시조 석(碩)은 퇴계의 7대조로서, 고려말 진보현리였다. 뒤에 아들 자수(子修)가 고려 공민왕 11년(서기 1362년)에 홍건적의 난을 토벌하여 서울을 회복한 공로로서 안사공신(安社功臣)의 호를 하사받고 송안군(松安君)으로 봉해지며 영예를 얻자 시조는 봉익대부(奉

翊大夫)·밀직사(密直使)에 추봉되었다. 시조는 자수와 자방(子芳) 두 자제를 둔다(이하, 진성이씨 세보 참조). 자수는 운구(云具)(공조참의를 지냈으므로 진성이씨 집안에서는 참의공으로 칭한다. 필자는 참의공 후손으로서, 시조에서는 21세이다.)와 운후(云侯)를 그 자제로 두고, 운후는 정(禎)과 상(祥)을 자제로 두며, 상은 무후(無后)이다. 정은 우양(遇陽)과 흥양(興陽), 계양(繼陽)을 자제로 두고, 계양은 식(埴)과 우(堣)를 자제로 두며, 식은 잠(潛), 하(河), 서린(瑞麟), 의(漪), 해(瀣), 징(澄), 그리고 황(滉)을 자제로 둔다. 퇴계의 형제들은 진성이씨 7세이다. 송안군은 왜구를 피하여 안동부 풍산현 남마애리로 이거하였고, 뒷날 퇴계의 조부 계양은 예안현 북쪽 온계(溫溪)에 정거(定居)하여 퇴계는 1501년 연산군 7년 11월 25일 진시(辰時)에 온계 본가에서 태어났다고 한다. 퇴계의 아버지, 식의 첫째 부인 의성김씨는 잠과 하, 그리고 여식을 낳았으나 29세로 세상을 뜨고, 둘째 부인 춘천박씨가 막내 퇴계를 비롯하여 여러 형제들을 낳았다. "생후 일곱 달 만에 아버지가 병으로 죽자 홀어머니 박씨 슬하에서 엄한 교육을 받고 자랐다"(권오봉, 2001, p. 15).

공자의 가르침에 충실하고자 한 이는 그렇듯이, 퇴계의 삶은 공자의 표현대로, "지어도(志於道)하고, 거어덕(據於德)하며, 의어인(依於仁)하고, 유어예(遊於藝)"(논어, 제7, 술이)하고자 하는 삶이었던 것 같다. 말하자면, 도(道) 혹은 이치, 진리를 깨닫는 데 삶의 목표를 두고(퇴계는 제자들이나 자제들, 공부를 하고자 하는 이들에게 보내는 편지들의 곳곳에서 뜻을 세움, 즉 입지의 필요성과 중요성을 늘 강조하였다), 인간관계나 존재관계 안에서 넓고 큰마음, 천지자연에서 얻은(得) 마음에 근거하여 만나고 대하며, 사람다움과 인자함에 의지하고, 예술과 삶의 기쁨 속에서 여유를 가지고 쉬고자 하는 것이었다. 이렇듯 철학적이고 도덕적이며, 종교적이고 예술적인 삶이 이룩되려면 실로 많은 우여곡절과, 스스로의 노력과 얻음, 가르침에 마음열고 들어감, 온갖 일들의 수행과 경험, 무엇보다 자기 스스로 바로 서려는 치열한 실행의 역사적 축적이 있을 수밖에 없다. 퇴계의 삶은 대체로 세 시기 즉, 수학기(修學期), 출사시기(出仕時期), 강학기(講學期)로 나뉘어 파악될 수 있다(이상은, 1978, pp. 13-106; 금장태, 1998, pp. 3-8). 수학기는 1501년 출생에서 1533년 까지라 할 수 있고, 출사기는 34세에 문과에 급제하여 벼슬길에 나가 49세 때 풍기군수를 사직하고 고향으로 돌아오는 1549년까지이며, 강학기는 그 뒤 고향에 은거하여 집이나 서당에서 연구하고 강의하며 저술하는 활동의 이어짐과, 70년의 삶을 마감하는 때까지라 할 수 있다. 수학, 출사, 강학은 두부 자르듯 확연히 구분되는 것이라기보다 대체적으로 그러하다는 것이다. 태어나서 죽을 때까지 그의 수학은 이어졌을 것이고, 은거하여 강학하던 후반부 인생에서도 나라의 부름에 여러 번 응하기도 하였으니 벼슬살이는 그렇게 이어졌으며, 중반부 벼슬살이 안에서도 여러 가지 방식으로 강학은 진행된 셈이다.

어릴 적 퇴계의 삶에 어머니 춘천박씨의 영향은 세밀히 컸으리라 짐작된다. 자식의 묘갈명(墓碣銘)의 언표에 의하면, "타고난 자질이 얌전하셨다. 아버지에게 시집와 후취부인이셨다. 시어머니 모시기를 조심스럽게 하고 정성스럽게 제사를 받들었으며 부지런하고 검소함으로 집안을 다스렸다. 아랫사람들을 대하는 데는 엄하면서도 은혜로움이 있었으므로 아랫사람들은 모두 그 덕을 입었다고 생각하였다. 길쌈하고 바느질하고 음식 장만하여 먹이기를 이른 아침부터 밤늦게까지 감히 조금도 게으름이 없으셨다"(국역 퇴계전서, 11, 선비 증 정부인 박씨 묘갈지, p. 83). 또한 막내 퇴계를 포함하여 자식들에게 훈계하기를, "세상에서 항상 과부의 자식은 가르침을 받지 못했다고 욕한단다. 너희들은 그 공력을 백배로 들이지 않는다면 이런 비난을 면할 수 있겠느냐?"라 하였다 한다(전상서, p. 84).

퇴계가 태어난 지 1년 뒤 1502년 6월 13일에 병으로 나이 마흔에 돌아가신 아버지는 퇴계의 묘갈명 기록으로는, "공은 어려서 아우 우(堣)와 더불어 뜻을 독실하게 하여 힘써 배워 여러 가지 책을 널리 보셨다. 글을 지으매 과거의 규정에 맞는 공부만을 오로지 일삼지 않았으므로 여러 차례 응시하였으나 합격하지 못하셨다. 경신년(1500)에 향시에 장원하였고 신유년(1501)에 진사에 합격하셨다. 항상 분발하여 노력하여 조금도 게으르지 않으면서 탄식하기를, '진실로 세상에 뜻을 얻지 못할진댄, 학생들을 모아 가르친다면 내 뜻을 저버림이 없을 수 있을 것이다'라고 하셨다"(국역 퇴계전서, 11, 선고 증 가선대부 이조참판 겸 동지의금부사 성균진사 갈음기사, p. 79). 또한 그 아버지는, "내 아들 가운데서 능히 내 일을 잇는 이가 있다면 내가 죽어도 한이 없다"라고 하셨다 한다(전상서, p. 80). 아버지의 일은 결국 사회 속에서 도덕을 회복시키는 일일 것이다(권오봉, 2001, p. 325).

일찍 아버지가 돌아가시자 그 형님과 뜻을 같이하여 우애 깊었고, 어린 시절의 조카에게 글을 가르친 숙부(堣) 송재공에 대하여 퇴계는, "어려서부터 책읽기를 좋아했고 글을 잘 지으셨다. 돌아가신 아버님과 우애가 좋아 서로 화합하고 뜻이 잘 맞았다. 풍채가 청수(淸秀)하고 운치가 고원(高遠)하며 성품이 온화하고 자상하시었다. 아버지 잃은 조카들을 어루만져 가르치기를 자기 자식처럼 하고 온화하게 사물을 접하였으므로 비록 다급한 일을 만날지라도 급한 말이나 당황한 얼굴빛을 일찍이 본 적이 없었다. 평소에 책을 곁에 두고서 맛난 고기처럼 좋아하였는데, 비록 오래 끄는 질병에도 손에서 책을 놓지 않았다. 문장은 맑고 넉넉하고 법도에 맞으며 고아하였고, 시에 더욱 뛰어났다" (국역 퇴계전서, 11, 숙부 호조참판부군 묘갈지, p. 85-88). 퇴계의 삶에 있어서 이렇듯 가족의 영향은 깊었다. 이 바탕 위에서 가족들을 향한 퇴계의 영향 역시 깊고 넓었다. 그리고 그 영향은 일반 사회에도 미쳤다. 필자는 퇴계를 둘러싼 상황으로서 세 가지, 즉 관직(벼슬)의 상황, 사화(士禍)들의 상황, 그리고 그 당시 사회복지 상황을 언급하고자 한다.

퇴계에게서 관직은 그 삶에 영향을 미쳤고, 그 벼슬을 통하여 퇴계의 삶이 역시 일반 사회에로 영향을 미쳐나갔을 것이다. 퇴계가 그 벼슬자리에 있지 않더라도 그 벼슬은 그렇게 있었던 바, 벼슬은 퇴계의 상황이었다. 퇴계는 10여 년 동안 여러 가지 예비시험을 통과한 끝에 34세에 마지막 관문인 문과에 급제하여 승문원(承文院) 권지부정자(權知副正字)(권지란 임시직이란 뜻)로 뽑히고, 곧 정식 부정자가 되었으며, 이어서 정자가 되었다(이상은, 1978, p. 38). 승문원은 외교문서를 관장하는 아문(衙門)이다. 퇴계는 단양과 풍기의 군수, 두 외직(外職)을 제외하면 총 14개 아문에서 29종(種)의 벼슬을 하였다. 내부(內府)의 경적(經籍)을 관리하고 국왕의 대내외 발표 문서를 제술(製述)하며 항상 국왕의 고문(顧問)에 응하여 그 보좌의 임무를 수행하는 홍문관(弘文館)에서 부수찬(副修撰), 수찬, 부교리(副校理), 교리, 응교(應教), 전한(典翰)의 벼슬을 30개월가량, 승문원에서 31개월가량, 당시 국왕의 정사(政事)를 기술(記述)하여 국사(國史)를 편찬하는 일을 맡은 춘추관(春秋館)에서 21개월가량, 국왕에게 유학경전과 사서(史書) 등을 진강(進講)하고, 고금 인물과 시정(時政)에 대해 논평을 가하는 관직으로서 경연관(經筵官)으로 24개월가량, 그 외, 성균관, 호조, 사간원, 사헌부, 형조, 의정부, 전설사, 종친부, 사복시, 시강원 등에서 퇴계는 일하였다. 49세 이후에는 본인의 병, 학문에의 몰두, 나라에의 또 다른 방식으로의 기여 등의 이유로 퇴계는 벼슬자리에서 물러나고자 하였다. 위에서 인용한 '자명'에서처럼 물러나고자 하여도 벼슬은 더욱 주어졌다. 퇴계 자신의 벼슬은 자신의 세상에 대한, 진리에 대한 인식 등으로 그만두고

자 하였으나, 자제들의 경우에는 가능한 한 열심히 공부하여 남들처럼 과거에 급제하고 벼슬살이를 통해 사회 속에 인간으로서 바른 구실을 할 수 있을 것을 당부하였다(이장우 · 전일주 옮김, 2011, p. 49).

퇴계의 나라 조선은 명백히 왕권(王權)국가이지만, "국가의 모든 주요정책결정에 있어서는 반드시 왕과 재상이 동등하게 참여하는 새로운 정치질서"(김용옥, 2004, p. 67)의 실현을 구상하는 삼봉 정도전의 영향, 유교의 민본주의적 정치에의 염원 등으로 왕권과 신권(臣權)의 적절한 조화를 통해 운영되는 것이 이상적이었으나, 실제로 그 이상은 잘 펼쳐지지 않는다. 사화(士禍)는 지방에 근거지를 둔 사림(士林)들이 새로운 신권을 형성함으로써, 그 이전에 왕권의 지지로 인해 구축된 훈구(勳舊)세력들과의 갈등과 투쟁으로 인하여 빚어진다. 사화는 새로운 신권과 왕권의 조화를 통한 정치 행위와 의도에 대한 낡은 신권의 저항이 만들어낸 셈이다. 첫 사화는 연산군 4년(1498)에 김종직의 글, '조의제문(弔義帝文)'으로 인하여 김일손 등 사림들이 죽임당하거나 귀양 보내진 무오사화였다(이기백, 1982, pp. 245-247). 연산군 어머니의 죽임을 둘러싼 두 번째, 갑자사화(1504)는 퇴계의 어린 시절에 일어났다. 퇴계의 삶과 사상에 여러 가지로 깊이 영향을 준 사화는 1519년의 기묘사화와, 1545년의 을사사화였다. 기묘사화는 유교적인 도덕국가를 만들어보려는 정암 조광조와, 왕의 친시(親試)로써 등용된 사림들, 훈구세력의 공헌에 대한 사림세력의 박탈, 이에 분격한 훈구세력이 왕(中宗)을 움직여 조광조와 그 동조자를 죽음에로 가도록 한 사건이다. 퇴계는 기묘의 중심에 있던 정암에 대하여 뒷날 행장(行狀)을 통해, "그때 만일 선생께서 애당초 성세(聖世)에 급하게 등용이 되지 않으시고 집에서 편안히 생활하고 시골에서 곤궁하게 지내면서 이 학문에 더욱 크게 힘을 기울여 갈고 닦고 함양해서 오랜 세월을 축적했더라면 연구한 것은 관철되어 더욱 고명(高明)해지고 축적한 것은 숭심

(崇深)하여 더욱 박후(博厚)해져서 작연(灼然)이 낙건(洛建)에 근원을 탐구하고 수사(洙泗)에 영향을 접함이 있었을 것이다"(국역 퇴계전서, 11, 정암 조선생 행장, pp. 267-268)고 돌이켜본다. 정치의 현실 속에서 이상을 실현하려다가 후학들에게 깨우침을 행사하지도 못하고 권력의 수상함으로 인해 희생당하는 사화, 그것을 퇴계는 심도 있게 반성하고 자신은 비록 권력에서 물러나는 한이 있더라도 학문의 길을 온전히 걸으려 노력하였다. 중종의 배다른 두 아들의 왕위계승을 둘러싼 싸움으로 일어난 을사사화에서도 권력에 앉은 학문하는 이들이 죽임당하거나 축출되었다. 을사사화 때 퇴계는 45세였다. 그 당시 홍문관 응교로서 임무에 충실하던 퇴계도 이기(李芑) 일당에 의해 파면되었다. 그러나 바로 환직되었다(류정동, 1978, p. 15). 퇴계의 삭탈관직은 관직에 더 오래 머물다가는 참된 학문함에 결정적인 장애일 수 있음을 느끼게 하였고 고향에 돌아가 은둔하여 몸과 마음을 바르게 해야 한다는 생각을 절실히 하게 하였다(권오봉, 2001, p. 269). 사화는 퇴계로 하여금 정치현실에서 뜻을 펼치는 것보다 고향에 돌아가 학문하는 것이 자신과 나라에 더 이로울 수 있음을 짐작하도록 하였고, 사람과의 관계에서 극도로 신중하고 언행을 조심하여야 함을 깨닫도록 한 것 같다.

퇴계가 태어난 해는 연산군의 통치 때이고, 그 뒤 중종, 인종, 명종의 시대를 거쳐 퇴계는 선조가 다스리던 때에 작고한다. 퇴계 당시 자연재해나 여러 이유로 기근에 처한 가난한 백성을 구제하는 상평청(常平廳)이 있었을 것이고(최익한, 1946, p. 79), 봄에 빈궁할 때 관의 창고에 있는 곡식을 꾸어 먹고 가을에 갚는 환곡제(還穀制)도 있었을 것이다(전상서, p. 124). 조선의 기본법전인, 경국대전(經國大典)은, 그 호전(戶典)에 흉년구제에 대한 준비로서 비황(備荒)을 명시하고 있고(윤국일 옮김, 2005, p. 178-179), 예전(禮典)에는 백성의 애로를 보고하는 규례로서 진폐(陳弊)(전상서, p. 242), 어려운 이를 돕는 혜휼(惠恤)(전상서, p. 262-264)도 언표하며, 병전(兵典)에는 나라를 지키는 군사의 병을 치료하는 규례로서 구휼(救恤)을 보이고 있으며(전상서, p. 401), 형전(刑典)에는 죄수에 대한 구휼로서 휼수(恤囚)도 명기하고 있다(전상서, p. 422-423). 조선 초기, 굶주리는 백성의 구제사업 관장기관으로서 의창(義倉)이나 상평창(常平倉)이 중종 때는 진휼청(賑恤廳)으로 개칭되고, 명종 때는 흉년의 백성을 위해 구황촬요(救荒撮要)라는 글월 반포로 민생구제에 나서기도 했다(최창무, 2008, pp. 95-99). 조선에는 왕실과 문무 관리를 위한 의료기관으로서 내의원, 서민과 빈민 등의 의료구호시설로서 혜민서, 활인서도 있었고, 늙어서 아내가 없는 남편 즉 홀아비(鰥), 늙어서 남편이 없는 과부(寡), 어버이 없는 자식(孤), 늙어서 자식 없는 자(獨)를 돌보는 제도, 도움이 필요한 노인과 어린이를 돕는 제도, 평상시의 곡식을 비축해 두었다가 흉년을 대비하는 비황(備荒)제도로서 의창, 상평창, 사창 등이 있었다(전상서,pp.132-234). 조선의 이러한 구황과 비황, 구휼, 진급(賑給), 구료(救療) 등 제도들은 성리학을 국가 통치의 근본이념으로 삼아 왕도적 민본주의에 입각한 국민복지정책이다(이민수, 2000, p. 63). 퇴계의 경우, 36세에 호조좌랑, 54세에 잠시 병조와 형조의 참의, 67세에 예조판서 등의 벼슬과 인연을 가졌으니(정순목, 1992, pp. 71-77), 조선의 사회복지정책과 부분적으로 관계를 맺었을 수 있다. 퇴계가 정작으로 깊이 관여한 것은 향촌의 자치규율로서 지역사회사업에 속할 수 있는 향약(鄕約)에 대해서이다(구자헌, 1991, pp. 154-158). 퇴계는 마을의 사람들을 바르고 좋게 하여 나라를 돕고자 하는 마음을 가지고자 하였다. 이제 필자는 퇴계의 사상을 요약하고자 하는 바, 수기치인(修己治人), 이(理), 그리고 경(敬), 이 셋이 그것이다.

유교학자들이 예나 지금이나 읽어 깨치려 하는 사서(논어, 맹자, 중용, 대학) 가운데 대학(大學)은, "대학의 도"는 "밝은 덕을 밝힘", "백성을 새롭게 함", "지극한 선에 그침"이라 하고, 세상에서 밝은 덕을 밝히려는 자는 먼저 나라를 다스리며, 나라 다스림은 그 가정의 가지런히 함에서 오고, 가정 가지런히 함은 그 몸을 닦음에서 오며, 몸의 닦음은 그 마음을 바르게 함에서 오고, 마음 바르게 함은 그 생각을 성실하게 함에서 오며, 생각의 성실하게 함은 그 앎의 지극함에서 오고, 앎의 지극함은 그 사물의 이치를 궁구함에서 온다고 말한다(대학, 제1장). 명명덕(明明德), 신민(新民), 지어지선(止於至善)은 유교의 세 강령이요, 격물(格物), 치지(致知), 성의(誠意), 정심(正心), 수신(修身), 제가(齊家), 치국(治國), 평천하(平天下)는 그 팔조목이다. 세 강령과 팔조목을 한마디로 요약하면 수기치인(修己治人)이라 할 수 있고, 퇴계는 다른 참된 유학자들이 그러하듯이 수기치인을 자기 삶의 존재이유로서 보고자 한 것 같다. 수기와 치인은 내용상 분리되나 실제로는 하나이니, 수기하려는 자는 자연히 치인하게 된다. 치인은 근본적으로 수기에서 가능하다. 학문은 수기하는 것이요, 퇴계의 학문은 위기지학(爲己之學)이지 결코 위인지학(爲人之學)이 아니었다(권오봉, 2001, p. 48). 존재에의 지극한 앎과 관계에서의 바른 행동은 위기지학의 주제요, 위기지학은 군자를 지향한다. 김부륜의 기록에 의하면, 퇴계는 "위기지학은 도리(道理)를 우리 인간이 당연히 알 것으로 삼고 덕행(德行)을 우리 인간이 당연히 실천해야 할 것으로 여긴다. 자기 자신 속에서 공부를 시작하여 마음으로 터득하고 몸으로 실천하기를 기약하는 것이 이것이다. 위인지학은 마음으로 터득하는 일이나 몸으로 실천하는 일에 힘쓰지 않고, 허식으로 밖을 꾸며서 남들의 평판에만 관심을 두어 명성이나 칭찬을 구하는 것이 그것이다"(퇴계선생언행록, p. 51)라고 하여 위기지학을 위인지학으로부터 구분한다. 위기지학을 통해 비로소 형성되는 군자는 "깊은 산 수풀이 무성한 가운데" 피어 있는 "한

떨기 난초꽃"처럼, "하루 종일 맑은 향기를 토하건만, 난초 자신은 그것이 향기로운 것인지"(전상서, p. 51) 모르는 그런 존재이다. 그 난초는 이미 수기가 되어 있는 존재요, 하루 종일 맑은 향기를 토해낸다 함은 이미 치인하고 있는 셈이다. 퇴계는 세상을 흐리게 하고 어지럽게 하는 자들이 하였다고 하는 학문을 결국 위인지학이라 보았을 것이다. 학문을 하되 자신을 근본적으로 맑게 하고, 그럼으로써 세상에 자기도 모르게 향기를 토해내는 군자가 비로소 수기치인하고 있다 할 수 있다. 퇴계의 작고 당시 제자들이 모여 점을 치니 겸괘(謙卦)가 나왔고, 그 점사(占辭)는 "군자유종(君子有終)"이었다 한다(이상은, 1978, pp. 102-103). 겸괘는 땅 아래 산이 있는 상(象)이니 퇴계의 평생은, 높은 산이지만 낮은 산 아래 거하여 수기치인하는 군자이고자 하였던 것이다.

사람이 사람답지 못하거나 아니하여 서로 미워하고 죽이며 세상에 평화가 깨져 급기야 사람이 제대로 살 수 없는 짐승의 세상이 될 때 우리는 예나 지금이나 도리(道理)가 땅에 떨어졌음을 한탄하여 모든 것이 이치(理致)에 맞게 행해지기를 희망한다. 기록된 바에 의하면, 퇴계는 열두 살 때에 숙부 송재선생에게서 논어를 배우다가 하루는 '이(理)' 자에 대하여, "무릇 일(事)의 옳은 것이 이(理)인지요?"라고 겸허히 물으니, 숙부는 "네가 이미 글의 뜻을 터득했구나." 하며 기뻐하였다고 한다(퇴계선생언행록, p. 9). 퇴계는 일찍부터 이(理)에 대하여 궁구하였던 것 같다. 오늘날 과학적 사고에서는 존재의 원인을 탐구하는 인과론이 깊이 깔려 있고, 참다운 세상을 실현하려는 윤리적인 사고에서는 존재의 이유와 당위를 탐구하고 모색한다. 이(理) 안에는 자연존재의 운행에서처럼 물리(物理)가 있고, 인간세상과 생활의 전개에서처럼 심리(心理)가 있다. 물리를 탐구하는 일은 과학의 일이요, 심리를 반성하고 개선하여 비로소 인간다운, 인간이 서로 살만한 세상을 만들어가는 일은 곧 철학, 윤리, 종교, 예술, 사회복지의 일이다. 퇴계의 여러 기록을 보건대, 퇴계와, 여러 성리학(性理學) 영역 안의 학자들은 이(理)라는 표현 안에서 물리 즉 존재론적 의미의 원인(原因)이라는 의미와, 심리 즉 수양론적 · 윤리적 의미의 이유, 이치, 당위, 도리, 순선(純善) 등의 의미를 함께 담고 있는 듯하다. 퇴계는 사화(士禍)나 정치 질서의 변질, 인심의 왜곡들을 목도하면서 이치가 실현되는 세상을 희구하고자 하였고, 스스로는 이(理)를 온전히 깨닫는 삶을 살고자 하였다. 맹자가 이미 말한(맹자, 公孫丑 上), 근원적으로 구비된 인간심리의 네 가지 실마리, 즉 측은지심(惻隱之心), 수오지심(羞惡之心), 사양지심(辭讓之心), 시비지심(是非之心)은 이(理), 그것이 발(發)한 것이요, 희노애락애오욕 같은 인간의 칠정(七情)은 기(氣), 그것이 발한 것이라는 관점에 대하여, 사단이나 칠정이나 이미 발한 것이라면 결국 기가 발한 것이요, 이와 기로서 사단과 칠정을 나누는 일은 현실적이지 못하다는 기고봉의 논박에 대해, 퇴계는 "대개 옛사람이나 지금 사람들의 학문과 도술(道術)이 어긋난 이유를 깊이 생각해 보건대 다만 이(理)자를 알기 어렵기 때문이었을 뿐입니다. 이른바 '이'자를 알기 어렵다고 한 것은 대략 알기가 어렵다고 한 것이 아니라, 참으로 알고 신묘하게 깨달아 궁극에까지 도달하기가 어렵다는 말입니다. 만약 능히 뭇 이치를 궁구하여 궁극에까지 투철하여 이 물사(物事)를 터득하면 이 물사는 지극히 허(虛)하면서도 지극히 실(實)하고, 지극히 무(無)하면서도 지극히 유(有)하며, 동(動)하면서도 동이 없고, 정(靜)하면서도 정이 없는 정결한 것으로서 털끝만큼도 첨가할 수도 없고 털끝만큼도 감손(減損)할 수도 없어, 음양오행(陰陽五行)과 만물(萬物)만사(萬事)의 근본이 되지만, 그렇다고 음양오행과 만물만사의 범위 안에 있는 것도 아니니, 어찌 기(氣)에 섞임이 있을 수 있기에 일체(一體)로 인식하여 일물(一物)로 볼 수 있겠습니까"(국역 퇴계전서, 5, 기명언에게 답함, 별지,

p. 187)라고 답하고 질문하여 고봉으로 하여금 이(理)에 대하여 보다 심오하게 사유하여 깨달음에 이르기를 바란다. “퇴계는 이기(理氣)를 분개(分開)함으로써 천리(天理)와 인욕(人欲)의 한계를 분명히 하고 그렇게 함으로써 윤리적 선(善)의 근거를 확실하게 하고자 했다”(이완재, 2001, p. 315). 퇴계의 이(理)에 대한 사상은 순전히 과학적이거나 객관적으로 혹은 다만 논리적으로 이를 이해하려는 것이기보다는 사람을 사람답게 하고, 공자가 정치인의 정(政)에 대한 질문에 대한 답으로서, “임금은 임금노릇을 하고, 신하는 신하노릇을 하며, 아버지는 아버지답게 하고, 자식은 자식답게 할 것입니다”(논어, 제12, 안연)라 하여 사람이 사람다운 존재로서 서로 살아가는 그러한 세상을 바른 정치의 곳이라 한 것처럼, 보다 나은 사람, 보다 나은 세상을 모색하고 실현하려는 실천적인 관점의 산물이다. 여하튼 사람들이 이(理)를 깨달아 말이나 생각, 행동으로 실행하며, 세상이 이(理)에 따라 전개되기를 바라는 것은 퇴계의 주요한 사상이 아닐 수 없다.

지금도 안동시 도산면 온혜, 퇴계의 후손이 거주하고 있는 진성이씨 상계종택 옆에는 퇴계공원이 만들어져 있고, 거기에는 ‘자명’을 비롯한 퇴계의 시들을 돌에 새겨두어 오는 이로 하여금 읽게 하며, 퇴계의 철학 중심인, ‘경(敬)’이라는 글자를 새겨놓았다. ‘경’을 새긴 돌을 중심으로 하여 그 둘레에는, ‘신기독(愼其獨)’, ‘무불경(毋不敬)’, ‘무자기(毋自欺)’, ‘사무사(思無邪)’ 라는 글자들이 새겨진 돌들이 원을 그리며 가지런히 배열되어 있다. 그 돌 앞에는 ‘퇴계선생의 생활철학’이라는 제하로, “퇴계 선생의 학문적 근본 입장은 眞理를 理論에서 찾는 데 있지 않았다. 오히려 眞理란 平凡한 일상생활 속에 있다는 것이 그의 信念으로 知와 行의 일치를 주장, 그 基本이 되는 것이 誠이요, 그에 대한 노력으로서 敬이 있을 뿐이라 하였다. 실로 그의 학문, 인생관의 최후 결정은 이 敬에서 찾아볼 수 있는 것으로 이 敬을 70의 생애를 통하여 실천한 것이 퇴계 선생이다."라고 새기고 있다. 퇴계는, 삶이 이(理)를 찾아 깨닫는 데 그 존재이유가 있음을 우리에게 보여주고, 이(理)에 적합한 삶은 수기치인(修己治人)함이며, 그 찾고 깨달음은 경(敬)을 통하여야 비로소 가능함 역시 보여준다. 경(敬)자의 근거는 주역(周易), 문언전(文言傳)의 '경이직내(敬以直內) 의이방외(義以方外)'와, 예기(禮記) 곡례(曲禮)편의 첫마디, '예(禮) 무불경(毋不敬)'에서 찾을 수 있다(이완재, 2010, pp. 141-143 참조). 퇴계사상에 깊은 영향을 준 주자(朱子)는 경(敬)에 대해 수없는 개념규정을 하였으나 그 가운데 특히 네 가지 즉, 정이천(程伊川)의 '정재엄숙(整齊嚴肅, 마음과 옷매무새를 단정하고 엄숙하게 가짐)', '주일무적(主一無適, 마음을 한 곳으로 써서 딴 곳으로 흩어져 가지 않도록 함)', 사상채(謝上蔡)의 '상성성(常惺惺, 마음이 항상 별처럼 또렷또렷해야 함)', 그리고 윤화정(尹和靖)의 '기심수렴(其心收斂) 불용일물(不容一物)(마음을 거두어 들여 아무런 잡념도 용납하지 않음)'을 즐겨 강조하였다고 한다. 퇴계는 성학십도, 심학도설(心學圖說)에서 "심자 일신지주재(心者 一身之主宰), 이경우일심지주재야(而敬又一心之主宰也)(마음은 우리 몸의 주재이고 경은 우리 마음의 주재이다)."라 하였다. 또한 퇴계는, 중용(中庸)의 "희노애락지미발(喜怒哀樂之未發) 위지중(謂之中) 발이개중절(發而皆中節) 위지화(謂之和)"(중용, 1장)에 깊이 영향을 입어, "미발이라면 계신공구(戒愼恐懼)하는 처지가 되고 이발이라면 체찰(體察)이나 정찰(精察)하는 때가 되며, 이른바, 환성(喚醒), 제기(提起), 조관(照管) 등의 공(功)이란 미발 · 이발의 사이를 관통하면서 조금도 간단(間斷)하지 않는 것이니 곧 이른바 경(敬)입니다"(국역 퇴계전서, 6, 황중거에게 답함, p. 81)라고 한다. 경은 공경하고 경건한 삶의 자세이다. 퇴계는 이 경의 자세를 매순간 유지할 것을 우리에게 청한다. 그 경이 마음의 주재가 되어 심주(心柱)가 확립되어야 함을 우리에게 강조하고 있는 것이다.

심주가 확립되어 인간의 본래성을 회복하고 이치에 맞게 말하고 생각하며 행동하는 이는 자신의 생활이 반듯하게 되고, 자기가 살아가고 있는 생명세계 안에서 바른 역할을 할 수 있을 것이다. 바른 역할을 우리가 한다는 것은 결국 자신 생활의 자립과 안정을 구축하여 남과 교류하는 존재이고, 지역과 국가의 자립, 안정, 교류에 선한 영향을 미치게 되는 것이다. 이제 필자는 퇴계의 사상을, 자립, 안정, 교류를 그 핵심으로 삼는 사회복지의 관점에서 논의하고자 하되, '생활복지사상', '지역복지사상', '국가복지사상', 세 시각으로 일별하고자 한다.

3. 퇴계의 사회복지사상

1) 생활복지사상

우리의 일상생활은 하루하루의 삶이다. 전체 인생은 이 하루에 담겨있다. 그 하루가 쌓여 일생(一生)이 된다. 사람의 일생(人生)은 결국 하루에 달려 있다. 하루하루의 복지 즉, 자립과 안정, 교류의 정상(正常)이 인생복지의 관건이다. 하루하루가 복지롭지 않다면 우리는 복지롭지 않은 것이다. 사회복지란 것도 공동체 모든 인생의 하루하루가 복지롭다는 것을 말한다.

퇴계는 우리의 일상생활을 가끔 '일용(日用)'이라 표현한다(국역 퇴계전서, 7, 정자중에게 답함, p. 42). 그는 하루하루의 일을 '일용사(日用事)', 하루하루의 공부를 '일용공부(日用功夫)'라 표기한다. 존재의 일정한 가능성으로서의 원리를 체(體)라 하고 그 원리의 실현을 용(用)이라 한다면(윤사순, 1986, p. 56), 하늘과 땅, 부모님이 있게 한, 이 몸과 마음은 체요, 이 몸(體)이 하루하루 어떤 모양으로든 실현되고 있으며, 쓰임(用)이 있으니, 體와 用이 만나고, 體가 用이 되며, 用속에서 體가 드러나는 우리의 일상생활은 매우 정확히 일용(日用)이다. 또한 퇴계는 '생(生)'이란 글자도 '생활(生活)'이란 생(生)이니 생하고 생하여 다함이 없다고 말한다(국역 퇴계전서, 7, 정자중의 별지에 답함, p. 38). 우리 삶은 하루하루 무궁히 실현되고 실현하며 활동하는 것 즉 생활이다.

퇴계의 일상생활은 어떻게 기록되었을까. 기록자의 마음에 퇴계가 심어준 귀중한 가르침이 새겨져 있고, 그로 인해 삶이 복지롭게 되었다고 한다면, 그 기록은 퇴계생활의 사실일 뿐 아니라 기록자 자신도 희구하는 생활이 아닐 수 없다. 이런 기록들이 보인다. "평소 생활에서는 날이 밝기 전에 일어나서 세수하고 머리 빗고 옷과 관을 바르게 하고는 어머니를 찾아뵈었다. 명랑하고 공손하며 삼가서 한 번도 어긋남이 없었다. 여럿이 생활함에 있어서는 종일 단좌(端坐)하여 옷과 띠를 반듯이 하고 언행을 꼭 삼가니, 사람들이 모두 사랑하고 공경하여 감히 업신여기거나 모욕을 줄 수 없었다"(퇴계선생언행록, pp. 276-277). "거처는 반드시 정돈되고 안정하였으며 책상(几案)은 반드시 맑고 깨끗했다. 방안에 도서(圖書)가 가득하였으나 항상 정연하여 어지러운 법이 없었다. 새벽에 일어나서 반드시 향을 피우고 정좌(靜坐)하여 종일 글을 읽었으며 언제나 나태한 모습을 볼 수 없었다"(전상서, p. 82). "평시 생활에서는 닭이 울면 일어나 세수하고 머리 빗고 의관을 차리고는 서실(書室)로 나와서 서적들을 좌우에 두고 굽어보아서는 글을 읽고 우러러서는 생각을 하다가 신(神)이 피로하고 기(氣)가 지치면 혹 손을 맞잡고 말없이 앉아 있거나 혹 눈을 감고 잠시 쉬었지, 한 번도 드러눕거나 잠자지 않으셨다. 천성이 간결하고 말수가 적어서 손님을 대하여서도 종일 하나의 쓸데없는 이야기나 잡담도 없었으며 남들과의 말은 생각한 뒤에 발표하였다. 비록 갑작스럽고 허둥지둥하는 때일지라도 한 번도 급히 말씀하거나 허둥지둥하는 기색을 드러내지 않았다"(전상서, p. 288). "한 번의 음식을 먹을 때에도 흐트러진 적이 없었다. 앉으면 반드시 단정하고 곧아서 조금도 기울거나 기대지 않았고 걸어가면 반드시 안정되고 천천히 하여서 조금도 손을 허둥지둥하지 않았다. 함부로 눈을 치켜뜨지 않았으며 오만하게 보지 않았다. 무덥거나 피로하여도 게으른 표정 지은 것을 보지 못했고 대답할 것이 빽빽이 쌓여 있을지라도 싫증내는 빛을 보이지 않았다"(전상서, p. 289). "그 사람을 대접함에는 귀하고 천함과 어질고 어리석음이 없이 그 예(禮)를 다하지 않음이 없었으니, 손님이 오면 비록 미천할지라도 모두 계단을 내려가 맞이하고 한 번도 덕과 지위로써 스스로를 높인 적이 없었다. …그 집에서 거처함에 있어서는 집일은 별로 유의하지 않았으나 오직 절용(節用)으로써 집사람들을 타이르고 농사에 힘씀으로써 노복들을 위로하였다. …집안 친족(宗族)과 돈목하고 가난하거나 병든 사람을 보살핌이 마치 때 늦을까 두려워하듯 하였다. …아름다운 산과 물을 너무나 좋아하여서 중년에 토계의 위로 옮겨 거처하면서 그 골짜기의 깊은 수풀과 맑은 돌의 깨끗함을 사랑하였다. 만년에 도산(陶山) 아래 낙수(洛水)의 위에 땅을 점쳐 방을 짓고 책을 갈무리하고 꽃나무를 심고 못을 파고는 마침내 도옹(陶翁)이라 고쳐 불렀으니, 장차 노년을 끝마칠 곳이었다"(전상서, pp. 290-292). 임종(臨終) 때에는 분재 매화에 물을 주라고 부탁하고 자신의 장례식 절차나 내용을 말하며 평소 함께 하던 사람들에게 몇 마디 말하고 잠시 누운 자리를 정돈하고 부축하여 일으키라 명하여서 앉아서 돌아가셨다고 한다(전상서, pp. 268-271). 퇴계의 생활에서, 사람과 사물을 접할 때에는 행동과 언어에 있어서 각기 그에 따른 절도가 있었다고 하며, 만약 누가 묻지 않아야 할 것을 묻거나 말하지 않아야 할 말을 하면 반드시 정색을 하고 대답하지 않았다고 한다(전상서, p. 85).

이러한, 당시 주위 사람들의 그 생활에 대한 기록들을 보았을 때, 필자는 퇴계생활로부터 다음 몇 가지를 특히 강하게 인상 받는다. 첫째, 새벽에 일찍 일어났다는 것. 둘째, 일어나서 이부자리나 자리를 잘 정돈하였다는 것. 셋째, 세수하고 머리 빗으며 옷매무새와 관을 가지런히 갖추고 단정하게 하고자 하였다는 것. 넷째, 아버지는 일찍 돌아가셨지만 자기를 낳아주고 자기를 위해 많이 고생하신 어머니께 반드시 인사했다는 것. 다섯째, 가끔 서재에서 종일 단정히 앉아 글을 읽었다는 것. 여섯째, 때때로 사색에 깊이 잠겼다는 것. 일곱째, 피로하면 몸과 마음을 풀고 지긋이 쉬었다는 것. 여덟째, 학생들이 질문하면 자세히 설명하였다는 것. 아홉째, 사람을 대하고 말을 할 때 그에 맞게 절도를 다하였다는 것. 열째, 매화를 사랑하고 산과 물을 좋아했다는 것. 열한째, 자기가 싫어하는 말을 들으면 정색을 하고 침묵하고자 하였다는 것. 열두째, 임종 때에도 단정히 앉아 최후를 맞았다는 것, 등등이다. 퇴계의 이 생활 속에서 필자는 사회복지의 본질인 바, 자립, 안정, 그리고 다른 존재와의 교류를 명백히 읽을 수 있다.

퇴계가 바라던 일상생활의 복지는 중국 남송(南宋) 시대 남당(南塘) 진백(陳柏)이 지은 잠명(箴銘)의 하나인, 숙흥야매잠(夙興夜寐箴)에서 확인된다. 퇴계는 성학십도에서 숙흥야매잠을 그림으로 그리며 나라의 임금뿐 아니라 무릇 사람들이 실천하여 바르고 좋은 사람이 되는 일에 지침으로 삼기를 희망하였다(금장태, 2001, pp. 233-277). 숙흥야매, 즉 아침 일찍 일어나 저녁에 잠들기까지 한순간 한순간이 도(道)와 이(理)가 없는 곳이 없으므로 우리는 조심하고 공경하며 경건해야 한다. 숙흥야매잠은 이렇게 말하고 있다. "닭이 울 때 깨어나면 생각이 차츰 달리기 시작하니, 어찌 그 사이에 조용히 마음을 정돈하지 않겠는가! 혹은 지난 허물을 되살피고 혹은 새로 얻은 것을 뽑아내어 차례로 조리를 세워 또렷하게 알지어다. 근본이 섰으면 이른 새벽에 일어나 세수하고 머리 빗고 의관을 차리고 단정히 앉아 몸을 거둔다. 이 마음을 거둬 잡아 환하기가 떠오르는 태양 같게 하고, 엄숙하게 정제(整齊)하여 허명(虛明)하고 정일(靜一)하게 할지어다. 이에 책을 펴고 성현을 마주 대하니 공자께서 자리에 계시고 안자(顔子)·증자(曾子)가 앞뒤로 서 있다. 성사(聖師)의 말씀을 친절히 경청하고 제자의 묻고 따지는 말을 반복해서 참고하여 바로잡으라. 일이 생기면 이에 응하여 행위에서 징험해야 하니, 환하게 밝은 하늘의 명(命)에 항상 눈을 두어야 한다. 일에 응접(應接)이 끝나면, 각자는 조금 전 그대로 마음속이 고요하여 정신을 모으고 생각을 쉬게 하라. 동(動)과 정(靜)이 순환하는데 마음만이 이를 살펴, 고요할 때에는 보존하고 움직일 때에는 성찰하여 두 갈래 세 갈래로 하지 말라. 독서하다가 쉬는 여가에 간간이 노닐며 정신을 놓아 펴고 성정(性情)을 쉬게 한다. 해 저물면 고달파서 흐린 기운이 틈타기 쉬우니 장중하게 가다듬어 정명(精明)을 떨칠지라. 밤이 깊어 잠자리에 들되 손발을 가지런히 하여 생각을 일으키지 말고 심신(心神)을 잠들게 하라. 야기(夜氣)로써 기르나니, 정(貞)하면 원(元)에로 돌아온다. 생각을 언제나 여기에 두어 밤낮으로 부지런히 노력할지어다"(국역 퇴계전서, 3, pp. 153-154). 퇴계는, 제자들의 기록들을 보더라도 이처럼 일찍 일어나 매순간 법도에 어긋남이 적거나 없도록 생각하고 배우며 조심하고 반성하였다. 퇴계는 공자와 맹자, 주자 등 유학사상과 성리학(性理學)의 근본을 이어받아 인간의 선한 본성을 해명하고 일상생활을 통해 그것을 실현하고자 하였다(신귀현, 2001, p. 217). 퇴계는 도리(道理)가 늘 유행하고 자연스레 발현되는 바이니 잠시도 잊지 말고 조장하지도 말라(勿忘勿助)고 한다(이자수어, p. 208). 그에게서 일상생활은 생각할수록 우리가 동의할 수밖에 없지만, 모든 이치(理致)가 드러나며 필요한 상황이고 사람의 마음이 표출되는 곳이니, 마음을 표출할 때에는 잘 성찰하고, 마음이 표출되기 이전에는 잘 보존하는 즉, 경(敬)을 한순간도 잊지 않고 유지해야 할, 그러한 장(場)이다. 일상생활의 복지는 마음의 있는 그대로를 터득하여, 일상생활에서의 온갖 일들, 생각들, 말들, 행위들과 함께, 그 속에서 이치를 드러내는 데에 달려 있다. 만일 마음의 있는 그대로를 잘 터득한다면, 이치를 드러낸다는 것은 매우 명백하고 쉬운 일이다.

2) 지역복지사상

사람의 욕망을 마음껏 발산하며 사는 것이 아니라 하늘과 땅의 이치, 인간관계에서의 도리 등 천리(天理)에 따라 자신의 욕망을 절제하고 통제하며 어짊, 바름, 겸허, 지혜로 살아가는 바르고 좋은 사람이 서로 살아가는 지역(마을)이라면, 우리는 그 지역을 살기 좋다고 말한다. 그 지역에서 사람들은 서로를 사랑하고 도울 것이며, 그 사람들은 그 지역의 생태근본인 하늘, 바람, 나무, 땅, 그리고 새들을 또한 사랑하고 도울 것이다. 지역이 살기 나쁘게 되는 것은 사람들이 이치를 잊어버리고 알지 못하며 자기의 이기적이고 탐욕적인 욕망으로만 살아가고 자신의 존재이유의 소중함을 모를 뿐만 아니라 남의 존재마저 얼마나 귀중한지 도무지 깨닫지 못할 경우, 그렇게 되는 것이다. 오늘날 점점 기계와 문명은 발달하지만 사람의 마음은 더욱 황폐해지고 도리를 소홀히 여김에 따라 지역은 이제 비복지(非福祉)에로 떨어지고 있다. 설상가상으로 자본이 집중하는 도시에로만 사람들이 몰려가 살게 됨으로써 촌락공동체, 퇴계가 늘 돌아가 살고자 했던 숲 깊고, 매화꽃 피며, 산 좋고 물 맑은 향리(鄕里) 또는 향촌(鄕村), 우리가 마을이라 늘 부르는 곳은 많이 피폐해져가고 있다. 그렇다면 사람들이 몰려 있는 도시가 삶을 복지롭게 하는 곳으로 승화되어야 하지만, 그곳은 인욕이 기승을 부리고 수많은 범죄와 폭력, 죽임과 자해 등으로 깊이 병들고 있다.

도시를 사람살기 좋은 마을로, 향리를 다시 남녀노소가 함께 모여 서로로 인하여 서로 잘 살 수 있는, 그러면서 도리가 각자에 의해 실현되는 마을로 회복하는 그런 일은 실로 우리 모두에게 중요한 과업이다. 한때 인도의 지도자였던 간디는 가장 적게 통치하는 정부가 가장 좋은 정부라고 생각하며 마을이 자치하고 협동하여 모든 존재를 삶에서 죽음까지 교육하는, 작고 평화로운 곳으로 만들어 전체 나라와 세상을 슬기롭게 구하고자 노력하였다. 간디는 마을의 자치와 협동만이 세계를 구할 수 있다고 보는 것이다(마하트마 간디, 마을이 세계를 구한다). 이제 사회복지학의 문제영역도 사회복지실천 및 기술영역과 사회복지정책 영역으로만 보는 시각에서 벗어나, 그 두 영역과 함께 지역사회복지영역을 포함하여, 세 영역들이 각자 발전하고 서로 조화를 이룰 때 전체 사회복지는 한 걸음 더 진보할 수 있다는, 21세기 새로운 패러다임을 요청하고 있다(김범수 · 신원우, 2011, p. 15-16). 지역의 복지는 사람과 공동체의 복지실현에 있어서 주요한 토대일 수밖에 없다.

퇴계의 향리생활에 대하여 주위 사람들은 여러 가지 기록을 남기고 있다. 가령, "선생이 시골에서 살 때에 부역이나 세금은 반드시 가난한 집보다 먼저 바쳤으며, 일찍이 이를 체납한 적이 없었다"(퇴계선생언행록, p. 108)는 기록은, 퇴계가 마을 공동체의 유지와 발전을 위해 있는 부역이나 납세에는 모범적으로 참여하였다는 것을 보여준다. 서울에 사는 동안에도 퇴계는 아들에게 시골의 세금을 잘 납부하도록 편지하였다(이장우 · 전일주 옮김, 2011, p. 225). 세금은 공익을 위해 사용되는 것이므로 세금을 성실하게 낸다는 것은 남을 나보다 더 생각하는 인의(仁義)의 마음이 아닐 수 없다(권오봉, 2001, p. 248). 퇴계는 지역의 복지를 위해 인의를 실천하였던 것이다. 또한 그는 아들에게, 어려운 사람 구제를 위해 사용하기로 고을에 내어놓은 곡식을 임의로 사용하지 말도록 당부하여(퇴계선생언행록, p. 109) 자신의 곡식을 마을사람 돕는 일에 사용하고자 하였다. 다음 기록은 퇴계가 마을의 가난한 이웃에 대하여 마음 깊이 자애를 보여주는 일화이기도 하다. "시냇물을 10리 밖에서 끌어오는데 물은 적고 물 댈 지역은 넓어서 먼 곳은 가물어도 적셔줄 수가 없어 해를 거푸 수확을 못했다. 선생이 말씀하기를, '이것은 우리 논이 그 위에 있기 때문이다. 나는 비록 마른 밭이라도 먹고 살 수 있지만, 저들은 논을 적셔 주지 않으면 거둘 수가 없다.' 하고는 곧 그 논을 밭으로 바꾸었다"(전상서, p. 110). 퇴계는 자신이 옛사람에게서 배운 도리에서처럼 실제로 마을에서 실천하고자 하였다. "그 자신의 마음을 미루어서 남에게 미치도록"(전상서, p. 110) 한 것이었다. 벼슬이 높은 사람을 모든 면에서 우대하던 그 당시에 퇴계는, "마을에서 귀히 여기는 것은 나이이다. 비록 아랫자리에 있다 한들 예(禮)나 의리에 있어서 무슨 불가(不可)함이 있겠는가?"(전상서, p. 111)라고 하여, 가족과 종족이 함께 사는 마을에서 나이가 높은 이는 무엇보다 우대되어야 함을 강조한다. 이는 존재의 질서에 부합한 퇴계의 관점이라 하겠다. 퇴계는 가문의 항렬(行列)보다 나이를 더 소중히 여기는 것이 옳다고 보았다(전상서, p. 111). 퇴계는 단양군수와 풍기군수로서 지역의 정치를 실천하기도 하였다. 그 역할을 하는 퇴계에 대하여 학봉 김성일은 다음과 같은 기록을 남긴다. "고을을 다스리는 일은 한결같이 쉽고 조용하여 시끄럽지 않은 것을 높게 여겼다. 백성에게서 걷는 세금은 비록 아주 가볍고 간략했으나, 백성들이 마땅히 해야 할 일은 또한 늘리거나 줄이지 않았다. 도리에 어긋나게 명예를 구하는 일을 하지 않았기 때문에 고을을 다스리는 동안 빛나는 명성은 없었다. 사람들은 선생이 신재 주세붕만 못하다고 말하기도 했다. 무릇 신재는 정치를 하면서 자못 술수를 써서 고을 백성들을 뒤흔드는 까닭에 백성들은 거기에 쏠려 칭송했던 것이다. 하지만 선생은 답답할 정도로 성실할 뿐 꾸미지 않고 한결같이 바르게만 했다"(김영두 옮김, 2011, p.

206). 이처럼 퇴계는 스스로 깨친 이치에 따라 지역의 정치인으로서 바르게 하고자 하였다. 지금도 만일 지역의 정치인이 이치를 깨치지 못하거나 않았다면 지역은 비복지의 처지로 전락할 수 있다.

퇴계는 "효제(孝悌)와 충신(忠信)은 인도(人道)의 큰 근본이요, 집안과 향당은 실제로 그 행하는 장소"(이자수어, p. 358)라고 본다. 그는 향약(鄕約)을 만들어 실천하고자 하였다. 향약은 향리를 바르고 좋은 곳으로 만들기 위한 마을 사람 스스로의 약속이요 도덕적 규제이다. 퇴계는 "마을과 고을 사람들에게 서로 돕고 화목하게 지내는 정신을 가르치고 그 정신을 공동생활에 실천하도록 하였다. 그는 친족들 간의 친목과 단결을 도모하기 위해 친계(親契)와 족계(族契)의 규약을 제정하였고 노비들의 무례와 비윤리적인 행위를 방지하기 위해 동령(洞令)을 제정하였으며 고을의 예절과 풍속을 바로잡기 위해 향약을 제정하였다"(신귀현, 2001, p. 49). 퇴계가 만든 향리약속은 상, 중, 하 세 가지 벌로 나누어 구성되어 있다(국역 퇴계전서, 10, 향당에서 약조를 세운 서문, pp. 90-92). 부모에게 불순한 자, 형제가 서로 싸우는 자, 가도(家道)를 거슬러 어지럽히는 자, 부부가 싸우는 자, 사건이 관청에 저촉되고 고을 풍속에 관계되는 자, 망녕스레 위세를 부려 관청을 소란스럽게 하고 마음대로 하는 자, 향장(鄕長)을 능욕하는 자, 절조를 지키는 과부를 꾀이거나 협박하여 간음하는 자의 경우, 상벌이다. 친척과 화목치 않은 자, 본처를 야박하게 하는 자, 이웃과 불화한 자, 동료들과 다투는 자, 염치를 돌아보지 않아 사풍(士風)을 더럽힌 자, 강함을 믿고 약한 자를 능멸하며 침노하여 빼앗고 싸움을 일으킨 자, 무뢰한 자들과 붕당을 만들어 난폭한 짓을 많이 하는 자, 공사간에 모여서 관정(官政)의 시비를 말하는 자, 헛된 말을 조작하여 남을 죄에 빠트리는 자, 환란이 생겼을 때 힘이 미치는데도 가만히 앉아 보기만 하고 구원하지 않는 자, 관청의 임명을 받고 공무를 빙자하여 폐단을 일으킨 자, 혼인과 상제(喪祭)에 까닭 없이 시기를 넘긴 자, 면장이나 이장을 무시하고 유향소의 명령을 따르지 않는 자, 유향소의 의논에 복종하지 않고 도리어 원망을 품는 자, 면장이나 이장이 사정(私情)에 따라 함부로 향안(鄕案)에 들게 한 자, 구임 수령의 전송에 까닭 없이 참석하지 않는 자의 경우, 중벌이다. 공공의 모임에 늦게 도착하는 자, 문란하게 앉아 위의를 잃는 자, 좌중에서 떠들고 싸우는 자, 자리를 비우고 물러가 자기의 편리만 취하는 자, 까닭 없이 먼저 나가는 자의 경우, 하벌이다.

상, 중, 하, 어떤 벌이든, 그 벌을 받도록 약조된 자들의 정황을 유심히 살필 때, 우리는 그들이 존재관계의 질서와 도리에 어긋난 자들임을 알 수 있다. 퇴계는 가족관계의 질서와 지역민 사이의 관계질서 등, 고을의 복지와 풍속을 유지하는 일을 방해하는 자에 대하여 벌을 받도록 규약을 만들어 지키게 함으로써 지역복지 실현에 힘쓰고자 하였다. 이러한 향약은 인륜도덕을 지역에서 자치적으로 지키고 행하는 지방자치의 의의, 민주와 법치의 의의도 있는 것으로 이해될 수 있다(황병곤, 1987, pp. 63-64). 무릇 사람으로서 마음을 있는 그대로 잘 통찰하여 경건하고, 가족, 지역사회 온갖 존재관계의 질서를 잘 지켜 서로 공경하는 존재들로서 각자 변화되고 육성될 때 비로소 지역의 복지는 실현될 수 있다. 그러기 위해 상, 중, 하의 벌을 줌으로써 사람의 마음과 행동을 통제하는 약속으로서의 향약은 존재해야 하는 것이다. 우리는 이렇게 당시 퇴계의 예안향약을 볼 수 있다. 말하자면 퇴계향약을 통해 사람이 관계 안에서 사람으로서 도리를 다함으로써 그 지역은 복지에 이를 수 있는 것이다.

3) 국가복지사상

국가복지란 말이 여러 가지 뜻을 지니겠지만 우리는 '국가가 복지롭다 혹은 복지로와야 한다'는 의미와, '복지의 주체는 국가이다 혹은 이어야 한다'는 의미로 이해할 수 있다. 국가복지의 의미를 전자에서처럼 이해한다면, 이치를 깨달아 공동체적인 존재의 이유를 아는 이라면 누구나 동의하고 지지한다. 그렇지만 후자의 의미이라면 어떤 이는 찬성할 것이고, 다른 어떤 이는 이의를 가질 수 있다.

사회복지의 관점을 논할 때 주로, 전통적인 사회에서의 사회복지는 잔여적(residual)이었지만, 현대 산업사회에서는 제도적인 (institutional) 것이고, "사회복지발달의 오랜 역사적 경향은 잔여적인 것으로부터 제도적인 것으로 바뀌어 왔다"(전재일 외, 2005, p. 7)고 하여 잔여적인 관점의 것보다 제도적인 사회복지가 더 발달된 것이라고 대체로 말한다. 빈민이나 남의 도움이 필요한 존재에게 자선(charity)의 마음으로 행하던 산업화 이전의 사회복지에서부터 산업화와 함께 모든 국민이나 시민을 대상으로, 그 시민의 국가에 대한 복지 요구의 권리를 인식하는 바탕 위에서 구체적이고 과학적인 프로그램에 의한 제도들을 통해 국가전체의 정의(justice)를 실현하려는 마음으로 제도적인 관점의 사회복지가 발달되어 왔다는 것이다. "잔여적인 견해는, 복지를 사회의 '정상적인' 제도들의 바깥에 놓여 있는 것으로 보며, 복지는 시장(market)과 가족(family)의 정상적인 구조를 통해 자신의 욕구가 충족될 수 없으리라 여겨지는 이들에게 행해지는 마지막 의지처라 보는 것이지만, 제도적 관점의 사회복지는 변화하는 사회경제적 환경 안에서 시민들로 하여금 성공적으로 대처하도록 하고 사회적 제도들의 안정과 발달을 뒷받침하도록 하기 위한 제일선(first-line)의 지지로서 현대 산업사회가 여러 가지 서비스들을 요구하고 있다는 전제 위에서 논의되는 것이다"(Romanyshyn, J. M., 1971, p. 34). 제도적인 관점에서 사회복지의 정당성을 인식하는 이들은 결국 국가가 복지의 주체이고, 이어야 한다고 볼 것이다. 하지만 잔여적 복지는 역기능적(dysfunctional) 행위가 조장될 수 있는 문제점을 지니고, 제도적인 것은 비용이 지나치게 들며 복지의 집합적인 공급으로 말미암아 시민의 자유와 선택권을 위협하는 문제점을 지니기에(Barry, N., 1999, p. 126), 국가의 복지기능을 분산하여 보다 작은 조직체들에게 넘기거나 지역공동체들에게 맡기는 것이 잔여적 복지와 제도적 복지의 문제점들을 극복하는 대안일 수 있으며, 이렇게 되어야 기본적으로 개인의 지각과 태도의 문제일 수밖에 없는 복지의 본질에 보다 부합한다고 주장하는 경우도 있다(전상서, p. 117).

퇴계의 경우, 복지는 개인의 지각이나 태도의 문제라고만 보지도 않고, 국가의 제도를 통해서 비로소 발달될 수 있는 것으로도 보지 않으며, 복지 즉, 사람의 자립과 안정, 그리고 다른 존재와의 교류는 그 공동체의 정치지도자가 얼마나 존재와 인식의 기본적인 도리와 이치를 깨닫고, 어짊, 옳음, 겸허, 지혜로서 살아가는 그야말로 사람다운 사람인가에 달려 있다고 볼 것이다. 그 정치지도자가 나라에서는 임금이며, 마을에서는 임금의 신하요 관리이며, 가정에서는 어버이일 터이다. 임금과 신하, 어버이가 사람다운 사람으로 변화될 때 국가는 복지의 상태로 나아갈 수 있는 법이다. 퇴계가 68세 되던 1568년 12월에 임금(宣祖)에게 '진성학십도차(進聖學十圖箚)'를 써서 성학십도를 올리는 것은 임금이 사람다운 사람이 될 때 비로소 나라가 바르고 좋아지리라는 학문적 정치철학적 확신 때문이었을 것이다. 성학십도는 태극도, 서명도, 소학도, 대학도, 백록동규도, 심통성정도, 인설도, 심학도, 경재잠도, 숙흥야매잠도를 담음으로써 존재의 이치, 자신과 나라를 바르고 좋게 하기 위한 배움의 근원과 내용, 나라의 인재를 육성하는 길, 마음을 바르고 맑게 하는 길, 존재를 사랑하는 법, 도리를 깨닫는 마음의 태도, 일상생활의 길 등을 밝히고자 하였다. 성학십도는 천도(天道)에 근거함으로써 인륜을 밝히고 덕행에 힘쓰는 길과, 심성(心性)에 근원을 둠으로써 일상생활에서 실천하며 경외(敬畏)를 높이는 길을 제시(금장태, 2001, 머리말)하고자 한 것이었으나, 국가의 복지를 근원적으로 실현하는 길을 담고 있는 것으로 우리에게는 이해된다. 퇴계는 진실로 정치지도자의 인간됨이 국가복지의 초석이라 여기는 것이다.

필자의 판단에 의하면, 성학십도 가운데 국가복지사상으로서 무엇보다 심오한 것은 '서명도(西銘圖)'이다. 서명도는 장횡거의 '서명(西銘)'에 근거한다. 천지자연의 이치와 온생명의 관계성, 성인(聖人)의 마음, 참되게 살아가는 길 등을 담은 글월, 서명을 장횡거는 서쪽 벽에 걸어두고 늘 읽고 묵상하여 마음 깊이 다짐하고자 하였다. 그 글월은 다음과 같다. "건(乾)을 아버지라 부르고, 곤(坤)을 어머니라 부른다. 나 이 조그만 몸이 그 가운데 있도다. 그러므로 천지 사이에 차 있는 것은 나의 형체가 되었고, 천지를 이끄는 것은 나의 본성이 되었다. 백성은 나의 동포요, 사물은 나와 같이 사는 족속이다. 대군(大君)은 나의 부모의 종자(宗子)요, 대신(大臣)은 종자의 가상(家相)이다. 나이 많은 이를 높이는 것은 천지가 낳은 어른을 어른으로 대접하는 것이요, 외롭고 약한 이를 불쌍히 여기는 것은 그 어린이를 어린이로 대하는 것이다. 성인(聖人)은 천지와 덕을 합한 사람이요, 현인(賢人)은 빼어난 사람이다. 천하의 파리하고 병든 사람, 고아와 자식 없는 노인, 홀아비와 과부는 모두 다 내 형제 가운데 어려움을 당하여 호소할 데 없는 자이다. 때때로 보존함은 자식의 공경이요, 즐거워 근심 아니 함은 순수한 효 때문이다. 천명을 어김을 패덕(悖德)이라 이르고, 인(仁)을 해침을 적(賊)이라 이른다. 악을 이루는 자는 재주 없음이요, 그 형(形)을 따르는 자는 그 어버이를 닮은 자이다. 조화(造化)를 알면, 그 일을 잘 좇는 것이요, 신묘(神妙)를 다 하면 그 뜻을 잘 이어 받든다. 방구석에서 부끄럽지 않은 것이 부모를 욕되게 아니함이요, 마음을 보존하고 본성을 기르는 것은 하늘을 섬김에 게을리 아니함이다. 맛난 술을 싫어하는 것은 우(禹)임금의 어버이 돌봄이요, 영재를 기름은 영고숙(潁考叔)이 그 유(類)를 길이 이어가게 함이다. 괴로워도 공경을 게을리 아니하여 마침내 어버이를 기쁘게 하니 이는 순(舜)임금의 효도의 공이요, 도망가지 아니하고 죽음을 기다린 것은 신생(申生)의 공손함이다. 주신 몸을 받아 온전하게 돌아간 사람은 증삼(曾參)이며, 따름에 용감하여 명령에 순종한 사람은 백기(伯奇)이다. 부귀와 복택(福澤)은 장차 나의 삶을 두터이 할 것이요, 빈천과 우척(憂戚)은 너를 옥성(玉成)시킬 것이다. 살아 있는 동안 나는 순종하여 섬기고, 죽어서 나는 편안히 돌아가리라"(국역 퇴계전서, 3, pp. 112-115). 여기서 퇴계는 온 생명이 하나에서 왔으니, 이일(理一)이라 하며, 그 하나에서 여러 갈래로 나오니 만수(萬殊) 또는 분수(分殊)라 한다. 다 다르나 하나를 함께 지니니 한 동포요, 모든 동포는 자기 속에 함께 하나를 지니고 있음을 깨달음으로 서로 사랑한다. 이렇게 보면 국가(國家)도 하나의 가족 관계가 된다(금장태, 2001, p. 47). 퇴계의 성학십도는 임금이 성군(聖君)으로 살아가기 위하여 마음 깊이 새겨야 할 글월이지만, 모든 인간이 깨달아 사람다운 삶을 살아가기 위해 근본적으로 필요한 글월이기도 하다. 왕조시대에는 국가가 복지롭게 되기 위해 성군(聖君)이 요청되고, 민주시대에는 사회가 복지롭게 되기 위해 성인(聖人)이 요구된다. 아무리 제도적 장치가 세련되고 뛰어나더라도 그 사람이 전혀 성인(聖人)될 생각을 갖지 않는다면 실로 우리에게서 복지사회, 나아가 복지국가는 멀고도 멀다.

성군(聖君)이 국가복지실현의 토대이지만, 그 군(君)을 거룩하게 되도록 돕고, 그 성군을 보필하여 안정적이며 지속적으로 국가복지를 실현하여 나갈 인재를 기르는 일 역시 중요하다. 퇴계는 학교나 서원의 교육을 소중히 여긴다. 나쁜 인심과 왜곡된 정치질서로부터 물러나 홀로 심산유곡의 난초처럼 참되이 스스로 향기롭기를 염원하지만, 그는 그 숲속에서도 타인들과 함께 학문과 도리를 닦음으로써 타인의 성취를 도와 또 다른 사회활동을 하고자 한 것이다(김기현, 2005, p. 224). 서원교육은, 사화를 겪으면서 뜻 깊은 이들(士林)의 현실정치에 대한 참여나 활동의 한계를 느끼고, 근본적인 전환 즉 정치투쟁에서 사상운동으로 나가려는 퇴계의 마음일 수도 있겠다(김호태, 2008, p. 123). 퇴계는 "서원 교육이 인륜(人倫)을 밝히는 데서 출발하지만 결국 치도(治道)를 실현하는 데로 나가는 것임을 강조하고 있다"(금장태, 2001, p. 125). 퇴계는 그 당시 조선 인재양성의 중추였던 중앙의 네 군데 학교가 참된 인간변화의 기능을 잃어가고 있음을 한탄하면서 다음과 같이 말한다. "지금 학교의 상황을 가만히 살펴보면 사장(師長)이 된 자와 사자(士子)가 된 자들이 혹은 서로 도리를 잃음을 면치 못한다. 학칙을 가르치지 않을 뿐만 아니라 학교의 명령까지도 크게 무너져 사생(師生)간에 엄하지 못하고 공경하지 아니하여 서로 폐해를 입히고 있다"(국역 퇴계전서, 10, 四學의 사생들에게 유시하는 글, p. 57). 참되이 사람을 길러야 나라는 희망을 지닌다. 퇴계는 국가의 공인을 토대로 한 산골의 서원(書院)이 중앙학교의 폐단을 극복하는 주요한 곳이기를 바란다. 그리하여 퇴계는, "뜻 있는 선비가 발분하여 깊이 개탄하면서 책을 지고 깊숙한 산중으로 도망가, 그 들은 바를 강론하며 도를 밝히고 따라서 자신을 성취하고 남을 성취하게 하는 것이니, 서원을 이룩함은 후세에 와서 그리하지 않을 수 없는 사세이다"(전상서, 이산서원기, p. 110)라고 말한다. 성학십도의 다섯째, 백록동규도(白鹿洞規圖)를 통해서도 우리가 확인할 수 있는 바이지만, 서원은, 뜻 있는 이들로 하여금 학문에 있어서, 넓게 배우고, 자세하게 물으며, 신중하게 생각하고 분명하게 구별함을 통해, 말은 충실히 하고, 행동은 공경스럽게 하며, 분노를 삼가고 욕심을 억제하며, 지극한 선을 따르고 잘못을 고치며, 이익을 도모하기보다 정의를 추구하고, 무엇보다 도(道)

를 밝히며, 자신이 바라지 않는 바를 남에게 행하지 않고, 행동해서 마음에 맞지 않으면 돌이켜 자신에게서 그 이유를 반성하는 등, 그 실천을 독실하게 하도록 돕는다(국역 퇴계전서, 3, p. 128). 이렇듯 퇴계는 서원교육을 통해 국가복지의 내실을 기하고자 하였다.

퇴계는 국가의 복지를 위해 국방의 중요성을 깨닫고 있었고, 그 당시 조선에 도적질을 일삼던 왜(倭)에 대하여 신중히 대처하기를 바라고 있다. "대저 국가가 왜인(倭人)들에 대해서는 화친을 허락할 수는 있지만 방비는 조금도 늦춰서는 안 될 것이며, 예(禮)로써 접대할 수는 있으나 양보에서 너무 지나치게 해서도 안 될 것입니다"(국역 퇴계전서, 3, 倭使를 끊지 말 것을 바라는 疏, p. 29)라고 하면서 퇴계는 왜인들을 단순히 물리치지 말고 예를 어느 정도 다해서 화친하되, 실질적인 국방은 더욱 튼튼히 할 것을 바란다. 이것은 퇴계의 실용적이고 윤리적인 외교관점이다.

성학십도를 선조께 올리던 그 해 1568년, 성학십도를 올리기 전에, 유명한 무진육조소(戊辰六條疏)를 올렸던 바, 그 내용은 ①선조께서는 명종의 친아들이 아니므로 특히 지난 임금들의 뜻을 잘 이어받고 계통을 존중하여 효도를 다하려고 노력할 것, ②아첨하는 말로 상대방을 헐뜯거나 이간시키는 사람들이 임금을 둘러싸고 있게 마련이므로 이들에게 말려들지 말 것. 그러기 위하여서는 선조가 계통을 잇고 있는 양가(兩家) 곧 인종의 왕후 및 명종의 왕후와 태어난 생가(生家)를 친하게 하고 효도를 다하며 집안을 가지런하게 다스려야 한다는 것, ③성학(聖學)을 돈독히 하여 정치의 근본을 세울 것, ④사회의 윤리 도덕을 밝혀서 인심(人心)을 바로 잡되 그렇게 하려는 뜻을 굳건하게 하여 간사하고 음흉한 무리에게 지지 말 것, ⑤충성스럽고 어진 신하를 찾아서 중요한 벼슬자리를 맡기고 믿을 것, ⑥정성스런 마음으로 몸을 닦고 반성하여 궁중의 환관이나 궁녀들을 부리는 일에서부터 남쪽과 북쪽의 변방을 지키는 국방에 이르기까지 모든 통치에 있어서 하늘의 감동을 받을 수 있도록 할 것이다(이윤희, 2010, p. 304; 국역 퇴계전서, 3, 무진년에 올린 6조의 소, pp. 60-89).

역시 1568년 무진 경연 계차에서 퇴계는 선조께, "어찌 백성들의 부모가 되어 정치를 하면서 질병의 극심함과 기한의 절박함에 대해서는 듣지 못한 체하는 일이 있을 수 있겠습니까. 이미 먹을 식량이 떨어지고 또 약물이 없는데 다른 일이 중요하다는 구실로 차마 하지 못할 일을 하며 '백성들을' 몰아 재촉하고 움츠리고 협박하여 물과 불 속에 집어넣으니 구원해 주기는커녕 나무를 더 지펴서 태우거나, 물에서 건저주기는커녕 물결을 일으켜서 빠지게 하며, 이에 더하여 매질하고 잇달아 형벌을 주니 가령 소중한 일이 이렇게 이루어진다고 하더라도 부모가 자식을 사랑하는 도리는 결코 아닙니다"(국역 퇴계전서, 3, 무진 경연 계차(1), p. 92)라고 말한다. 퇴계는 임금이 한 나라의 지도자로서 무엇보다 수양을 바르게 하여서 도리와 이치에 따라 생각하고 말하며 행동하고, 그 바탕 위에서 집안을 가지런히 하며, 그러한 수신제가의 경험으로 잘 교육된 인재를 적절한 자리에 앉혀 나라를 안정되게 하고, 국방을 튼튼히 하며, 어려운 백성에 대하여는 부모처럼 덕을 펼쳐야 한다고 말하고 있는 셈이다. 국가복지는 임금이든 신하든 백성이든, 좋고 바른 사람에 의하여 이룩된다는 것이 퇴계의 기본적인 관점이다.

4. 퇴계 사회복지사상의 함의

필자는 퇴계의 사회복지사상이 오늘 우리에게 주는 함의를 다음 세 가지 측면으로 나누어 살피고자 한다.

첫째, 퇴계는 소유복지보다는 존재복지를, 사후(事後)복지보다는 예방(豫防)복지를 보다 더 강조할 것 같다. 이 논문 위 머리말에서의 언급처럼 우리가 복지(福祉)라고 하였을 때, 복(福)은 그 대상이 무엇이든 주로 소유의 시각을 드러내는 복지이다. 그렇다. 우리가 생명으로서 살아가는 한 무얼 먹어야 하고 입어야 하며, 가져야 한다. 하지만 그것들을 가지려는 마음의 지나침과 가지려는 과정에서 발생하는 개인적 사회적 갈등과 분쟁이 늘 우리의 생명을 위협한다. 생명의 위협은 근원적으로 비복지를 만든다. 따라서 우리는 소유를 넘어 존재의 복지를 지향할 필요가 있다. 위 머리말에서의 지(祉)가 지니는 의미처럼, 마음의 평화, 정신의 쉼, 욕망의 그침은 우리를 존재의 복지에로 나아가게 돕는다. 또한 우리의 복지는 주로 일이 터지고 난 다음에 그것을 해결하거나 해소하는 주로, 사후복지이었다. 소 잃고 외양간 고치는 격이었다. 미리 일이 일어나지 않도록 예방하는 복지가 이제 우리에게는 필요하다. 예방복지는 보다 효율적이며, 이치에도 맞다. 예방복지는 일이 일어나기 이전에 미리 조심하고 신중하여 더 큰 어려움과 재난을 사전에 미리 막는 데서 빚어지는 복지이다. 다음 언급을 들어보자. "서구에서 사회복지는 자본주의가 형성된 이후 그로 인해 생겨나는 여러 사회문제에 대처하는 가장 효과적인 수단으로 인정받으면서 계속 확대되어 왔다. 그러나 사회복지는 이러한 사회문제들을 완전하게 해결하는 근본적인 치유책은 될 수 없었다. 일종의 대증요법인 사회복지는 사회문제에 사후적으로 대처하면서, 오히려 새로운 문제를 확대시키기도 했다. 예컨대 노인들에 대한 소득보장정책은 노인들의 경제고는 약화시켰지만, 자녀들의 노인부양의 의무감과 부모의 자식에 대한 기대감을 약화시켜, 가족연대를 완화시킴으로써 노인들을 더욱 고립시켰던 것이다. …따라서 이제는 사회복지를 질적으로 다르게 재편하려는 고민이 시작되어야 할 것이다"(박승희, 1999, p. 127). 퇴계는 일상생활이 곧 도리(道理)의 실현처라고 보며, 근본 도리는 결국 자기 정신을 차려 부모님 잘 모시고 자식 잘 기르는 일에서 시작하여 이웃의 나이든 어른들을 돕고, 나라를 안정되게 하는 일이라 본다. 우리의 사회복지는 이러한 일들이 제대로 보필하는 것이어야 한다. 우리의 사회복지가 이 일들을 왜곡시키고 막는 것일 수는 없다. 깊이 생각해 볼 일이다. 이 일들이 잘 펼쳐지도록 돕는 사회복지는 결국 존재복지요, 예방복지이다.

둘째, 퇴계는 사회복지사를 비롯한 사회복지실천가들에게 매사에 있어서 이치를 꿰뚫어 알고 실천하며, 그 실천을 근원적으로 가능하도록 하기 위해 매순간 경(敬)할 것을 강조할 것이다. 이치라는 것은 이미 앞에서 말하였지만 존재에도 있고, 생각에도 있으며, 말에도 있고, 글에도 있으며, 행동에도 있는 법이다. 말에나 생각에나 행동에서 그때그때 마다의 이치를 알아차려 사회복지를 실천한다면 우리의 사회복지가 질적으로 향상될 것은 틀림없다. 이치를 우리는 도(道)라고도 한다. 퇴계는 자기 집안 손자의 이름에 '도(道)'자를 붙이면서도, "도라는 것은 인륜의 일용에 음식과 의복 같은 것이니 잠시라도 없어서는 안 될 뿐만 아니라, 또한 평상의 도리가 아닐 수 없다"(이장우 · 전일주 옮김, 2011, p. 311)라고 말한다. 도리는 우리에게서 멀리 있는 것이 아니라 우리 일상생활 속에 언제든 어디서든 있는 것이다. 퇴계가 말하고자 하는 이 도리는 자신이 하고 있는 지금의 일과 지금의 말, 지금의 행위를 집착 없이 마음 비우고 진심으로 하고자 할 때 반드시 인식되고 요청되는 것이다. 도리를 인식하고 실천하려면 마음의 경(敬)을 지님이 필요하다. 이미 앞에서 말하였지만 경은 공경과 경건을 함께 포함한다. 존재의 관계에서는 공경이 경이요, 스스로의 삶에서는 경건이 곧 경이다. 경건하다는 것은 자기 존재의 근거와 자기 존재를 둘러싼 관계 안에서 스스로를 낮추고 다른 이를 높이고자 하는 삶의 태도이다. 이 태도는 결국 다른 존재에 대한 공경이다. 경건과 공경은 실제로 나눌 수 없다. 남을 공경하는 것, 그것은 곧 경건이다. 사회복지실천가들이야말로 바로 이러한 경을 지니고 실천하여야 할 상황의 사람이 아니고 누구란 말인가.

셋째, 퇴계는 사회복지의 순환고리에서 정신을 매우 강조할 것 같다. 필자는 사회복지의 순환 고리를 다음과 같이 구성한다.

<정신 → 정치 → 정책 → 실천 → 삶의 변화 → 정신>

정신이 정치를 근원적으로 움직이고, 정치가 정책을 근원적으로 가능케 하며, 정책이 실천의 토대가 되며, 실천은 삶의 변화를 가져오고, 변화된 삶이 정신을 형성한다. 그 정신은 정치를 보다 좋게 한다. 이렇게 순환한다. 무엇보다 먼저 정신이 바르고 좋아야 그 모든 것이 이어 바르고 좋게 된다. 이것을 우리는 사회복지의 순환고리라 한다. 여기서 정신의 경우, 주관정신과 객관정신으로 나눌 때, 주관정신이 객관정신이도록 하는 일이 필요하며, 이 일은 교육의 역할이다. 주관정신은 자신에 함몰된 정신이요, 객관정신은 다른 존재와의 관계 안에서 자신을 돌아보고 실천의 방향을 찾는 것이기에 교육은 우리로 하여금, 주관정신에서부터 객관정신에로 나아가도록 돕는다. 여기서 정치의 경우, 그 존재이유는 개인의 존중과 연대의 사회를 만들어감에 있다. 즉 자유와 평등을 함께 실현함이 정치의 존재이유인 것이다. 객관정신이어야 그 정치는 가능하다. 여기서 정책의 경우, 장소와 시간 속에 합당하고 필요한 제도와 법을 만드는 일이다. 정책을 통해 우리에게 맞는 제도와 법은 형성된다. 합당한 정책은 자유와 평등을 함께 실현하려는 정치에서부터 나온다. 만일 정치가 자유와 평등을 함께 실현하려는 민주주의적이고 동시에 사회주의적이지 않다면 합당한 정책의 형성은 불가능

하다. 여기서 실천의 경우, 그 정책을 실제 현장 즉 삶의 자리들 속에 실현하여 나감이다. 합당한 정책의 실현 즉 실천은, 각자 삶을 변화시킨다. 힘 잃은 사람은 힘을 얻고, 어려운 사람은 그 어려움으로 인하여 다시 어렵지 아니 하며, 아픈 사람은 그 아픔을 나음의 밑거름으로 삼게 된다. 실천은 삶을 이렇게 변화시키며, 변화시킬 수 있어야 한다. 변화된 삶이 맑고 밝은 정신을 빚는다. 맑고 밝은 정신을 퇴계는, 이치를 꿰뚫어 알고 늘 경하는 마음이라 하였다. 그 마음일 때 수기치인(修己治人)은 일상생활이 되고, 깊은 산 수풀이 무성한 가운데 피어 있는 한 떨기 난초는 하루 종일 맑은 향기를 토하지만 자기는 그것이 향기로운지도 모르는, 그러한 난초의 향기로운 삶이 된다.

5. 나가며

필자는 이 논문에서, 자립, 안정, 그리고 다른 존재와의 교류를 그 핵심내용으로 삼는 사회복지의 관점에서 조선 중기 퇴계 이황의 삶과 사상을 살피려고 하였다. 먼저 퇴계 이황의 삶, 사상, 그리고 그의 상황을 일별하였다. 그 다음 생활복지사상, 지역복지사상, 국가복지사상의 시각으로, 퇴계가 주위 사람들과 나눈 편지, 주위 사람들이 퇴계의 삶과 사상에 대하여 남기는 기록들, 퇴계가 임금과 주위 사람들에게 드려서 사람과 세상이 바르고 좋게 되기를 희망하여 구성한 성학십도, 임금에게 나라와 백성이 잘 되기를 염원하여 올린 글월 등을 주요한 참고도서로 삼아 퇴계의 사상을 정리하고자 하였다. 이 바탕 위에서는 필자는 퇴계 사회복지사상이 오늘 여기 우리에게 건네 오는 것으로서, 존재복지와 예방복지, 사회복지실천가의 거경궁리(居敬窮理) 태도의 필요성과 중요성, 바른 정신에 근거한 사회복지정책 등을 말하고자 하였다. 퇴계의 사상이 서민의 복지를 주요 토대로 삼고 있는 오늘 우리에게 복지는 서민 뿐 아니라 우리 모두의 과제이고 염원임을 깊이 있게 말하여주는 것으로 해석될 수 있는 것임을 필자는 명심하고자 한다.

율곡 이이의 사회복지사상

1. 들어가며

사회복지학을 원론적으로 논하는 글은 대체로 총론, 각론, 그리고 분야론으로 나뉘어 구성될 수 있다. 총론은 사회복지(실천, 정책)의 방향과 목표, 존재이유를 설정하는 내용으로 이루어질 수 있고, 그것은 사회복지사상을 수용한다. 우리는 사회복지의 총론에서 인간존중, 사회평등, 국가책임을 언급하지 않을 수 없다. 각론은 사회복지가 누구와 행해지는가를 다루는 것으로서 개인, 집단 및 가족, 지역사회 등 수준들에 대하여 말할 수 있다. 총론과 각론의 바탕 위에서 우리는 사회복지의 분야를 사람의 관점에서, 그리고 장소의 관점에서 논할 수 있다. 사회복지학 분야에서 사람의 관점으로 논하는 주요한 것으로서 우리는 영유아복지론, 아동복지론, 청소년복지론, 노인복지론, 여성복지론, 장애인복지론 등을 말할 수 있으며, 장소의 관점에서 논하는 주요한 것으로서 우리는 학교사회복지론, 기업사회복지론, 병원사회복지론, 군대사회복지론 등을 거론할 수 있다. 이러한 사회복지의 논의들은 총론의 이념 내지 사상과, 각론의 기법 내지 지식에 의하여 비로소 전개

된다.

우리는 사회복지학이 결국 크게 두 가지를 논의하고 있다고 본다. 하나는 사회복지현상론이요, 다른 하나는 사회복지사상론이다. 현상은 사상에 바탕을 두고 펼쳐지며, 현상을 움직이는 근원은 사상이다. 사회과학으로서 사회복지학은 주로 사회복지의 현상을 논하였으나, 존재의 세계에서 사상의 영향이 없이 현상이 펼쳐질 수 없다고 본다면, 사회복지사상론은 사회복지학의 바탕이 되는 논의이다. 여기서는 사회복지사상의 논의에서 우리에게 주요한 시사점을 던진다고 여겨지는 사람, 조선 중기의 율곡 이이(1536-1584)의 사상을 살펴보려고 한다. 우선 우리는 그의 삶과 사상, 그리고 상황을 살펴볼 것이고, 그 다음 그의 사회복지사상을 고찰하려 한다. 사회복지의 관점에서 율곡의 사상은 아동복지사상, 지역복지사상, 그리고 국가복지사상으로 표현될 수 있다. 율곡의 아동복지사상은 주로 그의 저술, 격몽요결에서 나타나며, 지역복지사상은 향약에 대한 글들 가운데서, 그리고 국가복지사상은 동호문답, 만언봉사, 성학집요와 같은 저술 속에서 드러난다. 이제 율곡의 삶, 상황, 그리고 사상을 요약해보도록 하자.

2. 율곡의 삶, 상황, 그리고 사상

율곡은 덕수(德水) 이씨요, 이름은 이(珥), 자(字)는 숙헌(叔獻)이며 1536년(조선 중종 31년) 12월 26일(음력), 부친 이원수(李元秀)와 모친 평산 신씨(平山申氏) 사임당(師任堂) 사이에 네 아들과 세 딸 가운데 셋째 아들로서 강릉 북평촌(北坪村) 외가에서 태어났다(금장태, 2011, p. 11). 그리고 그는 죽기 전해인 48세 때 병조판서로서 여진족의 변경침범을 막아내고 이조판서로서 당쟁을 조정하는 인사에 정성을 기울였으나, 그 이듬해 49세 때 정월 초부터 발병하여 병석에 누웠으며 병의 위중함과 자제의 만류에도 불구하고 관북(關北) 순무어사(巡撫御史)의 명을 받고 나가는 친우 서익(徐益)에게 방략을 알려주고자 부축을 받고 앉아 아우, 이우(李瑀)에게 받아 적게 하였는 바, 곧 ①임금의 어진 덕을 선양할 것, ②복속한 오랑캐 부족(蕃部)을 안무할 것, ③우리 임금의 위엄을 펼칠 것, ④배반한 오랑캐를 제압할 것, ⑤사신들의 비용을 줄이어 백성들의 힘을 덜어줄 것, ⑥장수들의 재략을 미리 살펴 위급한 일에 대비할 것, 이 여섯 조목을 제시하였고, 그 이틀 뒤 1584년 1월 16일(음력) 서울의 대사동(大寺洞, 지금 인사동 · 관훈동 일대) 집에서 세상을 떠났다(금장태, 전상서, pp. 168-168). 율곡은 49세(선조 17년)에 세상을 떠났지만, 계산해보면 47년하고 21일간의 생애를 살았다. 그의 일생은 크게 ①출생에서 18세까지 소년기와, ②19세 이후 29세까지의 청년기, ③30세 이후 49세까지 중년기, 세 시기로 구분해볼 수 있다(전상서, p. 27). 소년기에 특히 그는 학식이 깊고 그림과 자수에도 능한 어머니로부터 글을 배웠다. 일곱 살 때는 문리(文理)가 통해서 사서(四書)를 비롯한 여러 경전과 역사서를 읽고 이해하였다고 한다. 그 어머니는 율곡의 16세 때 율곡이 형과 함께 평안도로 출장 가는 아버지를 따라 나서고, 그들이 집을 비운 동안 48세의 나이로 돌아가셨다. 어머니의 죽음으로 율곡은 인간의 삶과 죽음의 문제에 깊이 사로잡히기도 하였다. 19세에는 금강산에 들어가 불교를 공부하기도 하였다(고산 역해, 성학집요/격몽요결, 2011, pp. 570-571). 1년 뒤 20세에 강릉의 외할머니 댁으로 돌아와 몸을 추스르고 11조의 자경문(自警文)을 써서 마음을 가다듬었다. 그 자경문에는, 뜻을 크게 세움, 마음을 안정시키고 말을 삼감, 마음을 다잡음, 혼자 있을 때 더욱 조심함, 실천 없는 학문은 쓸모없음, 물욕과 영예를 마음에 두지 않음,

게으르지 말고 잠자기를 탐내지 않음, 수양과 공부는 초조해하지도 풀어지지도 말고 끈기 있게 함 등이 포함되었다(전상서, pp. 571-572).

율곡은 13세 때(1548) 진사 초시(進士初試)에 합격하고 21세 때(1556) 소과(小科) 한성시(漢城試)에서 책문(策文)으로 장원을 하였다. 29세에는 대과(大科)에도 장원 급제하여 호조좌랑(戶曹佐郞, 정6품)의 벼슬을 제수 받았다(금장태, 전상서, p. 84). 이렇게 시작된 율곡의 주요한 관직들은 다음과 같다(이동인, 2004, p. 202): 사간원 정언(司諫院正言)(30세), 이조좌랑(吏曹佐郞)(31-32세), 사헌부 지평(司憲府持平)(33세), 홍문관 교리(弘文館 校理)(34-35세), 청주 목사(淸州牧使)(36세), 승정원 동부승지(承政院同副承旨)(38세), 승정원 우부승지, 사간원 대사간, 황해도 관찰사(黃海道觀察使)(39세), 홍문관 부제학(弘文館副提學)(40세), 사간원 대사간(43-45세), 사헌부 대사헌, 호조판서(戶曹判書), 홍문관 대제학(46세), 이조판서, 형조판서, 의정부 우찬성(議政府右贊成), 병조판서(47세), 이조판서(48세) 등. 율곡은 물러가 향리에서는 공부하고 이웃을 돌보며, 나아가 관직생활에서는 이치에 따라 바른 말을 하되, 만일 그 이치에 합당한 말이 임금(그 당시, 선조)이나 나라에 의하여 받아들여지지 않을 경우 가능한 한 물러나고자 노력하였다(이동인, 전상서, p. 203).

율곡의 삶 가운데 여러 사람과의 지성적이고 윤리적인 교류가 있었다. 글월들을 매개로 할 경우 중국의 공자, 맹자, 주자 등과의 교류도 깊었고, 우리 역사 속에서 배운 바를 현실 속에 실천하고자 하는 점에서는 정암 조광조에게서 받은 영향도 깊으며, 퇴계 이황, 우계 성혼, 고봉 기대승, 구봉 송익필, 사암 박순, 송강 정철, 토정 이지함 등과의 교류는 서로에게 미치는 바가 많았다(이동인, 전상서, pp. 194-201). 그 가운데에서도 퇴계와의 만남과 교류, 우계와의 서신왕복과 우정은 여기에 기록할 만하다. 율곡은 22세 때 가을에 장가를 들었고, 이듬해

23세 때(1558) 봄에 성주(星州) 목사로 있던 장인, 사인공 노경린을 찾아뵈러 성주에 갔다가 다시 외조모가 계신 강릉 외가로 가는 길에 안동 계상서당에서 기거하는 퇴계 이황(그 당시, 58세)을 찾아 서로 만났다(금장태, 전상서, pp. 71-72). 율곡은 그 자리에서 금강산 입산과 불교에의 빠짐을 털어놓고 그 과오를 느껴 유교의 가르침과 실행으로 다시 돌아옴을 밝히고 거경궁리와 학문의 길을 물으며, 진리를 실천하는 정신이 깃든 시를 서로 주고받으며 마음을 나누기도 하였다. 노학자는 학문이 진보하지 못함을 젊은 학자 앞에서 겸허히 반성하였고, 뒷날 월천 조목에게 율곡의 "그 사람됨이 명랑하고 시원스러우며 지식과 견문도 많고 우리 학문에 뜻이 많으니, 후생가외(後生可畏) 라는 전성(前聖)의 말씀이 나를 속이지 않았다"고 평했다 한다(이동인, 전상서, p. 196). 그 이후 율곡과 퇴계는 편지를 주고받으며 학문의 바른 길을 문답하였고, 퇴계의 관직생활을 율곡이 나라를 위해 진실로 바라기도 하였으며, 35세 때(1570) 12월 퇴계의 부고(訃告)가 이르자, 위(位)를 만들어 곡하였으며 만시(輓詩)를 지어 그 죽음을 간절히 애도하였다(금장태, 전상서, pp. 78-79). 불교에 빠진 일을 후회하는 율곡에게 퇴계는 편지에서, "먼젓번 편지에서 지난 날 배움을 그르친 것에 대해서 깊이 한탄했던데, 그대는 지금 나이 약관이고 다른 사람보다 뛰어났으니, 학문하는 기회를 잃었다고 말할 수 없습니다만, 오히려 그렇게 말한 것은 배운 것이 잘못되었으면 배우지 않은 것과 같다고 여기기 때문이겠지요. 지난날의 잘못을 깨닫고서 그것을 고치려고 생각하여 궁리 거경하는 실제의 공부에 종사할 줄 알고 있으니, 허물을 고치는 데 과감하고 도(道)를 향해 가는 데 열심히 하여 그 방향을 그르치지 않았다고 말할 수 있습니다"(국역 퇴계전서, 5, 이숙헌에게 답함, p. 45)라고 쓴다. 학문이 깊고 익어 율곡은 나중에 퇴계의 존재와 인간에 대한 철학적 관점을 명료히 비판하였다.

율곡은 19세 때 한 살 위인 우계와 만나 그 이후 깊이 신뢰하고 도덕과 의리로 맺은 친교(道義之交)를 이루었다. 둘은 모두 파주에 살아 서로 거리가 멀지 않았으며, 우계는 비록 한 살 위이지만 율곡의 학문이 탁월함을 보고 스승으로 모시려 했다고 한다. 율곡은 우계의 품행과 지조의 독실함과 확고함에 미치지 못하는 자신을 인정하였다(금장태, 전상서, pp. 98-99). 우계가 38세 때 율곡에게 퇴계와 고봉의 이기(理氣)논쟁의 옳음 여부에 대하여, 인심(人心)과 도심(道心)과의 관련성에 대하여 질문의 글을 보냈고, 1년 사이 아홉 차례의 문답서가 오고갔다. 이 문답서는 조선 성리학 역사에서 퇴계와 고봉의 문답과 함께 심오한 것이라 할 수 있다(성교진, 1994, pp. 256-257).

삶에서의 경험, 글공부, 관직생활 등의 토대 위에서 율곡이 우리에게 물려준 주요한 저술들은 다음과 같다: 자경문(20세), 파주향약서(坡州鄉約書)(25세), 동호문답(東湖問答)(34세), 만언봉사(萬言封事)(39세), 성학집요(聖學輯要)(40세), 격몽요결(擊蒙要訣)(42세), 만언소(萬言疏)(43세), 소학집주(小學集註)(44세), 경연일기(經筵日記)(46세), 인심도심설, 학교모범급사목(學校模範及事目)(47세), 시무육조(時務六條)(48세) 등(금장태, 전상서, pp. 323-327; 고산 역해, 전상서, pp. 616-620).

이제 율곡의 시대적 상황을 조금 살펴보자. 우선 우리는 사림(士林)세력의 성장과 좌절, 당쟁을 들 수 있다. 이성계를 도와 조선 건국의 큰 공로를 지닌 이들이 곧 훈구세력이며, 훈구세력의 지배에 영향을 받던 조선에 지방의 사림들이 중앙정치 무대로 올라와 새로운 영향력을 발휘했다. 김종직, 김굉필, 정여창, 김일손 등은 영남의 사림으로서 대체로 유교 경전을 깊이 이해하고 있었고 중앙으로 진출하여 삼사(三司, 홍문관, 사헌부, 사간원) 등에 자리 잡고 언론문필을 담당하였다(이기백, 1982, p. 245-247). 정치계에는 이 사림들과 훈구세력 사이의 대립과 투쟁이 생겼으며, 무오사화, 갑자사화, 기묘사화, 그리고 을사사화가 그것이다. 사화에 의해 타격을 받으면서도 사림세력은 점점 정치의 주도권을 잡아갔다. 사림들은 향촌(鄕村)에 확고한 사회적 기반을 가지고 서원, 향약, 농장을 토대로 세력을 넓혔다. 중앙정치의 주도권을 장악하면서 선조 초기에는 심의겸, 김효원을 중심으로 일정한 관직의 상황에서 관직을 잡으려는 암투로 당쟁이 발생하였다. 여기서 동인과 서인으로 갈리고, 이 당쟁은 지속되어 조선의 멸망에도 영향을 준다. 그 와중에 율곡 역시 탄탄한 경전 공부와 도학 내지 성리학에의 깊은 조예로, 특히 조광조의 과감한 개혁정치, 인재등용의 새로운 방법(현량과 설치), 위훈삭제의 역사적 타당성, 공론(公論)정치 등에 매력을 느끼며 자기에게 주어진 관직들 안에서 유교가 원래 바라는 왕도(王道)정치 곧, 인의(仁義)실현을 깊이 희망하고 나름대로 실천하고자 했다. 사림이 국가의 원기(元氣)임을 확고히 믿고 사림의 역할에 의해 나라가 유지될 수 있다고 보았던 율곡에게 사림의 분열과 당쟁은 깊은 슬픔이고 근심이었다(이동인, 전상서, p. 233).

율곡시대 상황의 두 번째 특성으로 우리는 신분제와 그 모순을 들 수 있다(이동인, 전상서, pp. 216-226). 조선시대 신분구조의 근간은 양반 · 상민 · 노비이다. 율곡시대에는 이 세 층의 신분구조가 확립되어 있었고, 노비에 대한 상민의 구별성이 강조되며 노비의 신분은 부모 어느 한 쪽이 노비이든 자식에게 세습되었다. 양반은 노동력으로 국가의 부역을 하든, 군인으로서 국방의 역을 하든 그 의무에서 면제되었고 과거시험에 의해 관직을 주로 맡아 권력을 독점하였다. 양반의 서자(庶子)와 그 후손은 문관 채용 시험인 문과에 응시조차 할 수 없었고, 향리(鄕吏) 또한 사회적 진출의 기회를 갖지 못했다. 향리는 지역에서 고착화되어 온갖 부패의 근원이 되었다. 양반의 축첩이 당연시된 사회에서 서자는 벼슬을 할 수 없다는 서얼금고(庶孼禁錮)는 늘어나는 서얼들에게는 악법이었다. 또한 아버지든 어머니든 어느 한 쪽이 노비이라면 그 자녀 역시 노비이라는 종모(從母) 종부(從父) 역시 노비의 수를 점점 늘려갔고, 농업, 공업, 상업에 주로 종사하여 납세, 공부(貢賦), 군역을 주로 담당하던 상민의 수를 상대적으로 줄여갔다. 양반의 서자는 벼슬을 할 수 없고, 늘어나는 노비는 납세 등의 담당에서 제외되며 인간으로서 천한 취급을 받고, 이러한 신분제의 상황은 조선으로 하여금 국부는 줄게 하며, 공동체의 화합이나 도의의 사회적 실현에는 큰 장애가 아닐 수 없었다. 이런 상황에서 율곡은 나름대로 신분제의 모순을 줄이는 지혜를 나타내고자 하였다.

마지막으로 율곡시대의 주요한 특징으로 우리는 민생의 피폐를 들고자 한다(이동인, 전상서, pp. 234-252). 민생의 피폐는 신분제의 모순과 바로 이어져 있다. 노비는 증가하고 상민은 감소하는데 상민이 국가에 내는 세금, 공물(貢物) 내지 진상품의 바침, 부역과 병역의 의무는 점점 과중하였고, 그 원인 가운데 지방 이서(吏胥) 즉 향리들의 농간과 수탈, 부패도 한 몫 하였다. 또한 대부분의 국가 토지는 양반들이 차지하고 있었다. 그 토지의 소작농인 상민은 감시와 통제 속에서 노동생활에 허덕이고 있었다. 농민 수확의 반 가까이는 토지주인에게 바쳐졌다. 농민은 나라의 부역에 노동력을 일정하게 바쳤고, 노동력 대신 포(布)를 바치기도 하였다. 해마다 나라에 바치는 공물의 량 역시 늘어났다. 영악한 이서와 상인들이 공물을 대납하고 백성들에게는 더 많은 공물을 거두어들이기도 하였다. 공물을 더 이상 바치지 못하거나 부역이나 군역을 더 이상 못하여 도망가면 친척이나 가까운 이웃이 대신 부담해야 했다. 율곡은 이런 폐해에, 군포(軍布), 선상(選上)(노비를 위로 올림), 전세(田稅) 등을 든다. 지방 행정을 담당한 수령이나 감사 등의 자질도 저하되어갔고, 그 책임감에 있어서도 해이해져가고 있었다. 향리들의 구조적 부정부패는 특히 심하였다. 율곡의 시대에 백성의 삶이 매우 피폐해져가고 있었다. 이것은 율곡으로 하여금 깊이 고뇌하게 하였고, 그로 하여금 주어진 여건 안에서 일정한 실천을 한다거나 글을 쓰도록 하였다.

율곡의 사상은 이러한 상황 속에서 드러난다. 우리는 그의 사상을 이통기국(理通氣局), 수기안민(修己安民), 그리고 경장(更張), 이 세 가지로 요약하고자 한다. 이통기국은 존재에 대한 율곡의 철학적 표현이다. 율곡의 철학은 이미 있어온 철학의 계승이요 발전이다. 역(易)철학은 존재의 생성 변화를 개념이나 상징으로 포착한 인간사유의 산물이다. "역(易)에는 태극(太極)이 있나니, 이것이 양의(兩儀)를 낳고, 양의는 사상(四象)을 낳고, 사상은 팔괘(八卦)를 낳나니, 팔괘가 길흉(吉凶)을 정하고, 길흉이 대업(大業)을 낳는다"(주역, 계사전 상). 여기서 역은 변화, 변화의 불변, 변화 포착의 쉬움 등을 의미한다. 우리가 사유하면 존재 특히 자연존재의 변화를 쉽게 깨달을 수 있고, 이러한 변화의 근원에는 태극이 있음을 알 수 있다. 태극은 음(陰)과 양(陽)을 낳는 바, 음은 고요히 머묾이요, 양은 적극 펼침이다. 머물고 움직여 존재는 변화한다. 음양의 조화작용에서 태양, 소양, 소음, 태양, 즉 사상이 나온다. 사상의 조화작용에서 건(乾), 태(兌), 이(離), 진(震), 손(巽), 감(坎), 간(艮), 곤(坤), 즉 하늘, 못, 불, 우뢰, 바람, 물, 산, 땅, 팔괘가 나온다. 팔괘의 조화작용이 좋고 나쁜 일을 정하고, 길흉이 번갈아가며 큰일을 낳는다. 그러면서 또한 "이러므로 형이상자(形而上者)를 일러 도(道)라 하고, 형이하자(形而下者)를 일러 기(器)라 하며, 화(化)하여 제재하는 것을 변한다 하고, 추진(推進)하여 운행하는 것을 통(通)한다 하며, 들어서 천하의 백성을 조치하는 것을 일(事業)이라 한다"(주역, 계사전 상). 도(道)는 중국 송나라에서의 유교철학의 성리학적 발전 가운데 이(理)로 표현되고, 기(器)는 기(氣)로 표현된다. 이는 형태를 넘어 무형이요, 경험의 대상으로 포착되지 아니 한다. 하지만 이는 어디든 통한다. 기는 형태에 속하여 일의 현상적 주체이다. 일이 일어난다는 것은 기가 드러남이다. 존재세계는 끊임없이 일이 일어남이요, 그것은 기의 드러남이다. 주렴계가 태극도설을 짓고, 주자가 이를 이어 무극이 태극(無極而太極)은 형이상의 본체인 이(理)요, 음양·오행은 형이하의 현상인 기(氣)로 이해한다. 성리학은 인성(도심과 인심, 심성정)과 연결시켜 이기의 관계를 중심과제로 삼는다. 조선의 퇴계는 이의 근원성과 능동성을 강조하여(이동준, 율곡사상의 철학적 고찰, p. 242) 이발(理發)을 말하게 된다. 기고봉과 여러 해에 걸친 문답을 통해 퇴계는, 맹자가 말하는 인의예지 즉 사단(四端)의 경우, 이발이기수지(理發而氣隨之)요, 희노애구애오욕 즉 칠정(七情)의 경우, 기발이이승지(氣發而理乘之)라 하여 이발과 기발을 말한다. 퇴계에서 이가 발한다는 것은 법률이 발동한다 할 때처럼 어떤 원리나 원칙이 작용한다는 뜻이다. 하지만 율곡은 이발과 기발, 이와 기가 둘 다 발한다는 것(互發)에 대하여 명료히 반대한다. 발하는 것은 기일 뿐이다. 율곡은 자연세계에서의 현상적 움직임을 주로 염두에 두고 '발'(發)의 의미를 새기고자 하였을 것이다. 그러니 발하는 것은 기요, 이는 발하게 하는 것이다. 율곡에게는 기발이이승(氣發而理乘)뿐인 것이다. 율곡은 벗 우계와의 여러 문답을 통해 이를 분명히 한다. "대저 이(理)라는 것은 기(氣)의 주재(主宰)요, 기(氣)란 것은 이(理) 그것이 타는(乘) 바이니, 이가 아니면 기가 근거할 데가 없고, 기가 아니면 이가 의지할 데가 없다. 이와 기는 두 물건도 아니요, 한 물건도 아니다. 한 물건이 아닌 때문에 하나이면서도 둘이요, 두 물건이 아닌 때문에 둘이면서도 하나이다"(율곡, 답성호원). 율곡에게는 이와 기는 일이이(一而二)요, 이이일(二而一)이다. 그러면서 이일분수(理一分殊)이다. 이는 비록 하나이나 기를 탔으므로 그 나눔이 만 가지로 다르다. 그러면서 율곡은 "이는 무형(無形)이며, 기는 유형(有形)이다, 이는 무위(無爲)이며, 기는 유위(有爲)이다. 무형무위하여 유위의 주(主)가 된 것은 이(理)요, 유형유위하여 무형무위의 그릇(器)이 된 것은 기(氣)이다. 이는 무형이요, 기는 유형인 까닭에 이는 통(通)하고, 기는 국(局)한다"(답성호원). 국한다는 것은 선후가 있고, 본말이 있다는 것이며, 현상계의 현상적인 시공간의 작용인 셈이다. 통한다는 것은 본말도 선후도 없으며 어디에도 구애받음이 없이 스스로 그러하여 현상에서 초월적이요 보편적이다. 이렇게 율곡은 이통기국, 네 글자로 존재세계를 설명하고자 하였다. 이는 기와 묘하게 하나(理氣之妙)로 있지만(황의동, 1998, 1, p. 39) 이의 독립성과 초월성, 보편성은 용인되는 셈이며, 그 이는 기가 발하는 그 어디든 기를 간섭하고 기에 관여한다. 이에 의하여 간섭되고 관여된 기일 때 비로소 바르다 할 수 있고, 질서 있다 할 수 있다. 이통기국의 이치에 의하여 펼쳐지는 인간세상일 때 비로소 바르고, 질서 있게 되는 셈이다.

율곡의 주요한 사상 가운데 우리는 수기안민을 제외할 수 없다. 율곡 역시 유교의 학자로서, 유교적 관료로서 유교의 이상이요 현실인 수기치인, 내성외왕, 수기이안백성, 수기안민을 자신과 세상의 존재이유로서 삼고자 하였다. 자기를 끊임없이 닦고 닦아 맑고 밝아진 이는 반드시 세상 사람들을 올바르게 이끌고 세상 삶을 안정되도록 함에 도움을 주며 세상 삶이 편안하게 되도록 힘써야 한다. 율곡은 나라의 모든 기운이 발하도록 관여하는 이치의 역할에 견줄 수 있는 주요한 위치에 있는 이들 특히 임금(그 당시 선조)은, 수기안민을 자기 존재와 활동의 핵심으로 삼아야 그 나라가 바르고 잘 되리라 보았다. 율곡은 그 당시 자신의 현실에서 수기안민의 방법을 설파하고자 하였던 바, 이는 모두 임금이 명심하여 실행해야 할 조목이었다. 만언봉사(萬言封事)에서 율곡은 수기의 방법으로서는 네 가지 즉, ①성스런 뜻을 분발하여 3대의 융성함을 회복할 것이라 기약함, ②성학(聖學)을 부지런히 공부하여성의정심의 공효(功效)를 극진히 함, ③사사로운 데 치우치지 않고 지극히 공평한 도량을 넓힘, ④어진 선비를 친근히 하여 보필의 이익을 얻음(율곡, 만언봉사)이다. 여기서 3대는 가장 정치가 잘 된 중국의 하, 은, 주 삼대를 말하며, 요임금과 순임금 등이 덕과 인자로서 다스려 참다운 정치가 펼쳐지던 때이다. 율곡은 그 삼대의 바른 정치를 모델로 하여 선조도 그 정치를 회복하기 위한 거룩한 뜻을 스스로 세우는 자기 닦음이 있어야 한다고 보았다. 그 뜻 안에서 성의정심(誠意正心)을 극진히 하고, 편견을 버리고 공평을 회복하며, 마음을 넉넉히 하여 훌륭하고 어진 신하를 가까이 하여 그들로부터 진실로 도움 받고자 하는 것이 수기의 주요한 방법이라 율곡은 보고 있는 것이다.

그 다음 율곡은 안민에서는 다섯 가지 조목이 있다고 본다. 첫째, 성심을 열어 여러 신하의 뜻을 얻는 것이요, 둘째, 공안을 고쳐서 횡포하게 긁어 들이는 폐해를 제거하는 것이요, 셋째, 절제와 검소를 숭상하여 사치의 풍습을 고치는 것이요, 넷째, 노비의 뽑아 올리는 법을 고쳐서 공천(公賤)의 고통을 구할 것이요, 다섯째, 군정(軍政)을 고쳐서 안팎의 방비를 굳건히 하여 내란과 외적의 침입을 막는 것이다(만언봉사). 이러한 안민의 조목을 실행하기 위해서는 무엇보다 임금의 수기가 그 토대이다. 수기이어야 안민할 수 있고 안민할 수 있는 안목과 마음을 얻을 수 있다. 율곡에게서 수기(修己)는 무형무위의 이(理)를 깨닫는 것에 견줄 수 있다. 임금이 스스로 임금으로서 인의와 덕의 정치를 펼치겠다고 다짐하고 성학을 진실로 공부하며 지극히 공정하려고 노력하며 성학을 잘 깨친 이를 곁에 가까이 하여 경연이나 여러 기회를 통해 배우고 듣고자 하는 일체의 일들은 결국 그 이치를 깨닫는 치열한 삶이요, 어진 이를 등용하고 공안을 고치며 절제하고 검소하며 노비의 고통을 덜어주고 군정을 고쳐 국방을 튼튼히 하는 등 이 모든 일은 유위유형의 기를 기운차게 하는 실천이요, 결국 안민이니, 수기는 이치에 합당함이요, 안민은 백성을 편안하게 하여 나라의 기운을 왕성하게 함이다. 이와 기는 묘하게 하나이니, 수기와 안민도 둘이면서 하나요, 하나이면서 둘인 바, 묘하게 하나이다. 수기는 인식의 변화요, 안민은 제도의 개혁이다. 안민이 되려면 수기가 그 근본이어야 한다. 그래서 율곡은 제도의 개혁에 앞서 인식의 변화를 강조하고자 하는 것이다.

율곡의 사상을 논함에 마지막으로 들 수 있는 것은 경장(更張)이다. 수기가 되어 있다면 안민의 실천은 자연스레 나온다. 유교나 율곡의 관점에서 거경 궁리하여 수기를 이룬 이에게 민(民)을 안정되고 편안케 하는 사회적 실천이란 마땅하고 자연스런 일이 아닐 수 없다. 안민의 이유는 민이 곧 나라의 근본이기 때문이다. 나라는 민을 위해 있는 것이다. 이러한 민본(民本)은 공자나 맹자를 비롯하여 율곡에게 이르기까지 유교에 있어서 주요한 관점이다. 민주(民主)가, 그 나라는 민에 의하여 구성된다고 보는 현대적 관점이라면, 민본은 이미 구성된 나라가 결국 민을 위해 있다는 과거의 관점이다. 민주는 민이 나라를 이룬다는 것이요, 민본은 나라가 민을 위해 있다는 것이다. 어쨌든 율곡은 민본의 관점에 확고히 서 있다. 민본을 실현하려면, 결국 안민을 이루려면 민을 힘들게 하고 민을 도탄에 빠지게 하는 온갖 법이나 제도, 실천은 멈추어져야 한다. 여기서 율곡의 경장은 나오는 것이다. 율곡은 마땅히 급한 것에 힘써야 함이 지혜롭다고 본다(율곡, 성학집요, 위정, 식시무). 율곡은 이렇게 말한다. "시무(時務)는 한결같지 않아 각기 마땅한 것이 있게 마련입니다. 그 대요(大要)를 추려 보면 창업(創業)과 수성(守城)과 경장(更張)의 세 가지가 있을 뿐입니다. 창업의 도(道)는 요·순·탕·무의 덕(德)으로 개혁할 때를 만나 하늘의 도리에 응하고, 인사(人事)에 따르지 않는다면 할 수 없기 때문에 이것은 더 의논할 것도 없습니다. 이른바 수성이라는 것은, 성군(聖君)과 어진 재상이 법을 창제하여 다스림에 필요한 것을 다 베풀고 예악을 융성하게 하면, 후세의 임금과 후세의 어진 사람은 다만 그 이루어진 법규만을 살펴 가만히 팔짱을 끼고 이것을 준수할 뿐인 것을 말합니다. 그러면 경장이란 무엇일까요. 나라의 왕성함이 지극해지면 중간이 쇠미해지고, 법이 오래 되면 폐해가 생기게 마련이니 안일함에 젖고 고루함에 빠지면 온갖 제도가 해이해져서 나날이 어긋나게 되어 장차 나라를 다스릴 수 없게 됩니다. 이렇게 되면 반드시 현명한 임금과 현철한 신하가 개연히 일어나서 법도와 기강을 붙들어 일으키고 혼탁하고 게으른 것을 불러 깨우치며, 구습을 깨끗이 씻어 묵은 폐단을 개혁하며, 선왕의 유지(遺志)를 잘 이어서 일대의 사회구조를 새롭게 하여야만 공업이 선열(先烈)에 빛나고 후손에게 끼쳐질 것입니다"(고산 역해, 전상서, p. 392). 그렇다. 율곡에게서 경장은 "구습을 깨끗이 씻어 묵은 폐단을 개혁"하는 일이다. 이어 율곡은 덧붙인다. "경장해야 할 때인데도 준수하는 데만 힘을 쓴다면 이것은 병에 걸렸는데도 약을 물리치고 누워서 죽음을 기다리는 것과 같습니다"(전상서, p. 392). 경장은 민의 안정과 복지, 나라의 건강한 유지와 발전에 있어서 율곡의 판단에 의하면, 지금 하지 않으면 안 될, 지금의 때는 경장해야 할 중차대한 시기이라는 것이다. 지금 병이 든 나라는 반드시 고쳐야 하는 법이다. 그 일의 주된 책임은 임금과 신하에게 있다. 29세에 관직생활을 시작하여 죽음을 맞기 직전까지 줄곧 나라와 백성의 일을 근심하며 책임지는 가운데 율곡의 경험은, 요순시대의 그 인의와 덕으로 하는 왕도정치는 불변적으로 이룩돼야 하지만 백성의 복지와 국가의 발전을 위해서는 그것에 장애되는 온갖 법과 제도는 경장해야 한다는 즉, 법과 제도는 그 때에 따라 가변적일 수밖에 없다는 생각을 철저히 하게 하였고, 동호문답, 만언봉사, 성학십도, 경연일기, 응지론사소, 진시폐소, 시무6조 등, 여러 글들을 통해 그 생각을 진실로 표현하고자 하였다. 이러한 율곡의 경장론은 그 당시 현실 정치 속으로 수월하고도 합당하게 잘 스며들지 않았고 율곡의 운명 직후 1592년 임진왜란이 일어나 나라와 백성이 깊이 도탄에 빠지더니 1894년 뜻 있는 농민들의 동학혁명이 들불처럼 타올랐으나 결국 나라는 일제에 의하여 빼앗겨 식민의 나락으로 떨어지고야 말았다. 이 역사의 아픔은 지금 우리에게도 이어진다. 율곡의 경장사상을 현대에 와서 다시 숙고할 필요가 있는 바, 박종홍은 율곡의 경장을, 급진적인 돌변을 꿈꾸어 주장한 것이 아니라 호연지기를 기르는 것과 같이 하나하나 선정을 하여 그 공을 쌓아 나가 끊임없이 악전고투하여 임금의 분발을 일으키고 시의에 적합한 경장을 실현하는, 점진주의(漸進主義)로서 이해하고자 하였다(박종홍, 1982, pp. 388-389). 이통기국의 존재이치를 깨닫고 수기안민하는 삶을 살고자 하는 참다운 사회적 양심, 공동체의 복지와 안녕에의 깊은 관여의 마음에게 경장이란, 당연한 귀결일 것 같다.

3. 율곡의 사회복지사상

1) 아동복지사상

우리가 만일 복지의 본질적 의미를 자립, 안정, 교류 등에서 찾는다면 율곡에게서 아동의 현재는 매우 분명히 비복지의 상태에 놓여 있으나 그 미래에는 복지에로 무한히 열려 있다. 율곡은 아동을 몽(蒙)의 상태로 보며, 그 몽은 나이가 어림을 말할 뿐 아니라 밝지 아니함, 즉 어두움을 뜻하며, 그 어두움은 두드려지고 격퇴(擊退)됨으로써 비로소 극복될 그 무엇이기 때문이다. 주역에서 “몽괘(蒙卦)의 괘상(卦象)은 산 아래에 험한 물이 있으니, 험하고 막히는 것이다. 인간세계에서 몽매한 사람을 가르치는 것은 막혔던 물을 터놓는 것과 같다. 교육은 막혔던 마음을 터놓는 것을 목적으로 삼는 것이니, 그것은 때에 맞도록 중용의 도(道)를 지키게 하는 것이다"(김경탁 역주, 주역, 1978, p. 241). "몽을 바르게 기르는 것은 성인(聖人)의 공덕(功德)이다"(전상서, p. 240). 어두운 현재 상태는 비복지이나 어두움으로 말미암아 반드시 밝음에로 가지 않을 수 없으니 미래는 밝음이다. 어두움을 밝게 하는 힘은 거룩한 이가 존재한다는 데에서 나온다. 사람은 누구나 스스로 어두움을 물리치지 못하나 거룩한 이의 존재와 그 공덕에 힘입음으로써 비로소 어두움에서 벗어날 수 있다. 거룩한 이의 실천과 그 실천에서 나온 규범을 믿고 따를 때 아동의 몽은 극복된다. 율곡은 아동이 성인이 되리라 뜻을 세우는 일(立志)을 강조한다. 그의 격몽요결(擊蒙要訣)은 입지장에서 시작한다(이민수 역, 격몽요결, 1991, p. 12). 율곡은, 이치는 하나이나 기질은 다양하고, 기질은 흐리고 치우치며 막히고 더러울 수 있으니 이치를 깨달음으로써 밝고 두루 통하며 열리고 맑을 수 있다고 본다. 기질의 이러한 바꿈은 하나인 이치를 통하여 회복되나, 현실적으로는 그 이치를 깨달은 성인의 글월을 보고, 그 길을 따르는 실천이 필요하다. 성인이 되리라 마음먹는 것은 곧 성인의 길을 따르겠다는 의지이다. 아동은 그 의지를 통하여 복지에로 나아가며 자기의 가능성을 열어간다. 그런데 아동의 성품은 본래 거룩하다. 주역 몽괘의 상에서처럼 산의 온갖 나무들이 물을 덮고 있듯이 온갖 외부의 것들이 아동의 기질에 영향을 주어 그 본래는 가려져 있다. 문제는 그 가려진 것을 걷어내고 본래 거룩함을 회복하는 일이다. 이 회복의 길에서 거룩한 이의 존재와 공덕이 요청된다. 거룩한 이에로 나아가겠다는 뜻이 그래서 중요하다. 뜻의 세움이 아동의 진정한 자립을 가져오고 그것은 아동복지의 시작인 셈이다.

자립하고 안정되어 온갖 존재와 막힘없이 교류하는 성인(聖人)의 그 복지에로 나아가려면 무엇보다 그 마음에 이미 있는 묵은 습관(舊習)이 혁파되어야 한다. 그 묵은 습관들은 다음과 같다(전상서, pp. 23-24). ①그 마음과 뜻을 게을리 하고 자기 행동과 모양을 아무렇게나 버려두며 다만 일신이 편안하게 지낼 것만 생각하고 예절이나 올바른 일에 구속되는 것을 싫어하는 것, ②항상 움직일 것만 생각하고 조용히 자기 마음을 지키려고 애쓰지 않으며 어지럽게 드나들면서 쓸데없는 말만 하고 세월을 보내는 것, ③악하고 이상한 짓을 좋아하고 보통 풍속에 골몰하며 조금 자기 행동을 조심하려고 해도 남들이 자기를 괴상히 여길까 두려워하는 것, ④공연히 문장을 잘하는 것을 세상 사람들에게 칭찬을 받으려 하며 '경전'에 있는 글을 따다가 제 글인 체하고 헛된 문장을 꾸며 만드는 것, ⑤쓸데없는 편지 쓰기를 일삼고 거문고 뜯기, 술 마시기를 일삼으며 공연히 놀고 세월을 보내면서 가장 자기만이 맑은 운치를 가지고 사는 체하는 것, ⑥한가롭게 아무 일도 없는 사람들을 모아놓고 바둑 두고 장기 두는 것을 일삼으며 배불리 먹고 마시면서 날을 보내고 남과 다투기를 꾀하는 것, ⑦부자로 살거나 귀하게 지내는 사람을 부러워하고 가난하고 천하게 지내는 것을 싫어하며 좋지 못한 의복과 좋지 못한 음식을 몹시 부끄러워하는 것, ⑧매사에 욕심만 부리고 아무런 절제가 없으며, 잘잘못을 판단해서 억제할 줄을 모르며 자기에게 재물이 돌아오는 것과 좋은 소리, 좋은 빛을 지나치게 탐하는 것 등이다. 이러한 구습들은 마음을 해롭게 하는 것들로서 율곡에 의하면 맹렬히 반성되어야 한다. 마음속에 깃든 오염된 기질과 잘못된 습관을 있는 그대로 통찰하는 일은 복지에로 나아가는 토대이다. 나라의 묵은 폐단이 개혁되어야 국가복지는 실현되고, 사람의 잘못된 습관은 고쳐져야 인간복지가 열려온다. 인간복지는 아동 때 이미 실현되어야 하는 바, 인간복지가 국가복지의 초석이라 한다면, 결국 아동복지는 국가복지의 주요한 바탕이 된다.

마음의 바르지 못한 습관이 혁파되고 나면 이제 몸에는 아홉 가지 모습(九容)이 유지되고 마음에는 아홉 가지 사유방식(九思)이 깃들어야 한다. 구용은 다음과 같다(전상서, pp. 32-33). ①발을 무겁게 놀림(足容重), ②손은 공손히 놀림(手容恭), ③눈은 단정히 뜸(目容端), ④입은 다물고 있음(口容止), ⑤목소리는 조용히 냄(聲容靜), ⑥머리는 곧게 가짐(頭容直), ⑦기운은 엄숙하게 가짐(氣容肅), ⑧서 있는 것은 덕이 있어 보이도록 반듯하게 함(立容德), ⑨얼굴빛은 씩씩하게 가짐(色容莊)이다. 그 몸에 있어서 모습이 발의 경우, 경솔하게 움직이지 않으며, 손의 경우, 아무렇게나 내버려두어 쓸데없이 움직이지 않고, 눈의 경우, 무엇을 볼 때 흘겨보거나 곁눈질하지 않으며, 입의 경우, 말할 때나 음식을 먹을 경우 아니고는 항상 오므리고 있고, 목소리의 경우, 언제나 가다듬어 말하고 기침이나 하품 같은 잡된 소리는 가급적 내지 말며, 머리의 경우, 바르게 하여 몸을 꼿꼿하게 가지고, 기운의 경우, 숨 쉬는 것을 조화해서 부드럽게 하고 호흡하는 소리를 밖에 내지 않고 고요히 하며, 서 있음의 경우, 엄연히 덕이 있는 기상을 나타내고, 얼굴빛의 경우, 항상 정제하고 게으르거나 거만한 기색을 나타내지 않는다. 밖으로 드러나는 몸의 모습이 고요하고 엄숙하며 바르고 단정할 때 몸은 안정되어 있는 바이니 아동의 복지는 이러한 몸의 모습을 유지하는 가운데 깃들어 있음을 우리가 상기할 필요 있다. 그 다음, 구사(九思)는 다음과 같다(전상서, pp. 33-39). ①물건을 볼 때는 밝은 것을 생각함(視思明), ②소리를 들을 때는 귀 밝은 것을 생각함(聽思聰), ③얼굴빛은 온화할 것을 생각함(色思溫), ④몸 모양은 공손할 것을 생각함(貌思恭), ⑤말할 때는 충실할 것을 생각함(言思忠), ⑥일할 때는 경건함을 생각함(事思敬), ⑦의심날 때는 남에게 물을 것을 생각함(疑思問), ⑧분이 날 때는 어지러울 것을 생각함(忿思難), ⑨얻는 물건이 있거든 바름을 생각함(見得思義)이다. 율곡에 의하면 아동의 복지는 그 아동이, 볼 때는 밝게 보려하고, 들을 때는 명쾌히 들으려 하며, 얼굴빛에는 따뜻이 하려하고, 몸동작에는 공손히 하려하며, 말할 때는 또박또박 하려하고, 일할 때는 공경하고 경건하게 하려하여 한 가지 일에도 삼가지 않는 것이 없도록 하며, 자기 마음에 의심이 나면 반드시 미리 아는 자를 찾아 물어보아 아무런 부끄러움 없고, 분이 날 때는 스스로 경계할 줄 알아 참도록 하며, 재물 앞에서는 언제나 의리를 따져 합당한 연후에 취하려는 생각을 자기 마음속의 습관으로 간직할 수 있을 때 비로소 가능하다. 아동의 안정은 몸과 마음의 올바름에서 깃드니 안정된 아동이 아니고서야 복지로운 아동이라 말할 수 없는 것이다.

이렇듯 자립하고 안정되면 이제 다른 존재와 교류함으로써 아동의 복지는 더욱 향상된다. 율곡은 격몽요결의 접인(接人)장에서, 어둠의 존재가 다른 존재와 교류하는 가운데 밝음에로 나아갈 수 있음을 말하고 있으며, 그 교류에 있어서 명심하여야 할 바를 밝히고자 한다. “대체 사람을 상대하는 데는 마땅히 화평하고 공경하기를 힘써야 한다”(전상서, p. 110). 나이가 자기보다 배가 되면 아버지나 마찬가지로 섬길 것이며, 나이가 10년이 더 많으면 형으로 섬길 것이고, 5년이 많으면 역시 공경으로 대접하려 해야 할 일이다. 가장 경계해야 할 것은 자기의 오만으로 우쭐대며 남을 업신여기는 것이다. 아무나 만나 친구로서 사귈 일이 아니고, 가리고 만나며 사귀어야 하는 바, 친구를 가릴 때는 성격이 엄하고 곧은 이, 착한 일을 좋아하고 학문을 좋아하는 이 등을 골라 사귀려 해야 한다. 성질이 게으르고 놀기만 좋아하며 곧지 못한 자와는 사귀지 말아야 한다. 사람들 가운데 착한 자가 있으면 반드시 친근하게 지내고 서로 깊이 교류하여야 한다. 사람과 교류할 때 서로 절하고 인사하는 일은 너무도 중요하다. 대개 아버지의 친구일 때는 마땅히 절을 해야 하고, 동네에서 자기보다 10년 이상 나이가 많으면 마땅히 절해야 한다. 항상 자기 몸을 낮추고 남을 존경하는 의사를 마음에 늘 담아두는 것이 참으로 옳다. 만일 자기 몸과 마음에 실지로 남이 헐뜯거나 비난할만한 일이 있을 때는 스스로 자기 몸과 마음을 마음 깊이 꾸짖어 그 허물 고치기를 미루지 말아야 한다. 어른을 모시고 어른과 함께 있을 때는 마땅히 조심하고 공손하며 삼가야 한다. 아무 말이나 함부로 하지 말아야 한다. 어른이 묻는 것이 있을 때는 공손히 사실대로 답해야 한다. 어려운 사람이 주위에 있을 때는 반드시 은혜를 베풀고 구제하고자 하는 마음을 지녀야 한다. 이렇게 사랑하고 공손하며 조심하고 올바르게 남을 대하려고 노력할 때 아동은 비로소 맑고 밝아지며, 아동을 통하여 그 공동체는 점점 옳게 될 것이다. 율곡은 아동의 자립, 안정, 교류가 가능한 사회를 이룩하는 일에 대하여 또한 궁구하였다. 그것은 그의 지역복지사상으로 표현된다.

2) 지역복지사상

율곡이 마을의 복지 즉 지역복지에 대하여 궁리한 것은, 관직을 가질 때는 나라와 백성을 위해 충성스레 일하고, 물러나 향리로 돌아올 때는 마을 사람들의 풍속을 순화하고 사람들의 마음이 바르게 변화되도록 교육하고 육성하는 일에 힘씀이 선비의 도리요 임무이라는 유교적 사림(士林)관점, 그리고 그 자신 청주 목사, 황해도 관찰사 등 지역의 관리로서의 일정한 경험 등이 작용하였을 것이다. 평소의 공부와, 관련된 일정한 경험들이 율곡으로 하여금 자연스레 지역복지의 중요성을 깨닫도록 하였다. 그는 지역복지의 실현을 위해 특히 향약(鄕約)의 시행과 실현에 힘썼다. 율곡의 향약은 일찍이 유교의 대표적인 경전, 예기(禮記)의 대동 세상에 대한 염원과 깊은 관련이 있다. 예기에서 말하는 크게 어우러짐(大同)의 사회는 다음과 같이 묘사된다. "대도(大道)가 행해지던 시대에는 천하를 공공(公共)의 것으로 보았다. 따라서 어질고도 유능한 자를 가려서 신의를 말하여 밝히고 화목 하는 길을 닦았다. 그러므로 사람들이 그 어버이만을 친애하지 않고 다른 사람의 어버이에게까지 미치며, 그 자식만을 자애(慈愛)하지 않고 다른 사람의 자식에게까지 미쳤다. 늙은이로 하여금 안락하게 그 수명을 마칠 수 있게 하고, 어른들은 충분히 그 힘을 발휘할 수 있게 하며, 어린이는 건전하게 자라날 수 있고, 환(鰥) · 과(寡) · 고(孤) · 독(獨) 및 폐질자도 모두 충분히 그 몸을 기를 수 있게 했다. 남자는 직분이 있고, 여자는 그 갈 곳이 있었다. 재화는 그저 땅에 버려지는 것을 싫어하지만 그것을 사유화할 필요가 없고, 힘은 유감없이 발휘될 것을 기대하지만 반드시 자기 한 몸만을 위해 쓰지 않았다. 그리하여 간악한 지략이 일어나지 못하고 도적과 난적이 일어나지 않았다. 고로 사람마다 대문을 잠그지 않고 편안히 살 수 있었으니 이것을 '대동(大同)'의 세상이라 한다"(예기, 예운편).

마을의 사람들이 서로 도와 윤리와 도의에 따라 착하고 올바르게 살며, 힘이 있는 대로 힘껏 일하고, 물질을 낭비하거나 사유화하지 않으며, 아내 없는 남편, 남편 없는 아내, 어버이 없는 자식, 자식 없는 어버이들, 병들고 가난한 이들은 마을 사람들에 의해 먹고 살 수 있도록 도움을 받고, 평화와 도의가 넘치는 그러한 지역, 재산공유와 분배 정의가 실현된 마을 곧 대동 사회가 나라의 마을마다 이룩되기를 율곡은 염원하였을 것이다. 이러한 염원은 그의 향약의 시행과 뿌리 깊게 이어진다. 율곡에 의하여 제정되고 어느 정도 실제로 시행된 향약들로서는 파주향약, 서원(청주)향약, 해주향약, 사창계약속(社倉契約束) 등이 있었고(최문형, 율곡향약의 사회 윤리적 기능, 1991, p. 85), 부분적으로 관련 문헌자료가 남아 우리에게 전해진다. 율곡향약의 핵심은 마을 안에 덕업상권(德業相勸), 과실상규(過失相規), 예속상교(禮俗相交), 환난상휼(患難相恤)이 일어나는 것이다. 이 향약의 네 가지는 일찍이 중국 송(宋)나라 남전(藍田)에 살던 여대방(呂大防)형제가 마을 사람들을 교화하기 위하여 문자로 만든 약속 즉, 남전여씨향약에서 연원하며, 그 이후 주자(朱子)가 보태고 덜어 보다 구체화하여 중국의 마을에 파급하면서 만들어진, 주자증손여씨향약(朱子增損呂氏鄕約)에 그 기원을 둔다. 주자향약은 고려 말에 우리에게 왔고, 조선에서는 김인범(金仁範)을 위시하여 조광조, 퇴계, 율곡 등에 의해 가르쳐지고 기록되며 전파된다(지교헌, 조선조향약의 이념과 실천, 1991, pp. 19-22). 율곡은 주자향약을 온전히 모방한 것이 아니라 자신이 판단한 바에 의해 우리 마을의 실정에 맞게 고치고자 하였다. 율곡은 향약의 실천을 통해 마을이 서로 학습하고(학습사회), 서로 윤리도덕을 숭상하고 실천하며(도덕사회), 서로 어려움과 가난을 극복하도록 돕는(복지사회) 일들이 사람들의 마음과 몸에 스며들기를 바라고자 하였다(박균섭, 율곡의 향약과 사회교육사상, 1991, p. 182).

특히 율곡의 사창계약속은 마을 사람 가운데 먹을 것이 적거나 없는 이를 돕기 위해 평소곡식저장 및 대출제도로서의 사창(社倉)(구자헌, 1991, p. 119)과, 향약이 결합된 형태의 것이다. 그 사창계약속은 우선 입약범례(入約凡例)라 하여 향약의 조직, 운영 방침과 내용, 모임의 회수 등을 규정하고, 이어서 약속(約束)이라 하여 향약의 네 가지 핵심 내용을 마을에 적합하게 명시하며, 사창법(社倉法)이라 하여 사창의 분배내용과 규정을 언급하고, 강신의(講信儀)라 하여 향약 모임의 예법과 내용을 설명하며, 회시좌차(會時坐次)라 하여 모일 때 앉는 차례와 방향을 설정한다. 우리는 여기서 그 가운데 약속의 내용을 조금 밝혀보고자 한다. '약속'은 마을 사람들과 함께 마을의 복지를 위해 덕업상권, 과실상규, 예속상교, 환난상휼, 이 네 가지를 구체적으로 밝히고 있다. 우선 덕업(德業)에는, 부모에게 효도하는 일, 국가에 충성하는 일, 형제간에 우애하는 일, 어른을 섬기는 일, 남녀가 예를 지키는 일,

방도가 있게 자식을 가르치는 일, 일을 부지런히 하는 것, 약속을 잘 실천하는 일이 있다.

이러한 덕업은, "같은 계원이 각각 스스로 닦고 서로 부지런히 하도록 권한다. 능히 행하는 자가 있으면 동계(同契)는 들은 대로 유사에게 고하고, 유사는 사적으로 장부에 기록해두었다가 강신 때에 약장에게 보고하고 대중에게 물어서 그 실제를 안 다음에 그 가운데 드러나게 특이한 자는 관청에 보고하여 포장(褒獎)을 청하고, 그 나머지는 선적(善籍)에 기록하여 훗날의 참고에 대비한다"(율곡, 사창계약속). 과실을 서로 바로 잡는 일에 있어서, "과실이란, 삼가 분수를 지키지 않고 윗사람을 섬김에 예가 없고, 아랫사람을 접하는데 은혜가 없고, 약령(約令)을 준수하지 않는 따위를 말한다"(전상서). 과실 가운데에서도 큰 과실은, 부모에게 불효하는 것, 부모나 시부모를 때리거나 떠밀어 넘어뜨리는 것, 형제간에 불화하는 것, 친형 및 3촌·5촌 숙부를 구타하는 것 등이 있다. 과실은 반드시 벌한다. 그 벌에는 다섯 가지가 있으니, 상벌(上罰), 차상벌(次上罰), 중벌(中罰), 차중벌(次中罰), 하벌(下罰)이요, 벌 받음에는 곤장을 치거나 사람들이 모인 자리에서 구별하여 벌을 세우거나 벌주를 마시게 하거나 경우에 따라 곤장을 때리되, 상벌이 가장 무겁다. 벌을 받는 자의 그 벌은 반드시 악적(惡籍)에 기록하며, 벌에 불복하여 원망하는 자는 계에서 쫓아낸다. 율곡의 기록에 의하면, 상벌에 해당하는 것들은 가령, 부모와 더불어 얼굴빛을 변하여 서로 힐책함, 숙부 및 친형에게 꾸짖고 욕함, 부모의 가르침이나 명령을 따르지 않음, 어버이는 가난하고 자식은 부유한데도 부모를 봉양하지 않음, 아버지가 돌아가셨는데도 슬퍼하지 않고 한 달 안에 음주함 등이다. 차상벌에 해당하는 것들은, 부모가 보는 곳에서 걸터앉음, 소나 말을 타고 부모가 보는 곳을 지나감, 잘못이 없는데도 상처가 나도록 구타함, 같은 또래 끼리 서로 부여잡고 구타함, 이단을 숭상하여

음사(淫祀)를 행하기를 좋아함, 약장도 유사도 아니면서 제멋대로 시비를 논하고 비난하여 여러 사람의 마음을 불안하게 함 등이다. 중벌에 해당하는 것들은, 삼촌 및 형이 보는 곳에서 걸터앉아 있음, 언사가 공손하지 않음, 연장자를 꾸짖고 욕함, 형으로서 아우를 가르치려는 의도가 아닌 사적인 혐의로 아우를 구타함, 죄기 없는데도 아내를 구타함, 아내로서 여러 사람 앞에서 남편을 욕함, 아내와 자식을 가르치지 못하여 악을 짓게 함, 남의 아내나 처녀를 붙잡거나 서로 친압함, 언어가 진실하지 않음, 뇌물을 받고 간청(干請)함, 사창(社倉)에 곡식을 납부할 때 쭉정이로 함, 무릇 논의가 공평하지 않음 등이다. 차중벌에 해당하는 것들은, 외삼촌 및 오촌숙부 종형이 보는 곳에서 걸터앉아 있음, 마을 가운데서 남녀가 무례하게 친압하고 음란한 말을 함, 너무 인색하여 기구를 이웃끼리 서로 빌려주지 아니하고 모든 일에 너무 비속함, 사창에 곡식을 납부할 때 말과 되를 부족하게 냄, 유사로서 능히 일을 맡지 않음, 아랫사람을 교훈하지 않음, 오장(伍長)으로서 5가내의 선악과 길흉을 고하지 않음, 매로 사람을 때릴 때 주의하지 않음 등이다. 그리고 하벌에 해당하는 것들은, 연장자가 보는 곳에서 걸터앉아 있음, 무릇 집회 때에 늦게 도착함 등이다. 이렇듯 가정 안에서 일어나는 일이든 마을 안에서 일어나든 향약의 모임에서이든, 마을 공동체가 함께 바르지 않거나 잘못된 일들을 명료히 지적하고 기록하여 벌하고자 하였다.

예속상교는 연세가 많거나 덕과 지위에 있어서 존경할 만한 사람께 반드시 예를 갖추고 절하는 것을 그 핵심으로 삼는다. 혼인을 하는 집안에 대해서는 반드시 서로 돕고, 누가 돌아가시게 될 경우에는 모두 가서 조문하며 위로하고 돕는다. 예속상교를 통해 마을 사람들은 어른과 어린이 사이의 질서, 윤리적 예의, 마을의 상호협동 등을 실현하고자 하였다. 환난상휼은 덕업상권, 과실상규, 예속상교를 실천하는 기초가 되었다(최문형, 전상서, p. 127). 환난상휼을 통해 생존이 유지될 때 비로소 예의의 실천, 과실의 금지, 덕업의 실현 등은 가능하기 때문이다. 환난상휼의 약속에는, 큰 불로 그 집과 자산을 모두 태워버렸을 경우의 부역과 부조, 누가 도둑을 맞았을 경우의 구제, 심한 질병을 앓는 사람에 대한 구제, 농사가 안 되어 심한 굶주림과 곤란함을 지닌 이에 대한 도움, 나이든 처녀가 있지만 가난하여 시집을 못 보낸 집안에 대한 원조, 억울하게 죄를 뒤집어쓴 이에 대한 구제 등을 명시한다. 어려움과 가난을 겪는 이에게 향약은 이렇듯 공동체적으로 돕고자 하였다. 율곡이 마을에서 실현하고자 하였던 향약의 내용은 현대적 상황의 표현으로 한다면, 소방 방제, 보건 의료, 복지 부조, 상담 위문 등을 포괄한다. 향약은 자치와 협동, 권선징악, 상호부조를 통해 마을의 참된 복지를 이룩하려고 하였던 것이다.

3) 국가복지사상

이제 우리는 율곡의 국가복지사상에 대하여 논의하고자 한다. 율곡은 향약을 통해 자기가 속해 있는 마을에서의, 일찍이 '예기'에서 말하는 바, 대동 세상의 구현을 희망하였다. 그러나 율곡의 여러 기록들을 볼 때, 그는 현실의 국가가 그러한 이상적인 공동체를 곧 바로 수월하게 실현할 수 있을 것 같지는 않다고 생각하였던 것 같다. 가령 율곡의 '만언봉사'는 현실 정치가 지니는 근심스런 것들을 다음 일곱 가지로 지적한다. ①나라와 백성 사이에 서로 믿는 실상(實狀)이 없음, ②신하들이 일을 책임지는 실상이 없음, ③경연에서 임금의 덕이 성취되는 실상이 없음, ④현명한 인재를 불러들여 쓰는 실상이 없음, ⑤재화를 만나도 하늘 뜻에 순응하는 실상이 없음, ⑥실로 백성을 구하는 그러한 여러 정책이 없음, ⑦사람의 마음이 선(善)에로 향하는 실상이 없음(율곡, 만언봉사) 이다. 따라서 율곡은 이제 국가의 현실이 지니는 이러한 여러 모순점들이 실제로 극복되기를 바란다. 여기서 우리는 다시 '예기'가 일찍이 말하였던 소강(小康)의 세상을 살펴볼 필요가 있다. "오늘날에는 대도(大道)가 행해지지 않아서 임금 된 자는 천하를 자기의 사유물로 만들었다. 사람들은 저마다 그 어버이만을 친애하고 자기 자식만을 사랑할 뿐이며 재화를 거두는 것도 힘을 내는 것도 모두 자기 한 몸만을 위하는 것뿐이었다. 군주는 자손에게 대대로 전하는 것을 나라의 예로 삼아, 성곽을 쌓고 못을 파서 나라의 방비를 튼튼히 했다. 예(禮)를 만들어서 나라의 기강을 삼아 군신(君臣) 사이를 바르게 하고, 부자(父子) 사이를 돈독히 하며, 형제 사이를 화목하게 하고, 부부 사이를 화합하게 했다. 제도를 만들고, 전리(田里)를 세우며, 용맹과 지혜를 숭상하고, 공(功)을 세우는 것도 자기만을 위해서였다. 그러므로 계모(計謀)와 병혁(兵革)도 이것에 의해 일어났다. 이때에 우 · 탕 · 문 · 무 · 성왕 · 주공이 이 예의를 써서 세상을 교화했으니 이것이 3대의 영선(英選)인 것이다. 이 여섯 군주는 예를 삼가지 않은 자가 없었다. 예의를 닦아서 그 의리를 밝혀 믿음을 이루고 허물을 밝히며 인애(仁愛)의 길을 본받아, 겸양의 도리를 강명(講明)하여 백성에게 지켜야 할 상도(常道)가 있음을 보여주었다. 만일 이에 따르지 않는 자는 비록 왕자의 권세를 가진 자라 해도 백성에게 재앙을 끼치는 자라 하여 폐출(廢黜)했다. 이것을 '소강(小康)'의 세상이라 한다"(예기, 예운편).

크게 어우러져 하나 되는 세상이 되지 못하거나 않는 것은 사람들이 저마다 이기적으로 변하여 자기 이익만을 도모하고 그 이익을 위해 서로 다투는 탓이다. 이 다툼은 나라를 나락에 떨어지게 하고 결국 비복지의 처지로 전락시킨다. 이 다툼이 극복되어 나라의 복지가 실현되려면 무엇보다 예의와 도덕이 있어야 하고 정치와 교육이 있어야 하며, 특히 임금이나 나라 지도자들의 역할이 참 중요하다. 우리가 위에서

'경장'을 논하면서 언급한 것처럼, 과거 민본의 시대에는 임금이나 지도자가 민(民)을 위해 인의와 도덕을 정치의 현실 속에서 펼쳐나가야 했다. 오늘 민주의 시대는 모든 백성이 곧 왕(王)이니 백성 모두가 인의와 도덕을 깨달아 자기 현실 안에서 그것을 실현할 수밖에 없다. 조선과 같은 과거 민본 상황에서는 임금의 역할이 나라의 복지에 있어서 매우 중요하다. 율곡은 그것을 잘 깨닫고 있었다. 율곡은 자기의 기록 여러 곳(이동인, 2004, p. 25)에서 임금(당시, 선조)이 하, 은, 주 3대의 우, 탕, 문, 무 등 임금들처럼 예의와 덕을 통해 백성을 교화하고 국가의 복지가 실현되기를 바란다. 율곡은 그것을 맹자의 가르침(맹자, 양혜왕, 상)에 의하여 왕도(王道)정치라 한다. 왕도정치는 "인의(仁義)의 도(道)를 몸소 실천하고, 남에게 차마 어쩌지 못하는 인정(仁政)을 행함으로써 천리(天理)의 바름을 지극히 하는 것"(율곡, 동호문답, 논군도)이다. 왕도정치는 백성의 복지를 실현하는 것이고, 백성의 고통과 어려움을 덜어주는 것이다. 그래서 율곡은 경장을 자기 시대의 일이라 간파하여 나름대로 역설하고자 하였다. 그는 "진상의 감축과 어선(御膳)의 간소화를 주장하면서 만인이 한 사람(임금)을 위해 봉사하게 하는 정치를 지양할 것을 주장했으며, 수시로 백성의 공납 · 진상의 부담을 줄이고, 병졸들의 고통을 덜어 주고, 천민의 권익을 신장하고, 백성의 기쁨과 괴로움을 고르게 해 줄 것을 주장했다"(이동인, 전상서, p. 29). 율곡은 한 사람 임금이 만백성을 위해 존재하여 여러 지혜와 인의, 그리고 봉사가 일어나기를 희망하였다. 율곡은 임금이 국가복지의 실현을 위해 늘 힘쓸 것을 힘주어 말하고 있는 것이다. 우리는 그의 주장들을 다음 몇 가지로 요약할 수 있다.

우선 임금 자신이 거룩해져야 한다. 율곡은 임금이 손수 자연존재와 인간세상의 철리(哲理)를 깨닫고 늘 정신을 가다듬는 일(居敬)에 몰두하기를 바란다. 그러기 위해서는 임금이 경연이나 여러 장치, 기회를 통해 어진 신하, 가령 충신과 대신의 바른 보좌를 받아야 하고(율곡, 동호문답, 논신도), 자신의 어버이와 조상께 지극히 효도하며 아내를 바르게 하고, 자식을 반듯하게 키우며 친족과 친근하게 지내고, 몸가짐을 근엄하게 하며 물자를 절약하고 검소하게 생활하여 수기(修己)와 정가(正家)를 이루어야 한다(율곡, 성학집요, 수기 및 정가). 이 모든 수기와 정가는 임금으로서 나라와 백성의 복지를 실현하기 위한 정신·심리적, 가정적 토대이다. 정신이 어지럽고 가정이 분란한데도 공동체의 복지를 위해 제대로 일할 수 있다는 것은 어려운 일이다.

그 다음 어진 이를 등용해야 한다. 임금의 존재와 실천이 토대가 되어 국가복지를 실현하려면 무엇보다 능력 있고 어진 인재들이 등용되어야 하는 것이다. 그 어질고 능력 있는 인재는 누구이어야 할까. 그리하여 임금의 정치를 도와 국가복지의 실현에 이바지할 것인가. 무릇 사람의 마음(人心)에서 특히 정(情)이 대상과 만나 촉발됨으로써 기쁨, 성냄, 슬픔, 즐거워함 등의 기운을 발하는 것이지만, 평소, 거룩한 삶에로 들어갈 수 있도록 인도하기 위해 가르쳐져 온 공자, 자사, 맹자, 장자, 정자, 진덕수, 주자 등 선철(先哲)들의 글월들, 시(詩), 서(書), 역(易), 예기, 춘추 등 존재와 변화, 역사의 경전들 등에 관한 깊은 독서와 통달(율곡, 격몽요결, 독서장), 배움과 실천을 통해 매사에 이치를 궁구하고 정신을 차려 경건하고 공경하게 하는(窮理盡性, 居敬) 훈련과 공부(功夫)가 된 이로서 감정(感情)의 기운이 발할 때마다 이치에 맞게 표현하여(氣發理乘) 드디어 측은하게 여기는 마음(仁), 올바르지 못함을 부끄러워하는 마음(義), 예의를 알아 사양하는 마음(禮), 옳음과 그름을 판별하는 마음(智)(맹자, 공손축, 상) 등 하늘이 우리에게 심어준 본래 마음(道心)을 가정과 이웃, 공동체의 삶에서 드러내어 부모에게는 효도하고 조상을 지극정성 공경하며 어렵고 고단한 이웃을 돌보고, 참으로 진리를 향하여 성실한, 그리하여 자신과 이웃에게 필요한(儒)

사람, 그러한 사람이어야 할 것이다. 율곡은 선철들의 관련 구절들을 일일이 인용하고 고증하여, 오직 어진 사람, 말의 옳고 그름을 아는 이, 오직 사물의 이치를 깊이 연구한 사람, 그 마음의 동기가 선한 사람, 한결같이 성실한 사람, 온 나라 사람들이 어질다고 인정하는 사람, 하지 않는 것이 있는 사람, 염치를 아는 이, 어버이 사랑 임금 공경 등 인륜을 실행하는 사람, 무엇보다 지조를 지키는 이, 출세하면 온 세상과 더불어 선을 행하는 사람, 온화하고 순박한 이, 총명한 이, 생명을 버리고서라도 의를 취할 수 있는 사람, 두루 사귀되 편당을 짓지 않는 사람, 조화를 이루되 동화되지 않는 이(和而不同, 논어, 자로), 청렴한 사람, 겸손한 사람, 자신을 바르게 하여 온 세상의 만물이 바르게 되도록 하는 이, 임금이 싫어하는 안색을 하는데도 그 잘못을 감히 아뢰는 사람, 선공후사(先公後私)의 사람, 묵은 폐단을 바로잡고 개혁하는 사람 등이 등용되어야 할 것이고, 벼슬을 얻지 못하였을 때 얻으려 근심하고 이미 얻었으면 잃을까 근심하는 사람, 부귀와 공명에 뜻을 둔 사람, 말을 교묘하게 잘하거나 외모를 잘 꾸미는 사람, 탐욕스럽고 저속하며 아첨 잘하는 사람, 의리보다 이익에 밝은 사람, 편당을 짓되 두루 사귀지 않는 사람, 한번 마음먹어 나라를 망칠 수 있는 사람, 남을 이간질하는 사람, 옳은 말과 그른 말을 구분하지 못하는 사람, 모함과 술수에 능한 사람 등은 등용되지 않아야 할 것이며, 현명한 이를 신하로서 등용하였다면 임금과 그 신하는 물과 물고기처럼 서로의 존재를 깊이 신뢰하고, 그 마음이 서로 부합하여야 한다고 강조한다(율곡, 성학집요, 위정, 용현). 어떻게 인재를 등용하고 선발할 것인가. 관직은 나라의 공기(公器)이며, 민생의 행복과 불행이 그것에 달려 있는 천직(天職)이기에 각각의 자리에 어울리는 사람(人器相稱)을 충원하고, 연공에 따라 다만 승진시키는 것은 아니 될 일이며, 오직 능력과 업적에 따라 임용하고 승진할 것이며, 인재등용제도로서 과거제도는 불충분하므로 과거제도 밖에서 인재를 발탁할 것이고, 서얼들도 인재로서 등용하며, 불필요한 관직을 줄이고 필요하다면 통폐합하며, 지방 이서들에게는 봉급을 주어 백성을 부정하게 수탈하지 않도록 할 일이고, 무엇보다 어진 선비들과 신하의 공론(公論)이 개방되어 실현되는 것 등을 제안한다(이동인, 전상서, pp. 66-103). 임금과, 어질고 현명한 신하들이 마음으로 어우러져(和而不同) 민생의 행복과 국가의 복지실현에 늘 성실히 근심하고 실천해야 함을 율곡은 오늘 우리에게 말해주고 있다.

마지막으로, 보민(保民), 양민(養民), 그리고 교민(敎民)이다. 율곡에 있어서, 세상을 바르게 함은 "궁극적으로는 양민과 교민의 문제로 귀결된다"(황의동, 1998, 2, p. 71). 양민은 민생을 돕는 복지의 문제요, 교민은 백성을 교화하여 바르게 이끄는 윤리의 문제이다. 사람은 먹는 것에 의존하고 나라는 사람(民)에 의존하니 먹을 것이 없거나 적어 민이 굶거나 없으면 나라가 없는 것이요, 율곡이 경장과 시무개혁을 바라는 것은 민중의 입장에서 국가의 존립과 복지를 소망하는 바이며, 백성의 가난과 곤궁, 아픔을 덜고 없이 하여, 그 바탕 위에서 교민이 제대로 이룩되어 장차 바르고 좋은 국가를 건설함에 율곡의 뜻이 있었다(전상서, p. 71-73). 향약에서 환난상휼이 덕업상권, 과실상규, 예속상교보다 더 앞선다는 것도 이와 상통한다. 율곡이 향약을 급히 전국적으로 시행하는 것을 반대하고 지역실정에 따라 신중히 하여야 함을 주장한 것도 교민보다 양민이 우선이라 보았기 때문이다(최문형, 전상서, p. 101-102; 황의동, 전상서, p. 73). 민생이 안정되어야 교민은 가능하며, 국가는 비로소 복지롭게 될 터이다. 율곡에게서 보민은 임금이나, 그 임금을 돕는 어진 신하들이 자식을 보살피는 부모의 마음처럼 백성을 돌보고 보살피는 것이니(율곡, 동호문답, 논무실위수기지요) 그것은, 양민과 교민의 바탕이 된다. 양민을 위한 구체적인 일들로서 율곡은, 진상의 감축, 공물의 간소화, 세금이나 부역을 피해 도망간 사람을 대신하여 친척이나 이웃에게 그 짐을 지우는 것의 제거, 수령과 이서들의 백성에 대한 착취의 근절, 소출에 맞게 전세를 거둠(이동인, 전상서, pp. 115-126), 인사의 합리화, 부당한 신분차별의 없앰, 가령 서얼, 공, 사천에 대한 차별과 고통을 줄이거나 없앰, 사치풍조의 개혁과 절검(節儉)의 숭상, 사회 정신기강의 확립, 권간(權奸)의 처벌과 사림(士林)의 옹호, 붕당(朋黨)의 해소와 지도층의 화합, 사회적 책임을 다하는 사풍(士風)으로의 쇄신, 낭비를 불러오는 예법의 합리적 개선, 공직윤리의 제고(황의동, 전상서, pp. 134-177) 등을 주장하고 언급하였으며, 안민(安民)과 국부(國富)를 함께 이룩하려면 사회 상층부의 소유를 덜어서 기층민에게 보태주는 손상익하(損上益下)가 절실한 개혁안이어야 한다고 보았다(이동인, 전상서, p. 128). 이것은 현대 우리 정치현실 속에서 재벌들의 과세를 통한 빈민의 지원에 대한 주장과 그 맥이 닿아 있다.

율곡의 국가복지에 대한 생각은, 임금과 신하 등 국가지도층의 사람됨과, 결국 민생을 위해 잘못된 것을 고치고, 새롭게 이룩해야 할 것은 실행하는, 그리하여 수기안민과 경장의 현실적 실천에로 모아져 있었다. 군권(君權)과 신권(臣權)의 화합을 통해 민(民)의 복지를 실현하는 것이 율곡의 국가복지사상인 셈이다.

4. 율곡 사회복지사상의 함의

아동복지사상을 통해서 우리는 율곡이, 정신의 어둠에 처한 비복지의 아동이 스스로 성인(聖人)되리라 기약하고 부지런히 노력하여 드디어 자립하고 안정되며 다른 이와 교류할 수 있을 때 비로소 복지의 상태에 이를 수 있으리라 주장하고 있음을 말하고자 하였고, 지역복지사상을 통해 우리는 율곡이 무엇보다 마을이 좋고 옳기를 바라되, 마을사람들끼리 서로 선의와 미풍을 권하고 서로 어려움을 거들어 줄여줌으로써 어느 정도 마을이 복지에로 나아갈 수 있을 것이라 여긴다고 말하고자 하였으며, 국가복지사상을 통해 율곡은 우리에게 임금의 노력, 신하의 지원, 백성에 대한 임금과 신하의 지극한 도움 등이 국가복지실현에 있어서 토대임을 보여준다고 말하고자 하였다. 이러한 율곡의 사회복지사상의 관점이 오늘 우리에게 주로 함의하는 바는 무엇인가.

먼저, 민본과 민주의 차이와 대조 안에서 율곡은 자기 전통의 입장대로 민본을 받아들여 주장하되, 그가 요구한, 민본을 위한 임금과 신하들의 노력과 마음이 오늘 민주의 시대 우리 모두에게 함의하는 바가 명료히 있을 것 같다. 민주의 시대에는 우리 모두가 왕이요, 우리의 의지와 결단에 의하여 늘 새롭게 공동체는 만들어지고 변화한다. 그 형성과 변화에 가장 주요하게 영향을 미치는 것은 곧 선거제도와 조세제도이다. 선거를 통해 왕인 우리는 우리를 합법적으로 도울 사람들을 선출하여 일정 기간 동안 그 일을 맡기고자 하는 것이며, 조세제도를 통해 왕인 우리는 공동체 전체의 옳고 좋은 살림을 도모하고자 한다. 문제는 우리 모두가 왕으로서, 율곡이 왕에게 요구하고자 하였던 수기안민, 경장, 이웃에의 지극한 보살핌의 마음 등을 실로 수용하여 체화(體化)할 필요가 있다는 점이다. 우리가 왕으로서 이러한 마음, 곧 거룩하고 성실하며 다른 존재에 대하여 지극한 책임의 의식(意識)을 지니고 실행할 수 있다면 우리 자신과 우리 공동체는 복지에 수월하게 이를 수 있다고 말할 수 있다.

그 다음, 율곡은 복지에 있어서 다만 물질적 · 경제적 자립과 안정뿐 아니라 정신적 · 윤리적 자립과 안정도 그에 못지않게 강조할 것이다. 이것이 오늘 우리에게 함의하는 바는 크다. 아무리 물질적으로 번창하더라도 마음과 윤리의 질서와 화합이 무너져 있다면 그것은 결국 모래 위에 집을 세운 것과 같다. 언제인가 그 집은 무너지고야 만다. 정신의 안정과 윤리의 확립은 물질과 경제의 번영을 위한 토대이다. 그 토대의 든든함 위에서 우리는 물질을 향유할 수 있다. 마찬가지로 물질의 안정 없이 정신의 자립 또한 어렵다. 율곡의 이기지묘(理氣之妙)철학의 입장에서는 어느 한 가지만 이룩되어서 될 일이 아니다. 율곡이 교민(敎民)보다 양민(養民)을 앞세운 것은 국가의 입장에서는 마땅하나, 이치의 관점에서는 양민을 주도해나가는 그 사람의 교화(敎化)와 수기(修己), 그 바탕 위에서 양민 역시 가능하다. 이렇게 볼 때 참된 복지는 물질과 정신 둘 다의 자립과 안정, 그로 말미암은 서로의 교류에서 솟아나오는 그 무엇이다.

마지막으로, 율곡은 아동의 복지, 지역의 복지, 국가의 복지 실현에 있어서 누구보다도 사회지도층 사람들의 노력과 태도, 실천을 매우 중요하게 여기고 실로 소중한 것들을 나름대로 요청하는 바, 이것은 오늘 우리 공동체 복지실현의 과제에도 귀중한 메시지가 아닐 수 없다. 그 노력과 태도, 실천의 핵심은 '수기안민'에 담겨 있다. 이미 앞에서도 말하였지만, '수기'는 사람됨의 성실함이요, '안민'은 사회다운 사회 만듦의 실행이다. 존재적으로는 수기가 안민보다 먼저이나 실제적으로 이 둘은 서로로 인하여 결국 가능하다. 안민이 없는 상황에서의 수기는 공허하고, 수기가 없는 안민은 맹목이다. 수기는 안민의 질을 승화시키고, 안민은 수기의 진정한 문화를 만든다. 이웃이 고통에 휩싸여 있음에도 참되이 수기를 할 수 있겠는가. 또한 스스로 참다운 사람이 아니고서 어찌하여 남을 진정으로 도울 수 있겠는가. 오늘 누가 우리 공동체의 지도층인가. 민본의 시대에는 임금과 신하이었다. 오늘 민주의 시대에는 우리 모두가 지도층이다. 만일 사회복지상황에만 국한하여 말한다면 사회복지사가 사회복지에 있어서 지도층이다. 그렇게 본다면 모든 영역에는 그 영역을 책임지는 지도층이 있다. 대체로 우리 모두가 속해 있다고 할 수 있는 가정의 경우, 가정의 어버이 모두는 그 가정의 지도층이다. 수기안민이 필요하다. 인간은 예나 지금이나 실존이요, 동시에 관계속의 존재이다. 수기는 실존의 책임이요, 안민은 관계의 의무이다. 지도층의 존재들이 이렇듯 책임과 의무를 각성하고 실행할 때 우리 공동체의 복지 즉, 자립과 안정, 교류는 자연스러울 것이다.

5. 나가며

우리는 이 논문에서 율곡의 사상을 사회복지의 관점 즉, 자립, 안정, 교류의 시각에서 보고자 하였고, 그 일을 위해 우선 율곡 삶의 이모저모, 그의 시대적 상황, 그리고 그의 사상을 조금 살펴보았다. 그 바탕위에서 우리는 율곡의 사회복지사상을, 아동복지사상, 지역복지사상, 국가복지사상으로 나누어 일별하였다. 우리는 이러한 율곡의 사회복지사상이 결국 지도층의 수기안민을 간곡히 요구하고 있음을 확인하였다. 율곡의 이러한 관점은 조선 후기 실학을 통해서 이어졌고, 오늘날에도 주요한 정신으로서 남아있다. 그리고 우리는 이 논의 속에서 정신과 윤리의 자립과 안정이 물질과 경제의 자립과 안정을 위한 주요한 토대이며, 물질의 안정이나 자립이 또한 정신의 자립과 안정의 밑거름임을 확인하였다. 율곡의 이러한 관점들은 오늘 우리의 복지담론 속에서 나름대로 의미를 지닐 수 있을 것이다.

원효의 사회복지사상

1. 들어가며

오늘날 우리 국가의 주요한 정책과제와 실천주제가 사회복지 이라는 사실을 그 누구도 부정할 수 없다. 이 시대 모든 개인의 삶에서도 복지는 주요한 과제요 소망이다. 개인은 본래 사회적일 수밖에 없으니 개인 각자의 복지도 사회복지의 영역으로 수렴된다. 사회복지는 우리 시대의 화두이다.

현실에서 실현되어야 할 사회복지의 제도와 방법에 대하여 집중적으로 문제 삼는 학문들 가운데 대표적인 것은 사회복지학이다. 사회복지학은 사회복지정책, 행정, 실천자체와, 그와 연관된 문제들을 과학적으로 해명하고 모색한다. 그럼으로써 그것은 우리 국가사회의 복지실현을 희망한다. 사회복지학은 주로 사회복지 관련법과 제도를 반성하고 탐색하여 사회복지실현의 여건을 조성하고, 사회복지대상자의 기준을 설정하며 사회복지실현의 방법을 검토하고 창안하며, 그 재정과 전달체계 등을 고안한다. 이러한 사회복지학의 수행 속에 사회복지는 무엇인가 라는 본질적인 질문이 학문적으로든 실제적으로든 필요하다.

하지만 우리가 보기에, 현실 사회복지학 안에 이런 질문이 자리 잡고 있지는 못하다. 하지만 사회복지가 무엇인가에 대한 이해의 토대가 없는 사회복지학은 하나의 학문으로서 소중한 무엇을 놓친다. 본질을 놓아버리고 방법만을 찾는 것은 그 학문의 학문성을 잃는 셈이다. 사회복지가 무엇인가를 묻고 답하여 그것을 사람들에게 인식시킴으로써 사회복지학을 바른 토대 위에 설립하려는 것은 사회복지사상론의 몫이다. 사회복지사상론은 사회복지정책, 행정, 실천의 논의에 있어서 이념적 토대를 제공한다. 사회복지정책, 행정, 실천이 무엇을 위해, 왜 있는가를 탐색하고 고민하는 것이 사회복지사상론의 존재이유이다. 사회복지사상론은 사회복지의 본질을 해명함으로써 모든 사회복지의 방향을 설정하는 일에 기여하고자 한다. 사회복지학은 사회복지사상론을 요구한다.

요즘 우리 현실 속에 여러 가지 중독현상이 기승을 부린다고 한다. 인구에 회자되는 대표적인 중독으로는 알코올중독, 마약중독, 도박중독, 인터넷 중독 등이다. 중독은 그 대상에서 즐거움을 찾되, 실제로는 그 즐거움 대신 자신과 사회에 고통을 가져다주는 현상이다. 가령 알코올 중독은 알코올에서 즐거움을 찾지만 알코올로 인하여 자신과 가족, 관련되는 타인에게 결국 고통을 가져다준다. 중독현상의 심리기제는 복지의 본질을 놓치고, 복지가 아닌 것을 복지로 착각하거나, 복지와 유사한 것을 복지인 것으로 혼동하는 경우이다. 우리 자본주의적 문명사회에는 복지의 본질을 소유에서 찾으나, 아무리 생각해보더라도 복지는 존재 혹은 내면의 복지일 수밖에 없다. 우리가 소유하는 것들은 내면의 복지를 가져오는 수단이다. 복지는 무엇인가. 인간세상의 여러 일들을 보고 인간의 여러 지혜들을 살펴보았을 때 복지는 결국 자립(自立), 안정(安定), 교류(交流)일 것 같다. 스스로 선다는 것(자립)은 소유를 자신의 존재에 알맞게 갖춤이요, 편안하고 고요함(안정)이라는 것은 존재를 주어진 틀 안에서 유지함이며, 다른 존재와 사귐(교류)은 이미 있는 공동체(가족, 사회, 국가, 국제)를 지속케 하는 일이다. 이미 정해진 이치 속에서 나도 남도 계속 존재하는 것이 사회복지의 가장 근본적인 전제이다. 계속 존재함에서 그 토대는 자립, 안정, 교류이다. 이 셋은 결국 하나로 귀착된다. 그것은 자기 존재의 긍정이다. 자기 존재의 긍정을 위해 인류의 모든 지혜는 그 수단으로서 있다. 사회복지는 본래 존재긍정을 위해 있다. 사회복지사상론은 존재긍정과 유지를 그 핵심으로 삼는 사회복지의 이치를 궁구하는 일이다. 존재긍정의 명증한 이해를 우리는 깨달음이라 할 수 있다. 우리는 여기서 신라인, 원효(617-686)를 통해 또 하나의 사회복지사상을 정립하려고 한다.

원효는 세상의 삶을 살았으되 거기에 집착하지 않았고, 세상을 초월하여 진리의 정신 안에 머물렀으되 거기에만 몰두하여 이웃과 함께 하는 세상의 삶을 소홀히 하지도 않았다. 무엇보다 원효의 삶은 '붓다'('깨달은 이'라는 뜻, 우리말에서는 석가, 석가모니, 석가세존, 석존, 불(佛), 부처, 부처님, 불타, 여래 등으로 호칭되고, 붓다는 깨달음 자체를 가리키는 의미와, 우리로 하여금 깨달음에로 이르게 하는 의미, 역사 속에 나타나 실제로 말하고 행동했던 실존 인물의 의미 등으로 나뉘어 이해되기도 하며, 깨달음을 얻기 이전에는 고타마 싯다르타라는 이름이었다고 하고, 그 당시 인도의 조그만 카필라왕국의 태자이었다고 한다)의 가르침을 이해하고 실천하는 그 무엇이었다. 원효의 삶을 있게 한 주요한 이념근거로서 붓다는, 싯다르타일 때 어느 날 아버지와 함께 시골 농토에서 사람들이 일하는 장면을 보던 중 농부가 파 엎어 놓은 흙에 벌레가 나왔고, 작은 새가 날아와 그 벌레를 물고 날았으며, 갑자기 맹금류인 큰 새가 나타나 그 작은 새를 채어서 날아가 버리는 현상을 목격하였다. 순간 싯다르타는 생명세계의 먹고 먹히는 냉엄한 현실 앞에서 이게 도대체 무언가 깊이 물었다고 한다. 어린 소년의 가슴 한

곳에 어떤 고통 혹은 고통의 실상이 스며들어왔을 것이다. 조금 더 자라나 자기 나라 변방 문에서 싯다르타는 늙은 사람, 병든 사람, 그리고 죽어서 장례에 임하는 사람을 목격하며 인간 삶의 늙고 병들어 죽어감이 고통이겠음을 느끼면서 다른 또 하나의 문에서 문을 나서는 수행자 한 사람을 만나고 자신도 수행자이어야 되겠다는 결심을 하고 출가(出家)하였다고 한다(동국대학교 교양교재편찬위원회 편, 2012, pp. 39-46; 박광준, 2010, pp. 40-41 참조). 출가 뒤 고행과 금욕의 나날을 보내던 싯다르타는 어느 날 존재의 있는 그대로, 그 실상을 깨닫고(명료히 인식하고) 홀연 자기 속에서 고통이 사라지면서 자유와 평화, 안심과 행복의 스며듦이 일어났고, 거기서 여러 가지 가르침들이 솟아나온 바 여러 가지로 표현되었다. 우리는 붓다의 가르침 가운데 핵심은 일체가 무상(無常)이요, 그 무상함이란 곧 고통(一切苦)이며, 일체가 무아(無我)이라고 본 삼법인설(三法印說), 연기(緣起)의 진리, 곧 십이연기설, 고(苦), 집(集), 멸(滅), 도(道)의 사성제설(四聖諦說), 그리고 그 거룩함, 비움, 맑음, 자유자재와 평화, 행복에 이르도록 하는, 혹은 이르러서 나오는 여덟 바른 길(八正道)(동국대학교 교양교재편찬위원회 편, 2012, pp. 87-131) 등이라고 본다. 시간성으로 볼 때 모든 일어나는 것은 무상하고, 그것을 있는 그대로 보지 못하여 영원하다고 착각한다면, 이것은 현실을 바로 못 본 것이요, 공간성으로 볼 때 모든 존재는 서로 연기적으로 공존공생하고 상호교류하며, 서로를 그렇게 연관되어 있게 함이 보이지 않을 때 독립된 개체의 실체를 고집할 수 있고, 이것은 일체가 무아임을 보지 못함이요, 무상과 무아를 바로 보고 깨닫지 못할 때 늘 고통 속으로 휩싸여 들어감이요, 그 고통으로부터 해탈하여 존재를 시간적으로나 공간적으로 바로 보아 참된 복지에 이르려면 상대세계의 온갖 환영과 집착, 탐욕과 분노, 성냄과 교만을 단연코 끊고(戒), 몸은 건강히, 맘은 비워(定), 온통 지혜(慧)로와, 바로 봄(正

見), 바로 생각함(正思惟), 바로 말함(正語), 바로 일함(正業), 바로 삶(正命), 그리고 바른 힘씀(正精進), 바로 기억함(正念), 바르게 집중함(正定) 등 여덟 길, 열반적정 안에 있으며, 있고자 하여야 한다.

붓다의 가르침에 의하면 인간과 사회의 비복지의 본질은 일체에 대하여 바르게 보지 못하거나 아니함에 기인하며, 인간과 사회의 복지는 일체에 대하여 바르게 봄(팔정도 가운데 근원은 정견이다)으로써 비로소 가능하다. 인연생기의 진리를 바르게 봄으로써 일체 존재에의 자비를 자연스레 체득한 붓다의 가르침들과 사회복지의 관점을 연계시킬 수 있다는 것은 이념적으로도 현실적으로도 필요하고, 이러한 것에 대한 연구도 있다(특히, 임송산, 1983; 모리나가 마쓰노부, 1992; 김용택, 1996; 권경임, 2009; 박광준, 2010, 등 참조). 문제는 이론구성의 노력으로 인하여 붓다의 가르침을 바르게 증오하지 못하거나 실제 복지의 획득으로부터 멀어지는 알음알이의 본질적 허구성을 항상 경계하는 일이다.

원효도 붓다처럼 출가한다. 삼국시대의 전쟁과, 그로 인한 죽임과 죽음, 권력의 집중과 그 무상함, 귀족과 권력의 존재를 정당화하는 이념으로 전락한 불교의 그 서글픔, 욕망의 집착으로 오는 고통의 현실, 그래서 삶의 허무함에 직면하여 이것이 무엇인가, 근원적으로 질문하여, “화랑으로 나라를 위해 싸우는 것도 중요하지만, 중이 되어 괴로움에 허덕이며 사는 백성들 마음에 평화를 심어주는 일이 더 중요한 일”(역사-인물 편찬 위원회 엮음, 2009, p. 82)이라 결심하여 스님이 되어 붓다처럼 새벽의 진리를 얻고자 하였다. 스님 원효는 의상과 함께 불교학을 그 방면 전문가와 함께 공부하기 위하여 그 당시 불교의 선진국인 당나라로 유학하는 길로 나섰다. 그 유학의 길 위에서 원효는 붓다가 가르치고자 하였던 것의 핵심을 불현듯 이루어진 생생한 체험을 통해 나름대로 봄으로써, 스스로 그 가르침을 이론적으로 배우는 것보다 그 가르침을 몸소 살아감이 붓다의 마음에 가깝다고 여기게 되었다. 그 가르침을 몸소 살아감이란 기실 복지이겠으니 곧, 자립, 안정, 교류의 삶일 터이며, 자립은 깨달음으로, 안정은 법열(法悅)로, 교류는 자비의 실천으로, 바로 보지 못함으로써 고통에, 비복지에 휩싸인 백성들 마음에 평화를 심어주는 일로 해석될 수 있으며, 그 일을 위해 그 한 길로 그는 안심하고 갈 수 있게 되는 것이다. 유학의 길에서 깨달음에 이른 원효의 이야기는 세 가지로 표현될 수 있다. 하나는 <종경록>에, 둘은 <송고승전>에, 셋은 <임간록>에 실려 있으며, 그것은 다음처럼 표현된다(김상현, 2000, pp. 110-115).

"옛적 동국의 원효법사와 의상법사 두 분이 함께 스승을 찾아 당나라로 왔다가 밤이 되어 황폐한 무덤 속에서 잤다. 원효법사는 갈증으로 물 생각이 났는데, 마침 그의 곁에 고여 있는 물이 있어 손으로 움켜 마셨는데, 맛이 좋았다. 다음날 보니, 그것은 시체가 썩은 물이었다. 그때 마음이 불편하고 그것을 토할 것 같았는데, 활연히 크게 깨달았다. 그리고는 말했다. '내 듣건대, 부처님께서는 삼계유심(三界唯心)이요 만법유식(萬法唯識)이라고 하셨다. 그러기에 아름다움과 나쁜 것이 나에게 있고, 진실로 물에 있지 않음을 알겠구나.' 마침내 그는 고향으로 돌아가 두루 교화했다."

"(의상은) 나이 약관에 이르러, 당나라에 교종(敎宗)이 나란히 융성하다는 소식을 듣고, 원효법사와 뜻을 같이하여, 서쪽으로 유행하고자 하여 길을 떠났다. 본국 신라의 해문(海門)이자 당의 주계(州界)에 도착, 장차 큰 배를 구해서 창파를 건너려고 했다. 중도에서 심한 폭우를 만났다. 이에 길옆의 토감(土龕), 즉 토굴 사이에 몸을 숨겨 회오리바람의 습기를 피했다. 다음날 날이 밝아 바라보니 그곳은 해골이 있는 옛 무덤이었다. 하늘에서는 궂은비가 계속 내리고, 땅은 질척해서 한 발자국도 앞으로 나아갈 수가 없었다. 또 무덤 속에서 머물렀다. 밤이 깊기

전에 갑자기 귀신이 나타나 놀라게 했다. 원효법사는 탄식하며 말했다. '전날 밤에는 토굴에서 잤음에도 편안하더니 오늘밤은 귀신 굴에 의탁하매 근심이 많구나. 알겠구나, 마음이 생기매 갖가지 것들이 생겨나고(心生故種種法生), 마음이 사라지면 토감과 고분이 둘이 아닌 것을(心滅故龕墳不二). 또한 삼계는 오직 마음이요(三界唯心), 모든 것이 오직 인식임을(萬法唯識). 마음 밖에 법이 없으니(心外無法), 어찌 따로 구하랴. 나는 당나라에 들어가지 않겠소.' 이에 원효는 바랑을 메고 본국으로 돌아가 버렸다."

"당대(唐代)의 원효는 해동(海東) 사람이다. 처음 바다를 건너 중국에 와서 명산의 도인을 찾아 황량한 산길을 홀로 걷다가 밤이 깊어 무덤 사이에서 자게 되었다. 이때 몹시 목이 말라 굴속에서 손으로 물을 떠 마셨는데 매우 달고 시원하였다. 그러나 새벽녘에 일어나 보니 그것은 다름 아닌 해골 속에 고인 물이었다. 몹시 메스꺼워 토해 버리려고 하다가 문득 크게 깨닫고 탄식하며 말하였다. '마음이 나면 온갖 법이 생기고, 마음이 사라지면 해골과 여래와 둘이 아니다. 부처님께서 삼계가 오직 마음(三界唯心)이라 하셨는데 어찌 나를 속이는 말이겠는가?' 그리하여 스님은 바로 해동으로 들어가 원돈교(圓頓敎)를 크게 밝혔다."

이 표현의 경험은 누구나 삶속에서 겪을 수 있는 일이나 마음을 오롯이 집중하여 참으로 바르게 보려는 노력과 준비의 사람에게 그 경험은 실로 깨달음으로 이어진다. 원효는 이렇게 붓다의 가르침 가운데 핵심을 나름대로 명료히 보았던 셈이다. 그것은 마음이 세(世,시간성)와 계(界,공간성)를 인식케 하는 근거이니 마음이 인식의 근거요, 존재의 근거임이다. 마음이 인식과 존재의 근거임을 아는 이에게 사유와 존재는 일치하며, 욕계(欲界), 색계(色界), 무색계(無色界) 혹은 과거, 현재, 미래 삼계(三界)는 오직 마음(唯心)임이 확연히 깨달아지고, 곧 불이(不

二)는 각성되는 것이다. 존재와 인생의 진리를 여실히 바로 본 이에게, 그것을 다른 이도 보게 도우려는 삶은 자연스럽다. 그것을 우리는 지혜와 자비라 할 수도 있고, 복지실현이라 할 수도 있으며, 어느 것에도 걸림 없는(無碍) 삶, 자기의 자유로운 펼침이라 할 수도 있다. 있는 그대로의 세계에서 자기와 남은 불이요 무이(無二)일 터이니 원효의 그러한 무애의 삶은 지극히 당연하며, <삼국유사>는 그것을 다음과 같이 전하고 있다.

"원효는 이미 계율을 범하여 설총을 낳은 이후로는 속인의 복색으로 바꾸어 입고 자칭 소성거사(小姓居士)라고 불렀다. 그는 우연히 광대가 가지고 노는 큰 박을 얻었는데 그 모양이 이상하였다. 그 형상에 따라서 중들이 쓰는 도구를 만들고 <화엄경>에 있는 '일체 거리낄 것이 없는 사람은 한결같이 죽고 사는 관념에서 초월한다(一切無碍人 一道出生死)'라는 말을 따다가 '무애(無碍)'라고 이름 짓고 이에 노래를 지어 세상에 퍼뜨렸다. 언제나 이것을 들고 수많은 촌락을 돌아다니면서 노래를 부른다 춤을 춘다 하여 노래로써 교화를 시키고 돌아오매 오막살이 가난뱅이와 어중이 떠중이들까지도 죄다 부처님 이름을 알게 되고 모두 염불 한 마디는 할 줄 알게 되었으니 원효의 교화야말로 컸던 것이다"(일연 지음, 리상호 옮김, 1999, pp. 378-379).

원효의 삶은 한마디로 귀일심원(歸一心源), 즉 한마음의 근원으로 돌아가고, 요익중생(饒益衆生), 즉 무리 생명을 넉넉하고 유익하게 함이라 할 수 있고, 걸림 없는 자유의 삶 속에서 이웃들과 함께 평화롭고 평등한 세상의 실현에 적극적이었으며, 존재의 진리를 나름대로 확연히 깨친 애지구도의 삶이었고, 이 땅에서 진선미(眞善美)를 살려고 하되 출가의 법 즉 계율만이 아니라 그 계율을 더욱 실제로 완성하고자 세속의 이치도 포용하여 출출가(出出家)의 삶이기도 하였다(원효의 이러한 삶과 사상, 그리고 철학을 우리말로 섬세히 표현하고자 하였던,

주목되는 책으로서, 이기영, 1986; 고영섭, 2001; 신오현, 2003; 김형효, 2007; 고영섭, 2010; 박태원, 2011; 박태원, 2012, 등 참조).

원효는 글을 많이 쓰기도 하였다. 이웃과 함께 하되 홀로의 공간에서는 불교경전을 이해하고 남에게 가르치기 위해 문자(주로 漢文)로 표현하기도 하였던 바, 대승기신론 소와 별기, 금강삼매경론 등을 통해서는 한마음(一心)과 그 길로 가려는 일(修行), 그 길로 감에 있어서 장애에 대하여, 십문화쟁론, 열반(경)종요, 법화종요, 그의 대부분 글에서는 화쟁회통에 대하여, 그리고 보살계본지범요기, 범망경보살계본사기, 무량수경종요, 불설아미타경소, 유심안락도, 대승육정참회, 미타증성게 등에서는 계율을 깨닫고 실행하되 이 땅이 맑고(淨土) 안락하게 되는 일에 대하여, 우리의 말로는 복지국가의 실현에 대하여 우리에게 가르치고자 하였다(원효의 여러 글들이 모여 있는 책으로서, 동국대학교 출판부, 한국불교전서 제 1책, 2002, 참조). 일심에서 화쟁회통이 근원적으로 가능하며, 화쟁회통의 길 안에 있는 이는 자연스레 혹은 당연히 공동체의 복지실현에 힘쓸 것이니, 이에 사회복지의 관점으로 원효를 보려는 우리는 일심복지사상, 화회복지사상, 국가복지사상, 이 셋으로 원효의 사회복지사상을 한번 정립해보려고 한다.

2. 원효의 사회복지사상

1) 일심복지사상

온갖 사회복지제도와 실천은 사람으로 하여금 서로 평화롭고 평등하며 적절하고 행복하게 살아가도록, 한마디로 복지의 생활이 가능하도록 돕는 여건이요 토대이다. 그 제도와 실천이 이런 복지생활을 이룩하는 데 도움 되지 않는다면 그것은 무익하다. 복지생활이란 가장 근원적으로 복지주체의 마음이 안정되고 편안한 상태의 삶이 아닐 수 없다. 붓다 가르침 안에는, 마음을 있는 그대로 바르게 봄으로써 이루어지는 안정과 복락이 스며있으며, 그 가르침의 역사적 전개 속에서 소중한 역할을 하고 있고, 그 지은이가 인도의 아슈바고오샤(馬鳴)라고 알려진 <대승기신론>은, 본래 마음을 있는 그대로 바르게 봄에 있어서, 아님(非), 빔(空) 등, 부수어버림(破)에 의하여 보고자 하는 중관(中觀)사상 혹은 반야중도(般若中道)사상과, 1(眼識),2(耳識),3(鼻識),4(舌識),5(身識),6(意識),7(마나스, 意, '나'라는 의식 즉, 자아의식), 그리고 8식(아알라야, 藏識), 9식(아말라, 無垢識, 究竟唯一淨識) 등으로, 세움(立)에 의하여 보고자 하는 유식(唯識)사상을 조화 통합하는 글월로서, 자리이타(自利利他), 지혜와 자비의 대승(大乘)사상을 담은 서책이라고 하며, 원효는 그 서책의 핵심인 일심(一心) 즉, 한마음, 하나의 마음을 당나라 유학의 길 위에서 나름대로 보았고, 그 체험으로 글도 쓰고 춤도 추며 노래도 부르고 뭇 생명들에게 가르침을 베풀고자 하였다. 그 <대승기신론>은 바로 일심에 관한 설명이며, 그 책을 해설한 원효의 모든 글월들은 일심에로 돌아가도록 돕는 것이 바로 참되고 으뜸인 가르침임을 확인하고 있다(이기영, 1986, p. 57). 우리에게 참되고 으뜸인 가르침은 물론 우리를 복지에로 이끌 터이다.

나는 누구인가. 붓다는 삼계유심이라 가르쳤다. 나, 나라는 이들의 모임인 나라 혹은 공동체의 진면목은 오직 마음이며, 대승기신론은 일심이라 하였다. 일심은 마음의 하나, 하나의 마음을 말한다. 하나이니 주관 혹은 식(識)과, 객관 혹은 경(境)으로 분리, 분열되기 이전의 하나요, 온전한 통일이다. 주객의 이분(二分)으로 하나인 나 스스로를 분열하고, 나와 남을 분리하는 데에서 우리는 고통과 비복지의 단서를 지닌다. 안심과 복지는 그 분열과 분리를 넘어 나의 진면목, 나의 하나, 하나인 나를 각성할 때 비로소 획득된다. 마음으로서 나는 이해하고 깨닫는다. 이해하고 깨닫는 일을 통해, 즉 마음의 작용을 통해 나는 일심을 바로 보게 된다. 원효는 일심의 바로 봄에서, 분열되고 그래서 고통에 휩싸인 나(중생)와 나라(국가)를 평화에로, 통일에로 이르게 돕고자 하였다. 원효는 대승기신론을 해설하면서 일심을 다음과 같이 말한다. "일심이란 무엇인가? 더럽다고 혹은 깨끗하다고 일컬어지는 모든 법(法)은 그 바탕(性)이 둘이 아니요(無二), 참되고 거짓이라 하는 두 문(門)은 다름이 있다고 할 수 없기에 결국 하나(一)라 이른다. 이 둘이 아닌 곳에서 모든 법은 적중하고 진실하며(中實), 헛되고 비어 있기만 한 것이 아니며(不同虛空), 그 바탕이 스스로 신묘하고 알아차린다(性自神解). 그래서 마음(心)이라 한다. 이미 둘이 없는데 어떻게 하나일 수 있으며, 하나가 있는 바도 없는데 무엇을 두고 마음이라 하겠는가. 도리가 이와 같으니(如是道理), 말을 떠나고 생각을 끊었으므로(離言絕慮), 어떻게 지목할지 몰라 억지로 일심(一心)이라 부르고자 한다" (한국불교전서 1책, p. 741).

일심은 성자신해, 즉 바탕이요, 스스로 신령하고 알아차리며, 이언절려, 즉 말을 떠나고 생각을 끊은 자리이다. 불교는 일심을 여래장(如來藏), 진여자성(眞如自性), 불성(佛性), 불지(佛地) 등, 말할 수 없고 생각을 넘어선 이 자리를 가르침의 관점에서 이렇게 여러 가지로 호칭하나, 매우 분명한 것은 그 자리는 깨달아져야 할 곳이요, 우리의 이성, 언어로 생각되거나 표현될 수 있는 자리는 아니다. 따라서 언설을 떠나고 사유를 끊을 때 비로소 열리는 자리가 곧 일심이다. 언설로 인하여 우리는 분열되고 쟁투하여 서로 반목할 수 있고, 사유로 인하여 우리는 번민하고 고뇌하여 불행할 수 있다. 반목은 공동체의 비복지요, 불행은 나의 비복지이다. 나의 비복지는 공동체의 비복지의 초석이요, 공동체의 비복지는 나의 비복지의 여건이다. 이러한 비복지는 언설을 떠나고 사유를 끊는 그 자리, 즉 일심에서 비로소 근본적으로 사라진다. 거기에 화합과 복지는 깃든다. 일심에로 이르는 일을 불교는 신해행증(信解行證), 한마디로 수행(修行)이라 한다. 원효뿐만 아니라 붓다의 가르침(佛敎)을 바르게 이해한 이는 누구나 수행을 통해 우리는 비로소 복지와 행복에 이른다고 본다. 소유, 소유물, 건강, 직업, 몸, 이 모든 현실의 것들은 그 복지와 행복에 이르도록 하는 수행을 돕는 적합한 조건들이니, 그 조건을 바로 복지와 행복으로 본다는 것은 기실 복지와 행복을 잘못 본 것이다. 사회복지사상의 논의는 복지를 바르게 보도록 돕는 언설일 수 있겠다. 복지에로 이르게 하는 수행에서 있어서 붓다가 가르친 팔정도는 귀중하다.

일심은 깨달음의 인식근거요, 존재근거이다. 깨닫는다는 것은 깨달을 수 있음과 깨달음이 있다는 것을 전제한다. 원효는, 우리(중생으로서)가 이미 본래 깨달아 있음(本覺)이니 마음을 돌이켜 깨달음에로 비로소 이르고자 함(始覺) 즉, 수행한다면 오랜 집착, 탐욕, 교만, 분노, 분별심, 곧 무명(無明)으로 물들고 오염된 마음, 즉 깨닫지 아니하여 있음(不覺)이 서서히 혹은 단번에 타파된다고 본다(원효, 금강삼매경론, 참조). 단번에 타파된다 함은 본각을 확연히 봄이요, 서서히 타파된다 함은 시각으로 말미암아 기나긴 수행을 통해 비로소 일심의 고향에로 돌아옴이다. 돌아오는 것이니 우리는 이미 고향에 있었다. 다만 그 고향이 우리에게 여러 가지 이유로 은폐되어 있었을 뿐이다. 고향에 있으면서도 타향살이라 착각하였으며, 그 이유는 붓다가 가르치고자 한 삼법인, 사성제 등의 진리를 바로 보지 못하였기 때문이다. 사성제, 삼법인의 핵심은 "어떤 존재나 현상도 끊임없이 변화하는 것이며 상호의존적으로 성립한다. 변화와 관계의 연속 과정 자체가 존재나 현상의 참모습이지, 그 이면에 존재하는 불변의 실체는 없다. 그 변화와 관계를 불변의 독자적 개체로 보는 것은 명백한 착각이고, 그 변화와 관계

이면에 불변의 실체가 따로 있을 것이라는 상상은 근거 없는 망상이다. 이 착각과 망상이 생명으로 하여금 '고향을 망각한 타향살이 힘든 존재(중생)로 전락"(박태원, 2012, p. 48)시킨다.

일심의 고향을 원효는 다음과 같이 표현하기도 한다. 이것은 <금강삼매경>의 핵심 뜻, 큰 뜻에 대한 원효의 표현이기도 하다. "무릇 일심의 근원(一心之源)은 유(존재)와 무를 떠나 홀로 해맑고 깨끗하며, 삼공의 바다(三空之海)는 진여와 세속을 융화하여 깊고 넉넉하다. 깊고 넉넉하여 진여와 세속의 두 세계를 융화하되 하나로 합일하지 않고, 홀로 해맑고 깨끗하여 유(존재)와 무의 양변을 떠나 순환의 와중에 있지 않다. 순환의 와중에 있지 않고 유(존재)와 무의 양변을 떠났으므로, 불유의 법(不有之法)이라고 하여 곧 무에 거주하는 것도 아니고, 불무의 현상(不無之相)이라 하여 곧 유에 거주하는 것도 아니다. 하나로 합일하지 않고 두 세계를 융화하므로, 비진여의 사실이 비로소 세속이 되는 것이 아니고, 비세속의 이법이 비로소 진여가 되는 것도 아니다. 두 세계를 융합하되 하나로 합일하지 않으므로, 진여와 세속의 본성이 정립되지 않는 바가 없고, 물들고 해맑음의 현상이 갖추어지지 않는 바가 없다. 유와 무의 양변을 떠나 순환의 와중에 있지 않으므로(離邊而非中), 유(존재)와 무의 법이 이루지 않는 바가 없고, 긍정과 부정의 뜻이 돌고 돌지 않는 바가 없다. 그래서 파괴함이 없으나 파괴하지 않음이 없고(無破而無不破), 정립함이 없으나 정립하지 않음도 없다(無立而無不立). 무리에서 지리가 솟아나고(無理之至理), 불연에서 대연이 돋아난다(不然之大然) 말할 수 있다. 이는 이 경의 큰 뜻을 풀이한 말이다. 진실로 불연에서 대연이 돋아나므로, 능동적으로 언설한 말이 묘하게 순환의 와중에 계합하고, 무리에서 지리가 솟아나므로, 수동적으로 해석된 종지가 순환의 테두리 밖으로 초탈하고 있다"(김형효, 2007, pp. 24-25; 이기영, 1997, p. 168; 한국불교전서 1책, p. 604).

이 글에서 삼공은 주체의 공(我空), 객체의 공(法空), 아공과 법공이 함께 공(俱空), 이 세 공을 말한다. 원효는 일심의 근원과 삼공의 바다를 함께 대비하여 우리의 고향을 묘사하고 있다. 일심의 근원은 홀로 해맑고 깨끗하여 유(존재)와 무의 양변을 떠나 순환의 와중에 있지 않으므로(獨淨離邊而非中), 물듦과 해맑음의 현상을 갖추지 않는 바가 없다(染淨之相莫不備焉). 진여와 세속, 두 세계를 융합하되 하나로 합일하지 않는다(融二而不一). 일심은 아무 이치가 없지만(無理), 거기서 지극한 이치(至理)가 솟아나고, 일심은 그러함이 아니지만(不然), 거기서 크게 그러함(大然)이 돋아난다. 생명은 빔에서, 없음에서 크고 확실하게 돋아나며, 진리는 겸손에서, 포용에서 힘차게 솟아난다. 여기서 '중(中)'을 대개 '중간'(이기영, 1997, p. 168), 그냥 '중(中)'(김달진 편역, 1993, p. 11)이라 옮기지만, 김형효는 '순환의 와중'이라 옮겨, 일심이 다만 존재와 무의 중간이나 가운데 있음이 아니라, 존재이기도 하고 아니기도 하며, 무이기도 하나 무가 아니기도 한, 이중긍정의 포괄 사유와 이중부정의 초탈 사유를 함께 싸안으려 한다는 것이다(김형효, pp. 26-28). 그렇다면 일심은, 사구(四句) 즉, 제1구, 단순 긍정 또는 단순 정립, 제2구, 단순 부정 또는 단순 반정립, 제3구, 제1구와 제2구를 동시에 정립하는 긍정 종합, 제4구, 제1구와 제2구를 동시에 부정하는 부정 종합, 이렇게 4구로 묘사될 수도 있겠다. 제3구는 아리스토텔레스 논리학의 모순율에 걸리고, 제4구는 배중률을 위반하는 것이지만(신오현, 2003, pp. 100-101), 원효는 일심을, 그러한 형식논리의 틀로 포착 못할 생명과 진리의 힘으로 묘사하고자 한다. 억지로 '일심'이라고 표현되는 바, 우리 모두의 근원은 우리 안에 우리와 함께 하면서 우리를 떠나 있기도 하니, 일심은 내재요 초탈이다. 고향이니 우리를 끊임없이 여기서 거기로 가도록, 거기서 여기로 돌아오도록 한다. 참된 복지는 일심으로 가고 일심에서 오고, 그러한 각성 속에 깃든다.

원효의 일심, 대승기신론의 일심은 우리를 가장 참되게 하면서 우리 모두를 참으로 평등하게 한다. 우리가 일심복지 라고 표현하는 것은 복지의 핵심이 평등이요, 우리 모두를 참되게 하는 것이기 때문이다. 참된 복지는 일심의 근원으(에)로 (초탈이라면) 감이요, (내재이라면) 옴이다.

모든 일어남과 생김은 연기의 이치에 따라 그렇게 되는 것이고, 반드시 사라지며, 결국 영원하지 않다는 것을 참으로 깨달아, 나고 죽음의 괴로움을 근원적으로 넘어서 깊은 복락에 이른 붓다의 그 가르침을 이어가고자 하는 대승기신론은 일심과 함께, 두 문 즉, 심진여문(心眞如門)과 심생멸문(心生滅門)을 언표한다. 일심은 참으로 그러하여 나지도 않고 사라지지도 않으며, 일체 차별의 경계도 없고, 언설을 흔쾌히 떠나 있으며, 모든 번뇌가 사라져 고요하고 담연한 진여문이기도 하고, 그 나지도 않고 사라지지도 않는 심체(心體)(如來藏)에 의지하여 모든 나고 사라지는 마음(生滅心)으로서, 불생불멸과 생멸이 화합하여 같은 것도 아니고 다른 것도 아니어서(非一非異), 깨달음과 미혹을 함께 갖는 생멸문이기도 하다(마명, 대승기신론, pp. 57-77). 마음은 항상 두 가지 모습 즉, 마음의 있는 그대로의 본래적인 모습(心眞如門), 마음의 움직이고 변화하는 측면(心生滅門)으로 나타난다(정영근, 2006, p. 483).

원효는, “진여문은 모든 법의 통상(通相)이며, 통상 밖에 다른 제법(諸法)이 없어서 모든 법이 다 통상에 의하여 포괄된다. 이는 미진(微塵)이 질그릇의 통상이며, 통상 밖에 다른 질그릇이 없어서, 질그릇이 모두 미진에 의하여 포섭되는 것처럼, 진여문도 이와 같은 것이다. 생멸문이란 바로 이 진여가 선과 악의 인(因)인지라 연(緣)과 화합하여 모든 법을 만들어내는 것이니, 사실 모든 법을 만들어내지만 이 법들이 항상 진성(眞性)을 무너뜨리지 않기 때문에, 이 생멸문에서도 진여를 포괄하고 있는 것이다. 이는 미진의 성질이 모여서 질그릇을 이루지만 항상 미진의 성상(性相)을 잃지 않기 때문에 질그릇의 문(門)이 바로 미진을 포괄하는 것처럼 생멸문도 이와 같은 것이다. …그러므로 '두 문이 서로 여의지 않는다'고 말한 것이다"(은정희 역주, pp. 89-90)라고 하여 대승기신론의 '두 문이 불상리(不相離)하다는 것'(마명, p. 57)을 해설한다. 움직이고 변화하는 마음 가운데 온갖 무명과 번뇌, 집착과 탐욕, 분별과 고통이 일어나는 것이지만 그것들은 참되고 그러한(眞如) 마음과 서로 떨어져 있는 바가 아니다. 여기에 희망이 있고, 여기에 수행의 근거, 가능성, 필요성이 있다. 언표한다면 진여문, 생멸문, 이렇게 달리 표현되지만 이문의 일심일 뿐이다. 진여문의 진(眞)과 생멸문의 속(俗)은 원융무애하며, 비일비이(非一非異)의 화합이다. 진에서 속으로 나오는 것이 진여문이고, 속에서 진으로 들어감 혹은 들어갈 수 있음이 곧 생멸문이다(고익진, 2006, pp. 89-95). 대승기신론과 그것에 대한 원효의 해설에 있어서 심진여문과 심생멸문의 원융무애, 진과 속의 비일비이의 화합은 일체 중생이 깨달음 혹은 깨달을 수 있음의 존재, 중생이 곧 부처 혹은 부처일 수 있음을 말해주어, 누구나 고통 혹은 비복지에서 안락 혹은 복지에로 이를 수 있음을 드러낸다.

본래 고요하고 맑으며 깨끗한 마음(진여)이 생멸을 일으키고 번뇌와 고통에 이르게 하는 것은 무명(無明)의 바람과 물결(風浪) 탓이다. 심생멸문은 아라야식(아뢰야식, 아알라야식, 阿黎耶識, 곧 藏識)이라 한다(마명, p. 73). 이 아라야식에는 각(覺)의 뜻과 불각(不覺)의 뜻이 함께 있다(마명, p. 75). 각에는 본각(本覺)과 시각(始覺)이 있다. 본각이 있으므로 시각이 뜻을 얻고, 불각이 있으므로 시각이 발동한다(마명, p 78). 일심의 근원으로 감은 본각에 이름이다. 시각은 무명번뇌, 비복지로 흐르는 불각을 본각의 진여함과 청정함으로 돌아가게 하는 지혜이다. 복지는 지혜에 바탕을 두는 것이다. 무명의 바람과 물결이 일으키는 비복지, 번뇌와 고통의 불각은 어찌하여 우리에게 있는가. 붓다의 가르침에 의하면, 제행무상, 제법무아, 일체개고의 실상을 밝히 깨닫지 못하고 연기의 진리를 있는 그대로 알지 못하는 그 무명이 우리에게 있게 되면, 이것을 연(緣)하여 행(行) 즉, 대상을 결합하여 실재화하려는 형성 작용이 있게 되고, 그 행을 연하여 그곳에 분별하는 식(識)이 발생하며, 그 식을 연하여 물질적이지 않은 것, 물질적인 것의 쌓임 즉, 명색(名色)이 있게 되고, 명색을 연하여 눈, 귀, 코, 혀, 몸, 의지의 육근(六根)의 곳 즉, 육처(六處)가 발생하며, 육처를 연하여 육근과 육경(六境), 육식(六識)의 화합 즉, 촉(觸)이 있게 되고, 그 촉에 연하여 괴로움, 즐거움, 괴로움도 즐거움도 아닌 중간 느낌 같은 수(受)가 발생하며, 수를 연하여 즐거움의 대상에 끝없이 갈망하여 지혜를 가로막는 장애(所知障)와 마음을 염착(染着)시키는 번뇌장(煩惱障) 등 애(愛)가 있게 되고, 애를 연하여 그 추구된 대상을 자기 소유화하려는 취(取)가 일어나며, 취를 연하여 욕계, 색계, 무색계의 유(有)가 발생하고, 유를 연하여 일어남 즉, 생(生)이 발생하며, 생이 있으므로 노(老), 사(死), 우(憂), 비(悲), 뇌(惱), 고(苦)가 있게 된다. 이것이 소위 십이연기설이다. 무명에서 생사의 괴로움이 연기하는 과정은 유전문(流轉門)이요, 무명의 사라짐에서 생사의 괴로움이 멸하게 되는 과정이 환멸문(還滅門)이다(동국대학교 교양교재편찬위원회 편, 2012, pp. 105-110). 유전문은 비복지, 불각, 고통의 현장이요, 환멸문은 복지, 각, 안락, 자재의 길이다.

이와 비교되게 대승기신론도 무명풍(無明風)의 세력을 따라 마음이 생주이멸(生住異滅)하게 하여 세 가지 세밀함(三細)으로부터 여섯 가지 거칠음(육추)에 이르기까지 일어남을 말하고자 한다(마명, p. 80). 이 미세한 세 가지는 업상(業相, 무명에 의하여 불각의 망념이 움직여 생멸이 일어나지만, 아직 주객이 미분된 상태), 전상(轉相, 動念에 의하여 다음에 能見을 이루는 것), 현상(現相, 능견에 境相 즉 객관세계를 나타내는 것)이다. 원효는 시각의 네 단계 즉, 불각, 상사각, 수분각, 구경각, 이 가운데 마지막 구경각에서 미세한 세 가지를 있는 그대로 보아 비로소 여의게 된다고 한다(은정희, 2006, p. 121). 삼세를 기점으로 범부의 실제적인 생멸연기가 시작되며, 이것이 이른바 육추의 전개이다(은정희, 2006, pp. 128-131). 육추의 첫째는 지상(智相)으로서, 이것은 삼세의 마지막 경계에 연하여 나타나는 바, 경계가 본래 심(心)에서 나타나는 것임을 모르고 심외(心外)에 실재하는 것으로 망상하여 개개의 사물을 망령되게 분별함이며, 애(愛)와 불애(不愛), 호오(好惡)를 분별하고, 아(我)와 아소(我所)를 분별하여 아치(我痴), 아견(我見), 아애(我愛), 아만(我慢)의 번뇌를 짓는다. 둘째는 상속상(相續相)으로서, 지상에 의하여 고락을 내고 그 염(念)이 상응하여 계속되는 상태이며, 대상경계를 분별, 애취하여 오래 상속함이다. 셋째는 집취상(執取相)으로서, 상속상에 의하여 경계를 연념(緣念)하고 위(違)와 순(順)을 분별하고 고(苦)와 락(樂)을 주지(住持)하여 다시 집착의 마음을 일으키는 자리이다. 넷째는 계명자상(計名字相)으로서, 집취상에 의하여 다시 바깥 사물에 대하여 위, 순 등, 가(假)의 명자(名字)를 세워 그 명자의 상을 분별하고 계탁(計度)하는 자리이다. 다섯째는 기업상(起業相)으로서, 명자(名字)에 의하여 다시 사수(思數)를 일으켜 선과 악 등을 만들어내는 자리이다. 여섯째는 업계고상(業繫苦相)으로서, 앞의 생기식(生起識)에서 생긴 과보와 행온(行蘊)이 일으킨 업(業)에 의하여 삼계육취(三界六趣)의 고과(苦果)를 받아 자재(自在)하지 못한 상태이다.

원효는, 미세한 세 가지는 아뢰야식(아라야식)의 자리에 있음을 매우 강하게 주장하고(은정희, 2010, p. 84), 이 여섯 가지 거치른 상을 아뢰야식의 기반 위에 활동하는 말나식(마나스, 7식)과 의식(6식)의 활동 모습으로 해석한다(한자경, 2005, p. 207). 나와 세계가 분리되어 있지 않은 자리 즉, 일심으로 돌아올 때 삼세육추는 근원적으로 있지 않음이 명증하게 드러나고 존재에는 비로소 평화와 안심, 복락과 자재, 복지는 깃든다. 비복지를 일으키는 무명의 바람을 사라지게 함이 복지를 여는 단초이니, 어떻게 무명을 원인무효로 할 것인가는 붓다의 가르침, 그것을 이어오는 원효에게서 지상최대의 과제이고, 그 과제 극복에 온 몸과 정신으로 나서는 이는 곧 보리살타(보디사트바), 보살이다. 보살은 자리이타의 길 안에서 진리를 증오(證悟)함에 존재의 이유를 두는 수행자이고, 여기서 우리는 52계위(階位)를 만난다. 그것은 십신(十信), 십주(十住), 십행(十行), 십회향(十廻向), 십지(十地), 등각(等覺), 묘각(妙覺)이다(이기영, 1986, pp. 220-224; 법정, 1996, pp. 31-165; 정목, 2002, pp. 46-52; 오강남 성해영, 2011, p. 76) . 그것을 조금 더 들여다보면 다음과 같다. 십신, ①신심(信心), 어떻게 믿을 것인가를 아는 것. ②염심(念心), 어떻게 념(念)할 것인가를 아는 것. ③정진심(精進心), 어떻게 정진할 것인가를 아는 것. ④혜심(慧心), 어떻게 지혜를 닦을 것인가를 아는 것. ⑤정심(定心), 어떻게 산란한 마음을 안정시킬 것인가를 아는 것. ⑥불퇴심(不退心), 어떻게 굳게 전진할 것인가를 아는 것. ⑦호법심(護法心), 어떻게 진리를 지킬 것인가를 아는 것. ⑧회향심(廻向心), 어떻게 실천의 방향을 잡을 것인가를 아는 것. ⑨계심(戒心), 어떻게 행동해야 할 것인가를 아는 것. ⑩원심(願心), 어떻게 소원해야 할 것인가를 아는 것.

십주, ①발심주(發心住), 마음을 올바로 먹음. ②치심주(治心住), 마음을 가다듬음. ③수행주(修行住), 올바로 생활함. ④생귀주(生貴住), 새 사람이 되고자 함. ⑤구족방편주(具足方便住), 모든 좋은 방법을 다 쓰도록 힘씀. ⑥정심주(正心住), 지혜로운 마음을 가지도록 함. ⑦불퇴주(不退住), 뒤걸음질치지 않고자 노력함. ⑧동진주(童眞住), 어린이처럼 순진하고자 함. ⑨법왕자주(法王子住), 진리의 상속자가 되고자 함. ⑩관정주(灌頂住), 지혜의 물을 정수리에 받음.

십행, ①환희행(歡喜行), 기쁨으로 삶. ②요익행(饒益行), 남에게 도움이 되도록 삶. ③무진한행(無瞋恨行), 원한도 분노도 없이 삶. ④무진행(無盡行), 철저하게 삶. ⑤이치난행(離痴亂行), 어리석고 문란함이 없이 삶. ⑥선현행(善現行), 착한 일을 나타내며 삶. ⑦무착행(無着行), 집착 없이 삶. ⑧존중행(尊重行), 사람이나 물건을 존중하며 삶. ⑨선법행(善法行), 윤리에 어긋나지 않게 삶. ⑩진실행(眞實行), 진실되게 삶.

십회향, ①구호일체중생이중생상회향(救護一切衆生離衆生相廻向), 모든 중생을 구호하되 그들이 남이라는 생각없이 대함. ②불괴회향(不壞廻向), 파괴하는 방향에서가 아니라 완성시키는 방향으로 일함. ③등일체제불회향(等一切諸佛廻向), 중생을 부처님 보듯 대함. ④지일체처회향(至一切處廻向), 아무 곳도 등한히 함이 없이 일함. ⑤무진공덕장회향(無盡功德藏廻向), 좋은 일을 남김 없이 다하여 일함. ⑥입일체평등선근회향(入一切平等善根廻向), 모든 중생에게 보편적인 선한 본성이 드러나도록 일함. ⑦등수순일체중생회향(等隨順一切衆生廻向), 모든 중생의 정도에 따라 그들과 하나가 되도록 일함. ⑧진여상회향(眞如相廻向), 참되고 한결같은 마음을 드러내고자 일함. ⑨무박무착해탈회향(無縛無着解脫廻向), 속박도 장애도 없는 자유를 향해 일함. ⑩입법계무량회향(入法界無量廻向), 무한한 진리의 세계에 들어가고자 일함.

십지, ①기쁨이 넘치는 환희지(歡喜地), ②더러움을 깨끗이 하는 이구지(離垢地), ③지혜의 빛이 해처럼 빛나는 발광지(發光地), ④빛이 더욱 찬연해지는 염혜지(焰慧地), ⑤보통 사람이 이기기 힘든 경지인 난행지(難行地), ⑥사물의 실상을 꿰뚫어보는 현전지(現前地), ⑦보통 사람으로서의 능력을 초월한 원행지(遠行地), ⑧진리에 굳건히 서 동요가 없는 부동지(不動地), ⑨선한 지혜로 사람을 돕는 선혜지(善慧

地), ⑩진리의 구름에 머물면서 사람들에게 진리의 비를 내리는 법운지(法雲地). 그 이후로 등각, 묘각이다. 묘각이 불(佛)이다.

십주, 십행, 십회향의 계위에 있는 보살을 우리는 삼현(三賢)이라 하며, 초지에서 십지까지의 보살은 십성(十聖)이다. 51계위가 모두 인(因)이 되어, 묘각의 불과(佛果)를 이룬다. 인과의 가르침의 참된 뜻은 여기에 있다. 묘각의 불과는 온전히 일심의 근원에 이르른 자리이다. 거듭 말하지만 참된 복지는 일심의 근원에 이름이다. 마음을 내어 수행하여 보살은 일심의 근원에 이르고자 한다. 대승기신론은 그러한 마음냄(發心)에는 신성취발심(信成就發心), 해행발심(解行發心), 증발심(證發心), 셋이 있다고 한다(마명, pp. 236-237).

원효는, "신성취발심이라고 한 것은 자리(位)가 십주(十住)에 있으며 겸하여 십신(十信)을 취하니, 십신의 자리 중에서 신심(信心)을 닦아 익혀서 신심이 성취되어 결정심(決定心)을 일으켜 곧 십주(十住)에 들어가기 때문에 신성취발심이라고 하는 것이다. 해행발심(解行發心)이란 십회향(十廻向)의 자리에 있으며 겸하여 십행(十行)을 취하니, 십행의 자리 중에서 법공(法空)을 잘 알고 법계(法界)를 수순하여 육도행(六度行)을 닦아서 육도행이 순결해지고 성숙되어 회향심을 일으켜 회향의 자리에 들어가기 때문에 해행발심이라고 한다. 증발심(證發心)이란 초지(初地) 이상에서 십지의 자리에 있으니, 앞서 두 가지의 상사(相似)한 발심에 의하여 법신(法身)을 증득하여 진심(眞心)을 일으키는 것이다"(은정희 역주, p. 325)라고 해설한다.

보살의 육도행은 육바라밀로서, 자기의 소유물을 필요한 사람에게 배풀어 주는 보시바라밀, 계율을 잘 지니는 지계바라밀, 괴로움을 받아들이는 인욕바라밀, 부지런히 노력하여 방일(放逸)하지 않는 정진바라밀, 산란한 마음을 가라앉히고 고요히 사색하는 선정바라밀, 지혜에 이르는 반야바라밀이다(동국대학교 교양교재편찬위원회 편, 2012,

pp. 167-169). 비복지의 현생을 건너 복지의 피안에 이른(歸一心源) 이는, 자비(慈悲)롭다. 자(慈)는 이(玆), 마음(心)이니, 일체를 바로 보아 드디어 아하, 이 마음에 이른 것이요, 비(悲)는 아니(非), 마음(心)이니, 나와 남의 모든 비복지를 보고 오호라, 아니다 라고 하는 것이다. 보살은 일심의 근원에 이르러 중생의 비복지를 복지에로 환원되도록 애쓰고 또 애쓴다. 자비는 모든 사회복지의 사상적, 이념적 근거일 수 있다(임송산, 1983, pp. 16-18; 김용택, 1996, pp. 33-35; 권경임, 2009, pp. 67-70; 박광준, 2010, pp. 321-327).

2) 화회복지사상

원효의 삶과 사상에서 두드러진 것들 가운데, 화쟁(和諍), 화쟁회통(和諍會通), 화회(和會) 등이 있다. 원효 자신도 '화쟁', '회통', '화회'라는 표현을 쓰고 있고, 고려의 대각국사 의천은 원효를 가리켜, "백가이쟁(百家異諍)의 단(端)을 화(和)하였다"고 하였다(김영태, 2006, pp. 273-281). 우리는 여기서 '화회'라는 표현을 선호하고자 한다. 화회는 어우러짐과 만남을 말한다. 우리가 함께 있는 한, 서로 어우러지고 만난다는 것은 복지의 핵심이다. 복지는 서로 어우러지고 만나게 할 때, 그렇게 어우러지고 만날 때 비로소 깃든다.

원효는 붓다의 가르침을 해설하고 가르치는 큰 학자이기도 하였고 저자거리에서 대중들과 함께 무애박을 두드리고 무애가를 부르고 춤추는 소성거사이기도 하였으며, 출가승이기도 하였고, 여인과 화합하여 아이를 낳는 지아비이기도 하였다. 원효가 남긴 언표세계의 근원적인 흐름은 화쟁 혹은 화회를 드러내고자 하는 것이었다. 그리고 그 화쟁은 궁극적인 진리 인식의 방편이었다(신오현, 2003, p. 140). 그 사상이 원효 삶의 일관된 원리라고 본다면, 우리는 원효의 삶 속에서 보이는 서로 다름도 화회될 수 있다고 볼 것이지만, 만일 그 사상이 그 삶의 원리로서 일관되게 작용하지 않는다고 본다면, 원효의 삶 자체가 '화쟁'의 대상으로 남을 수 있다(성태용, 1994, p. 128). 하지만 우리는, 원효의 삶이 그 사상과 불이(不異)하여 궁극적인 진리 결국, 일심을 향하여 치열하게 나서는 것이었고, 그 치열함이 그 삶도 사상도 자연스레 화회할 수 있고, 화회일 수 있게 한다고 본다. 일심의 근원으로 되돌아 옴의 그 초월적 보편성은 화쟁사상을 솟아나오게 하는 기반인 것이다(이기영, 1994, p. 257). 예나 지금이나 보편적이고 궁극적인 진리를 향할 때 비로소 우리는 화회할 수 있고, 화회할 수 있게 도울 수 있다.

사상의 화회는 그 사상을 지지하는 사람들 사이의 화회를 가능케 하고, 보편적이고 초월적이며 궁극적인 사상은 모든 사상들 사이의 화회를 가져올 수 있다. 참된 종교의 가르침 안에서나 과학적으로 볼 때도 우리 모두는 한 집안의 사람들이요, 우리를 화회케 하는 사상은 한 집안 안에서 일어나는 주요한 갈등 입장의 실체를 파악하고 그 갈등 입장의 핵심 쟁점 혹은 열쇠언표를 또한 부각하며 그것들이 지니는 한계와 진실성을 동시에 지적하여 결국 만나고 어우러질 수 있음을 보여준다. 원효는 붓다의 가르침이라는 보편적 초월성, 궁극성 안에서 서로 다른 입장으로서 쟁론하고 있던 중관사상과 유식사상 사이에서 대승기신론의 '이문일심(二門一心)사상'(정영근, 2006, p. 478)으로 화회시키고자 한다. 원효는 중관사상을 '무소불파(無所不破)', 즉 '깨뜨리지 않는 것이 없음'으로 요약하고, '무소불립(無所不立)', 즉 '세우지 않는 바가 없음'으로 유식사상을 요약한 뒤, 일심의 근원으로 돌아가게 하고자 하는 대승기신론은 "세우지 않는 바가 없으면서 스스로 버리고(無不立而自遣), 깨뜨리지 않는 바가 없으면서 도리어 인정하고 있다(無不破而還許)"(은정희 역주, p. 23)고 하면서, 기신론은 "모든 논의 조종(祖宗)이며 모든 쟁론을 평정시키는 주인(群諍之評主)"(은정희 역주, p.

23)이라고 한다. 이문일심을 법의 요체로 삼고 있는 기신론은 '개합자재(開合自在)', '입파무애(立破無碍)', 즉 펼침과 합함이 자재하고, 세움과 깨뜨림이 걸림 없어서, "세워도 얻음이 없고(立而無得), 깨뜨려도 잃음이 없다(破而無失)"(은정희 역주, p. 27)고 한다. 여기에서 우리는 원효의 화회를 우선 발견할 수 있다. 화회는 쟁론 가운데 있는 것들의 핵심을 갈파하고, 그들을 확실히 포괄할 수 있는 관점 안에서 비로소 가능하다.

모든 것을 확실히 포괄할 수 있는 것은 곧 붓다가 이른 '열반'이기도 하다. 그 열반은 모든 생명에게 두루 미쳐 널리 포용하고 이를 능가하는 것이 없으며, 그 도(道)됨은 도가 없으면서 도아님(非道)이 없고, 주(住)가 없으면서 주아님(非住)이 없으며, 이(理)와 지(智)를 모두 잊고, 명(名)과 의(義)를 절멸하여 실성(實性)을 체득하였으나 마음에 담아두지 않는 것이기에, 그 열반을 담아낸 열반경은 "모든 경전의 부분을 통전하여(統衆典之部分) 만류를 일미로 귀납하고(歸萬流之一味) 불의가 지극히 공평함을 열어(開佛意之至公) 백가의 이쟁을 화회한다(和百家之異諍)"(김호귀 역, p. 10)고 하여, 원효는 열반 혹은 열반의 말씀이 비로소 능히 화회할 수 있는 근거임을 우리에게 보여준다. 붓다의 가르침 안에서 화회의 근거는 열반이다. 원효는 궁극적으로 일심에로의 귀원, 열반, 깨달음에로 우리를 안내하는 일에 관심을 두었고, 그 열반의 힘이 지혜로 나타나 어둠을 뚫고 나와, 밖으로는 세계와 사물을 온전하게 비추고, 안으로는 일어나는 온갖 마음의 물결을 온전하게 비추면 그것이 바로 화쟁일 수 있고(김원명, 2008, p. 242), 우리로 하여금 화회에로 이르게 할 수 있다.

원효 화회의 사상이 잘 집약된 곳은 널리 알려져 있다시피 그의 <십문화쟁론(十門和諍論)>이다. 우리에게 남겨진 그 글월은 그리 길지 않다(한국불교전서 1책, pp. 838-840). 원효의 십문화쟁 사상은 인도의 원천적 불교가 성문, 독각의 부파불교, 중관, 유식의 대승불교를 거쳐, 중국에 와서 수많은 분파불교로 갈라진 바, 가령 밀교, 정토종, 선종, 천태종, 삼론종, 화엄종, 법상종 등 여러 학파와 종파의 대립, 시비, 쟁론을 하나로 화해하고 회통시켜 일미(一味)의 법해(法海)로 귀일시키고자 하는 회통불교라고 할 수 있다(이종익, 2006, pp. 231-232; 이기영, 2001, p. 107). 불교의 회통은, 자기 혹은 종파의 관점에 집착하면 다 그르칠 수 있고(皆非), 일심의 근원에 돌아와 전체를 통해서 각 주장들을 보면 각기 다 일리가 있음(皆是)을 보여주려 한다. 그 십문화쟁론의 앞부분에, "비고 빈 논(空空之論)이 구름 오가듯 하여, 혹 말하기를 내가 옳고, 말하길 남이 그르며(或言我是 言他不是), 혹 주장하길 나는 그러하고, 주장하길 남은 그렇지 않다(或說我然 說他不然)하여, 하한(河漢)이 이루어지게 되었도다"(한국불교전서 1책, p. 838)라고 하여, 같은 근원, 한 집안에서 여러 부류의 서로 다름 주장, 언설들이 서로 자기 옳음, 남의 그름을 드러내어 옳음을 위한 이쟁(異諍)들이 봇물을 이루니, 원효는 일심의 근원, 붓다 가르침의 핵심으로 돌아가 한 맛(一味)으로, 한 뿌리로, 같은 고향으로 돌아가기를, 즉 화회를 바라는 것이다. 그 바람을 원효는 여러 연구자들(주로, 이종익, 조명기, 최범술 등)의 복원과 정리에 의하건대, 다음 열 가지로 언표하고자 하였다(이종익, 2006, p. 238). ①삼승일승(三乘一乘)화쟁문(법화경종요에 의함), ②공유이집(空有異執)화쟁문, ③불성유무(佛性有無)화쟁문, ④아법이집(我法異執)화쟁문(십문화쟁론 및 기신론동이집에 의함), ⑤삼성이의(三性異義)화쟁문(기신론소,별기에 의함), ⑥오성성불의(五性成佛義)화쟁문(교분기원통초에 의함), ⑦이장이의(二障異義)화쟁문(이장의에 의함), ⑧열반이의(涅槃異義)화쟁문, ⑨불신이의(佛身異義)화쟁문, ⑩불성이의(佛性異義)화쟁문(기신론동이집 및 열반경종요에 의함).

이를 조금 더 자세히 살펴보자. 우선, 공유이집의 화쟁, 붓다의 가르침의 핵심 가운데 하나는 모든 것의 무아(無我), 즉 실체 없음이었다. 상호연기의 존재이니 독립 실체가 아니다. 그러니 공(空)이다. 중관사상은 공을 밀고 나갔다. 유식사상은 공이 있음(有)을 정립하여 나갔다. 여기서, 공의 관점과 유의 관점이 대립, 충돌한다. 원효는 이 대립을 눈여겨 세밀히 보았다. 둘 다 일리가 있음을 원효는 통찰한다. 유(有)를 인정하나 공(空)과 다르지 않기 때문에 증익(增益)이 아니요, 유(有)를 가유(假有)라고 인정하였으므로 실지로 유에 덜어지지 않으며, 이 유라고 한 것 때문에 손감(損減)이 아니다. 유식사상의 유는 공과 다르지 않는 유이고, 공과 다른 유에 떨어진 것은 아니다. 따라서 공과 유를 다 허락하더라도 서로 어그러지지 않는다. 자성(自性)은 청정하여 그렇지 않은 바(不然)이기에, 공과 유를 함께 불허(不許)하고, 또한 그렇지 않은 것도 아닌 바(非不然)이기에, 공과 유를 다 허용할 수 있다(이종익, 2006, pp. 242-247). 공과 유, 각기에게 치우치면 모두 그르친다.

그 다음, 아법이집의 화쟁이다. 공에 있어서 아(我) 즉, 주관도, 법(法) 즉, 객관도 모두 공이다. 주관세계의 공함을 증득하여 이론적으로 밀고나가다 보면 아공에 집착할 수 있음이요, 객관세계의 인연 생기를 이론적으로 밀고나가다 보면 법공에 집착할 수 있겠다. 법공아유(法空我有)의 주장과 아공법유(我空法有)의 주장이 대립할 수 있다. 여기서 원효는 아와 법이 유도 아니고 무도 아니므로, 그 두 주장은 모두 실(實)을 잃을 수 있다고 본다(이종익, 2006, p. 253). 아공의 집착과 법공의 집착은 아도 법도 진공묘유(眞空妙有)임이기에 화회할 수 있다.

사회복지의 관점에서 우리가 유심히 주목할 수 있는 것은 불성유무에서의, 원효의 화쟁이다. 붓다의 가르침을 여러 방편으로, 여러 사람들에게 가르치는 가운데, 아주 나쁜 놈은 도저히 불종(佛種)이나 불성(佛性)이 없다는 주장이 나올 수 있다. 중생 가운데 선근(善根)을 끊은 일천제(이찬티카)의 무불성(無佛性)이 있다는 것이다. 이는 붓다의 가없는 자비정신에 위배되는 관점이나, 대상에 따른 가르침의 방편상, 예나 지금이나 있을 수 있는 주장이다. 도저히 성불할 수 없는 자는 할 수 없다는 것이다. 여기서 원효는 무불성이 있다고 하면 일체 중생의 불성이 제불과 평등하여 누구나 성불할 수 있고 또, 하여야 한다는 대승의 큰 뜻에 어긋난다고 보아 다음과 같이 말한다. "만일 말하기를 결정코 무성중생(無性衆生)이 있다고 한다면 일체계(一切界)가 차별되는 것이므로(佛界 衆生界가 차별됨) 마치 화성(火性) 중에 수성(水性)이 없는 것과 같다고 하면 타(他) 역시 주장하기를 결정코 불성(佛性)이 있어 일미(一味) 평등을 얻을 수 있다"(이종익, 2006, p. 249; 한국불교전서 1책, p. 839). 무성론자는 어디까지나 모든 중생이 다 성불할 수는 없다고 한다. 그러나 원효에 의하면, 그것은 붓다가 단선근인(斷善根人)을 깊이 경계하기 위해 대비(大悲) 방편으로 그렇게 말하였으나, 진실로 붓다의 마음에 의하면 단선근 중생도 회심하여 선근을 심으면 필경 다 성불한다는 것이다. 따라서 불성 없음의 주장과 불성 있음의 주장이 서로 위배되지 않는다고 하여 원효는 회통하고자 한다.

이 화쟁이 사회복지의 상황에 주는 의의는 실로 큰 바, 모든 사람이 복지의 대상일 수밖에 없다는 깊은 마음 안에서 긴급히 도움 받아야 대상을 우선 도와야 함, 즉 보편 속의 선별을 지지해주는 원효의 화회인 것이다. 사회복지의 실현은 모든 중생의 성불과 그 맥을 같이 할 수 있기 때문이다. 그리고 모든 중생의 불성 있음은 현대 사회복지가 가장 근원적으로 전제하고 있는 이념 즉, 인간평등과도 상통하는 바가 있다. 붓다의 가르침을 인간평등관으로 정리하고 그것을 자비와 연결하여 사회복지의 이념으로 삼는다는 것은 분명히 가능하다(박광준, 2010, p. 325).

원효는 <열반경종요>에서, 불성에 대한 여섯 가지 설, 즉 마땅히 있는 불과(當有佛果)가 불성의 체(體)가 된다는 설, 현재 있는 중생(現有衆生)이 불성의 체가 된다는 설, 중생의 심성을 불성 정인(正因)의 체로 삼는다는 설, 마음에 있는 사라지지 않는 신령스런 성품을 불성 정인의 체로 삼는다는 설, 제8식 아뢰야식의 법이종자(法爾種子)가 불성의 체가 된다는 설, 제9식 아말라식의 진여해성(眞如解性)이 불성의 체가 된다는 설을 요약한 뒤, 불성이란 여섯 설들처럼 그런 것도 아니나(不然) 그렇지 않은 것도 아니기(非不然) 때문에, 여러 설들이 자기를 고집하면 모두 그르고, 그렇지 않은 것도 아니므로 여러 설들이 모두 옳다고 화회한다(김호귀 역, pp. 116-124; 김영태, 2006, pp. 292-294). 원효는, 불성의 체는 바로 일심이며, 일심의 성품은 모든 편견을 멀리 여의니(一心之性遠離諸邊), "일심에 나아가 논하자면 일심은 비인(非因)이고 비과(非果)이며 비진(非眞)이고 비속(非俗)이며 비인(非人)이고 비법(非法)이며 비기(非起)이고 비복(非伏)이다. 그러나 연(緣)에 의거하여 논하자면 일심은 起하고 伏하여 法이 되고 人이 되며, 俗諦이고 眞諦여서 因이 되고 果가 된다. 이로써 말하자면 그런 것도 아니지만(不然) 그렇지 않은 것도 아니라는(非不然) 것이다. 때문에 모든 주장이 다 그르기도 하고 옳기도 하다"(김호귀 역, pp. 124-125)고 한다. 여러 설들이 각각 부분에 따라서는 옳기도 하니, 이는 마치 장님이 각각 코끼리에 대하여 말할 때처럼, 코끼리의 실체에 대해서는 말하지 못했지만 코끼리에 대하여 말하지 않은 것은 아니라고 비유하여, 원효는 화회의 그윽함을 이야기한다(김호귀 역, p. 128).

원효의 화회는 말을 떠나고 생각을 끊으며, 지성의 분별을 넘어서고 이치의 영역을 초월한, 있기도 하고 없기도 하며, 참으로 비되 묘하게 있는 본래의 자리 즉, 일심을 구태여 언표 하고자 하는 곳에는 반드시 요청되는 자비와 지혜이다. 이러한 원효의 화회 혹은 화쟁 논리는 조선 후기 최수운의 불연기연(不然其然)과도 일맥상통하는 바가 있으며(박종홍, 1977, p. 98), 특히 사회학에서 사회학으로서의 본연의 임무를 수행할 수 있도록 서로 남의 견해를 존중하라는 다원주의적 입장으로 이해(오강남, 1987, p. 141)될 수도 있고, 有無, 一二, 眞俗, 中邊의 차등을 넘어서는 커다란 깨달음으로서, 無, 二, 俗, 邊에 속한 가난하고, 미천하고, 속되고, 변두리에서 살아가는 무리와 함께 하고자 한, 상하문화의 절묘한 통일(조동일, 1993, p. 318)이기도 하며, 서로를 가리고 있는 다름의 막과 마음의 벽을 넘어 서로 소통케 하는 것(고영섭, 2010, pp. 274-277) 등 여러 가지로 이해될 수 있다.

그렇다. 만나고 어우러지는 것 자체가 이미 복지요, 만나게 하고 어우러지게 하는 것은 복지의 사회적 실현이다. 특히 사회복지정책이 기반하여야 할 가치를 논할 때, 혹자는 자유를, 혹자는 평등을(물론 자유에도 소극적, 적극적 등 여러 뜻이 있고, 평등에도 기회, 과정, 결과의 평등 등 여러 뜻이 있지만) 자기의 관점으로 삼을 수 있으나(송근원 김태성, 1996, 9장, 12장), 화회의 정신에서 본다면, 그 기반을 자유로 삼는 것도, 평등으로 삼는 것도 각기 옳으나(皆是), 사회복지의 전체적 본질에서(원효에게서는 일심) 본다면, 자유도 평등도 어느 하나를 고집하면 모두 그르기도(皆非) 한 것이다. 자유주의니 평등주의니 하여 정책의 근거로서 어느 하나를 고집하다 보면 모두를 잃을 수도 있으며, 자유와 평등을 함께 아우르는 것, 결국 사람의 복지, 사람의 사랑, 사랑의 실천, 자비의 실현, 지혜의 구현 등 실행만이 남는다. 원효의 화회는 여기 우리의 작업인 바, 사회복지사상을 논하는 것도 사실은 그렇지 않은 바(不然)임을 보여줄지도 모른다. 문제는 언설이나 주장이 아니라 실천이요, 실행인 것이다. 그것도 얼마나 진실하고 치열하며 지극하게 하느냐 인 것이다.

3) 국가복지사상

국가복지의 실현은 우리의 지극한 소원이다. 왜냐하면 국가복지는 우리 복지생활의 여건을 만들 수 있기 때문이다. 하지만 '국가'라는 표현은 나라를 '家'로 여겨 나라의 구성원이 한 형제자매로서 생명적 인연의 존재임을 드러내는 좋은 뜻도 지니지만 가부장적 질서, 상하의 위계구조, 반생명적 지배를 함의하고 정당화하는 반복지(反福祉)의 용어일 수도 있다. 그러나 '국가'라는 말은 뿌리 깊은 관행이 되었으니 우리도 여기서 그렇게 쓸 수밖에 없다. 이와 관련하여 불교학자는 다음과 같이 말한다. "'국가'란 말은 불교용어가 아니며, 앞으로도 그렇게 될 수가 없다. 불교용어 가운데에는 '국(國)'도 있고 '가(家)'도 있으나, state를 번역한 정치술어인 '국가'란 말은 사용되지 않는다. '국'은 국토 또는 토(土), 신토(身土)와 동일시되고, 또 그것은 <화엄경> 등에서 '세계'라는 용어로 대체되기도 한다. 현실의 더러운 세상을 사바세계(娑婆世界, saha, 참고 견뎌야 할, loka, 깨지게 마련인 것)라고 하며, 이상적 피안의 세계를 극락세계(極樂世界, sukhavati, 좋은 것, 아름다운 것으로 가득 찬 곳. pure land)라고 부르는데, 예토(穢土)는 전자의 번역이요, 정국(淨國, 淨土)은 후자의 번역이다"(이기영, 2001, pp. 310-311).

이에 덧붙여 家란 말은 중생이 돌아가야 할 일심의 근원이니, 의상(義湘)은 법성게에서 '귀가'라는 표현을 쓰고, 원효는 '귀원(歸源)'을 즐겨 쓰며, 그 심원(深源)이 승조(僧肇)에 까지 올라간다고 한다(이기영, 전게서, p. 311). 또한 "원효의 행적에서는 호국적인 활동을 거의 찾아볼 수가 없고, 그의 숱한 저술에서도 국가에 관한 직접적인 언급은 한 마디도 발견되지 않는다"(윤사순/고익진 편, 1991, p. 79)고 한다. 하지만 원효가 무열왕이나 김유신 등 삼국통일의 주역과 깊은 인연을 맺고 있었음을 언급하고, 삼국유사에 나오듯이 자루 빠진 도끼의 노래를 나름대로 알아들어 요석공주와 인연 맺게 한 태종무열왕과의 관계, 왕비의 병을 고치기 위해 왕실에서 부탁한 금강삼매경의 주석과 강의, 군사적 자문의 흔적 등을 예거하며 원효가 국가적 현실문제에 관심이 없었다는 견해의 설득력 약함을 지적하는 경우도 있다(김상현, 2000, pp. 98-99).

원효가 육신으로는 617년 지금의 경상북도 경산군 자인면에 해당하는 압량군 불지촌에서 태어나(이기영, 2001, p. 17) 살다가 686년 경상도 지방 동굴사원(穴寺) 어딘가에서 붓다보다 열 살이나 젊은 나이에 세상을 떴다(전게서, p. 24) 하며, 진평왕-선덕여왕-진덕여왕-태종무열왕(김춘추)-문무왕-신문왕대에 걸쳐(고영섭, 2001, p. 88) 계급제의 왕조시대, 신라가 백제(660)와 고구려(668)를 항복시킨 시대, 굴곡 많은 역사 속에 처하였고, 영토의 확장, 지방조직의 정비, 막대한 부를 소유한 귀족경제와 그 귀족이 지휘권을 장악한 군사조직, 그 귀족 아래에서 빚을 갚지 못하는 가난한 민중의 노비에로의 전락, 그러면서 왕권강화와 귀족을 위한 불교, 민중에게 환영 받는 정토불교(나무아미타불 염불을 외는 압박받는 이들의 극락왕생)(이기백, 1982, pp. 92-102) 등의 상황 속에 있었으며, 춘궁기에 어려운 이들에게 곡식을 대여하고 추수 때 갚게 하는 진대(賑貸), 한꺼번에 3남 1여를 낳은 가정에 왕이 조 200석을 내리는 일, 어려운 이에 대한 조세감면, 환과고독(鰥寡孤獨)으로 스스로 살기 어려운 이에 대한 문안과 곡식 차등 지급(최창무, 2008, pp. 43-59) 등 구빈의 복지도 있었고, 그런 와중에 원효는 다음과 같이 왕의 과실을 지적하며 경계하고 국가복지의 실현을 바라고자 하였다. "대왕은 마땅히 알아야 한다. 과실에는 대개 10가지가 있다. 만약 왕이 이 같은 과실을 저지른다면, 큰 창고가 있고, 많은 보좌관이 있으며, 많은 군사가 있다고 하더라도 우러러 귀의하지 않을 것이다. 1. 종성(種性)이 높지 않고, 2. 자재(自在)함을 얻지 못하거나, 3. 그 성품이 포악하거나, 4. 독한 분노를 발하거나, 5. 사치스럽게 생각하고 지혜가 적거나, 6. 삿되고 망령된 말을 받아들이거나, 7. 의지 없이 행하여 위의를 닦지 않거나, 8. 착한 법을 돌아보지 않거나, 9. 차별을 모르고 생각한 바를 잊어버리거나, 10. 한 쪽으로 치우쳐 전횡을 휘두르며 방일하거나 하는 등이 그것이다"(김상현, 2000, pp. 100-101). 왕이 사람들로부터 인격적으로 신뢰를 얻는 일이 국가복지의 실현에 소중함을 원효는 우리에게 일깨운다.

원효는 생애 마지막에 화엄경 철학에 몰두했다고 하며, 절필하기 직전에 쓴 글도 <화엄경소>라고 한다(이기영, 1994, p. 391). 화엄경 철학 가운데 이 우주, 세계, 세간(世間)을 설명하는 부분이 있고, 거기에 육상(六相) 즉, 여섯 가지 모습의 철학이 등장한다. 원효는 육상을 자기 저술 속에서 구체적으로 논의하고 있지 않으나 원효의 전체 관점 안에는 이 육상의 관점이 녹아들어가 있다고 할 수 있으며(전게서, pp. 391-392), 우리는 육상의 관점이 원효의 국가복지사상으로 수렴될 수 있다고 본다. 육상은 여섯 가지 상을 말한다(전게서, pp. 389-393). 그 여섯은 전체의 측면에서는 총상(總相), 동상(同相), 성상(成相)이며, 부분의 측면에서는 별상(別相), 이상(異相), 괴상(壞相)이다. 개념적으로는 총상과 별상, 동상과 이상, 성상과 괴상, 이렇게 쌍을 이룬다. 총상은 총체, 전체의 모습(相)이요, 별상은 전체의 부분들 하나하나의 모습이니, 화엄경 철학에 의하면, 총상 중(中)에 별상이요, 별상 즉(卽) 총상이다. 전체는 수많은 부분 부분들로 이루어져 있으나, 자세히 바르게 보면, 부분 하나하나인 즉 곧 전체이다. 동상은 그 전체가 하나의 동질성을 이루고 있는 모습이요, 이상은 그 하나하나가 특이성을 갖추고 있는 모습이다. 여기서도 동상 중에 이상이요, 이상인 즉 동상이다. 같음 중에 다름이 있고, 다름인 즉 같음이다. 성상은 그 전체가 하나로서 완성된 모습이요, 괴상은 그 별개의 특이한 부분들이 전체의 완성을 위해 각자 스스로 자기를 내세우지 않음을 말한다. 성상 중에 괴상이 있고, 괴상인 즉 성상이다. 부분이 자기를 스스로 고집하지 않기에 성상이 가능하며, 성상은 곧 부분들 속에 있다. 세간은 이렇게 하나 안에 일체요, 일체 가운데 하나인 것이다. 하나는 일체 가운데 있고, 일체인 즉 하나이다(一中一切, 一切卽一). 전체 중(中) 부분이요, 부분 즉(卽) 전체이니, 중과 즉 의 논리인 셈이다.

국가라는 것도 이 육상으로 설명될 수 있다. 국가와 국민, 이렇게 볼 때, 국민 없는 국가 없고, 국가 없이 국민은 없다. 국가 가운데 국민이 있고, 국민인 즉 국가인 것이다. 국가복지라고 하였을 때도, 국가복지 없이 국민복지는 없는 것이요, 국민복지 없는 국가복지는 성립될 수 없다. 국민복지는 국민 하나하나가 복지롭다는 것이요, 국민 하나하나가 복지로울 때, 국가복지는 성립한다. 국민의 관점에서 본다면, 국민 하나하나가 복지의 주체요, 국가의 관점에서 볼 때는 국민 모두(하나하나)가 복지의 대상이다. 그렇다면 육상의 철학에서 볼 때, 보편복지는 지극히 당연하다. 그리고 국민 하나하나가 복지로울 때 비로소 국가복지는 실현되어 있다고 할 수 있다. 원효가 국가를 복지의 관점에서 오늘날 우리에게 사상적으로 말을 해온다거나, 국가복지를 실현하는 일에 그가 골몰한다면 화엄의 육상철학은 그에 의해 유익하게 활용될 것이다.

하나하나의 복지가 온전히 실현된 국가를 원효는 아마 정토(淨土) 혹은 정국(淨國)이라고 할 것이다. 그 구성원 하나하나가 모두 비복지에 휩싸여 있다면 우리는 그곳을 예토(穢土)라 하지 않을 수 없다. 그런데 원효는 “예토와 정토는 본래 일심이요(穢土淨國本來一心), 생사와 열반도 궁극에는 둘이 아니다(生死涅槃終無二際)”(원효, 무량수경종요, 대의, 정목 강해, 2002, p. 23)라고 한다. 이것은 무슨 말인가. 우리는 습관적으로, 때로는 진지하게 복지국가와 비복지국가를 나누고, 그 나누는 일에 골몰하며, 그리하여 마침내 복지국가를 이루는 일에 연구하고 실천하기를 부지런히 힘쓴다. 복지국가(정토)와 비복지국가(예토)가 본래 일심이라니, 일심의 근원에서는 그 둘의 분별이 없다는 말인가. "꿈과 같이 실체가 없는 무명에서 벗어나 마침내 깨닫고 나면 일체의 경계가 일심(一心)임을 알게 된다. 일심의 경지에서 바라보면 생사와 열반, 예토와 정토가 따로 없으니 그 상대적 세계는 무명번뇌로 인한 망념이 만들었을 뿐이다"(정목 강해, 2002, pp. 25-26). 원효가 의상과 함께 한 당나라 유학길에서, 깨치고 나면 토감과 고분이 둘이 아님을 보았듯이, 정토와 예토도 깨치고 나면 둘이 아니라는 것인가. 그렇다면, 복지에로 이름, 국가복지의 실현은 그 둘이 아님에 대한 깨달음, 깨침, 마음의 물결에서 벗어나 물의 있는 그대로를 바르게 봄, 무명에서 일어나는 온갖 고통과 번뇌를 여읨, 중생을 바로 부처로 보고 자비를 펼침, 이라는 것인가. 다만 복지와 비복지를 같다고 보는 것이 아니라 복지와 비복지를 둘이 아님으로 보는 마음의 밝음, 마음의 무차별, 마음의 평화, 일체 존재에의 평등심, 결국 열반, 일심의 근원으로 다시 오는 일이 국가복지 실현의 근원임을 원효는 우리에게 안내하고자 하는 것인가. 중생의 이 세계가 깨치고 나면 그대로 열반임을 아는 이는 복지, 비복지 분별의 차원에서 흔쾌히 벗어나 무분별, 불이, 진리에 이르렀음인가. 국가비복지의 상태는 하나하나 분별의 무명으로 인한 번뇌와 망상, 고통에 휩싸여 있음이 아닌가. 국가복지의 실현은 결국 하나하나 그 무분별의 지혜와 자비, 평등에 이름이 아닌가. 정토는 예토를 벗어나 정토로 들어감이 아니라 예토가 곧 정토임을 깨닫는 것인가. 원효가, 말하여 우리에게 안내하고자 하는 국가복지의 실현은 궁극적으로 마음의 혁명적 전환을 통해 이룩해야 하는 그 무엇인가. 마음의 혁명적 전환, 그것은 곧 수행(修行)으로 말미암아 이룩되는 그 무엇이 아닌가. 현대 사회에서 우리가 논의하고 요구하는 그 모든 사회복지제도나 실천들도, 그렇다면, 수행을 할 수 있도록 돕는 여건이나 장치이어야 할 것이 아닌가. 사회복지제도나 실천이 곧장 우리로 하여금 복지에 이르게 하고 우리 국가의 복지를 실현하는 것이 아니라, 그 이름과 실현의 밑바탕을 조성함이 아닌가. 왜냐하면 수행은 수행주체의 일이기 때문이다.

불교의 아미타신앙 안에는 붓다가 늘 있는 불국(佛國), 불토(佛土)를 정토라고 하여 그곳은 저 서쪽에 있고, 그리하여 이승 삶에서 아미타불국토를 지극히 염불하여 그 서방정토에 죽음 뒤 나중에 왕생한다는 믿음도 있지만, 온갖 생명이 지금 살아가는 이 땅을 청정하게 즉, 모든 이들이 하나하나 일심의 근원으로 이르게 돕는, 참된 이타행(利他行)을 통해 이룩되는 여기 지금의 정토를 의미하기도 한다(김종의, 2012, pp. 311-312). 정토는 중생의 마음이 청정(心淨)하고, 견해가 청정(見淨)하여(원효, 아미타경소, 정목 해설, 2011, p. 177), 마음의 분별과 의혹, 근심이 사라져 그 구성원 모두가 안락(安樂)과 복지(福地)에 이른 국가복지(國家福祉)실현의 상태이다.

원효는 <유심안락도>에서 그 정토 즉, 안락국토(安樂國土)에 이르려면 우리가 다음 열 가지 마음을 마음 깊이 늘 새기고 있어야 한다고 말한다(원효, 유심안락도, 동국역경원, 한글 대장경 155, 1975, pp. 615-617). ①모든 중생에게 항상 자비심을 내어, 그 중생들의 수행을 훼손하지 않는 것. ②모든 중생에게 깊이 슬픈 마음을 일으켜 잔인하고 해롭게 하는 생각을 없앰. ③법을 옹호하는 마음을 내어 몸과 목숨을 아끼지 않고, 모든 법에 대하여 비방하지 않음. ④욕됨을 참아 나아가는 가운데 결정하는 마음을 냄. ⑤깊이 맑고 깨끗한 마음을 가져 이양(利養)을 탐내지 않음. ⑥여러 가지 지혜로운 마음을 내어 날마다 항상 생각하며 그 생각을 없애거나 잊지 않음. ⑦모든 중생에게 존중하는 마음을 일으켜 거만스런 생각을 없애고 겸손하게 자신을 낮추는 말씨를 씀. ⑧세속 이야기에 맛을 붙여 집착하는 마음을 내지 아니함. ⑨깨달으려는 생각을 가까이 하여 깊이 여러 가지 착한 인연을 맺어 심란하고 시끄럽고 흐트러진 마음을 멀리 여읨. ⑩올바른 생각으로 부처님을 관하여 모든 의심을 없앰. 원효는 이 열 가지는 십지(十地) 가운데 처음 즉, 초지(初地) 이상의 보살이라야 구족할 수 있다고 한다(전게서, p. 617). 원효는 <미타증성게>에서, 믿음으로 뭇 중생의 고해에 빠진 것을 가엾이 여겨 몸과 마음을 일으켜 크고 높은 서원으로 정업(淨業)을 모두 닦고 모든 번뇌 여의기를 발원하면 반드시 어긋나지 않고 정토에 이른다고 본다(정목 해설, 2011, pp. 251-252). "신라가 낳은 우리 민족의 스승"(김영태, 1997, p. 184), 원효는 이렇게 우리로 하여금 정토 곧 국가복지의 실현을 소망하도록 이끌고자 한다.

3. 나가며

일심을 언어로써 표현하는 것에 대하여 생각해 보자. 우리는 일심을, 그와 유사하거나 아닌 것을 가려 없이 함으로써 있는 그대로 바르게 언표하고자 하는 일심의 규명언어(糾明言語)와, 우리로 하여금 일심의 근원에로 돌아가도록 바라고 미는 일심의 실행언어(實行言語)를 식별해볼 수 있다. 그 규명언어는 일심이 본래적으로 말을 떠나고 생각을 끊은 자리이니 어떻게 표현되든 그렇지 않은 바(不然)이나, 만일 붓다처럼 참으로 일심을 말하거나 마명이나 원효처럼 일심의 불가언표성을 확실히 감지하고 억지로 말로 표현하려한다면 그것은, 그렇지 않은 것도 아닐(非不然) 것이다. 그럼에도 일심의 규명언어는 언어인 한, 달을 가리키는 손가락일 뿐이다. 우리가 손가락을 보고 그것이 정작으로 가리키고자 하는 달을 보지 못하거나 않는다면, 그 손가락은 우리에게는 그렇지 않을 뿐이다. 망념이나 분별심 등, 온갖 무명을 그쳐 일심진여에 이른다거나, 일어나 사라지는 온갖 것을 있는 그대로 본다고 할 때, '그침(止)'이나 '봄(觀)'은 일심의 실행언어이다. 일심의 실행언어는 현대 문명사회 속에서 소유의 분량을 잘 가늠하지 못하고 정신의 성질을 바르게 보지 못하여 일어나는 불안이나 우울, 중독의 마음을 가라앉혀 고요하게 하여 드디어 정신의 건강, 삶의 보람에 이르도록 도울 수 있는 방편이나 기법으로 얼마든지 승화, 응용될 수 있으며, 자신의 실존의 의미를 자각하여 건전한 성격의 사람으로 거듭나게 한다거나(김규수, 2000, p. 116) 조용한 분위기에서 자신만의 시간을 가지고 휴식하여 정신건강을 증진할 필요가 있는 우리에게(전게서, pp. 13-16) 정신보건 사회복지적으로 유의미할 수도 있다.

화회가 지금 여기 우리에게 적용될 수 있는가에 대해서 생각해 보자. 화회는 서로 싸우고 다투어 서로에게 모두 비복지를 초래케 하는 경우에는 실로 필요하다. 우리는 오늘 우리 남북, 북남의 분단과 그로 인한 서로의 싸움, 싸울 수 있음(전쟁가능성)이 우리에게 근원적으로 비복지를 가져올 수밖에 없다고 본다. 전쟁은 생존 자체를 위협하고, 생존하되 보다 잘 생활하기를 바라는 복지의 측면은 전쟁가능성의 분단을 근원적인 비복지로서 보지 않을 수 없는 것이다. 어떤 연구자는 화회가 남북통일문제에 적용될 수 있음을 진지하게 논의하는 바, 원효의 화쟁논리를 개시개비(皆是皆非)(모두 다 맞다, 모두 다 틀렸다), 불연비불연(不然非不然)(그런 것은 아니다, 그래그래 그 말도 옳다)을 핵심으로 하여 싸움질하는 자들에게 자기반성을 촉구하는 것으로 본 뒤, 진정으로 싸움 말리는 데 아무런 도움도 주지 못하는 사이비 양부정론자와 사이비 양긍정론자를 식별하고, 진짜 싸움 말리는 이는 양쪽을 다 알고

난 다음에 부정할 것은 부정하고 긍정할 것은 긍정한다고 하면서, 남북 분단이 낳는 싸움의 화회에서는 남북, 북남 양쪽을 다 앎, 남도 북도 모두 포용할 수 있도록 민중의 힘을 키움, 싸움하는 둘 다가 한 생명체 속의 손과 발처럼 유기적, 상보적으로 공존함에의 인식, 무엇보다 싸움 말리는 화쟁자의 눈뜸을 깊이 강조하며, 남도 북도 둘 다 틀렸다는 양부정(제1작업)에서는 싸움을 하려는 부정의 근거를 철두철미 부정하는 눈뜸으로, 날아가는 새들은 남북으로 오가는 데 다만 남북대결은 너무나 인위적으로 일어나고 있으니 얼마든 인위적으로 고칠 수 있음의 희망을 보고, 그 다음, 북도 남도 다 옳다는 양긍정(제2작업)은 이렇게 양부정의 철저함에서 비로소 솟아나오는 바, 서로 필요하다고 여기어 진실로 서로 돕는 것이 일어나도록 하며, 마지막 제3단계는 양부정과 양긍정의 길고 고된 작업을 통해 오는 것으로서, 이제 눈 안 뜬 사람도 용서하고, 분단으로 인한 실질적인 피해자들의 지혜를 개발하며, 참으로 남북 모든 인간의 가치를 존중하는 평화의 길이니, 남북통일의 화쟁은 분단의 고질병이 깊으므로 형극의 길이요, 따라서, 전쟁의 길로 가고 있는 현실정치인들이 화쟁의 길을 이해할 수 있도록 돕고, 만일 남북의 그들이 그 길을 받아들이지 않는다면 그들을 적극적으로 비판하며, 화쟁의 지지를 넓히기 위해 '화쟁 캠페인'을 벌여야 한다고 본다(박성배, 2009, pp. 94-123). 인위적으로 빚어진 분단의 고질병에 대한 열린 마음의 깊은 반성으로서 남북 모두의 개비(皆非) 운동, 통일의 희망을 바라보며 북남 모두의 인간에 대한 깊은 사랑의 교류로서 개시(皆是) 실행, 서로 걸림 없음(無碍)의 확인으로서 평화 실천은 분단의 극복과 공동체의 복지를 위해서 참 어렵지만 소중하다. 원효의 화회사상은 일상생활 가운데 싸움이 있는 어디든 그 싸움의 인과를 확인하여 걸림 없는 사람의 철저한 양부정과 자비의 양긍정을 통해, 뿌리에서부터 싸움을 말리고 넘어설 수 있는, 그리하여 우리 복지실현의 토대로서의 이념일 수 있다.

일심의 근원으로 돌아와 고요하고 참되어 지혜와 자비로서 깊은 이는 싸움을 넘어 화회와 복지에로 이를 수 있게 참으로 도울 수 있을 것 같다. 우리는 그런 이가 싸움 당사자를 서로 소통케 하고 각자 자립, 안정에 이르도록 도울 수 있으리라 본다. 가끔 싸움은 깊은 경지에 들어 있는 이의 마음에는 거의 같거나 같은 뜻의 언어를, 전혀 다른 뜻을 지니고 있기만 한 것으로 착각하는 경우에도 일어나며, 이런 경우, 두 가지의 언어가 서로 바꾸어 써도 좋은 것임을 밝혀주는 일은 필요하고 중요하다. 어떤 과학자는 한문(漢文)으로 된 <대승기신론>을 우리말로 번역할 때, 그 핵심 용어들을 얼마든지 그리스도교의 용어로 옮길 수 있음을 이야기하여 우리에게는 퍽 흥미로운 바, 가령, '일심'은 '하느님 마음'으로, '진여'는 '하느님'으로, '여래'는 '하느님의 아들'로, '여래장'은 '하느님의 품'으로, '법신(法身)'은 '하느님 당신'으로, '정법(淨法)'은 '하느님의 진리' 등등으로 옮길 수 있다는 것이다(소광섭, 1999, pp. 138-139). 물리의 세계와 그 원리를 과학적으로 연구하는 학자의 마음에 이해된 불교의 용어가 얼마든지 그리스도교의 용어로 바꾸어 쓸 수 있음을 말하는 이는, "세계의 모든 종교도 그 근본 되는 원리는 본래 하나인데, 단지 언어와 제도의 차이 때문에 서로 융통을 보지 못하는 일이 없지 않다"(전게서, p. 138)고 지적한 뒤, 종교의 대립과 분열은 삶과 문화를 높이고 풍요롭게 해야 할의 종교 본연의 자세에서 벗어나는 어리석은 일이고, "이러한 어리석음을 피하고 제불제성의 본의를 살리기 위해서 이제 우리는 바깥에서 들어오는 종교와 문화를 우리 자신의 종교와 문화로 다시 만들어 내야 하겠다. 그리하여 온 세상의 모든 종교와 다양한 사상이 이 땅으로 다 모여들어 서로 어우러져 새로운 하나로 화하도록 해야 하겠다"(전게서, p. 138)고 한다. 종교 사이의 평화가 세상 평화의 초석이고 종교 사이의 평화는 종교 사이의 대화에서 가능하며, 종교 사이의 대화는 종교 사이의 서로 달리 표현된 언어들이 기실 유사하거나 같은 의미와 이치를 지님을 밝히는 일은 이제 우리 다종교 사회의 평화와 복지에 있어서는 상식일 수밖에 없다.

다석(多夕)은, 그리스도교 신약성서, 요한복음 13장 31절, "지금 인자가 영광을 받았고 하느님도 인자로 말미암아 영광을 받으셨도다"에서, '인자'를 '맘'으로, '영광'을 '뚜렷'으로, '하느님'을 '빔(空)'으로 고쳐, "지금 맘이 뚜렷을 받았고, 빔도 맘으로 말미암아 뚜렷을 받았도다"로 고칠 수 있으며, 그렇다면 불교와 그리스도교는 상통함을 말한다(류영모 말씀, 박영호 엮음, 다석어록, 1993, p. 275). 다석의 언급에 의하면, 톨스토이도, "불교는 하느님이라고 하지 않는다 하더라도 사람이 니르바나와 하나 되고, 사람이 니르바나에 다다라 그 속에 잠기는 것은 인정한다. 그리하여 사람이 니르바나에 다다라 거기에 잠기어 하나 된다면 그것은 유대교나 기독교나 회교에서 하느님이라고 하는 근원(根源)과 같은 것이다"라고 하였다 하면서, 붓다가 체험한 니르바나 즉 열반은 기독교의 하느님(하느님) 체험과 같다고 본다(박영호 옮기고 풀이, 다석 류영모 명상록, 2001, pp. 422-423). 하느님이 우리에게 심어준 얼을 깨닫는 것이 인생에서 가장 중요한 것임을 이미 알게 된 다석은 예수의 얼과 붓다의 얼은 같은 것이고, 그것은 하느님이 심어준 것이며, 예수와 붓다는 그 얼을 확연히 본 점에서 같다고 본다(전게서, p. 486). 그래서 다석은, 한량없는 보배와 부가 충만한 자기 집에서 나와 이리 저리 떠돌고 나이도 들며 가난하고 초라하게 된 아들이 자기 아버지도 잊어버리고 고생 끝에 아버지 집에 이르러 거기서 품팔이라도 하고자 하였지만 너무 으리으리한 집 앞에서 강제로 일을 시키고 무슨 봉변이라도 당하면 어쩌나 하다가 그만 달아나고 말았는데, 그 집 아버지는 자기 아들임을 똑똑히 보고 하인으로 하여금 달아난 그 거지를 데려오는 불교 경전, <법화경>의 이야기를 들면서 얼마든지 신약성서, 누가복음 15장 11-32절의 돌아온 탕자의 비유와 비슷한 것임을 우리에게 보여준다(다석학회 엮음, 다석강의, 2006, pp. 134-156).

마치 예수처럼, 붓다처럼, 마명이나 원효의 언표처럼, 다시 아버지 품에 안기거나 아버지 집으로 돌아옴, 이미 자기 속에 스며든 하느님을 깨달음, 진여문과 생멸문을 통해 일심의 근원으로 돌아옴은 우리 모두의 참된 복지의 토대일 수 있겠다. 그런데, 원효의 일심과 야스퍼스의 실존을 비교하고 대비하는 연구를 한 어떤 학자는, 야스퍼스가 유일신론적 기독교 신앙관을 그 기초로 하고 있으며 주관과 객관의 이원론적 인식도식의 토대 위에 있는 반면, 원효는 주객을 이분하는 그 분별심이, 있는 그대로를 바르게 보지 못한 탓이요, 원효가 그 밑바탕으로 삼는 대승불교의 공(空)에서는 유일신론적 초월적 절대자의 자리가 없음을 언급하면서, 원효와 야스퍼스가 서로 유사하기도 하지만 또 다르기도 함을 지적한다(신옥희, 2000, pp. 69-77). 이렇듯 다석 같은 수행자와, 주로 언표를 바탕 삼아 지성적으로 연구하는 학자의 관점이 두 종교 내지 사상을 화회하는 일에 있어서도 다르다. 원효의 일심은 화회의 근거요, 화회는 국가 내지 공동체복지의 이념적 토대이다.

제7장

다석 류영모의 사회복지사상

1. 들어가며

사회복지학은 인간이 본래 사회적인 존재임을 전제하고, 자립, 안정, 교류가 실현된 즉, 복지가 실현된 사회공동체를 이룩하는 데 필요한 지식, 기술, 그리고 가치 등을 모색하고 검토하며 창안하는 데에서 성립하는 이성적인 논리체계이겠으나 현실적으로는, 사회복지의 제도와 법률에 관한 여러 정책들과, 그것을 실행하는 데에서 존재해야 하는 온갖 재원, 전달체계, 실천방법, 대상 등에 대하여 살피는 학문일 수밖에 없다. 이러한 정책과 실천들은 사회복지를 실현하는 수단이겠으나 이 수단이 인간의 복지생활을 가져오지 못한다면 사회복지와는 전혀 무관한 수단으로 전락한다. 사회복지의 온갖 정책과 실천들이 존재해야 할 이유는 일상생활 즉 우리 하루하루의 삶을 얼마나 어떻게 자립, 안정, 교류에 이르도록 하는가에 놓여 있다. 복지실현의 곳은 인간의 하루하루 삶이다. 여기서 우리는 복지로운 삶이 무엇인가, 한번 물어보아야 한다.

우리는 복지로운 삶을 구성하는 요소들로서 좋은 삶, 옳은 삶, 참된 삶 등을 말할 수 있다. 좋은 삶은 그 특성이 수직성이다. 낮은 데에서 무한히 높은 데로 올라갈 수 있는 것이다. 지금 좋은 삶보다 더 좋은 삶은 얼마든지 가능한 것이다. 가장 좋은 삶은 무엇일까. 인간은 본래 육체와 정신을 겸비하지만 정신이 좋은 것이 육체를 좋게 하는 토대일 수 있으므로, 아무래도 정신이 좋은 것이 육체가 좋은 것보다는 더 좋은 삶이 아닐까 한다. 육체를 좋게 하는 데 필요한 건강이나 재화, 온갖 물질적인 것들보다는 정신을 좋게 하는 생활태도, 인성, 지혜나 가치들이 그런 점에서, 좋은 삶을 가능케 하는 더 근원적인 토대일 것 같다. 마음의 행복은 좋은 삶의 핵심이다. 행복을 뜻하는 "유다이모니아는 하느님 모심"이란 말이요(김흥호, 다석일지 공부 7, p. 489), 하느님 모심과 같은 종교적인 최고 경지는 가장 좋은 삶이라 할 수 있겠다. 좋은 삶은 실존의 차원이다. 있는 그대로 자기 삶에서 좋은 삶은 무한히 모색되고 전개되며 실현될 것이다. 이와 달리 옳은 삶은 관계의 차원이다. 인간의 본질적인 사회성은 우리로 하여금 인간관계를 이룩한다. 옳은 삶의 특성은 수평성이 아닌가 한다. 수평적 관계 안에서 인간은 정의, 정직, 공정 등 바르고 옳은 행위와 삶을 통해 각자의 관계를 유지하고 발전시킨다. 옳은 삶은 관계의 운명 속에서 필연이다. 사회윤리나 시민의 도덕은 옳은 삶의 필연성 속에서 그 정당성을 지닐 것이다. 옳은 삶은 그런 면에서 서로 돕는 일을 당연히 수용한다. 관계의 유지를 통해 공동체가 존속하기 위해서, 필요할 경우 서로 돕게 된다. 서로 돕는 옳은 삶으로 말미암아 공동체는 유지될 것이고, 각자 모색하는 좋은 삶에 의하여 실존은 향상될 것이다.

참된 삶은 이치에 맞는 삶이다. 참된 이치는 곧 진리이다. 삶에 있어서 진리는 삶이 홀로 있으며 더불어 있다는 것이다. 홀로 있음의 실존이 가치로울 때 좋은 삶이고, 더불어 있음의 관계가 가치로울 때 옳은 삶이다. 그런고로 참된 삶은 좋으며 옳은 삶이다. 좋기만 하고 옳지 않은 삶, 옳기만 하고 좋지 않은 삶, 좋지도 않고 옳지도 않은 삶은 참된 삶이 아니다. 참된 삶은 행복과 정의가 함께 실현된 것이요, 스스로 좋으며 남과 함께 옳은 삶이다. 그런 면에서 복지로운 삶의 핵심은 참된 삶이요, 그 삶을 구성하는 요소를 우리는 좋은 삶, 옳은 삶, 참된 삶으로 나누어 생각할 수 있다. 우리는 복지로운 삶을 실제로 사는 이에게서 좋고, 옳으며, 참된 사회복지사상이 나올 수 있다고 본다.

다석 류영모(1890-1981)는 좋은 삶, 옳은 삶, 그리하여 참된 삶을 살았던 것 같다. 그의 삶이 좋았던 것은, 가령 그가 남긴 일지(다석일지 제1권, p. 168)에서, "떠나게 되면 아모 짐도 아조 업시 떠나는 길이니 시원 참 시원 하겠나이다"는 글에서 발견된다. 이 글은 1956년 4월 26일 일기이며, 이 날은 그가 여러 사람들에게 사망예정일로 말한 날이었다. 자신의 죽음을 참 시원하다고 말하는 그 마음은 참 고요한 것일 듯하며, 고요한 마음을 지닌 이의 삶은 좋은 것이 아닐까 한다. 또 가령 1966년 1월 15일 일기(다석일지 제2권, p. 377)에는, "각상 오니 보고 감사."라고 하였다. 각상은 다석의 셋째 아들이니 그 가족이고, 가족을 보며 감사하는 그 마음을 통해 우리는 그의 삶이 좋았다고 짐작한다. 그의 삶이 옳았다고 우리가 느끼는 것은 가령, 아버지가 돌아가신 날을 추도하는 그 하루는 꼭 금식을 하고 제물에 쓸 돈은 어려운 이웃을 돕는 데 썼다거나(박영호, 2012, 다석 전기, pp. 276-277), 전북 완주군에 있는 임야 4만여 평과 300여 평의 대지가 있는 절터를 사서 가난한 이웃을 돕는 동광원에 기증하는 일(전게서, pp. 474-475), 1973년 땅이 없는 농부들에게 땅을 사주는 '주는 운동'을 벌인 조경묵에게 그 창립모임에서 선뜻 돈을 건네는 일(전게서, pp. 536-537) 등을 통해서이다. 이렇듯 좋기도 하고 옳기도 한 그의 삶이 참되다고 볼 수 있게 되는 것은 가령, 1974년 1월 22일 일기에 '데계'라고 쓰는 바(다석일지 제3권, p. 675), 여기 지금 이 삶이 온 저기에로 늘 마음이 가 있는 것이니 이것은, 존재의 근원과 이치에로 그 마음이 가 있는 것으로서 이해되기 때문이다. 그의 전기를 작성한 제자 박영호는 그의 말과 글의 초점이 '아버디(아버지)' 세 글자에 있다(박영호, 2012, 다석 전기, p. 673)고 본다. 그의 삶은 이 상대를 초월하여 절대에로 가 있었으며, 절대는 모든 존재의 근원이요 참 이치이니, 그 근원에 머물 수 있는 그의 삶을 우리는 참되다고 할 수 있을 것 같다. 참 이치, 절대의 근원을 사색하고 깨친 삶을 우리는 참되다고 볼 수 있지 않을까 한다. 그래서 우리는 다석의 삶이 복지로웠다고 생각한다.

다석은 조선후기, 일제식민시대, 그리고 한국 안에서 살았다. 다석은 우리 앞서 살았고, 일정한 기간 동안 우리와 동시대 사람이었으며, 우리 앞서 갔다. 다석의 시대에서 우리가 상식적으로 알로 있는 역사적 사건들로 말할 수 있는 것은, 갑오동학농민전쟁 혹은 혁명(1894), 갑오개혁(1894), 한일합방(1910), 삼일만세운동(1919), 광복(1945), 육이오전쟁(1950) 등이고, 민주화, 산업화로 요약되는 현대 한국의 전개, 민주화, 산업화 이전 농경중심생활, 유교의 영향 아래 왕권중심의 정치, 서서히 벗어나는 신분제사회 등이다. 다석은 주어진 시간과 공간, 상황 속에서 무엇보다 사람으로서 생각하였다. 그 생각은 언어와 함께 진행되었고, 사람의 삶을 좋고, 옳으며, 참되게 할 수 있는 말씀들, 경전들 속에서 싹트고 자라며, 익어갔다. 다석은 어린 시절 서당에서 한문을 배워 익혔고, 세종대왕과 그 협조자들과 함께 형성된 우리나라 문자, 훈민정음 혹은 한글을 배우고 깊이 깨쳤으며, 젊은 시절부터 인연 따라 가르쳤고, 썼으며, 그 가르침과 글들은 여러 가지 상황과 방식 안에서 주위 사람들에게 영향을 미쳤고, 어떤 이는 그 영향으로 그 삶이 좋고, 옳으며, 참될 수 있었다. 복지의 삶이 또 다른 복지의 삶을 자꾸 낳는 것이다.

다석의 제자 김흥호는 다석의 삶을 여섯으로 요약하는 바, 그것은,

하루 한 끼 먹기, 새벽 일찍 일어나기, 찬물 수건으로 몸 문지르기, 약속시간 잘 지키기, 걸어서 다니기, 늘 꿇어앉기(다석일지 제4권, p. 629) 등이다. 또 김흥호는 다석의 길 혹은 도(道)는 네 가지로서 일좌식(一坐食) 일언인(一言仁) 이라고 한다(김흥호 · 이정배 편, 2002, p. 13). 일좌는 언제나 무릎을 꿇고 앉는 것이요, 위좌(危坐)라고도 하고 정좌(正坐)라고도 하며, 일식은 일일일식(一日一食)이고, 일언은 남녀 관계를 끊어버리는 것이며, 일인은 언제나 걸어 다니는 것이다. 일언은 한 말씀 속에 늘 존재하니 남녀 관계를 끊음이요, 일인은 한 사랑 안에 있음이니 손수 발로 걸어가 거기서 사랑을 펼침이다. 다석은 1960년 8월 25일 일기에(다석일지 제1권, p. 740) '발아 ㄴ 다', '발구락이 브르튼데'라는 시를 쓰며, "온 몸을 바치고 댕기던, 네가 성치 못하니, 너 낫길 기다리는 온몸이 너를 받들게 돼, 네 탈에 몸성이 가셔 네 성키만 바란다"라고 한다. 많이 걸으니 발에 탈이 나고, 그 발이 성하기만을 바라는 다석의 마음이 이 시 속에 있다.

그리고 다석은 1956년 12월 8일 일기에(다석일지 제1권, p. 291) '기독자(基督者)'라는 시를 쓰는데, 여기에는 '(祈禱陪敦元氣息 嘗義極致日正食(기도배돈원기식 상의극치일정식)'이라는 표현이 있다. 김흥호는 이 시를, 기도는 하느님을 모시고(陪) 두텁고(敦) 진실하게 드리는 것이요, 하늘에서 숨쉬는 근원적인 숨쉼(氣息)이요, 힘차게 근원적으로 숨쉼(元氣息)이며, 나 자신을 하느님께 바치고 올리며 헌신하는 제사(嘗義)의 극치는 내 살을 먹고 내 피를 마시는, 일식(一食), 일정식(日正食)임으로 풀고 있다(김흥호, 다석일지 공부 2, pp. 181-182). 그것은 하루 한 끼이다. 또 다석은 1966년 8월 22일 일기에(다석일지 제2권, p. 447) "一食晝夜通 一言生死通 一坐天地通 一仁有無通 通晝夜一食 通死生成言 通天地立命 通有無得仁"이라는 글을 쓴다. 김흥호는 이 글에 대하여, "한 끼 먹고 밤낮을 꿰뚫고 한번 말하면 생사를 꿰뚫고 한번 앉으면 하늘땅을 꿰뚫고 한번 사랑하면 있고 없고를 꿰뚫는다. 주야를 통한 사람만이 한 끼 먹을 수 있고 사생을 통한 사람만이 말씀을 이룰 수 있고 천지를 통한 사람만이 목숨을 세울 수 있고 유무를 통한 사람만이 인을 얻을 수 있다”(김흥호, 다석일지 공부 5, p. 280)고 옮기면서 “주야통(晝夜通)은 시간(時間)을 초월, 생사통(生死通)은 인간(人間)을 초월, 천지통(天地通)은 공간(空間)을 초월, 유무통(有無通)은 세간(世間)을 초월한 사람”(전게서, p. 280)이라고 덧붙인다. 여기 지금 상대세계는 결국 시간, 인간, 공간, 세간의 곳이다. 여기는 사이와 간극의 곳이다. 다석은 이 상대세계의 사이들을, 하루 한끼 먹고(다석은 1966년 8월 5일 일기에[다석일지 제2권, p. 444], 일석[日昔]이라는 제목의 글로서, ‘지어놓은 아침밥을 아니 들고 저녁밥만 들어보기로 한 날을, 1941년 2월 17일, 52세 때라고 쓴다), 남녀관계를 초월하며, 크게 앉고, 걸어 다니면서, 넘어서는 삶을 살고자 하였다.

1973년 6월 19일 일기에 다석은 ‘충음(忠吟)’이라는 시를 쓴다. 한자의 뜻을 속속들이 알고 있는 다석에게서 ‘충(忠)’은 속알이요, 저 <중용>의 표현처럼 사람의 속알은 하늘이 심어준 것이요, 다석은 자기 속에 심겨진 속알을 이 시에서 읊고(吟) 있다. 그 시는 다음과 같다(김흥호, 다석일지 공부 7, pp. 364-365). “精神人子中庸立 一中心命忠解義 正音斷辭稽古旨 繼天太極多夕宜.” 자기 속의 정신은 마치 예수의 정신처럼 중용(가운데 씀)으로 섬(立)이요, 이것은 다석 삶의 일좌(一坐)이고, 하나(전체)가 심어준 마음과 생명은 그 속알을 깨닫고 있음으로 바름(義)이요, 이것은 다석 삶의 일인(一仁)이며, 하늘의 바른 소리와 땅의 고른 말씀은 태초를 생각하는 뜻(旨)이요, 이는 다석에게서 일언(一言)이고, 하늘을 이어 표준을 세움으로 세 끼를 모아 저녁에 한번 먹는 것의 마땅함(宜)이요, 이는 다석에게서 일식(一食)이다. 일좌의 독립, 일인의 자유, 일언의 참됨, 일식의 튼튼함이 다석 자신 삶의 길이요, 속알이다. 그 해 8월 8일의 일기에서 다석은 또 다음 시를 쓴다(전게서, pp. 384-385). "太虛之天 氣化之道 虛氣之性 性知覺心." 하늘이 행함은 커다란 빔이요, 이것은 일식이고, 갈 길은 기체가 되어 올라감이니 이것은 일언이며, 바탈을 깨달음이 빈 힘이니 일좌이고, 바탈의 지혜가 나타나야 깨달은 마음이니 일인이다. 다석으로서는 하루 한 끼 먹음과, 남녀 관계 끊음(말씀을 고르고 골라 풀어 성찰하여 귀일의 이치를 깨닫고 귀일의 삶에 든 다석은 51세 까지는 부부생활 즉, 범방을 하였으나 그 이후부터는 아주 끊었다고 하며[박영호, 2012, 다석 전기, pp. 352-353], 귀일하여 몸의 나가 없는 마음은 깨끗이 남녀를 초월한다고 하고[류영모 말씀 · 박영호 엮음, 1993, 다석어록, p. 175], 인구폭발은 원자폭탄보다 더 무서운 것이라고 하며[전게서, p. 271], 오랜 세월 다정하고 금슬좋은 부부로 살았다고 한다), 몸을 바로 하여 굳게 앉음이 있을 때 비로소 하느님 사랑을 깨닫고 실행할 수 있다.

다석은 하루를 일생으로 알고 그 하루하루를 세면서 그 하루를 온전히 살고자 하였는 바, 그 하루 가운데 저녁에는 일식, 밤에는 일언, 새벽에 주로 일좌, 낮에는 일인하고자 하였다고 한다(다석일지 제4권, pp. 677-678). 스스로 붙인 호, 다석(多夕)은 석(夕) 셋으로 하루 세 끼를 모아 저녁에 한 번 먹었다고 하여(김흥호, 다석일지 공부 7, p. 365) 다석이기도 하고, '하도 지낸 저녁 사람'(다석일지 제4권, p. 740)이라는 다석 자신의 표현처럼 삶 안에서 많은 저녁을 보내왔다는 의미의 다석이기도 하다. 다석은 낮의 허무한 물질주의적 풍요보다 밤의 크게 행복한 정신주의적 고요를 살고자 하였다. 다석의 삶과 생각은 주로 나에 집중되었고, 그 나는 결국 하늘로서 왔음을 명료히 보았던 셈이며, 이 바탕 위에서 하루하루를 좋고, 옳으며, 참되게 살고자 하였고, 성경, 불경, 유교 경전, 도교 경전 등 말씀을 하늘에서 온 지혜로서 깊이 묵상하였으며, 나들 혹 여러 나인 나라(國)가 좋고 옳으며 참되기를 진실로 희망하여 그 일에 자기 나름으로 실천(주위 사람들에게 걸어가서 가르침, 도움 등)하였고, 말씀은 훈민정음 혹은 한글 속에, 우리 문자 속에 이미 스며 있음을 명료히 보고, 한자의 말씀(가령, 노자의 <도덕경>, 유교의 <중용>, 장횡거의 <동명>, <성경> 말씀 가운데 여럿, 가령 요한복음, 천주교의 <봉헌경>, 우리 민족의 <천부경>, 불교의 <반야바라밀다심경> 등등)을 때때로 오롯한 한글로 옮겨 생각하며, 날짜의 숫자를 또 한글로 옮겨 깊이 생각하기도 하였다. 다석의 이러한 삶 속에는 우리가 보기에, 인간 존재의 참된 복지, 언어 의미에 대한 이해에서 오는 복지, 우리나라의 복지에 대한 나름의 생각이나 사상이 분명히 있는 것 같다. 그래서 우리는 다석을 통해, 하나로 돌아옴 혹은 하나에로 돌아감(歸一)으로서의 '귀일복지사상', 한글을 이해하고 한글로 교류함에서 오는 '한글복지사상', 결국 우리나라, 우리 국가의 '국가복지사상'을 일별하고 통찰할 수 있다고 생각한다.

다석 사회복지사상에 대한 우리의 연구에서 참고가 되어 참고한 자료는 크게 세 가지로 분류되는 바, 1차, 2차, 3차 자료들이다. 1차 자료는 다석께서 직접 쓴 글월들로서 김흥호, 박영호, 서영훈 세 사람이 편집한 <다석일지-다석 류영모 일지> 제1권(1990, 홍익재), 제2권(1990, 홍익재), 제3권(1990, 홍익재), 그리고 제4권(1990, 홍익재)의 일부이다. 2차 자료는 다석의 강의에 대한 다른 이의 정리 글, 다석 글월에 대한 풀이, 해설의 문장들, 다석에 관한 증언들, 다석의 해 간추림(연보) 등으로서 다음과 같다. <다석일지-다석 류영모 일지> 제4권의 일부; 김흥호, 다석일지 공부 1(2001, 솔출판사), 다석일지 공부 2(2001, 솔출판사), 다석일지 공부 3(2001, 솔출판사), 다석일지 공부 4(2001, 솔출판사), 다석일지 공부 5(2001, 솔출판사), 다석일지 공부 6(2001, 솔출판사), 다석일지 공부 7(2001, 솔출판사); 류영모 말씀·박영호 엮음, 씨알의 메아리, 다석어록, 죽음에 생명을 절망에 희망을

(1993, 홍익재); 박영호 저, 다석사상전집 1, 다석 류영모의 생각과 믿음(1996, 문화일보), 옮긴이 류영모 · 풀이 박영호, 다석사상전집 2, 다석 류영모의 기독교 사상(1996, 문화일보), 박영호 저, 다석사상전집 3, 다석 류영모의 불교사상(1996, 문화일보), 박영호 저, 다석사상전집 4, 다석 류영모의 유교사상(상)(1996, 문화일보), 박영호 저, 다석사상전집 5, 다석 류영모의 유교사상(하)(1996, 문화일보); 박영호 역 · 저, 노자-빛으로 쓴 얼의 노래, 다석 류영모를 통해 본 노자의 『도덕경』(2000, 두레), 박영호 역 · 저, 장자, 자유에 이르는 길, 다석 류영모의 사상과 함께 읽는 장자(2000, 두레); 박영호 옮기고 풀이, 진리와 참 나, 다석사상의 진수, 다석 류영모 명상록(2001, 두레); 김흥호 편, 제소리, 다석 류영모 강의록(2002, 솔출판사); 다석학회 엮음, 다석강의(2006, 현암사); 박영호 지음, 메타노에오, 신화를 벗은 예수, 다석 사상으로 풀이한 도마복음(2009, 인물과사상사); 박영호 지음, 잃어버린 예수, 다석 사상으로 다시 읽는 요한복음(2009, 교양인); 류영모 번역 강의 · 박영호 풀이, 공자가 사랑한 하느님, 다석 강의로 다시 읽는 중용 사상(2010, 교양인); 류영모 강의 · 박영호 풀이, 다석 마지막 강의, 육성으로 듣는 동서 회통의 사상(2010, 교양인); 박영호 지음, 죽음 공부-다석 사상으로 읽는 삶과 죽음의 철학(2012, 교양인) 등이다.

그리고 3차 자료는 다석의 삶과 사상을 지은이들이 정리한 글, 다석에 관한 논문들의 엮음, 다석 연구서들 등으로서, 김흥호 · 이정배 편, 다석 유영모의 동양사상과 신학(2002, 솔출판사); 박영호 지음, 다석사상전집 1, 진리의 사람 다석 류영모(상)(2008, 두레), 다석사상전집 2, 진리의 사람 다석 류영모(하)(2002, 두레); 박영호 지음, 우리말과 우리글로 철학한 큰 사상가, 다석 류영모(2009, 두레); 박영호 지음, 다석 전기-류영모와 그의 시대(2012, 교양인); 박재순 지음, 다석 유영모, 동서 사상을 아우른 창조적 생명 철학자(2008, 현암사); 정양모 지음, 나는 다석을 이렇게 본다(2009, 두레); 박재순 지음, 씨알사상(2010, 나녹); 씨알사상연구소 편, 유영모 · 함석헌의 철학과 사상, 생각하는 백성이라야 산다(2010, 나녹); 정양모(다석학회 회장) 외 지음, 하루를 일생처럼, 다석 류영모 선생 귀천 30주기 추모 문집(2011, 두레); 김진, 다석 류영모의 종교사상(2012, 울산대학교출판부); 이기상 지음, 글로벌 생명학, 동서 통합을 위한 생명 담론(2010, 자음과모음); 이정배 지음, 없이 계신 하느님, 덜 없는 인간-다석신학의 얼과 틀 그리고 쓰임(2009, 모시는사람들); 이정배 지음, 빈탕한데 맞혀놀이-다석으로 세상을 읽다(2011, 동연) 등이다.

2. 다석의 사회복지사상

1) 귀일복지사상

귀일(歸一)은 하나(一)의 편에서 보면 하나로 돌아옴이요, 하나에 이르지 못하거나 않는 이가 하나에 이른다면 하나로 돌아감이다. 여기 지금 살아 있으면서 하나로 돌아감의 자각과 노력이라면 수행(修行)이요, 죽어서 하나로 들어간다거나 돌아가기를 희구하고 앙망한다면 그것은 신앙(信仰)일 것이다. 귀일의 수행과 신앙이 하나로 이어져 있기도 하다. 귀일을 믿고 흠모하는 것은 귀일의 수행에 밑거름이 될 수 있고, 귀일의 수행이 깊어지면서 그 신앙에로 수렴되어갈 수도 있다. 우리가 이제 좋고, 옳으며, 참된 삶을 살게 되었다면 우리는 귀일한 것이고, 귀일하였다면 이제 우리는 복지생활의 상태에 있게 된 것이다. 복지생활의 귀일은 그런 면에서 신앙보다는 수행에 가깝고, 수행의 결실이다. 귀일은, 존재의 차원에서는 참 인간이 되는 것이요, 실용의 측면에서는 우리 모두 하나 되어 좋고, 옳으며, 참된 세상을 이룬다는 것이다. 다석 사상에서 귀일은 핵심이다(박재순, 2008, p. 334). 귀일은 하느님아버지께로 돌아가는 것이다(박영호, 다석사상전집 1, 1996, p. 30). 다석은 그만큼 귀일의 수행에 진실로 철저하였고, 귀일의 신앙 안에서 삶을 산 것이다. 만일 우리가 귀일을 존재 차원과 실용 측면으로 나누어볼 수 있다면, 존재 차원에서의 귀일이 실용 측면의 귀일에의 토대일 것이다. 다석에게서 귀일은 사람 안에서 하늘과 땅이 하나로 꿰뚫어졌다는 것이요, 하늘이 오고 하늘로 가서 가온이 되었다는 것이며, 실상에 이르러 견성하여 일심으로 돌아와 니르바나에 이르렀다는 것이고, 하나를 낳는 그 길(道)에 통하였다는 것이며, 그럼으로써 아버지 하느님과 하나 되어 내 안에 아버지가 계시고, 아버지 안에 내가 있게 된 것이다. 다석의 글월과 삶은 귀일의 염원으로 가득 차 있고, 일식하고 일언하여 몸의 나를 떠나 혹은, 몸나가 가짜임을 보고, "얼의 나를 깨달은"(박영호, 2009, 다석 류영모, p. 233) 다석은 일생토록 생각(일좌)과 공부, 가르침(일인) 등을 통해 그 깨달음을 가다듬고 또한 가르치려고 하였다.

다석은 귀일 안에서 우리나라 뿌리 생각이 담겼다고 할 수 있는 <천부경>의 정신을 이어받고자 하였다. 고운 최치원에 의하여 한자(漢字) 81개로 요약된 <천부경>의 핵심은, 우리가 생각하기에, 하늘, 땅, 사람이요, 마음으로 하늘에 올라 밝은이에게 하늘과 땅은 하나이라는 것이며, 모든 것이 하나로 시작되었으나 그 하나는 시작도 마침도 없다는 것이고, 1, 2, 3, 4, 5, 6, 7, 8, 9, 10 등이다. 하지만 "귀일로 일관된"(박재순, 2008, p. 334) 삶을 살다간 다석은 <천부경>을 나름대로 뜻깊게 새긴다. 한자 81개의 <천부경(天符經)>은 이렇다. "一始無始一析三極無(일시무시일석삼극무) 盡本天一一地一二人(진본천일일지일이인) 一三一積十鉅無櫃化(일삼일적십거무궤화) 三天二三地二三人二

(삼천이삼지이삼인이) 三大三合六生七八九(삼대삼합육생칠팔구) 運三四成環五七一妙(운삼사성환오칠일묘) 衍萬往萬來用變不動(연만왕만래용변부동) 本本心本太陽昂明人(본본심본태양앙명인) 中天地一一終無終一(중천지일일종무종일).” 우리는 이 글월이 81개 글자이므로 9 곱하기 9 하여 81로 보고, 위와 같이 배열하였다. 다석은 ‘천부경’을 ‘한늘 어음찍 월’, ‘하날 어음 찍 월’로 옮긴다. 그것을 다석은 이렇게 끊어 읽는다(다석일지 제2권, p. 160과 p. 226). “일. 시: 무시. 일. 석삼극. 무진본. 천일일. 지일이. 인일삼. 일적, 십거, 무궤, 화삼. 천이삼. 지이삼. 인이삼. 대삼합육: 생칠팔구. 운삼: 사성환. 오칠. 일: 묘연! 만왕, 만래. 용변: 부동본. 본심, 본태양, 앙명. 인중, 천지일. 일종, 무종. 일.” 다석은 여기서 일(一)을 ‘하실’, ‘하나’, ‘한’ 등으로 옮긴다. 우리가 생각하기로도, 하나(일)는 모든 존재의 뿌리라는 뜻, 하나라는 뜻, 크다는 뜻 등 여럿이다. 그 전부를 다석은 이렇게 옮긴다. “한 비롯: 없는 비롯: 하나! 셋: 풀자니 가장 못함! 밑둥. 하늘 하나: 한.(皇) 따: 하나: 마주.(兩). 사람 하나: 세웃.(參) 하나 그득(一積), 밀되, 썰되(十鉅), 다 된단: 없시-세워 있다(參). 하늘 맞서(兩三), 땅 맞서, 사람 맞서, 한셋 맞 이어섯스니(大三合六) 일곱 여덟 아홉 생기다. 옮기어 셋: 네모처, 이루니. 다섯 이룸(五七). 하나: 고히 노니름!(一妙衍) 잘가고 잘온데(萬往萬來) 갈리어 쓰이나: 꿈쩍않는 밑둥. 밑둥 맘. 밑둥 해-뚜렷 밝아: 사람 속에: 하늘 땅 하나! 한 마침: 없는 마침: 하나”(다석일지, 전게서, p. 160;김흥호, 다석일지 공부 4, p. 493). 다석은 그것을 또 이렇게 수정하여 옮기기도 한다. “하실. 나너. 업 비롯. 한 푸리, 셋 가장. 못다할 밑둥. 하늘 하나 한, 따 하나 맞둘, 사람 하나 세웃. 하나 그득, 밀썰되: 다함 업시, 된 세임. 하늘 맞섯, 땅 맞섯, 사람 맞섯, 한셋 맞둔 여섯스니, 일곱 · 여둘업 · 아업. 생기다. 옮기어 셋 네모루처 이룬 고리: 다섯 · 이룸 하나. 고히 노니름! 잘가고 잘온데 갈리어 쓰이나: 꿈적안는 밑

둥! 밑둥 맘: 밑둥 해: 뚜렷 밝아: 사람 속: 하늘 · 땅. 하나. – 사람: 하늘 땅 드러맞훈 하나. – 한 마침, 업 끝. 하실"(다석일지, 전게서, p. 226; 김홍호, 전게서, p. 501). 하나 안에서는 나너 없다. 나가 너고 너가 나이다.

다석은 그의 제자에게 '나너 너나', 나와 너는 나너(나누어)지는 것인데 나너는 하나일 수 있음을 말하였고, 제자는 이것을 자기에게 건넨, 나눈 마지막 법언(法言)이라 기억하고 있다(박영호, 2012, 다석 전기, p. 659). 우리가 생각하기로 '너'는 다만 너이다. 하지만 그 제자의 말(전게서, p. 659)대로 하느님을 말할 수도 있다. 우리가 귀일한다면 하느님은 너 속에도 나 속에서도 계시는 셈이다. 그 하나를 풀어본다면 셋이 있는 바, 하늘 땅 사람이다. 하늘은 하나로 우뚝 있다면 땅은 거기에 마주하여 있다. 하늘이 절대라면 땅은 상대이다. 이 상대와 절대가 만남으로 여기 지금 사람이 있다. 오, 사람이어! 존재의 세계에서는 어쨌든 하늘 땅 사람, 이 셋이 밑둥이다. 그러나 사람에게서 밑둥은 마음이다. 그 밑둥으로 모든 것이 하나에서 시작하고 즉, 왔고, 모든 것이 하나로 마치며 즉, 돌아가는 것임을 깨달아야 그 사람이 밝다 할 수 있다. 하나로 돌아온, 하나로 돌아간 사람(歸一人生)에게는 나너 너나이고, 하늘과 땅이 하나이며, 자기는 하나에서 와서 하나로 돌아가는 것이고, 여기 이 시간과 공간의 상대세계에서 절대와 만나 하나가 된다. 다석의 귀일에서 이렇듯 <천부경>은 깊이 있게 새겨져 있다. 천부경의 정신 안에서 살아온 우리에게 지금 세계의 큰 가르침들(宗敎)이 용해될 수 있는 것도 이 귀일사상 덕분일 것이다. 귀일에서 우리는 좋고, 옳으며, 참된 복지를 만날 수 있다.

귀일생활은 하나에로 가서 하나를 얻어 하나에로 마음을 집중하여 사는 삶이다. 다석에게서 귀일은 '가온'이기도 하다. 다석은 일지에서, 위에 'ㄱ'이 있고, 중간에 아래 아(·)가 있으며, 아래에 'ㄴ'이 있는 글자와, 또 한자, 가운데 중(中)자와 비슷한 글자도 표기하였다(가령, 다석일지 제3권, p. 432). 다석이 줄곧 숨 쉬어 온 말씀들의 핵심은 하늘에서 가라 하여 나온 것이 나이라는 것이다. 'ㄱ'은 하늘에서 내려옴이고, 'ㄴ'은 땅에서 오름이다. 그 중간에 있는 아래 아(·)는 하늘에서 가라하여 온 내가 땅에서 하늘로 올라, 하늘과 땅이 만나는 지점이다. 이 지점에 이르는 것으로서의 귀일은 유교의 <중용(中庸)> 속에서도 표현된다. <중용>의 머리에 있는 말씀은 이러하다. "天命之謂性 率性之謂道 修道之謂敎 道也者 不可須臾離也 可離非道也 是故 君子 戒愼乎其所不睹 恐懼乎其所不聞 莫見乎隱 莫顯乎微 故 君子愼其獨也 喜怒哀樂之未發 謂之中 發而皆中節 謂之和 中也者 天下之大本也 和也者 天下之達道也 致中和 天地位焉 萬物育焉." 다석은 '중용'을 '가온대쓸'로 옮기며, 위의 한자들을 이렇게 옮긴다(다석일지 제2권, p. 626). "한늘 말숨이시어 받할이라. 거나리는 받할을 길이라. 길내어 가온 갈아치키라. 길은 조금도 뜨딜몯할거시니 뜰거시면 길이라고 아니했스리라. 이러므로 기는 그 보디몯하는바에 삼가 깨며, 그 듣디몯하는바에 저허하나니라. 숨은처럼 보임은 업고 자근처럼 나톰은 업스매 기는 저 홀로 삼가나니라. 좋고 싫고 섧고 즐검이 픠지 아닌 적을 가온이라 닐아고, 픠여서 다 마디에 마딤을 고론이라 닐아나니 가온은 뉘웋에 한밑이오, 고론은 뉘웋에 드딤발이니라. 가온과 고론이 닐위면 한늘땅이 자리로 스며 잘몬이 길리위나니라." 박영호는 다석의 옮김에 바탕을 두어 위 말씀을 이렇게 표기한다(류영모 번역 강의·박영호 풀이, 2010, 다석 강의로 다시 읽는 중용 사상, pp. 43-62). "하늘 뚫린 줄(命)을 바탈(性)이라 하고, 바탈 타고난 대로 살 것을 길(道)이라 하고, 디디는(修) 길 사모칠(之) 것을 일러 가르치는 것이니라. 길이란 눈 깜짝할 동안도 여의진 못하나니 여윌 수 있다면 길은 아니니라. 그러므로 그이(君子) 아무도 보지 못하는 데서 삼가 살피며 아무도 듣지 못하는 데서 저어하는 듯하는구나. 싸고 싼 것이 내보이며 작고 작은 일이 드러나니 그래, 그이 제 혼자부터 삼가는구나. 기쁨 성냄 슬픔 즐거움 안 난 대로를 뚫림(中)이라 하고, 나되 뚫린 줄 골라 맞춘 것을 곱다(和) 하니라. 뚫림은 온누리(天下) 한 밑둥(大本)이요, 곱은 것이 온누리 사무치는(達) 길이니라. 뚫림과 곱음이 같으면 하늘 땅이 자리 잡고 잘몬(萬物)이 자라나느니라."

여기 내가 하늘로부터 받은, 하늘로 뚫린 본래 나를 회복하여 즉, 귀일한다면 그 나는 군자요, 군자는 가온에 이르러 세상을 고르고 곱게 할 수 있으며, 하늘과 땅을 자리 잡게 하고 그 사이에 있는 온 생명을 참되게 살도록 도울 수 있다. 하늘로 여기 내가 뚫려 있다는 것은 늘 진리요, 몸의 식색에 사로잡히고, 몸의 나가 곧 참 나라고 착각하는 즉, 참 닦음이 없거나 모자람으로 그 진리를 잊고 있으니, 만일 희로애락의 그 몸나의 삶이 깨끗이 닦여져 하늘로 뚫려져 있는 본래 나, 참 나, 그 가온을 얻는다면 중용의 삶이다. 중용의 삶은 "하느님의 성령으로 정신생활을 하는 것"(박영호, 1996, 다석사상전집 4, p. 89)이다. 하느님의 성령을 쓰는 삶은 곧 귀일생활이요, 이는 모든 복지의 최종 도달점이다. 그 성령을 쓰지 못하거나 않는 삶이 곧 비복지의 극치일 수밖에 없다. 중용이 드러내는 귀일복지는 나의 바탕이 하늘로 이어져 있음을 명료히 닦아, 남도 그럴 수 있도록, 잘 살도록 돕는 것이리라. 나와 남이 함께 잘 산다면 우리는 복지롭다.

다석은 우주를 감싸는 허공에로 향하여 크고 깊은 마음을 얻는다. 그리고 다석은 그 허공 즉, 빈탕과 마음은 떼어놓으려야 떼어놓을 수 없다고 말한다(다석학회 엮음, 2006, p. 478). 그는 1967년 2월 23일 일기에(다석일지 제2권, p. 477), '마음과 虛空' 이라는 글을 쓴다. 이 글은 이렇다. "마음이 속에 있다고 : 좇아들어 못봣거늘. 虛空이 밖에 있대서 : 찾아나가 맞날손가? 제않밖 몰으는 임자 아릿다운 쥔인가!?

달라붙은 속알이 : - 마음을 제속이라 만 - : 녁 : 터믄이도 몰으는이 : - 한 대를 밖이라고 만 - : 암. 우주를 휩싼 虛空도 빈맘속에 드누먼! 온갖 일에 별별 짓을 다봐주는 마음이오, 모든 것의 갖인 꼴을 받아주는 虛空인대, 아마도 이 두가지가 하나인 法 싶구먼. 제맘이건 쉽게 알고 : 못되게는 안쓸거시 : 업시 보고 빈탕이라 : 妄發을랑 말을거시 : 님께서 나드시는 길 가까움직 하구먼."

모든 있는 것은 빈탕, 허공이 참으로 있기에 있는 것이다. 빈탕으로 우리는 무한히 초월할 수 있다. 우리는 마음에서 빈탕으로, 빈탕에서 마음으로 나드는 님이다. 님의 그 초월은 결국 우리 안으로 들어오는 것이기도 하다. 초월과 내재는 하나인 것이다. 인식과 존재가 하나인 것이다. 다석은 그것을, 허공과 마음, 아마도 이 두 가지가 "하나인 法" 싶다고 표현하는 것이다. 이 법을 다석은 나름대로 보았고, 그것은 불교의 아뇩다라삼먁삼보리(無上正等覺)(다석일지 제4권, p. 30 참조)이기도 하다. 다석은 불교의 <마하반야바라밀다심경>을 '큰(마하) 슬기(반야) 제건넴(바라밀다) 맘줄(심경)'으로 표현하여 우리말로 옮기기도 하였다(다석일지 제2권, pp. 68-69). 거기서 다석은, "마지막 녈반 셋계 모든 부처가(구경열반삼세제불) 반야바라밀다로 말미암아 아누다라삼약삼보리를 얻어스므로"라고 옮긴다. 보시, 지계, 인욕, 선정 등으로 열반(니르바나)에 이른 모든 깨달은 이들은 존재와 사유의 일치를 체득한 것이고, 그것은 결국 귀일과 다름없는 것이다. 그것은 또한 다름이 없고, 덜 없음이 없는, 무차별, 불이(不二) 절대무(絶對無)의 지경인 것이다. 마하반야는 큰 어미 닮이요, 바라밀다는 계란을 안아 부화시키는 것이요, 심경은 그 요령이며(김흥호, 다석일지 공부 4, p. 341), '잇다시보이보살(관자재보살)'은 그 계란으로 있다가 큰 슬기로서 병아리가 됨으로 온갖 비복지 즉, 몸 나의 이모저모의 삶에서 오는 고통들을 끝내고 고요함과 기쁨으로 깃든 셈이다.

다석이 1965년 6월 1일 일기에 쓴, '니르바아나(涅槃)'라는 시는 이러하다(다석일지 제2권, p. 320; 김흥호, 다석일지 공부 5, p. 65). "夕休朝忙生涯困 幽추明細所見小 痛哭古人聖嘆息 責任今我快嘲笑." 저녁에는 쉬고 아침에는 분주하게 일어나고, 인생은 고달프다. 추(사슴 록 자가 세 개, 거칠 추, 대강 추) 즉, 큰 것은 희미하고 작은 것만 밝게 보이니 사람의 소견은 작기만 하다. 깨달은이의 통곡은 거룩한 탄식이리라. 작게 사는 것도, 크게 사는 것도 그 책임은 오로지 나에게 있다. 존재와 인식이 하나인 것을 있는 그대로 명료히 본 이는 큰 사람이요, 대낮의 휘황찬란한 빛에 홀려 몸의 눈과 마음의 정욕에 의해 포착되는 온갖 물질문명을 좋다고 아름답다고 소란하는 이는 작은 사람이며, 내가 크냐 작으냐는 나에게 책임이 있다. 이것은 준엄한 사실이다. 무상정등각은 큰 것에 밝아진 것이요, 니르바나이다. 니르바나는 나에게 달려 있다.

다석은 그 니르바나를 이렇게도 표현하였다(다석일지 제1권, p. 839; 김흥호, 다석일지 공부 4, p. 177). "모든 올 덧업(諸法無常) 이 낳 끄는 올(是生滅法) 낳 끔 끄고맘(生滅滅已) 고요 참 즐겁(寂滅爲樂)." 오고 가는 모든 것은 영원하지않으니, 이 사실을 명료히 본다면 그것에 끄달릴 이유가 없고, 말씀 숨쉬고 생각하고 생각하며 "참선 기도와 묵상도"(정양모 외, 2011, p. 176) 하여 계속 끄달리지 않으니 고요하고 즐거운 것이 곧 마음이다. 마음이 그러하니 이것은 복지 아닌가. 그러므로 니르바나의 영원함(常)과 기쁨(樂), 참나(我), 신령함(淨)의 사실을 줄곧 생각하고 공부할 수 있어야 하겠다(박영호, 1996, 다석사상전집 3, p. 177). 다석의 귀일은 니르바나에 이름이기도 하다.

다석의 귀일은 자연과 인생, 온갖 생명세계 생성변화의 이치와 함께 터득되는 것이기도 하다. 생명의 가능근거이자 여건이요, 품, 자연의 세계에는 길(道)이 있고, 그 길을 말없이 따름으로 생성변화는 끝없이 이어지는 바, 좋고, 옳으며, 참된 삶이라는 것은 사실 그 길을 체득하고 그 길을 겸허히 따름이다. 길은 생명 있는 곳 어디든 언제든 있고, 누구든 그 길을 따름으로 다만 있다. 여기 있는 나를 과대포장하고, 욕심과 명예에 사로잡혀 즉, 온갖 욕망과 정욕, 자만과 집착(人爲)에 사로잡힌다면 자연생명세계의 길(無爲)에서 다만 벗어날 뿐이다. 길은 이미 나 안에 있기에 그 길을 회복하여 즉, 하나로 돌아가 전체세계와 상생, 상보, 평화를 이룰 따름이다. 다석은, 길을 따르고 그 길에서 얻은 마음을 글자로 표상한 '늙은이(老子)'를 우리말로 완역하고(다석일지 제4권, p. 748), 틈나는 대로 성찰하며 다른 이에게 가르치고자 하였다. 귀일의 그 하나(一)는 "길이 나니 하나"(다석일지 제1권, p. 576, 道生一)이다. "하나를 품 안고"(전게서, p. 563, 抱一), "하나를 얻으면"(전게서, p. 574, 得一), 그 하나를 낳는 길에 들어섬, 그 길로 돌아옴이요, 말과 마음을 내려놓고 자연의 생명질서에 맑고 밝게 순응하는 것이다. 그이는 "씻어난 이(聖人)"요, "세상의 본(天下式)"(전게서, p. 568)이 된다. 이는 또한 "참사람(眞人)"(박영호 역 · 저, 2000, 다석 류영모의 사상과 함께 읽는 장자, p. 293)이다.

길과 통한 이러한 사람은, 세상의 지도자, 안내자가 될 수 있으며, 사회복지실천과 관계론의 맥락에서는 사회복지사의 갈 길일 수도 있겠다(최명민 외, 2014, p. 152). 복지사회의 실현은 우리 모두 귀일에 이르고, 또 서로 돕는 지난한 과정일 것이다. 이 과정에서는 누구에게나 길과 하나로 뚫림, 제나 잊음(坐忘)(박영호 역 · 저, 전게서, p. 366), 돌이킴(反)(박영호 역 · 저, 2000, 다석 류영모를 통해본 노자의 『도덕경』, p. 139, 209), 덜함(損)(다석일지 제1권, p. 577), 사랑(慈), 덜씀(儉), 세상 먼저 되지 안함(不敢爲天下先)(전게서, p. 585) 등이 있어야 한다. 길 안에 있고, 길 얻어 있음은 인간세상의 비복지, 폭력성, 공격성, 오만의 굴레를 극복하게 할 것이다. 길이란 누구에게나 길이요, 누구나 걸을 길이요, 거기에는 그 어떠한 차별과 무시는 없으며, 다만 소박하고 자연스러우며, 다른 모든 이와 함께 어울려 있음이다. 노자와 장자 등으로부터도 깊이 이어받는 다석의 귀일은 그런 면에서 사회복지실현의 여러 측면에 소중한 자료일 수 있다.

다석은 예수의 삶과 정신을 오늘 여기에서 살고자 하였다(박재순, 2008, p. 276). 다석 인생의 네 길 가운데 하루 한 끼 밥(일식)도 예수의 살과 피를 마시는 제사요, 성찬이었다. 가톨릭교회에서 미사 때마다 성체를 영하여 예수의 몸을 모시고, 혹 성혈을 영하여 예수의 피를 모시어 온통 예수의 정신과 자기 얼을 일치시키고자 한다면 다석의 하루하루가 미사였던 셈이다. 다석은 '예수'에서 '예'는 '여기'의 준말이요, '수'는 '능력'을 뜻한다(정양모, 2009, p. 40)고 풀이하여, 예수의 능력이 이어 이어 온다고 본다. 또 그는 '그리스도'를 '그립다', '그리 서다(立)', '그리다', '글(文)이 서다(立)'와 연결시켜, 예수는 하느님을 그리워한 까닭에 그리스도가 되었고, 예수는 하느님을 향해 꼿꼿이 '그리 섰으며', 하느님을 그리는 글만이 글로 성립된다고 보았고, 그런 글월인 성경, 그 말씀이 그립다고(전게서, p. 41) 보아 성찰하였다.

우리가 다석일지를 살피고, 다석의 강의를 정리한 글들을 볼 때, 거기에는 하느님의 아들, 예수 그리스도를 그리고 묵상하는 글월들로 가득하며, 나름대로 예수의 그 이어온 능력을 현재화하고자 하는 삶이 빼곡하고, 예수처럼 자신도 하느님을 아버지로 늘 모셔서 날마다 숨쉬듯 아버지와, 아버지의 얼(聖靈)로 숨 쉬려는 철저함과 절실함이 배여 있다. 예수는 아버지와 부자유친(父子有親) 삶 안에 거하고자 하였고, 이를 세상에 진실로 드러내고자 하였다. 우리가 보기에 다석 귀일의 가장 훌륭하고 진실한 모범은 바로 예수요, 예수의 삶이다. 다석의 일식, 일언, 일좌, 일인의 모범은 바로 예수의 삶이요 정신인 것이다. 다석은 열다섯에 기독교인이 되었고, 오산학교에서 학생을 가르칠 때 그들에게 기독정신을 불어넣었으며, 이를 계기로 삼일운동의 주역 남강 이승훈선생도 기독교를 믿게 되었고, 그 뒤 오랜 세월 온 마음과 정신을 집중하여 말씀을 성찰하고, 예수처럼 살고자 노력하며, 톨스토이와 간디의 사상에 영향을 받고 불경과 노자 등 동양의 오랜 지혜들을 체득하며, 두 살 아래아우 영묵의 죽음을 겪으며, 예수를 숭배의 대상으로, 속죄교리에 입각하여 신앙의 대상으로 삼는 것이 아니라 예수의, 그 아버지와 하나로 귀일하는 삶과 정신을 지금 여기에서 그렇게 살고자 하는, 자율적 자각적 신앙인, 종교인(宗敎人)이 되고자 하였다(박영호, 2009, 다석 류영모, pp. 26-34). 다석의 삶은 하느님의 뜻과 내 뜻이 하나가 되어 영원한 참뜻을 이루어가는 예수처럼 그런 참 생명이고자 하였고(다석일지 제4권, p. 431), 예수가 그렇게 자각하였듯이 자기를 바로 보면 그 속에 곧 하느님의 씨가 와 있으니 그 씨를 삶에서 드러내고자 하는 것이었으며(전게서, pp. 434-435), 예수처럼 십자가에 달려 꽃 피 흘려 하느님께 영광을 돌리는 것이고자 하였고(전게서, p. 440), 예수처럼 하늘이 내린 일(天職)에 매달리는 것이고자 하였으며(전게서, p. 463), 예수처럼 늘 꼿꼿이 꼭대기를 꼭 향하고(일좌), 꽁무니를 꼭 다물어(일언), 없이 계시는 하느님, 한웋님을 모름지기 믿고자 하였다(전게서, p. 513). 그리고 그는 예수처럼 사랑을 실천하는 삶(일인)을 살고자 하였다.

다석의 제자 박영호는, 다석은 "멸망의 생명인 제나를 극기한 뒤 영원한 생명인 얼나를 깨달아야 한다는 것을 <요한복음>에서 알게 되었다"(박영호, 2009, 다석 사상으로 다시 읽는 요한복음, 머리말)고 말한다. 귀일은 영원한 생명인 얼의 나, 하나에서 온 그 얼을 깨닫는 것이 아닐 수 없다. 요한복음에는 "공관복음보다 월등하게 영성에 대한 귀중한 말씀이 많이 담겨 있다"(전게서, p. 44). 다석은 요한복음 17장 1-6, 9, 10, 13-22절을, '옜 다시 간 보입'이라는 제목으로 우리말로 옮긴다(다석일지 제1권, pp. 553). '옜 다시 간 보입'은 '옛날 있던 곳으로 다시 돌아가는 모습을 보임'의 뜻으로 이해될 수 있다(김흥호, 다석일지 공부 3, p. 228). 예수가 왔던 곳은, 예수의 깨달음 혹은 깨침에 의하면 아버지 하느님이요, 그 아버지께 다시 돌아가는 길 위에서 예수는 말씀을 남긴 셈이고, 그 가운데 요한 17장 22절은, "아버지께서 내게 주신 영광을 나도 그들에게 주었읍니다. 그것은 아버지와 내가 하나인 것처럼 이 사람들도 하나가 되게 하려는 것입니다"(공동번역 성서, 1977, 신약, p. 209)이며, 다석은, '하나됨'이라는 제목으로, "한웋님 아바 ㅣ 예수옴으로 졔계간 우리, 우리가 하나이 됨 같이 저희도 하나되게, 아들로 뚜려시 하게 하옵소서 빕니다"(다석일지 제1권, p. 784)라고 쓴다. 이것은 예수의 귀일처럼 제자들도 귀일하고, 우리 역시 귀일할 수 있음으로, 우리 "인류가 모두 아버지 품 가운데로"(김흥호, 다석일지 공부 4, p. 21) 들게 됨을 비는 시조(時調)이다. 아들의 삶과 정신 속에 아버지께서 뚜렷이 계심에의 확신과 정견(正見)이 곧 귀일이요, 우리가 이렇게 예수처럼 귀일한다면 인류는 평화요, 기쁨, 그리고 복지, 아닐 수 없다.

다석은 1950년대 천주교의 가톨릭 신도들이 암송하던 봉헌경을 번안하여 외었다고 한다(류영모 강의/박영호 풀이, 2010, 다석 마지막 강의, p. 181). 다석은 그것을 이렇게 우리말로 옮긴다. "한웋님 계 계셔 날 내셧스니 내날 가져 계 받들어 성김 십흐므로 이제 내 속알과 살몸 목숨과 내 나위 힘과를 계 받드러 드려 내 밝아 곌 앎, 내 곌 사랑코 고맙, 내 눈 계 좀 봐, 내 귀 계 올을 듣고, 내 혀 계 거룩을 기리우고, 내 소리 계 아름다움 노래, 내 손 하늘 일에 쓰며, 내 발 하늘 길을 가면 하오니. 내 마음의 생각과 내 입의 말과 내 몸의 짓과 내 맞나는 어려움과 내 받게되는 업시임과 辱됨과 내 사는 동안: 해 달 날 덧: 남 죽 걱정 고맘을 곘계로 받들어들여-일지기는 흙바탕낮에서 찾던 것을—온통 계 참빛 껴 도라가기로 꼭 바람이옵지! 므슨 계 가서 열두오랠 차지릿가? 한웋님 뜻 맞고 한웋님 말숨 쉬어 나와 모든 사람 속을 나외임에 더욱 되기만을 가장 비나이다. 한웋님 우리 이 조임살의 조임이 크고, 몬진 모질이 묵어워 들인다 몯되오나: 계 불상힐 바라며, 계 성김을 기대어 비오니: 나들 ㅣ 뎨계듦 암"(다석일지 제2권, pp. 817-818). 천주교의 봉헌경은 이렇다고 한다(김진, 2012, pp. 183-184). "천주여 너 너를 위하여 나를 내셨으니 나, 나를 가져 너를 받들어 섬기기를 원하는지라. 그러므로 이제 내 영혼과 육신 생명과 내 능력을 도무지 네게 받들어 드려 일체 영광에 돌아가기를 간절히 바라며 천주의 성의에 합하고 천주의 명을 순히 하고 도무지 나와 모든 사람의 영혼 구함에 유도하기를 지극히 원하나이다. 우리 천주여 죄인의 죄가 크고 악이 중하여 들이는 바 당치 못하오나 네 불쌍히 여기심을 바라고 네 인자하심을 의지하여 비오니 나 드리는 것을 받아들이소서. 아멘." 다석은 한글 옮김의 마지막에 "뎨계듦 암"이라 한다. 빌고 나서는 하느님께로 돌아왔으니 하느님 모시고 새로운 삶을 사는 것이라고 다석은 강조한다(전게서, 다석 마지막 강의, p. 179). 하느님께서 온 모든 것임을 깨닫고 그 모든 것을 하느님께 바치기로 빈다면 마땅히 하느님 모시고 사는, 새로운 삶 즉, 귀일의 삶은 자기 안에서 참으로 긍정되지(암 즉, 아멘) 않을 수 없다. 귀일의 삶을 살기로 하면서 귀일의 삶을 살게 해주십사 늘 빌기만 한다면 이것은 이치에 맞지 않다. 귀일의 삶은 그렇게 살도록 비는 것이라기보다 그 삶을 깨치는 일이다. 만일 우리가 깨친다면 그렇게 산다.

귀일의 삶을 늘 살고자 한 다석은, 만일 우리가 귀일 안에 있다면 신앙이 서로 달라도 결국 같을 수 있고, 신앙이 다른 이에게 서로 충돌하여 남의 잘 믿는 신앙을 흔들어 놓을 필요는 없다(박영호, 2008, 진리의 사람 다석 류영모[상], p. 318)고 본다. 무슨 종교 안에 있더라도 귀일이어야 하고, 귀일에 이르지 않고 교세싸움을 벌이는 것은 마귀의 짓이며, 종교의 통일이란 되는 것이 아니고, 신앙은 학문 이상이지만 학문화가 되어야 미신에 빠지지 않을 수 있다(박영호, 2002, 진리의 사람 다석 류영모[하], p. 393)고 가르친다. 예수의 기쁨은 몸의 삶과 죽음을 넘어선 성령의 기쁨이요, 영생의 기쁨이요, 진리의 기쁨이며(박영호, 1996, 다석사상전집 2, p. 180), 하나로 돌아가는 것은 곧 성령으로 돌아가는 것이니 귀일은 곧, 귀령(歸靈)이고, 참된 크리스천은 하나를 임으로 그리워하고 사랑한다(전게서, p. 234). 귀일한 예수는 하느님 주신 얼나로 돌아갔고, 예수의 몸나를 통하여 죄를 구속함 받아 구원에 이른다는 바울로의 대속교리는 기복종교이고, 도마복음 같은 경우, 영원한 생명인 얼나를 깨달은 예수를 인식하는 데 소중한 말씀을 담고 있어서 영성신앙 혹은 영각(靈覺)신앙에 도움이 된다(박영호, 2009, 다석 사상으로 풀이한 도마복음, pp. 18-38).

이명섭은 다석의 '가온찌기'와 엘리엇의 '정점(still point)'을 비교하면서, 영원이 어디든 은폐되어 있기에 그것을 망각한 인간이 그것을 회상하는 것의 종교성 A와, 시간 속에 내재한 영원을 원죄로 인하여 단절하여 그리스도의 성육신과 부활이라는 특정한 시간과 장소에서의 사건을 믿음으로써 그 영원과 시간이 다시 이어지는 것의 종교성 B를 구분하고, 다석의 가온찌기와 엘리엇의 정점은 종교성 B에 속할 수 있다고 논의하여(씨알사상연구소 편, 2010, pp. 276-281), 다석 사상을 불교, 유교, 도교 등과 등가치로 보는, 이른바 종교다원주의적 입장으로서 다석을 보는 것에 대하여 일정하게 경계하고자 하였다. 이정배는, 예수의 죽음과 귀일은 예수 스스로에게서의 자속(自贖)이요, 다석에게 그 예수는 대속주(代贖主)일 수 있다고 보며, 예수에게서의 자속과 대속 간의 자타불이(自他不二)적 관계성을 지적하고, 다석 사상을 제도적 은총의 종교에서 수행적 종교로의 토착적 이행이라고 본다(이정배,

2011, pp. 188-189). 다석의 십자가 고행, 일좌식 일언인을 볼 때, 다석에게는 예수의 십자가(自贖)가 그 길로 나가게 하는 구체적 힘(代贖)이었다(전게서, p. 189). 종교가 세상의 참 평화와 평등, 인간의 성숙에서 귀중한 바탕이기를 바라는 종교학자들은, 이제 종교가 표층영역에서 벗어나 심층종교이기를 바라면서 우리나라의 심층종교 혹은 심층적 종교인 한 분을 꼽는다면 다석 류영모 선생님을 빼놓을 수 없다고 한다(오강남 · 성혜영, 2011, p. 152).

생각할수록 다석의 귀일은 사회복지사의 실천에도 훌륭한 하나의 길이요 방법이다. 그것은 사회복지사로 하여금 클라이언트와, 세상의 사람들을 진정으로 이해하고 사랑할 수 있게 하는 힘이요, 우리나라 사회복지사 윤리강령이 잘 말하듯이 사회복지사는 클라이언트의 종교가 무엇인가에 따라 클라이언트를 차별 대우를 하지 않아야 하며(양옥경 외, 2004, pp. 357-358), 다석의 귀일사상은 이 점에 도움이 될 수 있기 때문이다.

2) 한글복지사상

이 절에서 우리가 말하고자 하는 것은 결국 '세다'로 모아진다. '세다'는 우선, 힘이 세다, 굳세다, 그것은 어떤 것도 막아내고 그 어떤 것도 뚫을 수 있으리만큼 세다, 등을 말할 때, 그 '세다'이다. 센 것은 우리의 무지와 탐욕, 어둠을 뚫어 지혜와 맑음, 빛으로 인도한다. 금강(金剛)처럼 센 것이 참된 지혜이다. 다석은 한글 안에서 금강을 발견하였다. 그 다음, '세다'는 '世多'이다. 세상(世)에는 두 가지 저녁(夕夕)이 있다. 하나는 진리를 깨닫기 이전의 저녁이요, 다른 하나는 진리를 깨닫는 저녁이다. 전자는 오로지 후자를 위해 있다. 전자가 필요한 것은 오직 후자 때문이다. 후자가 오지 않는 이에게 전자는 다만 짐승의 삶이지,

인간의 삶은 아니었다. 복지는 전자에서 후자에로 나아갈 때 비로소 깃드는 무엇임을 우리는 여기서 명심하고자 한다. 세상에서 진리를 깨닫는 저녁은 죽음준비의 저녁이기도 하다(박영호, 2012, 죽음 공부). 다석은 이승의 삶이 전생이요, 이승 다음의 삶이 현생이니 이승을 저승의 준비로서 보고자 하였다. 이승을 떠날 때(終) 다석의 현생은 시작되는(始) 것이다(김흥호 편, 2002, 제소리, p. 29). 마지막으로, '세다'는 '세종대왕과 다석'의 줄임말이다. 세종대왕은 행정적인 왕의 의무 안에서 훈민정음(訓民正音)을 만들었고, 다석은 철학적인 각성 안에서, 이미 만들어진 훈민정음과 함께, 특히 정음(正音)과 함께 생각하였다. 그 생각은 진리 안에서 스스로 왕이 되는 길이다. 왕의 경우도 행정적인 왕, 철학적 왕, 두 경우가 있는 것이다. 행정적인 왕은 남에게 다만 왕의 일을 하려고 하지만 철학적 왕은 자기 안에서 왕을 보려고 한다. 행정적인 왕은 남을 위한 민본(民本)의 존재이고, 철학적인 왕은 스스로 인간을 완성하여 가는 민주(民主)의 존재인 것이다. 민본의 존재는 남을 위한다 하지만, 민본으로 인하여 남으로부터 나를 인정받고, 심지어 민본 하였고, 남을 위하였으니 그 남으로부터 섬김을 받으려고 하기도 하는 모순적 존재일 수 있다. 민주의 존재는 남을 위한 존재이기보다 나를 위한 존재이고, 그 나는 귀일에 이른 나요, 참된 나이니, 그 나는 자연스레 남을 배려하고, 그 남 안에서도 참 나의 정견(正見)이 일어나기를 바랄 수밖에 없다. 오늘날 현대사회복지제도도 민주의 틀 안에서 이룩되어가는 그 무엇이고, 실로 자립, 안정, 교류를 그 본질로 삼는 복지는, 민주의 존재임을 각성할 때 우리에게 오는 그 무엇이 아닌가 한다.

세종대왕(1397-1450, 이도, 충녕대군, 태종 이방원의 셋째 아들)은 1392년에 세워진 조선의 네 번째 왕으로서 음악, 과학, 철학 등에도 뛰어나지만 음운(音韻)과 음성(音聲)에도 조예가 깊어 왕이 된 지 25년

째, 1443년에 훈민정음을 창제하고, 28년 째, 1446년 음력 9월에 『훈민정음 해례본』을 펴냄으로써 우리나라 글자를 완성하였다(김슬옹, 2007; 김슬옹, 2013). 세종이 훈민정음을 창제하게 된 동기들은 다음과 같다(김슬옹, 2007, pp. 25-69). 우리나라 말은 중국과 달라 한자(漢字)로는 제대로 적을 수 없음, 한자로는 우매한 백성들이 하고 싶은 말을 제대로 표현하지 못해 세종은 이를 딱하게 여김, 양반이건 하층민이건 누구든 이 문자를 쉽게 익혀 날마다 편하게 사용하였으면 함, 백성들이 삼강오륜을 지키고 교화(敎化)되기를 바람, 그 당시 농경사회에서 농사의 지식을 알리고자 함, 교화의 방편으로서 한자와 이두의 사용에 있어서 불편을 줄이거나 없앰, 백성들의 억울함을 펼 수 있게 하고 죄를 지은 백성들이 형벌을 적은 내용을 이해할 수 있게 하기 위함, 조선개국 초기에 왕조의 정당성을 널리 알림, 한자들의 표준발음에 대한 정리 등이다. 민본주의에 충실한 왕으로서 백성들의 상호소통과 나눔에의 기여(김슬옹, 2013, pp. 119-127), 우주의 모든 소리를 담을 수 있는 문자를 만듦, 사람과 하늘, 땅이 조화롭게 어울려 사는 세상의 건설(전게서, p. 46), 사람다운 삶에 꼭 필요하고 천지자연의 소리를 그대로 포용하는 문자를 만들고자 함(김슬옹, 2007, p. 154)도 창제의 동기이었다. 그래서 세종은 우리나라 문자를 '훈민(訓民)', 즉 백성을 가르치는, '정음(正音)', 바른 소리라 이름 하였다. 처음 창제될 때 훈민정음은 닿소리(자음) 17개, 홀소리(모음) 11개, 합하여 28개 이다. 오늘에 와서 닿소리 가운데 3개(세모꼴 잇소리 글자, 이응 위에 세로획이 그어진 혓소리 글자, 이응 위에 가로 줄이 하나 있는 목구멍소리 글자)와 홀소리 가운데 하나(아래 아)는 안 쓰이고 있어, 이제 24개 문자가 되었다. 우매한 백성을 깨우치기 위해 만들어진 글자가 그 뒤 역사와 사회 속에서 백성의 자아발견, 시대인식, 상호소통의 도구가 됨으로써 문예담론의 장을 만들고 드디어 사회변혁의 주체인 인민(人民)의 탄생에 토대가 되기도 하였다(송호근, 2011, pp. 130-137). 다석에게서 훈민정음은 철학함 즉, 진리를 자각하여 참된 주체자로서 우뚝 서서 자립, 안정, 교류의 복지생활을 스스로, 다른 이와 함께 해나가는 하늘의 소리, 하늘이 내린 글자이기도 하다. 세종과 다석은 이렇게 이어진다.

우리가 복지의 본질을 자립, 안정, 그리고 교류에서 찾는다면, 한글은 우리 실존에게 자립과 안정을 가능케 하고, 우리를 사회적으로 교류하게 한다. 그렇다면 우리는 '한글복지' 이라고 말할 수 있다.

우리 존재 자체가 실존에 바탕을 두어 사회에로 나아가는 것이고, 사회에서 다시 실존의 각성에로 돌아온다. 한글은 우리로 하여금 교류하게 하고 우리 각자에게는 자립과 안정의 통로요 토대이다.

현재 북한은 훈민정음을 창제한 1443년 12월을 양력으로 환산하여 매년 1월 15일에 '훈민정음 기념일'로 정하여 지키고, 남한은 『훈민정음』이라는 책을 통해 한글을 반포한 1446년 9월 초순을 양력으로 환산하여 매년 10월 9일에 '한글날'로 지킨다(김슬옹, 2013, p. 62-63). 다석은 해마다 한글날에는 각별히 한글에 대하여 생각하였고, 주시경이 지은 '한글'이라는 말보다는 세종이 지은 '훈민정음' 그대로가 더 낫다고 하였다(박영호, 2002, 진리의 사람 다석 류영모[하], p. 172). 다석은 1970년 10월 9일 일지에서(다석일지 제2권, pp. 804-805) '똑 바른 소리 524바퀴 해 돌날'을 생각한다. 그는 '우리 씈 꼭 바른 소리'라는 제하로 "공원(公元) 1446년에, 세종 임금 되신 뒤, 28년인데, 우리, 하나 스스로에, 꼭 바른 소리를 듣 · 떠 · 귀 · 귀린 · 글시: 밑소리로 스믈여덟 시를 보이시압시니, 우리 씈, 꼭 바른 소리. 한아홉 온이룬해 열달 아홉 날" 이라 쓴다. "이제 여기 정확한 발음으로 듣게 되고 생각하게 되고 말하게 되고 글 쓰게 되고 누구나 알게 되고 누구나 듣게 되었다"(김흥호, 다석일지 공부 6, p. 257). 우리를 생각하게 하고, 말하게 하며, 알게 하고, 듣게 하는 한글은 꼭 바른 소리이다. 생각할수록 생각, 말, 앒, 들음이 우리를 바르게 한다. 생각, 말, 앒, 들음이 바르지 않고 우리가 바를 가능성은 없다. 1972년 11월 7일에 다석은 이렇게 쓴다(다석일지 제3권, p. 412). "글월 펼: 나위? 글이 글렀으니 말도 말: 못! 그 말 맘도!? 길: 잘 못 듦! 데 따로: 가! 몇 걸음 못 가: 잘못! 글: 글러 그리움: 잘못! 갈 바 몰라." 김흥호는 이렇게 풀이한다(김흥호, 다석일지 공부 7, p. 279). "글이 잘못되면 말도 제대로 표현할 수 없고, 마음도 제대로 표현할 수 없다. 글이 잘못되면 길도 잘못 들게 되어 제각기 따로 가다가는 몇 걸음 못 가서 잘못에 빠진다. 글이 글러지면 그리움도 잘못되고 인생사는 것이 잘못되고 인생은 갈 바를 모르고 헤매게 된다. 그렇게 되면 글월 펼 나위도 없게 된다." 인생의 불행과 비복지는 글의 잘못에서 일어난다. 글이나 말이 인생의 복지를 근원적으로 열어준다. 다석은 그 날 일기에 또 이렇게 쓴다(다석일지 제3권, p. 412). "씨알 글시. 우리는 우리 뜻을 낸 소리로 쓴 우리 글시! 앒소리: 뜻소리: 가장 바른 소리: 쓰면 글시! 소리 글 우리 속 솟는 씨알 글시!" 김흥호의 풀이는 이렇다(김흥호, 전게서, pp. 279-280). "훈민정음은 백성들의 글씨다. 우리는 우리 뜻을 표현한 대로, 우리가 낸 소리를 우리 글씨로 적을 수가 있다. 우리가 낼 수 있는 소리, 우리의 뜻을 표현할 수 있는 소리, 가장 바른 소리를 적을 수 있는 글씨, 진짜 소리글이다. 우리의 속을 솟아오르게 하는 씨알 글씨, 민중의 글씨다. 민중의 억울한 속을 글로 적어 왕에게 바칠 수 있는 소리글씨, 이것이 훈민정음이다." 소리는 자연에서도 오고, 마음에서도 나오며, 글은 그 소리를 바르게 적을 수 있게 하고, 그러니 그 글은 바르고 그 소리도 바르다(正音). 마음에 있는 그대로 글을 쓰고, 그 글이 마음을 솟아나게 하며, 그 마음이 진리에로 향하고, 그 글로 인하여 서로의 마음이 진리에로 향하도록 영향을 준다면, 그 글은 참으로 바르다. 그 글은 말씀이요, 경전이다. 다석은 한글 소리 하나하나, 한글 글자 하나하나에서 말씀을 보았고, 진리를 보았다.

1956년 11월 11일 일기에(다석일지 제1권, p. 276) 다석은 '가나다라 글 보러 나가'라는 제하로 이렇게 쓴다. "가, 가나? 나, 나가! 나가마. 다, 다. 라, 라, 나가 마. 마, 마ㅁ 마. 바, 바ㅂ 바. 사, 사ㄹ. 아, 아. 자, 자라. 차, 차자아사ㄹ. 카, 카(커)가가 카. 타, 타 나가다가 타. 파, 파=나가=마바 파. 하, 하 아아 하. 과 궈, 과 궈. 와 워, 왜 웨. 오아 웋에." 다석은 주역의 계사를 생각하는 가운데, 특히 군자는 하루하루 진덕(進德)하고 수업(修業)하는 이임을 성찰하면서 우리의 한글을 쓰고 있다(전게서, pp. 271-277). 김흥호는 이렇게 풀이한다(김흥호, 다석일지 공부 2, p. 140). "'가'는 내가 가야 한다. 종일 건건(乾乾)이다. '나'는 나가마, 진덕(進德)이다. '다'는 모든 사람이 나간다. 이것이 수업(修業)이다. '라'다. 기쁨으로 나간다. '마'는 어머니, '바'는 아버지, 아버지 어머니께로 나간다. '사'는 살기 위해 나가고, '아'는 알기 위해 나가고, '자'는 자라기 위해 나가고, '차'는 찾기 위해 나가고, '카'는 크기 위해 나간다. '타'는 구름을 타고 나가고, '파'는 꽃을 피우고 나간다. '하'는 하느님 앞에까지 나간다." 가나다라 속에서 다석이 읽는 것은 인간의 인간됨이요, 인간의 완성이며, 인생의 목표이다. 그리고 이것을 통해 우리는 인간생활의 참된 복지가 무엇인가를 읽을 수 있다. 복지는 여기 지금 있는 그대로 통찰하여 올라가고 올라가 기쁨과 사랑 안에 있게 되는 일이 아닐까 한다. 김흥호는 계속 이렇게 풀이한다(전게서, p. 140). "'과'는 그곳까지 가고, '궈'는 높은 데까지 올라간다. '와'는 오고, '워'는 위로 오르고, '왜'는 생각하고, '웨'는 무엇을 위하고, '오아'는 오고 와서, '웋에'는 올라가고 올라간다."

다석은 가나다라 안에서 하느님 앞에 올라간 그리스도를 생각하기도 한다. 이것은 한글로 신학하기이다(이정배, 2009, p. 113). 하루 뒤

11월 12일에 다석은 '가나다라'라는 제목으로 이렇게 쓴다(다석일지 제1권, p. 281). "가나, 가가카. 나가마, 나다타. 다. 라나가마. 마 ㅁ 마, 마바파. 바 ㅂ 바. 사 ㄹ. 아 ㄹ, 아아하. 자라, 고아구어. 차자아사 ㄹ, 와워. 글보러웋에타낳." 이 글에 대한 김흥호의 풀이를 발췌하여 인용해보자(김흥호, 다석일지 공부 2, p. 146). "기역(ㄱ)과 니은(ㄴ)을 합하면 미음(ㅁ)이다. '가'와 '나'가 합하면 '마'다. '가나'는 '나가마'가 된다. 앞으로 계속 나가는 나요, 나가마 하고 장담할 수 있는 나다. 나 혼자만 나가는 것이 아니다. 다 나간다, 그것도 걸어가는 것이 아니고, 다라(달아)나간다. 왜 다라나가야 하는가. 맘마 엄마가 있고, 밥바 아빠가 있기 때문이다. 엄마를 만나야 살 수 있게 되고, 아빠를 만나야 알 수 있게 된다, 살고 알아야 자랄 수 있다, 종당은 하느님을 찾아 알아야 아하하 하늘나라다, 가나다라 마바 사아 자차카타파하, 우리 자음은 고아 곱고 구어 귀엽다. 와 하고 소를 타고, 워 하고 몰고 간다, 소는 결국 나이다." 하느님을 향해, 하느님으로부터 온, 내가 그 나를 타고 가는 것이다. 나와서 가되, 마음으로 간다. 마(음)는 나와 가가 합해져 있는 그 무엇이기 때문이다. 이렇듯 다석은 한글의 닿소리(자음)를 통해, 자음과 함께 궁극적인 복지를 향하여 가자고 우리에게 제안한다. 다석의 마음(사상, 신앙)에 의해 파악된 한글은 이러하다.

세종대왕은 홀소리 즉, 모음을 만들면서 우주의 모든 소리를 담을 수 있는 문자를 만들고, 하늘, 땅, 사람, 세 가지를 바탕으로 삼아, 사람과 땅과 하늘이 조화롭게 사는 세상을 이룩하는 데에 이 문자가 써지기를 바랐다(김슬옹, 2013, p. 46). 하늘은 아래 아 즉, 점으로 표현코자 하였고, 땅은 'ㅡ'로, 사람은 'ㅣ'로 나타내려고 마음먹었다. 이 세 글자를 바탕으로 양성 모음(ㅏ,ㅗ), 음성 모음(ㅓ,ㅜ)을 얻어 모음 11글자가 완성되었다(전게서, pp. 48-49). 다석은, 아래 아(·)는 모든 것이 천(天)에 원(元)하고 시(始)하고 환(還)하는 원만(圓滿)을 법 받아 권점으로 아오(AU)를 찍으며, 'ㅡ'는 우리 눈앞에 벌어진 평지 곧 세상을 보이며, 동시에 으 음을 낼 때는 조금 벌린 입의 꼴 그대로 된 것이며, 'ㅣ'는 최근칭(最近稱), 사람이 꼿꼿이 선 모습을 법 받아 그이 저이 등의 소리로 세계적이라고 한다(김흥호 편, 2002, 제소리, pp. 326-327). 다석은, 주시경 선생이 '하'와 'ㆆ 아래 점이 있는 글자'가 왜 둘이냐 하여 후자를 버렸지만 훈민정음의 이치에 꼭 맞게 아래 아가 다시 나와야 한다고 생각하였다(박영호, 2009, 다석 류영모, p. 93). 그는 아래 아가 일점영명(一点靈明), 우주의 켜진 하나의 불꽃이라고도 하였다(다석일지 제4권, p. 367). 세로로 줄이 하나 내려오고 올라가며, 그 사이에 가로 줄이 수평으로 그어지고, 가로 줄과 세로 줄이 만나는 지점에 아래 아, 한 점이 찍힌다면, 이것은 십자 나무에 달린 그리스도를 표현하기도 하고, 수평의 관계에서 옳은 삶, 수직의 귀일에서 좋은 삶, 그리고 그 좋음과 옳음이 만나 한 점, 즉 참된 삶이니, 이 표상은 궁극의 복지를 드러낼 것이므로 이것이야말로 다석 한글복지의 핵심이 아닐 수 없다. 'ㅣ'는 수직의 행복, 사람의 꼿꼿함, 'ㅡ'는 관계의 정의, 세상의 평등성, 이 둘이 한 점으로 만난다면, 하늘, 땅, 사람이 조화된, 참된 복지가 실현되는 글월이다. 다석은 1969년 12월 16일 일기에(다석일지 제2권, p. 734), 'ㅡ ㅣ · · ㅣ ㅇ' 라는 제목으로, "ㅡ ㅣ · 올라간 우리 우리ㄴ 올라 가는 길! · ㅣ ᵒ 바더요 받드러 드리어요 가득 촬촬! 으ᅙ 흐 이ᅙ 히키! 우리말숨 영글담!"이라고 쓴다. "으이아, 이 세상을 뚫고 하늘로 올라가라. 올라가는 것이 우리의 길이다. 향상일로(向上一路)다. 아이으, 하느님께서 주시는 은혜를 받아요, 받아가지고 또 하느님께 드려요. 가득 차게 받고 촬촬 넘치게 드려요. 으흐흐, 한없이 넓고, 이히힘, 한없이 힘차고, 우리의 말이 영글어 넓게 빛날 수 있도록 된다면 얼마나 기쁠까"(김흥호, 다석일지 공부 6, p. 140). 궁극의 복지는 기쁨에 있고, 이는 '꼭 바른 소리', '똑 바른 소리', 그리하여 얼이 든 소리(다석일지 제2권, p. 777)와 함께, 그 안에서 영글어갈 수 있다. 글 속에서 아버지와 아들이 만나고, 그 만남의 마음은 자립, 안정, 교류이다. 다석이 1965년 1월 3일 일기에는(다석일지 제2권, p. 284), "나가마지 마지막 ㄱ가나 기간 까치히"라고 쓴다. 이것은 "'나'와 '가'가 합치면 마, 그리고 지면 마지막, 가고 가고 나가 기, 그리스도가 간 그 가운데까지 솟구쳐오를 히"(김흥호, 다석일지 공부 5, p. 18)로 풀이된다. 이는 하늘을 뜻하는 자음, 'ㄱ'과 사람을 그린 'ㅣ'가 합쳐진 '기', 즉 하늘 사람, 그리스도가 간 그곳까지, 거기까지 나가고 올라가서 참 기쁨에 이를 것을 우리에게 말하는 말씀이요 글월이다. 다석은 아래 아를 넣어, "아야어여오요우유으이아"(다석일지 제3권, p. 412)를, "아이야, 어여(어서) 오요(와요), 위로(우유) 이 세상(으)을 뚫고(이) 아버지께로 올라오라(아)"(김흥호, 다석일지 공부 7, p. 280)로 읽기도 한다. 한글의 모음은 하늘의 소리요, 우리를 참되고 바르며, 좋게 하는 말씀이 된다. 자음은 아들이 아버지께 나가고 올라가는 소리요, 모음은 아버지께서 아들에게, 올라와 참된 삶, 복지의 인생에 이르라는 뜻이요, 부르심으로 읽힐 수 있는 것이다. 다석으로 인하여 세종대왕의 한글과 그리스도의 십자가가 만나며(박재순, 2008, pp. 246-248), 한국문화의 핵심인 한글이 신학적으로 해석되어 한국 속에 하느님의 뜻이 담겨 있음이 밝혀지고, 한글의 이해를 통해 아버지께로 올라감이 가능하게 되는(이정배, 2009, p. 109) 지경이 펼쳐지고 있다. 다석에게는 복지생활의 최상에 그리스도가 그렇게 서 있고, 우리에게는 그 모범을 법 받아 곧고 참되게 오르는 일이 과제로 있다. 이 과제를 다석은 우리에게 한글과 함께 열어준다. 소리 속에서 뜻을 읽어, 그리스도는 '글이 서다'로 읽혀질 수 있는 것이다(정양모, 2009, p. 40-41). 글이 선다는 것은 철학, 종교 등 모든 문화의 최상목표요, 사회복지 역시 이 경지를 안지 않을 수 없다.

3) 국가복지사상

개인의 주체성, 권리, 그리고 자유가 개인적으로든 집단적으로든 자각되고 주장되기 이전, 그 중세적 보편질서 안에 예속된, 그리하여 통치의 대상, 교화의 대상이기만 한 존재들이 하늘을 모시면 누구나 모든 일에 있어서 잘 풀려나간다는 수운 최제우, 해월 최시형 등의 가르침과 말씀, 즉 동학에 의하여 양반과 사대부의 전유물인 천(天)이 평민들에게도 내재화될 수 있어서 인민으로 하여금 역사의 객체에서 주체에로 나아가게 하고, 자각인민을 출현시키며, 주체로서 각성된 인민(人民)은 근대의 시민(市民)에로 나가는 발판이 되고, 여기서 동학사상과 동학농민운동은 시민사회 형성을 열어오는 힘일 수 있었다(송호근, 2013, pp. 76-153). 누구나 하늘을 모실 수 있다는 것은 종교적인 명제이지만, 그것이 사회나 국가를 다시 형성하는 에너지일 수 있다는 것은 다석 사상을 들여다보는 우리에게도 공감 가는 부분이다. 1972년 1월 25일 일기에서(다석일지 제3권, p. 227) 다석은 '우리나라'라는 제목의 한글 시조를 남긴다. 그 시조는 이러하다. "내가 나란 줄 알면 잘살 나라 참 됴흔 나라. 누가 내래: 내가 내디, 우리나라 됴흔 나라. 등걸님 우리 한웋로 여러노신 돟은 나라." 이것은, "나와 국가가 일치하여 내가 나라에 속하고, 나라가 내게 속하여 내가 나라가 되고, 나라가 내가 되면 그 나라야말로 잘사는 나라요 참 이상 국가다. 누가 나라고 하는가. 내가 나라고 해야지. 나는 독립한 나다. 독립은 누가 하나. 내가 해야지. 우리도 독립(獨立)하면 나라요 모든 백성이 독립하면 좋은 나라다. 단군(檀君)께서 시작한 나라요 우리를 하늘 위로 통하여 올라갈 수 있도록 하늘 문을 열어 놓으신 이가 단군 성왕(聖王)이다. 하늘과 통하는 나라이기 때문에 좋은 나라다"(김흥호, 다석일지 공부 7, p. 32)라고 풀이될 수 있다. 다석은 이 시조 마지막에 "나라 나라

愛國者, 내라 내라 圖得疾"(다석일지 제3권, p. 227)이라고 후기한다. 나라, 나라 하여 주체성을 자각하고 하늘과 일치하며 결국 나라와 하나로 뚫린 참된 공동체적 존재는 애국자이지만, 무엇이든 자기의 소유물로 삼으려고 자꾸 내놓아라, 내놓아라 하는 이, 나와 이어진 또 다른 나와, 나라 안에서 함께 이어져 있음을 몰각한 이기주의적 착취의 존재는 결국 도적(盜賊)놈일 뿐이다. 역설적으로 중세적 조선에서 양반이나 사대부는 본의 아니게 그러한 도적놈으로 전락할 수도 있었다. 그 모순은 동학혁명군의 조직적인 운동으로 인하여 어느 정도 극복될 수 있었다. 위에서 인용한 한 사회학자의 연구처럼 하늘을 모실 수 있으리만큼 종교적으로 자각한 존재는 좋은 나라, 시민사회, 결국 복지사회의 성원일 수 있고, 곧 그런 나라를 형성하는 토대일 수 있는 것이다. 복지국가, 복지 공동체 형성에 있어서 존재의 귀일과 자각, 독립과 자립은 생각할수록 귀중한 기초인 셈이다.

다석은 중세적 조선의 모순이 내부 혼란과 갈등, 외부세력의 침탈 등과 어우러져 몰락하고 정신생활의 향기보다, 참된 종교생활보다 경제중심, 물질중심의 육신생활이 그 대세를 이루는 현대 한국이 펼쳐지는 그러한 역사, 조선후기와 한국의 현대를 함께 살았다. 다석은 역사와 현실의 모순과 비진리를 체험적으로 살았던 것이다. 세상의 비진리 앞에서 내향적인 이는 은둔적인 구도자로서 현실을 일정하게 초월 내지 도피할 수도 있으나, 다석은 내향적 구도자일 뿐 아니라 진지하게 자기의 현실에 참여하고 나름대로 만나는 이들과 함께 현실을 변화시키는 일에도 진지하였다. 안으로 들어와 진리를 자각하고, 밖으로 나가서 현실을 끊임없이 변화하도록 돕는 이를 우리는 사회적 책임인, 구도적 지성인 등이라 부를 수 있다. 다석의 삶은 그러하였다. 10월 9일 한글날에는 세종대왕과 훈민정음을 골똘히 묵상하고 감사하던 다석이 10월 3일 개천절에는 하늘이 열려 내려온 우리의 뿌리, 우리의 참된 지도자, 우리나라를 성찰하였다. 1973년, 팔순을 넘긴 노령의 때, 10월 3일 일기에(다석일지 제3권, p. 579) 다석은 이렇게 쓴다. "開天 4306년. 우리 님금 등걸님 시월상달로 開天降臨! 해 아주 짤게 보는 달이래: 맨꽉대기로 침. 오르오 뎌 뎨대로리 모시오리......아바디 나라 계모히 씨알달로." 김흥호는 이렇게 풀어준다(김흥호, 다석일지 공부 7, pp. 436-437). "1973년은 4306년이 되는 10월 3일 개천절이다. 우리 조상 단군이 시월 상달에 하늘을 열고 땅에 내려왔다. 시월은 해를 아주 짧게 보는 달이래, 해도 짧아진다. 시월은 하늘 열린 달이라고 하여 상달이니 맨 꼭대기로 치는 달이다. 상(上)이니까 오르오, 올라가는 달이다. 오르면 저 제대로, 존재 자체인 세계일 것이다. 모실 것이다. 아바디 나라 계 존재, 모히(集), 씨알달로 씨알은 생사무(生死無), 아들 딸 어머니 무(無), 상대분별 없는 세계, 영계, 하늘나라다." 개천의 날에 자기 존재의 개천, 우리나라의 개천 즉, 실존과 공동체의 개천이 하나로 이어져 있음을 통찰하던 다석이었다. 여기서 우리는 다석 국가복지의 주요한 실마리를 본다. 국가 안에서 실존과 공동체는 하나로 이어져 있고, 그것은 하늘이 열려 내려오는 그 어떤 것 즉, 존재는 본래적으로 영적인 어떤 것이며, 우리가 하나의 뿌리에서 내려온 형제자매임을 있는 그대로 깨친다면 우리의 모든 복지는 우리 모두에게 자연스런 것, 참으로 실현되어야 하는 것으로 인식되며, 그 바탕 위에서 나름의 실천은 흘러나온다는, 그 이치이다. 말하자면 다석에게는 민족의 역사(地)와 하느님의 역사(天)가 둘이 아니고, 모든 존재의 복지(人)는 필연인 것이며, 그것은 오르고 올라 존재의 근원을 모시는 일이다. 그 모시는 일을 실제로 하고 있는 이가 곧 씨알이고, 씨알임을 자각하는 것이 우리의 일이다. 시월은 씨알의 달이다. 시월(上月)일수록 그 모심이 우리에게 일어나야 한다. 그리고 단군은 자각한 씨알이었기에 우리의 임금 혹은 모범일 수 있다.

다석은 일제 때 쓴, 집 가(家)자의 '국가(國家)'라는 말 대신 '사방천하'를 뜻하는 '방(方)'을 넣어 '국방(國方)'이라는 말을 쓰는 것이 좋겠다고 한다(다석일지 제4권, p. 351; 류영모 말씀 · 박영호 엮음, 1993, 다석어록, p. 36). 유교적 가족제도의 가족이기주의, 가족을 바탕으로 한 성(姓)씨의 배타적 족보주의 등 제 집, 제 몸만 위하는 소아적 집단주의, 위계 질서적인 사고, 비민주적 관존민비사상 등이 우리나라를 망하게 하였다는 것이 다석의 조선멸망에 대한 나름의 진단(박영호, 1996, 다석사상전집 4, pp. 64-65; 박재순, 2008, p. 307)이고, 이제 펼쳐지는 우리나라는 그 구성원 모두가 참되게 하늘을 모시는 존재로서 다른 이에게도 스며든 그 하늘을 모시는, 말하자면 서로 지배하고 업신여기는 것이 아니라 남을 섬기는 정신, 자기를 낮추어 하늘을 모시는 귀일정신의 四方天下이기를 다석이 희망하는 것이다. 그래서 다석 자신은 자신을 상놈이라 하였다. 그러나 그 상은 常이다. 다석은 이런 글을 남긴다(다석일지 제4권, p. 38). "이 常놈. 尋常하게도 無常한 物身. 異常하게도 非常한 精神." 늘 있는 존재, 영원한 존재, 이 몸은 언제인가 사라지지만 그 얼은 영원한 존재임을 자각한, 그래서 참된 복지공동체의 토대이어야 할 존재, 씨알로서 다석은 자신을 자각하였다. 조선 후기는 그 씨알들이 이제 주체로서 등장하는 역사이었고, 그것이 오늘 우리나라로 이어오지만 아직도 몸이 곧 참 나이라 착각하는 가운데 또 다른 자기소외, 참된 자기를 모르니 자기를 업신여기고, 남도 자기처럼 업신여기는 물신(物身)의 물신주의(物神主義)가 대세이니, 이것은 여기 지금 존재하는 공동체 멸망의 징조인 것이다. 우리의 나라는 우리에게 깃든 하늘이 펼쳐져 살아가는 사방천하이다. 결국 천지인(天地人), 사람이 중심이 되어 하늘과 땅이 조화를 이루는, 가슴 벅차게 아름답고 신묘한 곳이다. 서로 지배하고, 온갖 이유로 업신여기는 곳, 즉 國家가 우리나라일 수는 없다. 하늘은 원(圓)이요, 사람이 각(角)이며 땅이 방

(方)이라면, 이제 이 나라를 國方이라 하자. 이것이 다석의 생각이고, 다석의 그 국방은 곧 모든 이의 복지가 실현되는, 서로 섬기는 국가이다. 집이라면 오염된 집이 아니라 맑은 집이어야 하는 것이다.

다석은 84회 생일을 하루 앞둔 날 일기에(다석일지 제3권, p. 717), 가운데에 '뫼'이라 쓰고, 그 오른 쪽 위에 '씨', 왼 쪽 위에 '알', 오른 쪽 아래에는 '나', 왼 쪽 아래에 '라'라고 또박또박 큼직하게 쓴다. '알, 나, 라'의 글자는 'ㅇ, ㄴ, ㄹ' 아래에 아래아(·)를 썼다. 이것은 씨알이 뫼시는 나라, 씨알을 뫼시는 나라 등으로 이해되며, 씨알 속에 하느님이 계신다면 하느님 뫼신 나라이기도 하다. 'ㅇ'은 우주이니, 그 속에 일점영명, 사람이 있고, 'ㄴ'은 땅이니, 거기에 씨알이 있으며, 'ㄹ'은 활동이니 씨알이 일하고 있다. 하늘 아래 땅 위에 사람은 일하고 있다. 복지국가는 다석에게서 씨알나라이고, 그 나라는 진리를 깨달아 원만하고 서로 사랑하여 기쁜 존재들의 곳(ㅇ)이요, 땅(ㄴ)에서 일하는 사람들이 있는 곳(ㄹ)이다. 다석은 "내가 확대된 것이 나라요 나라가 축소된 것이 나"(다석일지 제4권, p. 474)라고 한다. 나와 나라 사이에 중간이란 없다. 씨알나라는 결국 나들의 나라이다. 그 나는 곧 씨알이다. 씨알은 하느님을 모신 존재요, 서로 모시는 존재이다. 씨알나라에서 나는 중간이나 중개자 없이 곧장 하느님과 통한다. 마치 성경에서 예수가 어떤 중개자 없이 곧 자기 안에 하느님, 하느님 안에 자기, "아버지와 나는 하나"(요한 10, 30)라고 하듯이 말이다. 나와 나라 사이에 중간이나 중개자가 없으니 씨알나라는 민주(民主)이다(다석일지 제4권, p. 474). 중개자나 중간은 하느님 자리를 빼앗은 존재이다. 종교적 중개자는 서양 중세의 성직자와 같고, 정치적 중개자는 민본 하겠다는 과거의 왕들이나 현대 국가임에도 오만하게 설치는 독재자들이다.

다석은 장횡거의 동명(東銘)을 성찰하는 강의에서, "우리가 역사를 따져 보면 왕이라는 것이 있어서 세상 사람들을 깔고 앉아 충성을 바라고 있었는데 지금 생각하여 보면 참으로 우스운 일입니다”(다석일지 제4권, p. 323)라고 말한다. 중개자 없는 씨알나라는 그야말로 근본적으로 민주주의이다. 다석의 씨알나라와 가까운 곳으로서 우리는 예수의 하느님 나라와, 수운과 해월의 개벽된 후천 등을 들 수 있다. 씨알나라는 위로 솟아나 귀일한 이들의 곳이요, 종교를 진리로 여기는 것이 아니라 진리를 종교로 여기는 이들(가령, 인도의 간디는 “진리보다 더 고상한 종교는 없다”[셰샤기리 라오 지음·이명권 옮김, 2005, p. 93]고 말한다)의 곳이다. 진리가 자기 안에 있다면 그야말로 본래적으로 스스로 깨쳐야 하는 것이다. 자기 안에 있는 것을 누가 대신 깨쳐줄 수 있다는 말인가. 깨침은 스스로의 일이다. 씨알나라는 그래서 자유와 민주의 곳이다. 한글 속에서 진리를 찾기도 하였던 다석에게서(다석일지 제1권, p. 667), ‘긋(點)’이라는 글자(하늘에서 내려온 사람들이 그 하늘에서 온 참된 자기를 탁 점찍는 일, “진리를 깨닫는 순간”[박영호, 2012, 다석 전기, p. 490]이다)가 말하는 그 씨알들의 곳이 곧 씨알나라이다. 씨알나라는 ㅣ의 곳이다. 하늘 위로 곧장 솟아오르는 ㅣ! 말이다. 위에서 오는 진리를(ㄱ) 이 땅에서(ㅡ) 깨달아 자립하고 독립하는 자유의 존재(ㅅ)가 세워나가는 곳이 씨알나라이다.

다석 국가복지사상의 논의에 있어서 우리가 가장 주의 깊게 살펴야 하는 것은 바로 ‘씨알’ 안에 있다고 생각된다. ‘씨알’은 온전히 실존적인 뜻을 지니면서도 공동체적이고 사회적인 의미를 깊게 가지기 때문, 전체이면서 개체요, 개체이면서 전체이기 때문이다. 다석은 1955년 6월 13일 일기에(다석일지 제1권, pp. 30-32) ‘咸有一德’을 ‘죄다 가져한 속알’로 옮기면서, ‘德’은 ‘속알’로, ‘民’은 ‘씨알’로 표현하고자 한다. 1956년 5월 1일 일기에서는(다석일지 제1권, p. 177), “생각이 산 나라, 생각이 죽은 나라도 잇나. 두렵의 씨알은 바로 안 된 것을 보고, 곧히지 않고는 못견대겟다 하고, 달겨 드러 곧히게만 됩니다”고 쓴다.

생각이 산 나라가 곧 산 나라요, 생각이 죽은 나라는 결국 죽은 나라이며, 죽음을 두려워하고 하느님을 무서워하는 존재 즉, 씨알은 길로 바로 가지 않는 것이라면 바로 달려들어 고친다. 그래야 산다. 그것이 생각하는 백성, 생각함으로 살아있는 씨알이다(김흥호, 다석일지 공부 1, p. 509).

1957년 1월 29일 일기에서 다석은(다석일지 제1권, p. 326; 김흥호, 다석일지 공부 2, p. 302), '건질 줄'이라는 시를 쓰면서, 맨이(하루 한 끼로 절식하는 것), 곧이(남녀관계를 끊는 것), 굳셋이(호연지로서 옳은 기운과 바른 생각을 함)는 속알과 씨알을 살린다고 한다. 다석은 1959년 4월 9일의 일기에서(다석일지 제1권, p. 581) 『老子』를 '늙은이'로 옮겨, '늙은이' 57장 뒷부분을, "므로 씻어난 이 이르되, 우리 함 없어서 씨알, 제대로 되며, 우리 고요를 좋아 하야서 씨알, 제가 바르고, 우리 일 없으므로 씨알 절로 가멸고, 우리 하고 싶음 없어야 씨알 스스로 한등걸이로다"라고 옮긴다. 그는 한자 '民'을 '씨알'로 옮기는 것이다. 다석은 1961년 2월 7일 일기에서(다석일지 제1권, p. 788) 장횡거의 '서명(西銘)'을 '지쪽색임'이라 옮기면서 그 가운데, '民吾同胞'를 '씨알은 내 한배 살몸'이라 표현한다. 박재순은 다석이 1956년에 유교경전 『大學』에 나오는 '親民'을 '씨알 어뵘'(씨알을 어버이처럼 섬김)으로 옮기면서 씨알사상이 형성되기 시작하였다고도 한다(박재순, 2010, p. 51). 다석의, '하느님의 일하심이 곧바르다(天行健)'는 한시를 풀이하면서 박영호는, "씨알의 얼눈(靈眼)이 밝아질 때 이 땅에 명실상부한 민주(民主)시대가 열릴 것"이라고 한다(박영호 옮기고 풀이, 2001, 다석 류영모 명상록, p. 609). 그리고 다석은 성경, 요한 12, 24절을 두고, "한 씨알아. 너는 죽지 아니 하고 씨가 네(살)속에 있는 以上 사냐"라고 표현한다(다석일지 제2권, p. 386). 그는 그 바로 앞에, "씨가 속에 있는 이상 죽지 않을 것입니다"고 쓴다(전게서, p. 385).

이 글에 대해 김흥호는, 성령을 받은 이는 실존이므로 죽지 않는다고 새기고자 한다(김흥호, 다석일지 공부 5, p. 175). 성령 안에 사는 이로서 씨알에게 죽음이란 없는 것이다. 때때로 다석은 교리를 넘어서, 예수만이 외아들이 아니라 '하느님의 씨'(요한1서 3, 9)를 타고나, 로고스 성령이 '나'라는 것을 깨닫고 아는 사람은 다 하느님의 독생자(獨生子)(다석학회 엮음, 2006, 다석강의, p. 848)라고 말한다.

1970년 7월 29일 일기에서 또한 다석은, 훈민정음을 묵상하며, "우리 씨알이 터낸 소리 아름답"(다석일지 제2권, p. 778)이라고도 쓴다. 씨알이 체득한 소리는 아름다울 수밖에 없다. 다석은 이렇듯 동양의 전통을 이어온 우리 문화의 '民'을 씨알로 보고, 한글의 존재론적 심오함도 씨알에 연원한다고 보며, 예수의 관점에서의 그 핵심도 씨 혹은 씨알로 보기도 한다. 다석에게서 씨알은 근원적으로는 하느님으로부터 오는 존재의 뿌리이니 우리는 다만 존재에서 씨알로 거듭나야 하며, 또 씨알은 현실 정치공동체와 국가의 주체이니 국가는 그 구성원이 씨알로서 살아가도록 도와야 한다. 씨알을 씨알되게 하는 국가는 복지롭다 할 수 있는 것이다.

박재순은, 다석과 그 제자 함석헌은 천지인 합일을 나타내고 실현하는 인간존재를 '씨알'로 나타내고자 하였고, 씨알은 나와 우주의 합일 속에서 활동하는 생명이며, 생명을 낳고 변화시키는 주체이고, 철학적으로는 실존을 완성시키는 바탕이고, 세상의 자유와 평등, 평화를 이룩하는 자리이며, 동서양 사상을 통합하는 근거이고, 자기혁명과 쇄신의 원리이며, 세계평화와 통일을 움터오게 하는 길이고, 이 생명파괴의 시대에 생명친화적인 세상을 열어가는 싹이며, 민주주의 실현운동의 힘이고, 서로 나누는 삶의 토대이며, 섬기는 삶으로서의 참된 지도자에로의 길 등이라고 해명하고자 한다(박재순, 2010). 씨는 생명의 씨요, 알은 새나 조류의 알이다. 씨알은 생물의 뿌리요, 시작이다. '씨'는 사람(人)과 사람(人)이 함께 곧게 서(ㅣ)있는 모습이요, '알'은 우주와 하늘(ㅇ)이 밝고 넓게 확장(ㅏ)하는 활동(ㄹ)이다. 씨알은 서로 도와 곧게 서서 사람으로서의 온갖 일들을 활발하게 하여 나도 살고 남도 살게 하는 그 길의 주체이다. 씨알은 그 속에 하늘로부터 온 그 씨를 지니고 있기에 그것을 회복함으로써 하느님의 아들, 성령의 삶으로서 거듭나기도 한다. 씨(잠재적 진리)가 알(활동적 진리)을 맞이하는 것은 철학이요(다석일지 제1권, p. 539), 씨알이 도달해야 할 으뜸을 가르치는 것이 결국 종교이다. 이렇듯 씨알은 생물, 철학, 종교 등에서 그 심오한 뜻을 지니나 우리에게는 국가복지 실현의 사상적 에너지이다. 모든 권력의 주인은 씨알이고(정양모 외, 2011, p. 253), 씨알이 하느님에게서 나온 존재라 한다면, 다석에게서 국가는 결국 하느님을 섬길 때 바르다 할 수 있다. 그런 면에서 다석은 신이 떠나버린 칠흑 같은 어둠의 현시대에 신이 도래할 수 있는 '성스러움'의 영역을 예비할 수 있는 사상적 여지를 남겨 철두철미 세속화된 오늘 여기에 종교의 새로운 가능성을 열어놓기도 한다(씨알사상연구소 편, 2010, pp. 132-133). 씨알의 국가는 나눔으로써 평화를 찾고, 참다운 종교생활에서 삶의 질을 얻으며, 침묵, 명상, 생각 속에서 참 나를 깨달아감으로써 모두는 소유가 아니라 비움의 삶을 살아가도록 돕는다(이기상, 2010, pp. 190-191). 씨알에 의하여 조직되고 운영되는 씨알나라는 그 참다운 뜻에서 복지국가이다.

3. 나가며

다석사상은 그 삶에서 솟아나오는 그 무엇이다. 스승의 생각과 삶의 가르침과 향기에 깊이 매료된 제자들은 오늘 우리에게 다석에 관하여 혹은 다석의 글월을 나름대로 안내하고자 하며, 종교학자는 그에게서 세상과 사람에게 평화와 평안을 줄 참된 종교의 가능성, 하나의 진리 안에서 여러 종교들의 합력과 조화의 가능성을 펴 올리고, 그리스도교 신학자는 기복신앙, 독단신앙의 개인적 미숙함과 사회적 위험이 아니라 우리를 숙성케 하는 수행신앙의 가능성, 우리 한글 안에서 생동하는 예수의 가능성을 길어 올리며, 철학자는 종교의 새로운 가능성과 함께 참 사람의 길을 발견코자 하나, 우리는 사회복지의 본질적 특성 즉 자립, 안정, 그리고 교류 안에서 다석을 보고자 하였다. 다석 국가복지사상의 핵심은 씨알 혹은 씨알나라에 있으며, 그 씨알이 전체이면서 개체이라는 점은 사회복지실천의 대상자를 이해하는 우리에게 깊은 통찰을 주고, 한글 안에서 우리를 온전케 하는 뜻을 보고자 한 그의 관점은 사회복지실천의 주체로 하여금 보다 향상된 실천에로 나가도록 도울 것이다. 다석사상은 '귀일'에로 귀결되며, 여기서 우리는 사회복지제도와 실천이 우리의 귀일을 돕는 여건이라면 얼마나 좋을까, 생각하게 된다. 그리고 귀일을 돕는 여건으로서의 사회복지제도와 실천이 곧 좋고, 바르며, 참된 것이 아닐까 여기게 한다.

윤노빈의 사회복지사상

1. 들어가며

윤노빈의 '신생철학(新生哲學)'(윤노빈, 2003)을 읽으면서 우리는, 이제까지 사회복지를 논한 모든 것이 결국 민족의 남쪽만의 이야기임을 실감하며 소스라치게 오는 어떤 부끄러움을 갖는다. 신생철학의 저자, 윤노빈은 남쪽 바닷가 마을에서 하던 철학교수의 일을 거두고 가족 모두 북쪽으로 갔다. 그는 둘로 쪼개며, 이간질하며, 중상모략하며 분단시키는 자인 악마(전게서, p. 156)를 맞서 그 악마를 온몸으로 극복하기 위해, 북쪽에 가서 사람은 사람에게서 한울임을 실천하여 미구(未久)에 남쪽에서 올라올 민주화와 생명운동의 물결에 북한 측 나름으로 부합(符合)하기(전게서, p. 5-6) 위해 그 가족은 북쪽으로 갔을까. 남과 북의 형제들이 악마에 의하여 허구적으로 강요된 모순의 주문을 찢어버리고 한민족이 통일되었던 원래의 상태, 그 고향의 땅으로 되돌아(전게서, p. 93)갔던 것일까. 1983년에, 원주가 고향인 윤노빈은 그렇게 우리 모두의 고향, 한반도의 북한으로 갔다.

우리는 이 글에서 윤노빈의 신생철학을 사회복지사상으로서 읽으려

한다. 사회복지사상은 사회복지정책과 실천 연구의 토대이며, 사회복지사상의 연구는 사회복지의 본질을 탐색하는 일을 그 일들 가운데 하나로 여길 것이고, '복지(福祉)'의 본질은 자립, 교류, 안정(이종일, 2018, p. 21)이기에 윤노빈의 신생철학이 그러한 사회복지의 본질을 특히 그 가운데에서도 교류를, 민족통일의 관점과 민족통일의 실천행위 안에서 나름대로 보여주고 있다고 느껴진다. 그 신생철학은 우리의 모든 사회복지 논의가 민족의 통일을 가슴 깊이 끌어안고, 한반도 한 형제자매의 교류를 외면한다면 허황된 것일 수 있음을 드러내고 있기에 우리는 윤노빈의 '신생철학'을 사회복지사상으로서 참으로 진지하게 읽으려고 한다. 우리의 사회복지사상은 한반도 형제자매, 남북 온 민족과 동포, 이웃의 자립, 안정, 교류를 논의하며 그것이 사회복지 정책과 행정, 실천으로 어떻게 행해질 수 있으며 드러날 수 있는가를 깊이 숙고하여야 한다. 우리는 이 글에서 윤노빈의 신생철학을 '브니엘복지사상', '생존복지사상', '통일복지사상'으로 나누어 논의하여 보고자 한다.

2. 윤노빈의 사회복지사상

1) 브니엘복지사상

'브니엘(Peniel)'은 '한울님의 얼굴'(윤노빈, 전게서, p. 327)이다. 브니엘은 우리가 눈으로 볼 수 있는 이웃사람이다. 나도 브니엘, 너도 브니엘, 나에게서 너는 브니엘, 너에게서 나는 브니엘, 우리가 브니엘, 이웃이 브니엘이다.

그리스도교 경전, 성경의 창세기에 야곱이 얍복 나루를 건널 때 홀로 남아 밤새도록 어떤 사람과 씨름하며, 그 사람은 야곱이 원하는 그 축복을 야곱에게 주고, 야곱은 그곳 이름을 '브니엘', '하느님의 얼굴'(성경, 창세기 32, 13-32)이라 한다. 야곱 나름의 강력한 하느님 혹은 이웃 사람체험이 있던 곳, 하느님과 대면하여 야곱의 생명이 보전되고 그 씨름으로 말미암아 허벅지 관절이 어긋난 곳은 야곱으로 인하여 브니엘이 되었다. 브니엘은 야곱의 생생한 하느님체험의 곳이 된다. 생생한 하느님체험에서 빚어지는 브니엘을 우리는 창세기 야곱에서 본다.

도탄에 빠진 조선 후기에 경주 어느 고을에서 스승 수운을 만나 '지극한 기운이 이제 여기 내리소서. 원컨대 크게 내리소서. 한울님 모시면 조화가 이룩되고 영원 세상 잊지 않고 모든 것을 알게 되나이다(至氣今至 願爲大降 侍天主造化定永世不忘萬事知)'라는 주문을 읽고 외우며 가슴 깊이 스며들게 하며 스승의 억울한 죽임을 만천하에 풀기 위해 이리 저리 다닌 제자 해월 역시 민중의 삶과 얼굴 속에서 한울님을 뵙게 된다. 그리하여 해월은 '사람이 바로 한울이요 한울이 바로 사람이니, 사람 밖에 한울이 없고 한울 밖에 사람이 없느니라(人是天天是人 人外無天 天外無人)'(해월신사법설, 천지인 · 귀신 · 음양)라고 가르치며 사람 속에 깃든 한울님, 사람에게서 한울님 뵘을 말한다. 우리는 이것을 해월 최시형의 브니엘 체험이라 할 수 있다.

수운의 한울님 모심(侍天)에 바탕, 해월에게서 한울님을 키움(養天)으로 이어지며, 의암으로 이어져 한울님을 체현함(體天)이, 사람을 업신여기고 죽임에로 몰아가며 따라서 생명 죽임의 이 천박한 자본주의 세계 현실에 참된 혁명을 가져올 수 있는 세계사상적 의미로서 윤노빈(윤노빈, 전게서, pp. 333-363)에게는 파악되고 포착된다. 수운, 해월, 의암 등의 동학(東學)은 사람 얼굴에서 빚어진 브니엘 체험의 사상이요 철학이며 실천이다. 그 실천은 우리 역사에서 참으로 소중한 동학농민혁명으로 드러났고, 그 혁명은 브니엘 체험과는 한참 거리가 먼 반민중, 반윤리, 반인륜의 권력에 의해, 비극적이게도 외세의 끌어들임에 의해 좌절되며, 그 혁명의 정신은 아직도 민중, 윤리, 정의의 희망과 열망 속에서 끊임없이 이어지고 조금씩 때때로 드러나고 있다. 동학의 정신과 실천, 브니엘 체험은 권력이 가져오는 죽임과 살상, 분열과 분단, 그럼으로써 일어나는 비복지(非福祉)와 반복지(反福祉)가 얼마나 한울님 죽임인지, 반민주(反民主)인지, 그래서 악마인지 심오하게 우리를 깨우친다.

윤노빈은 한울님의 얼굴, 브니엘을 보아야겠다면 가장 가까운 이웃 우리 형제의 얼굴을 보라고, 참으로 복된 말씀은 그래서, 만일 네가 네 형제를 보았다면 너는 네 한울님을 본 것이다, 너의 한울님은 너의 형제다, 너의 형제가 너의 한울님이다, 너의 형제를 한울님으로 섬겨라, 너의 한울님은 너의 이웃사람이다, 너의 이웃사람이 너의 한울님이다, 너의 이웃사람을 한울님으로 섬겨라(전게서, pp. 327-328)가 되리라 선포한다. 하늘을 사유화하여 집단적으로 개인적으로 본래 한울님으로 보지 않거나 못하는 작태 앞에서 그 속에서 윤노빈은 브니엘의 진리를, 그 진리의 복음을 우리에게 건넨다. 우리에게 윤노빈은 진정한 사회복지사상가이다. 사회복지는 브니엘의 체험에 바탕을 둔 사회적 실현이기 때문이고 사회복지를 참되고 바르게 하는 것은 근원적으로 근본적으로 브니엘 체험에 바탕하리라 보기 때문이다. 브니엘 체험 즉, 이웃을 한울님으로, 이웃의 얼굴 속에서 한울님 얼굴을 보는 일은 사회복지 정책과 실천을 진정한 것이 되도록 만드는 사상적 이념적 토대가 아닐 수 없다.

윤노빈에게 서로의 얼굴을 한울님 얼굴로 보는, 그러한 한울나라는 사람과 사람이 함께 우리라고 여기고 부르며 인식하는 곳이요, 한울나라를 한울나라로 보지 못하는 것은 우리가 천국에 살면서도 지옥에 갇혀 있는(전게서, pp. 329-330) 탓이다. 실제로 우리 사는 곳은 천국이요 낙원이며 브니엘의 곳이지만, 사람의 마음과 정신을 가두는 언어의 감옥, 사람의 팔과 다리를 가두는 그러한 감옥, 사람과 사람, 원래는 형제와 이웃을 분열시키고 분단시키는 경계선의 감옥 등등 악마의 장막들로 인하여 우리는 지옥 벽에 딱 마주한다. 한울님 얼굴을 분명히 보는 이에게 지옥 벽은 명료히 보인다. 그 지옥 벽을 보고 그 지옥의 문을 열고 부수며 나온다면 그이는 낙원으로 깃든다. 지옥의 문을 열고 지옥의 벽을 부술 때 곧 천국이다. 천국은 우리 사이에 있다. 마찬가지로 반복지 혹은 비복지의 곳이냐, 아니면 복지의 곳이냐 하는 것도 우리 사이에서 서로의 얼굴을 한울님 얼굴로 볼 수 있느냐에 달려 있다. 아무리 사회복지 정책과 실천의 제도와 기법이 관념적으로 이론적으로 화려하여도 실제 우리 사이에서 서로의 얼굴을 한울님 얼굴로 보는 브니엘 체험이 없다면 우리는 지옥 속에 있으며, 사회복지 정책과 실천을 통해 우리가 복지롭게 될 수 있는 것은 실제 우리 삶과 행위 안에 브니엘 체험이 깃들어 있음 때문이다. 브니엘 체험은 우리를 복지사회 안에 있도록 하는 것이다. 복지사회는 브니엘 체험 안에서 가능하다. 브니엘 체험이 사람과 사람을 이웃 되게 하는 것이요, 이웃으로 형제로서 우리가 되게 하는 것은 브니엘 체험이다. 브니엘을 보게 하는 한울나라는 곧 복지사회이다. 복지사회는 우리가 이웃으로 사는 그러한 곳이다. 우리가 분단되어 있고 분열되어 있다면 곧 반복지, 비복지의 사회요, 진정한 의미에서 사람 사회라 할 수 없다. 복지사회를 만드는 것은 사회복지 정책과 실천을 통해 그 분단과 분열을 손수 부숨으로써 가능하다. 사람을 고통에 빠지도록 하는 것은 분열과 분단이다. 우리가 형제와 이웃으로 살아갈 때 고통은 극복된다. 참된 사회복지 정책과 실천은 사람 사이를 갈라놓는 분열과 분단, 우리를 고통에 빠지도록 하는 그 분열과 분단을 끊을 수 있게 한다. 우리는 원래 한 이웃이요 동포이며 형제인 한반도 전체를 위한 사회복지 정책과 실천일 때 비로소 그것을 참되다 할 수 있다. 분단과 분열을 끊는 일에 무용지물인 사회복지 정책과 실천을 참된 것이라 할 이유는 없다. 분열과 분단을 끊는 일과 무관한 사회복지 정책과 실천은 사회복지적인 것이 아니다. 사회복지 정책과 실천이 발달한다는 것은 우리가 서로의 얼굴을 한울님으로 보도록 그 정책과 실천이 돕고 있다는 것을 뜻한다. 브니엘 체험의 가능성이 한반도 사회복지 정책과 실천의 발달을 판가름 하는 기준이 된다.

한울님의 얼굴, 하느님의 얼굴이 브니엘이라 할 때, 윤노빈은 그 하느님이 하는님 즉, 행위 하는 님(전게서, pp. 314-315)이 된다고 한다. 하는님은 순수한 활동이 아니라 해방적인 행위이다. 사람은 실제로 그 신의 얼굴을 본 적은 없고 사람이 본 얼굴은 사람의 얼굴이다. 사람의 얼굴을 봄으로써 사람은 하는님의 얼굴 즉 브니엘 체험을 하는 것이다. 해방하는 행위는 사람의 일이요, 사람의 아들이 해방의 열쇠이다. 우리의 자식이 우리를 해방한다. 우리의 과거는 사람을 계속 감금시켰다. 해방은 감금의 부정이다. 우리를 감금케 하는 것은 사람의 탈을 쓴 악마의 짓이다. 역사 속에서 끊임없이 사람을 감금, 예속시키는 것은 사람의 독재요, 전제요, 반민주요 반민중이며 반생명적인 그것이었다. 인류의 지난 역사는 인간에 의한 인간의 감금역사에 다름 아니다. 참된 사회복지, 복지사회는 그 사람의 예속, 감금을 부정하는 일, 그 행위를 통해 이룩되는 것이다. 사회복지는 인간을 해방하는 제도요 실천이다. 사회복지의 이름으로 인간이 예속되고 감금된다면 그것은 사회복지의 모순이다. 따라서 사회복지 정책과 실천의 목표는 사람의 해방에 있다. 우리는 지금 이것을 윤노빈에게서 배운다. '해방'은 다만 사회복지실천의 맥락에서 자주 발견되는 '자기결정'이라는 말이 지니는 뜻을 넘어서 있다. '해방'은 '자기결정'의 인식적 의미에만 국한되지 않는다. 온 몸과 마음의 해방이 곧 해방인 것이다. 사회복지 정책과 실천은 바로 그 해방을 목표로 할 수 있어야 한다.

사람을 부자연스럽게 하고 구속하며 감금하고, 우리를 분열케 하며 한반도를 분단케 하여 우리가 서로의 얼굴 속에서 한울님, 하는님을 못 보게 하고 안 보게 하여 브니엘 체험을 막아 결국 참된 사회복지 정책과 실천을 어렵게 하는 이, 복지사회 실현을 막는 이, 그런 것을 윤노빈은 악마(전게서, pp. 151-167)라고 한다. 악마는 둘로 쪼개며(dia-bolos), 중상 모략하는 말(dia-ballein)에서 생겨 우리를 쪼개어 절단한다. 인간 사이의 틈을 만들고 벌려 싸움을 붙이는 것이 악마이다. 악마는 인간의 마음을 절단하여 인간의 협동 활동을 파괴한다. 악마는 사람과 사람의 틈을 넓힌다. 악마는 민족 내부분단을 조장하며 민족들 사이를 갈라놓는 절단기요, 갈라진 사람을 가두어 두는 감금자이다. 그래서 악마는 우리를 부자연스럽게 부자유하게 한다. 민족을 멀리 끌고 가서 포로 되게 하는 것이 아니라 그 자리에 있게 하여 민족을 분단으로 몰고 가서 매우 위험한 상황, 생명 죽임의 일들을 만드는 것, 그런 이가 악마이다. 악마는 생명의 소모자요, 생명의 사용자이다. 생명을 소모하고 사용하는 기술을 지닌 이는 사람의 탈을 쓴 악마이다. 악마는 반드시 퇴치되어야 한다. 악마로부터 손을 떼고 사람들끼리 손을 잡아야 한다. 사람을 살리고 돕는 일에 손을 써야 한다. 지금 우리에게는 그러한 악마를 식별하고 퇴치하는 것은 너무 중요하다. 사람으로써 사람을 죽이고, 사람으로써 사람을 이간시키며, 사람으로써 사람을 두들겨 패고, 사람으로써 사람을 지배하는 악마들을 우리가 분별하여 퇴치하여야 비로소 우리는 복지사회에로 갈 수 있다. 사람끼리 손잡고 사람끼리 협동하고 그럴 때 우리는 서로의 얼굴에서 브니엘 체험을 할 수 있다.

사회복지 정책과 실천은 악마를 퇴치하고 브니엘 체험을 가능케 하는 도구일 수 있어야 한다. 우리가 원하는 사회복지 정책과 실천은 악마퇴치의 도구인 것이다. 그것은 인간의 협동 활동을 만드는 도구이다. 복지사회는 사람끼리 손잡고 협동하며 나누고, 서로 생명을 살리고 살게 하며 함께 오순도순 살아가는 자연스럽고 자유로운 공동체이다. 사람 생명을 끊임없이 소모하고 사용하며 사람 사이의 틈을 벌려 이간질하고 중상모략하며 분열시키는 현상들, 그런 직업, 그런 이들이 활개치고 있는 것을 두고 복지사회라고 말할 수는 없다. 그 모든 분열과 중상모략, 이간질, 틈 벌림 등을 조장하는 한반도의 분단을 그대로 두고 여기가 복지사회라고 말하고 여기를 복지사회로 만들려고 하는 것은 그야말로 모순이요, 허황된 것이요, 그렇게 복지사회를 말하고 그러한 복지사회를 만들 수는 없다. 사회복지는 브니엘 체험이 일어나도록 하는 것이요, 복지사회는 브니엘 체험이 일어나는 곳이다.

2) 생존복지사상

우리의 일은 활동이요 활동은 생존(生存)에 그 이유가 있다. 우리의 모든 정치, 경제, 사회, 문화도, 그것의 이치를 밝히고 펴는 이론(理論)도 우리 홀로 더불어 삶(生)을 참되고 아름다우며 바르고 좋게 있도록(存) 즉, 생존하도록 돕는 것이어야 한다. 우리에게 실로 필요한 것은 참된 공동체(세계)관, 우주(자연)관, 인생(생존)관 등이다. 그러한 관점은 우리 홀로 더불어 삶을 있도록, 삶을 살도록, 더욱이 복지롭게 있고 복지롭게 살도록 즉, 자립, 안정, 교류하게 되도록, 그렇게 하도록 협조한다. 참된 관점은 살아있는 동안 우리 모두를 끊임없이 활동하고 협동하며 통합되게 한다. 그 활동과 협동, 자립과 교류를 방해하고 근원적으로 좀먹는 관점도 있다. 우리는 그것을 나쁜 관점, 허위, 좋지 않은 이론, 나쁜 철학이라 아니 할 수 없다. 그런 안 좋은 관점이나 이론은 기존 종교에서, 철학이나 학문에서, 대중의 견해에서 끊임없이 나올 수 있으며, 또한 발견된다. 참된 철학은 그것들을 식별하고 척결하는 일에 앞장 설 수 있어야 한다. 윤노빈의 신생철학에서 우리는 그 참된 철학에의 모색을 본다.

사람의 눈에는 그 눈에 따라 세계는 다양하게 보일 수 있으나 생명의 세계는 끊임없이 변화하고 움직이며 사라진다. 생명은 끊임없이 살아가고 사라진다. 사람은 끊임없이 이 세계 속에서 스스로 혹은 이웃과 함께 일하고 움직인다. 이것은 대단히 상식적으로 사실이다. 윤노빈은 이러한 상식에 근거하여 세계에 대한 요소론적(要素論的) 혹은 명사적(名詞的), 혹은 실체적(實體的), 정물적, 시각적, 우상적 관점과, 행위적, 동사적, 창조적, 인위적, 초월적, 생존적 관점을 대비하여 요소론적 세계관의 물질숭배, 우상숭배를 지적하면서 생존적 세계관의 인간해방, 진리논리를 드러낸다(전게서, pp. 63-76). 이것은 윤노빈의, 사실에 바탕을 둔 참된 철학 혹은 관점의 파지(把持)이다.

요소론적 세계관은 고대 희랍의 식민지 밀레토스의 자연철학자들에 의해 비롯되었고, 우주의 원질(아르케, 原質)은 무엇인가, 자연은 무엇으로 되어 있는가와 같은 물음에 대해서 물, 무한정적인 것, 공기, 불과 같은 원소(元素)의 이름으로써 답하였던, 오랜 동안 서양철학을 지배하여 왔던 서양의 '눈들'(eyes)에 의해 형성된 관점(觀點)이다. 요소론적 세계관은 본래 유물론적이요 물질주의적이다. 서양철학의 효시를 알리는 밀레토스 자연철학은 곧 유물론이요 물질주의이다. 피타고라스의 수(數)는 물질적 수였고, 파르메니데스의 존재는 땅덩어리와 같은 물질이며, 플라톤의 이데아도 정신적인 물질이었고, 안셀무스의 신(神)도 금광이나 산과 같은 물체였으며, 버클리의 신이나 마음도 거울과 같은 물체였고, 라이프니츠의 단자(單子)도 8면이 유리로 된 물체였고, 헤겔의 정신도 거대한 엔진과 같은 물체였으며, 훗설의 본질이나 형상도 삼각형 모양과 같은 물체였고, 비트겐슈타인의 문장 역시 원자와 같은 물체였다. 유물론자에 의해 관념론으로 표현되더라도 서양철학 전체는 근원적으로 유물론이다. 서양 관념론 철학은 유물론적 관념론인 셈이다. 이러한 철학은 자연이나 세계를 요소로 환원하고자 하고 명사에 집중되어 세계를 인식하고 이용하려 한다. 자연과 세계를 명사로써 이해하는 것은 그것을 소유하게 되는 토대를 마련하고, 소유의 양이 많을수록 인생과 사회는 풍요하게 된다고 보는 소유 중심의 인식을 낳는다. 그리하여 그 서양철학의 토대 위에서 개인과 집단의 공리와 부유를 낳는 과학문명은 계속 발전해왔으며, 그 문명의 주체로서, 실체로서의 인간 자아와 집단이 끊임없이 확장되고 대상화된다. 확장된 자아는 그 대상을 침략하고 복속한다. 다만 나로서, 명사로서 존재할 따름인 인간의 세계관에서는 소유, 확대, 자연의 활용과 파괴, 다른 존재들에 대한 침략과 침탈이 얼마든 일어나고 가능하다. 서양 유물론철학은 자연의 파괴, 인간의 소외를 끊임없이 가능하게 하는 사상적 토대이다. 요소론적 명사적 세계관은 이렇듯 살생과 파괴를 낳으며 근원적으로 평화와 복지를 깰 수 있다.

윤노빈은 요소론적 물질관이나 피타고라스 등에서 볼 수 있는 요소론적 수의 개념은 요소론적 신관(神觀)과 병행하며 의인(擬人)론적 신관, 즉 신에다가 인간권력의 욕망과 심리, 희망 등을 투사하는 신관과 상통할 수 있음을 지적한다(전게서, p. 65). 요소론적 신관에서는 신이 실체로서 인식되고, 명사화되며 하나, 혹은 여럿이 될 수 있다. 그것은 신이 하나일 뿐이라는 유일신론으로 귀결되기도 한다. 신이 오직 하나이라는 입장은 그 신에 대한 숭배가 강화되고, 그렇게 숭배되는 신에 의한 인간집단의 강화, 나아가 그 숭배로 인하여 형성된 집단이 다른 집단보다 우월성을 갖는다는 인식과 가치를 낳기도 한다. 그 가치와 인식은 유일신 숭배 집단과는 다른 집단에 대한 배타를 초래하여 인류는 종교집단 사이의 갈등과 전쟁을 겪을 수 있게 된다. 서구의 역사 속에서 우리는 이러한 갈등과 전쟁을 무수히 목격한다.

요소론적 세계관이나 신관은 특정 집단, 주체, 실체, 명사의 강화, 유지, 발전 등에 대한 지속적인 집착을 낳으며, 과학문명은 그것의 수단이 되고, 결국 인류평화와 평등을 근원적으로 허물 수 있는 위험을 내포한다. 요소론적 물질관에서는 물질이나 자연이 우상으로 될 수 있고, 인간생활의 다만 수단으로 전락하기도 하며, 요소론적 신관은 실체로서의 신에 대한 집단적 숭배, 특정 신에 대한 특정 집단의 소유를 가능케 하여 인류는 종교의 다름으로 인하여 급기야 전쟁상태에로 돌입할 수 있게도 한다. 요소론적 세계관이나 신관이 낳을 수 있는 전쟁과 갈등의 경험을 통해 우리는 세계나 자연에 대한, 생명과 신에 대한 올바른 인식, 있는 그대로의 파악이 지니는 중요성을 깨닫게 된다. 자연과 세계, 생명, 신, 인간 등, 있음을 명사로서 실체로서 원질이나 구성요소로서 보는 것은 있음이 고착되고 고정되며 변하지 않는 어떤 무더기, 끝없이 분해하고 분할하여 더 이상 나눌 수 없는 것에로 귀결되는 것인 양 보려는 것이요 하나의 단견이나 관습일 뿐이며, 있음을 보다 심층적으로 참으로 있는 그대로 보지 못하거나 않는 것이다. 나아가 있음을 있는 그대로 보고 아는 일, 즉 있음에 대한 진리파악이나 그 파악에 토대를 두는 진리행위는 결국 평화와 평등, 복지의 실현, 가치 있는 공동체의 실현에 있어서 너무나 소중함을 우리는 더욱 느끼게 되는 것이다.

윤노빈이 진지하게 지적하여 그것을 근본적으로 반성, 비판하고자 하는 것은 그리스 유물론에서 기원한 서양철학의 요소론적 세계관이 지니는 분단과 지배의 논리요, 모순 논리이다(전게서, pp. 77-93). 요소론적 세계관은 세계를 분단하고 영토를 확장하며 소유된 영토에 대하여는 지배하려는 욕망의 토대가 되고, 있음을 인간이나 권력, 소유욕망의 수단으로 보게 한다. 말하자면, 분단하고 지배하라는 지배원칙이

권력 잡은 이의 심리 속에 각인되고, 그 각인은 구분하고 포섭하며 양분하고 종합하는 서양철학과 논리학으로 표출된다. 요소론적 서양철학과 논리학은 하나의 학문으로서 분단을 통해 영토를 소유하고, 그 소유를 통해 욕망을 발산하며 부를 창출하는 정치적, 경제적, 영토적, 사회적 권력의 유지를 위한 수단이 또한 된다. 이 수단에 의해 공동체는 불평등과 수직적 권력의 위계질서 속으로 휩싸여 들어간다. 권력을 잡으려 하거나 잡은 이는 이러한 논리인식과 논리훈련을 필요로 한다. 분단하고 지배하려는 이, 분단을 통해 지배한 이는 구분하고 포섭하며 양분하고 종합하는 논리체계를 자기 인식 속에 심화해야 하는 것이다. 이 심화를 통해 지배하는 권력이 탄생하고 유지되며 공고화된다. 물론 그 지배 권력이 있음으로 지배당하는 이도 있게 되며, 때때로 지배하는 이나 당하는 이 둘 다의 인간됨이 허물어지고 상실되는 인간세상의 명백한 오류가 빚어진다.

윤노빈에 의하면(전게서, pp. 77-78) 서양철학의 초기 그리스 자연철학적 탐구나 사변에 있어서 원질(Arche)은 '시초'라는 뜻과 '정부'(government)라는 뜻, 둘을 지니며 그 원질을 탐구하는 요소론적 세계관은 물질적인 것과 정신적인 것을 애시 당초 통치하고 지배하는 요소들을 인간중심적 선입견에 의해 하나와 여럿, 남성과 여성, 제한과 무제한, 정지와 운동, 열과 냉, 직선과 곡선, 명과 암, 선과 악 등의 개념들로 양분한다. 그 양분법적 세계관이 현실 정치의 지배질서를 만들고 노동생산현실의 열등성과 지배통치행위의 우월성을 낳아간다. 요소론의 수직적 위계질서의 양분논리는 현실 사회의 지배자와 피지배자와의 양분을 가능하게 하고, 그 지배자의 피지배자에 대한 통치와 포섭을 이념적 논리적으로 정당화시켜 결국 공동체의 불평등을 널리 용인하게 하여 계급사회를 타당하게 만든다. 지배 혹은 통치와, 피지배 혹은 예속을 그 핵심으로 삼는 계급사회는 이러한 이념적 사색과 세계관에 의해 만들어지는 것이다.

여성, 남성, 하나, 여럿, 직선, 곡선 등 있음을 양분하여 대립케 하고, 그 중 하나가 다른 하나의 우위가 되게 하는 그러한 요소론적 세계관은 인간사회에서 분할과 분단, 그러면서 지배와 예속을 만들어가는 것이니 철학 내지 이념이 현실의 지배 예속의 현상을 지속적으로 정당화하는 도구가 된다. 이 도구는 예속시키고 지배하는 자에게는 좋은 것일 수 있으나 모든 이에게, 모든 것에게 공히 좋은 것은 아니다. 특히 그 도구는 지배당하고 예속되어 삶의 고통 속으로 곤두박질하는 이에게는 참으로 좋지 않은 것이 된다. 참된 철학은 만일 그 철학을 깨닫고 그렇게 살 수 있는 이라면 모두에게, 모든 이와 모든 것에게 좋은 것일 수밖에 없다. 윤노빈은 그러한 참된 철학을 신생철학의 이름으로 모색하고 있으며, 우리에게 그것은 바르고 옳은 사회복지 실천과 정책의 사상적 도구 내지 토대로서 수용되고 있다.

고대 그리스 자연철학의 요소론적 대립 지배 철학은 아리스토텔레스에게 와서는 양분법적 목적론적 수직적 이념으로 승화되어 갔고, 중세와 근대를 거쳐 헤겔에 와서는 대립의 정(正)과 반(反)이 변증법적으로 지양, 즉 없애 높여 가지게 되어 합(合)으로 이르는 변증법 논리로 변화하지만, 그 변증논리도 현실적으로는 지배와 예속을 정당화시키고, 피지배와 굴종을 지속시키는 도구 특히 게르만민족의 우월성과 종결성, 유럽의 지구상에서의 우위를 드러내고자 하는 것에 다름 아니다. 변증논리도 인간 세상을 분리시키고 통치하는 고전적 지배방식(전게서, p. 81)을 의식화하는 수단인 것이다.

언어에 있어서, 개념, 명제 혹은 진술, 주어와 술어, 문장, 판단, 추론 등으로 전개되는 논리학은 그것이 고전적 형식논리이든 헤겔의 변증논리이든 근원적으로는 요소론적 세계관이 거기에 반영되어 있으며 결국 분단과 지배의 인간중심적 강자의 이익과 욕망을 드러내는 불평등 정당화와 지속의 이념일 뿐이다. 또한 모순이라는 것도 개념이나 판단, 즉 논리에 있어서 모순임을 우리는 명심해야 한다. 가령 '모든 사람은 죽는다' 라는 전칭긍정명제와 '어떤 사람은 죽지 않는다'는 특칭부정명제는 모순관계에 있다. 모순관계에 있는 명제들은, 어느 하나가 진리이라면 다른 쪽은 반드시 거짓이다. '모든 사람이 죽는다'가 참이라면 -현실적으로는 죽지 않는 사람은 없지만 - '어떤 사람은 죽지 않는다'는 반드시 거짓이다. 모순관계에 있는 명제는 둘 다 참일 수 없고 둘 다 거짓일 수 없다. 모순관계에 있는 명제의 한 쪽의 참은 다른 쪽의 거짓임을 드러내며, 모순관계는 결국 다른 쪽을 분리하고 결국 배제한다. 헤겔은 변증논리에서 모순을 받아들인다. 정(正)과 반(反)이 모순일 때 비로소 합(合)에 이를 수 있다. 합에 이르기 위해 정과 반의 모순은 수용된다. 그러나 정과 반은 모순일지라도 개념으로 구분되고 규정되며 서로는 서로를 배제한다. 개념에서 모순은 서로를 배제함으로써 합에 이르고, 그 합은 결국 분리와 분단, 배제와 극복, 지배와 통치를 하고자 하는 강자의 이익과 욕망을 대변하고 있는 것이며 강자의 이익이 되는 쪽으로의 합이다. 합은 대립과 투쟁에 있어서 강자의 승리인 것이다. 분단과 지배의 논리는 고전논리이든 변증논리이든 요소론적 명사적 세계관을 그 속에 깔고 있는 언어와 개념에서의 이념일 뿐이다. 현실은 언어와 이념 이전이요, 우리 삶의 세계이다. 현실은 누구나 살아 있어야 할 생존(生存)의 현실이요 평등과 조화, 통일과 평화, 결국 복지이어야 할 우리 삶의 곳이다.

이렇듯 개념이나 명사, 언어와 논리 이전에 원래 있는 그대로의 세계는 생존과 운동, 인위와 창조, 행위와 동사의 곳이요, 참된 철학은 있는 그대로의 세계를 담아내고 바르고 좋게 하는 협력과 평화, 통일과 평등의 이념이요 사상이어야 하는 바, 윤노빈은 그러한 이념 혹은 사상을 행위적 세계관(전게서, pp. 74-76), 진리 행위(전게서, pp. 93-98),

진리 논리(전게서, pp. 98-104)로 드러내고자 한다. 참된 철학은 진리 논리의 펼침이요, 진리행위의 감행이며, 참으로 있는 그대로의 세계를 담아내는 것으로서, 우리를 살게 하고 살리며 서로 협력하게 하고 해방되고 통일하게 하여 분단과 지배, 예속과 굴종, 억압과 착취, 죽임과 배제를 근본적으로 거부한다.

참으로 있음을 실체로서 명사로서 파악하는 것은 불평등, 지배와 분단, 예속, 인간중심주의, 우상숭배 등을 초래하며 있는 그대로를 제대로 본 것이 아니다. 있는 그대로를 제대로 보고자 하는 것은 행위적 세계관, 동사적 세계관, 생존적 세계관 등이라 표현할 수 있는 데에 담긴다. 존재와 인식, 가치 세계의 그 모든 것은 흐르고 움직이며 활동하는 것이지 고정된 실체가 아니다. 사람이나 삶 역시 고정된 실체가 아니다. 그것은 노동하고 행위한다. 그야 말로 인위(人爲)이다. 참되고 바르며 옳게 행위 하지 않는 것, 거짓된 사람과 삶의 행위는 인위(人僞)요, 그것은 인위(人危)이다. 참된 철학은 인위(人爲)가 천리(天理)에 맞도록 매순간 합당하고 합리적이도록 돕고자 하는 이념체계요 사상이며, 끊임없이 인위(人僞)를 밝혀 인위(人危)를 줄이거나 예방하고자 한다. 요소론적 세계관을 밝혀 그 위험과 부정성을 배격하고자 하는 것은 참된 철학의 소임이다.

행위와 노동, 활동은 요소적 실체를 타넘고 건너며 초월한다. 생명의 삶은 타넘음이며 초월이요 해방이며 운동이다. 요소는 시각화할 수 있지만 운동과 행위는 결코 시각화될 수 없다. 우리의 눈은 운동과 행위를 관찰할 수 없고 그 운동과 행위의 순간을 하나의 무더기로 잠시 망막에 얹어 놓을 뿐이다. 그 무더기는 결국 사라지고, 다시 어떤 무더기가 떠오른다. 따라서 요소론적 명사적 정물적 세계관은 생존적 동사적 동학적 초월적 창조적 세계관에 그 자리를 물려주어야 한다. 생존적 세계관은 받는 자가 아니라 주는 자의 세계관이요, 자연정복을 통한 살인자, 살생자의 세계관이 아니요, 서로 살고 살게 하며 창조하고 협동하며 사랑하고 정의를 실현하는 한울의 세계관이다. 생존적 세계관에서는 하느님이 하는님이 되게 하고, 우리를 하나이게 하며, 하느님과 생명이 실체로서 분리되어 있는 것이 아니라, 생명을 더욱 생명답게 창조하고 초월하여 우리이게 하여 인간과 자연, 우주와 생명이 서로 이어지고 만나며 둘이면서 하나요, 하나이며 둘이요 그러면서 우리로서 어우러지도록 하는 한울이요, 한 우리이며, 그래서 한울님이다. 이웃이다. 이웃을 분리시키고 쪼개며 분단하여 지배하고 정복하며, 죽이고 멸망케 하며, 예속케 하는 것은 악마의 짓이요, 한울님의 행위, 우리의 활동이 아니다. 세계는 한 꽃이요, 한 집안이며, 한 에코요, 한 움막이요, 시각적으로 보면 요소이지만 있는 그대로 참되게 보면 생존이다. 우리를 한울로 엮고 이어주며 평화와 통일, 평등과 복지에로 있게 하고 가게 하는 것이 하는님, 한울님의 행위이다.

생존적 세계관은 여백을 사랑한다. 여백은 우리 행위의 공간(place)이요 다만 물리적 공간(space)이 아니다. 이 여백을 알아내고 개발하며 노출시키는 행위 즉, 참된 자유를 가능케 하는 행위가 곧 진리행위이다. 참된 철학은 그 진리행위를 열어오는 사상이요 이념이다.

진리행위는 허위행위, 거짓행위와 대립한다. 인류역사는 거짓행위와 진리행위와의 싸움이어왔다. 분단과 예속, 지배와 통치, 명예와 이익을 추구하는 거짓행위가 주로 진리행위를 이겼고, 거짓행위는 가진자의 편에 속해 있었으며, 진리행위는 민중의 편에 늘 속해 있었다. 의무와 규율에 의해, 속박과 명령에 의해 움직이는 거의 모든 병사들은 거짓행위에 의해 행위했고 생각했다. 진리행위를 돕는 병영과 병사는 없었다.

진리행위는 파사현정(破邪顯正)이요, 해방의 행위, 초월의 행위, 구속과 예속에 맞서는 자유와 정의에로의 투쟁이며, 노출시킴(a-lethia)

이요, 들추어냄(dis-cover), 일치시킴이요, 실체가 아니라 행위이다. 그것은 거짓과 속임의 인위적 속박으로부터의 해방행위이다. 인간과 생명을 속박하고 죽이며 분단하고 지배하는 악마의 거짓과 속임으로부터 해방하여 온 생명이 하나로 이어져 있음을, 생명살림에로 나아가고 생명을 구체적으로 살게 하고 살리는 행위이다. 진리행위는 도사가 홀로 앉아 깨달음에서 나오는 것이 아니라 민중의 목소리를 듣는 데에서 솟아나온다.

위대한 진리일수록 민중의 그 자유와 해방에의 외침을 듣는 일에서 빚어진다. 그 진리행위는 소수의 사람, 참된 사람(眞人), 참된 삶(眞生)에서 발현한다. 그 행위는 늘 거짓과 속임의 달인인 악마에 의해 저주받고 박해받으며, 신의 모독자, 혹세무민자, 역적, 질서교란자, 괴수 등의 이름으로 정죄되고 처단되며 죽임 당했다. 하지만 참된 사람, 진리행위자는 한울의 목소리, 억압받는 민중의 소리, 많은 사람들의 참된 소리를 듣고(耳), 희망의 소리를 말하고 외치며(口), 실로 임금다움 사람(王), 결국 거룩한(聖) 사람이다. 거룩한(holy) 사람은 전체, 즉 한울(whole)의 건강(whole-some, heil)을 도모하는 사람이요, 결국 가진 자도 민중도 함께 건강하게 하는 사람이다. 그 거룩한 진리행위자는 이법(理法), 한울의 말씀, 우주의 이치, 도(道)를 듣는 데에서 그렇게 거룩해질 수 있다. 그 듣는 일은 자신의 이익과 욕망을 초월하여 빈 마음, 빈들에서 생명의 살고자하는 소리, 생명에 대한 지극한 감수성에서 일어난다. 진리행위는 참으로 세심하고 세밀한 양심(良心), 자연으로부터 원래 얻는 마음에서 비롯된다. 진리행위는 사회 속에서 거짓이 진리를 이기는 그 모순과 역리를 똑똑히 봄으로써 일어나는 사회적 현상이다. 거짓의 세력이 너무나 도도하고 크며 견고하기에 진리행위는 그것에 맞서는 거룩한 싸움이다. 거짓의 어둠을 드러내고 밝히는 진리행위는 빛이요, 거기에는 열(熱)이 있고, 열(悅)이 있으며, 또한 반드시 거기에는 그 열과 빛이 있어야 한다. 뜨겁고 밝은 태양의 열과 빛으로써만 차갑고 어두운 거짓행위를 물리칠 수 있다. 진리행위자는 인간을 분단하고 지배하는 어두운 세력, 그 잡초 같은 사람들 속에서 아름답고 밝으며 모두에게 건강을 가져다주는 화초를 가꾸는 사람이니 늘 부지런해야 한다. 그이는 하늘의 말씀을 듣고 이루는(誠) 사람이요, 진리의 소리를 세밀히 듣는 경건한(敬) 사람이며, 거짓에 대해 진리가 이김을 믿는(信) 사람, 삶이다. 진리행위가 거짓행위를 이길 때, 이길 수 있을 때 우리에게 희망은 있다.

살아있음을 어떤 눈으로 볼 것인가. 요소론적으로 보는 것은 살아있음을 존재(存在)로, 실체로 보자는 것이요 결국 그것은 우상숭배, 분단과 지배의 논리이며, 생존적으로 보는 것은 있음을 살아있는 것(生存)으로 봄이니 그것은 살아있음의 자유와 해방, 초월과 협력, 한울 안에서 하나로 유기적으로 살아감의 논리가 되겠다. 논리는 말의 길이요, 참말과 참 길을 들어주고 열어주는 것이요, 참된 철학은 참말과 참 길을 밝혀 우리 모두 지혜와 자비에로 이르게 한다. 윤노빈은 신생철학 안에서 그러한 지혜와 자비를 나름대로 모색하며, 그 지혜와 자비를 막는 요소론적 세계관의 논리가 지닌 거짓 말, 거짓 길, 악마성 등을 드러내고자 한다. 진리를 밝히는 말의 길과 그 논리는 거짓을 폭로하는 일과 동전의 양면을 이룬다. 진리가 밝혀지면 거짓은 드러나며, 진리의 빛은 거짓의 어둠을 밝힌다. 우리 모든 생명에게 진리논리는 분단과 지배의 그 예속의 길에서 우리를 해방시키며, 우리는 이미 본래 해방되어 있을 보여주고, 살아있는 말, 살아가는 길, 함께 이웃되고 함께 고향에 가게하며, 우리가 함께 살아가는 곳이 우리 고향임을 보여주고, 사람 마음이 본래 하늘마음이요, 사람의 길이 결국 하늘의 길과 이어져 있음을 보여준다. 우리를 살리고 살게 하는 것이 곧 진리논리요, 참된 철학은 그 진리논리를 늘 파지하고 교육한다.

진리논리는 진리행위 자체가 참된 논리임을 보여준다. 참된 행위는 그 자체로 참된 논리이다. 참된 행위만이 논리 자체가 지닌 특성처럼 이치에 맞는 것이요, 진리이어서 보편성과 객관성, 진실성을 지닌다. 참된 행위는 생명을 살리는 것이요, 논리나 개념이 행위와 분리되어 있는 것이 아니라 하나가 된다. 행위와 별개의 논리는 늘 거짓 논리일 수 있다. 분단하고 지배하는 행위를 정당화하는 논리는 그 행위와 논리가 별개이다. 사랑하고 협력하여 통일하는 행위는 그 자체가 논리요, 여기서 행위와 논리는 하나가 된다. 진리논리는 양분논리, 형식논리, 변증논리에서처럼 대립개념을 인위적으로 종합시키려는 것이 아니라 이미 통일되어 있음, 생명세계는 이미 서로 협력하고 사랑하고 있음을 밝히는 것이다. 그리고 진리논리는 사람들이 죽거나 죽임을 당하지 않고 살아있기(生存) 위하여서 어떻게 생각하고 행하여야 되는지 그 방법(meta-hodos)을 가르쳐주는 것은 오직 진리행위임을 만천하에 드러내려고 있다. 참된 철학은 진리논리를 우리에게 보여주어야 한다. 윤노빈의 신생철학이 지니는 사회복지사상으로서의 중요성을 논(論)하는 우리는 그 진리논리가 사회복지의 실천과 정책의 사상적 토대이어야 하고, 그럴 때 사회복지의 실천과 정책은 우리 모두의 생명을 참되게 살게 하고 살리며, 우리를 참으로 협력하고 협동할 수 있게 한다고 본다.

윤노빈에 의하면(전게서, p. 100) 진리논리는 곧 진리행위의 길이다. 참된 논리는 살아있음을 살리고 살게 하는 길이요, 거짓 논리는 살아있음을 결국 죽임이나 죽음에로 가게 하는 길이니, 논리를 밝히는 우리의 정신적인 힘은 늘 그 거짓 논리를 식별하고 척결하며 경계할 수 있어야 하겠다. 참된 논리는 우리를 협력하고 통일케 하며 온 생명의 유기적 관계를 있는 그대로 보게 하고 깨닫게 한다. 생태계파괴를 끊임없이 부추기고, 일부 집단의 재산증식의 행위를 쉴 새 없이 정당화시키며,

생명세계에서 인간만의 탐욕을 도모하고, 공동체 전체의 복지를 일부 사람들의 탐욕실현에 방해된다고 하여 늘 반대하여 결국 생명의 살림, 공동체의 복지, 공동체 전체의 협동과 협력, 상생과 통일을 부지런히 파괴하여 분단과 지배를 공고히 하는 길들은 곧 거짓 논리가 아닐 수 없으니, 따라서 우리는 그 거짓 논리에서 해방되어 진리논리의 밝힘과 함께 그 빛으로 우리 삶의 길을 잘 살아갈 수 있어야 하겠다.

생존이 곧 복지(福祉)요, 그 생존을 막는 것은 반(反)복지이다. 생존은 곧 우리 삶이요 살아있음이요 함께 삶이며 행위(行爲)이다. 우리 행위는 요약한다면 두 가지이다. 그 하나는 노동이요, 다른 하나는 수행(修行)이다. 노동은 생명살림의 먹거리와 물질을 소유하게 하여 우리를 살게 하고, 수행은 우리 행위의 생멸(生滅)을 있는 그대로 통찰하게 하여 넘치게도 모자라게도 하지 않게 하여 적정하고 적절한 삶을 가능하게 한다. 또한 그 수행은 물질현상을 지(地), 수(水), 화(火), 풍(風) 등 요소로 파악하지만 그 요소는 실체개념이 아니라 일어나고 사라지는 것이다(각묵 스님 옮김, 2015, 참조). 수행을 통해 우리는 그 일어나고 사라지는 것을 있는 그대로 알아차린다.

노동의 행위는 신체를 복지롭게 하고, 수행의 행위는 정신을 복지롭게 하는 것이며, 노동은 생존을 자립하고 교류하게 하고, 수행은 생존을 참으로 안정케 하는 것이니 노동과 수행은 함께 우리 삶을 복지롭게 한다. 생존의 자립, 교류, 안정에서 수행과 노동은 필수요, 생존복지사상은 우리로 하여금 살아 있도록(生存), 즉 노동과 수행을 하도록 도와 우리 공동체의 복지를 실현토록 하는 이념적 토대이다. 요소론적, 명사적, 실체적 세계관에 대비하여 생존적, 동사적, 행위적 세계관은 우리 생존을 복지롭게 하는 진리행위의 길, 즉 진리논리이다.

3) 통일복지사상

분단과 지배를 획책하고 정당화하는 자, 수직적 위계에서 위에 있는 자들, 분단과 지배를 통해 정치적, 경제적 권력과 이득을 노리고 가진(가지는) 자들에게 분단의 길은 한울, 즉 전체 민중의 생존을 가로막고 브니엘 체험을 못하게 하는 것이니, 윤노빈의 신생철학에서는 '진리논리'가 아니라 인위(人僞)요, 사회복지사상을 논하는 우리에게는 반(反)복지사상이다. 분단이전에는 원래 통일되어 있는 것, 즉 자연상태의 통일이요, 이미 분단이 되어 있다면 통일(統一)은 우리 모두의 인위(人爲)적 행위요, 생존과 브니엘 체험을 위한 바탕의 마련이 된다. 분단을 극복하고 통일하는 일은 일부 가진 자들의 복지를 줄이고 덜어서 우리 모두의 복지를 실현하는 생존의 인위적 행위이다.

진리논리, 즉 진리행위의 길을 펼쳐 보여 현실을 암흑에서 광명으로 오게 하고 가게 하는 일을 그 핵심으로 삼는 철학자, 특히 민족의 철학자는 민족현실의 어둠이 가져오는 우매, 민족의 분단이 초래하는 고통, 통일되지 못하여 겪는 우리 모두의 고통에 대해 민감하다. 우리 각자는 생존의 길에서 크고 작은 고통을 겪지만 민족분단의 고통은 우리 모두에게 중대하여 민족의 철학자는 그 고통을 사유하고 해결하는 일에 관심을 기울인다. 윤노빈은 분단의 고통을 근원으로 삼아 철학함을 감행하여 철학자 본래의 일을 하고자 한다(윤노빈, 전게서, pp. 105-149). 철학자 본래의 일은 분단의 고통을 있는 그대로 밝혀, 그 해결의 길을 통일행위의 실행에서 찾는 것이다.

고통은 생명이 쪼개짐으로써 오는 아픔이다. 몸의 고통도 그렇고 마음의 고통도 그러하며 민족의 고통도 그렇다. 고통은 통일의 상실이다. 통일은 고통의 근원적 치유이다. 몸이 쪼개질 때 하나로 아물게 되면 덜 아프고, 마음이 쪼개질 때 하나로 모이면 고통은 극복되며, 민족이 쪼개어져 있고 그 분단이 없어져 통일되면 우리 한민족 모두의 아픔이 줄어들고 기쁨은 찾아든다.

우리 생존은 통일된 상태에서, 협동과 연결, 우애와 연대, 형제애에서 유지되고 확장된다. 생존의 박해는 우리를 쪼개고 흩어지게 하여 서로 물어뜯고 상처 내며 죽어라 죽여라 할 때이다. 생각해보자. 한 형제, 한 민족이 갈라져 죽여라 죽어라 상처 내고 박해할 때 우리가 제대로 살 수 있겠는가.

통일된 생존관계, 사회공동체성의 파괴는 원래 인간성의 상실에서 시작된다. 인간성은 서로 살리기 위해, 살기 위해 자연으로부터 주어진 사람의 힘이다. 모든 고통과, 그것을 빚어내는 분단과 파괴는 인간의 정신을 파괴하고 허물어버릴 때 일어난다. 통일된 생존의 관계, 참된 사회, 복지사회를 지속시켜 우리를 살게 하는 것은 인간의 정신, 즉 정직, 진실, 성실, 사랑, 지혜, 온유, 겸손, 화목, 자비, 인애 등이다. 통일된 생존관계를 허물고 우리 모두를 살기 어렵게 하는 인간성은 분노, 탐욕, 어리석음, 오만, 미움, 무관심 등이다. 분단의 고통을 극복하는 것은 먼저 인간의 정신을 바르고 좋으며 아름답게 하는 일에서 시작된다. 모든 교육은 그것을 이루어내야 한다. 그것이 실패하면 우리는 지옥에서 살게 된다.

분할과 분단은 그 분할되고 분단된 곳에서 지배와 불신, 의심, 회의, 우울, 인정의 끊어짐, 양심의 사라짐, 인간의 노예화, 인간의 가축화, 적폐의 쌓임, 독재와 전재의 미화, 우중충한 예술작품, 슬픈 음악, 한의 노랫가락, 상호신뢰의 파괴 등이 계속 일어나도록 하는 온상을 만드는 토대이다. 분할하고는 반드시 지배하게 된다. 그 지배는 수직적 위계질서를 만들고 우상을 숭배하게 하며 전쟁놀이를 끊임없이 하게하고 맨날 무찌르자 오랑캐 상기하자 육이오, 군사훈련하지 않으면 우리 모두 죽는다, 서로 믿지 말자, 믿을 놈이 누구냐, 아버지는 자식을 죽이고,

자식은 어버이를 죽이며, 부하는 상관을 죽이고, 상관은 부하를 우습게 취급하며, 아비규환이 미덕이 되고 일상이 되는 현실을 생산, 재생산한다. 분단이 만드는 지배의 상황 속에서 흘러나오는 뉴스의 대부분은 어둡고 회색이며 우리를 우울하게 하는 것들이다. 분단과 지배가 계속되는 곳에서는 지배하는 자이든 지배당하는 자이든 신경성, 심인성(心因性) 위염, 위암, 간암, 간염, 대장염, 대장암, 방광염, 방광암, 호흡기 질환 등 각종 질병에 시달리며, 병실에 사람 없을 날 없고, 병원, 의원 응급실에는 늘 사람이 붐빈다. 모든 분할과 분단, 그것으로 인한 지배는 생존의 위협이고, 사회복지의 비효율적 흔들어댐이다.

한반도의 휴전선은 자신의 고향에로 갈 수 없게 하고, 사람 사이에 금을 그어 적색, 회색, 푸른 색 구분하게 하며, 월북, 탈북, 월남, 탈남 등 참으로 기괴하고 우스꽝스런 여행을 하게 한다. 분단의 휴전선은 우리 고향에, 우리 삶의 터전에 우리를 못 가게하고 안 가게 한다. 한반도의 휴전선은 한민족의 전 세계로의 디아스포라를 지속적으로 만든다, 우주에, 이 자연에, 본래의 영토에, 우리 모두의 고향에 휴전선은 없다. 무한은 무한으로 이어지며, 영원은 순간 속에 있고 순간 속에 영원의 진리는 담겨 있다. 날아다니는 새에게도 휴전선은 없다.

휴전선, 분단의 금은 피해자를 가해자로 만들고, 가해자를 피해자로 만든다. 분단된 곳에서 서로 싸우는 자에게는 이긴(이기는) 자가 곧 진(지는) 자가 되게 하고, 진 자도 이기게 되며, 실제로 진 자도 이긴 자도 없게 된다. 휴전선의 아래 위는 상생이 아니라 공멸의 곳이다. 고향에 휴전선을 그어놓고 내 편, 네 편, 적과 동지, 그러면서 공멸의 전쟁준비는 참으로 집단적 어리석음의 명백한 사례이다. 휴전선이 지속되면 그 어리석음이 마치 지혜인 양 착각될 수 있다. 휴전선을 그어놓고 그 아래에서만 혹은 그 위에서 만의 사회복지를 늘 강구하는 것은 참된 복지구상이 아닌 것이다. 참된 복지는 무엇보다 휴전선을 철폐할 때 비로소 시작된다.

윤노빈의 철학적 통찰(전게서, p. 125)에 의하면 요소론적 세계관은 실재를 고정된 정물로 파악함으로써 소유의 대상으로 전락시켜 실재를 더 많이 소유할 때는 쾌락, 소유할 수 없거나 적게 소유할 때는 고통을 불러일으켜 결국 요소론적 세계관에서는 쾌락주의와 고통, 이 둘이 솟아난다. 요소론적 세계관은 쾌락주의와 고통의 절벽 사이에 끼어 있는 거짓 이념이며, 이것으로 인하여 고통의 눈물로 오염된 고해(苦海)가 흐르고 그 위에는 쾌락의 수증기가 악취를 풍기며 피어오른다. 실재를 소유의 대상으로 인식하고 그렇게 행동할 때, 실재를 소유한 고통의 가해자와, 실재를 적게, 혹은 소유하지 못한 피해자는, 둘 다 고통을 받는다. 고통의 가해자가 얻는 쾌락은 고통의 피해자에게 영향을 주어서 적게 소유한 이는 그 쾌락이 없음으로 고통을 겪고, 실재를 소유한 이의 쾌락은 온갖 장치들에 의해 그 유지가 위협 당함으로 인해 고통으로 전환될 수 있다. 공동체 전체에서 본다면 쾌락의 확장 혹은 재생산은 고통의 확장 혹은 재생산이기도 하다. 이 고통의 해결은 요소론적 세계관의 극복에서 드디어 가능하다.

요소론적 세계관으로 인한 세계적 고통의 물결이 집중적으로 밀어닥친 분단된 한반도, 언제라도 전쟁이 가능하고 거기에 따른 지배와 예속이 가능한 우리 민족의 땅은 고통의 골짜기이다. 한민족은 열강들의 자본주의적 국제정치적 희생의 고통을 겪고 있다. 한반도에서 일어난 국제적 전쟁은 세계적 고통의 억울한 희생이었다. 만일 이 땅에 참된 통일과 평화가 오지 않는다면 이 땅은 근본적으로 비복지일 뿐이다. 전쟁의 가능성, 국제적 고통의 희생처일지라도 한반도에는 브니엘체험의 가능성은 늘 있으며 한민족의 생존은 도도하게 흘러갈 것이다. 그 브니엘체험과 생존의 흐름은 한국인이 현재 짊어지고 있는 분단의 근원적 고통의 극복과 이어져 있다.

분단의 철조망은 마음 깊이 스며들어 끊임없이 정치현실은 물론 우리의 일상생활 속에 불신과 반목의 철조망을 낳고 있다. 한민족의 분단은 생명의 약탈자에 의한 인간성의 상실도 빚는다. 분단으로 인한 절단과 상실의 고통에서 어떻게 벗어날 것인가. 한민족의 등에 남이 강제로 씌어준 고통의 십자가를 벗어버리고 던져버리는 것은 한민족의 역사적 임무이다.

고통은 정의되고 연구되어야 할 것이 아니라 해소되거나 해결되어야 할 것이다. 고통을 마음 안의 문제로 환원해버리거나 다만 마음 밖의 문제이기만 한 것이라 여기기보다 결국 고통은 마음이 겪으며 그것을 야기하는 마음 밖 현실사태와 이어져 있음을 우리는 명확히 보아야 한다.

국제적 상황과 제국들의 요소론적 소유의 탐욕, 바르지 않은 정치세력으로 인하여 일어난 한반도 우리 민족의 분단과 휴전선의 철조망이 일으키고 있는 고통은 '통일'에서 해결된다. 통일은 인위적(人僞的) 분단의 고통을 인위적(人爲的)으로 해결하는 길이다. 한민족의 통일은 한민족이 짊어진 고통의 짐을 벗어버리는 유일한 방법(전게서, p. 146)이 아닐 수 없다. 한민족의 통일 없이는 한민족의 고통의 해결은 없으며, 그 고통의 해결 없이 우리 복지의 실현은 없다. 따라서 한민족의 통일은 한민족 복지실현의 길이다. 그 길은 다른 모든 복지실현의 뿌리이다.

한민족의 통일은 우리의 신생(新生)이다. 민족의 통일을 통하여 한민족은 고통과 예속의 무덤으로부터 다시 살아나게 될 것이다. 윤노빈은 성경, 에스겔 37:15-23절을 인용한다(전게서, p. 149). 여호와의 말씀이 사람의 아들에게 임한다. 막대기 하나에는 유다와 그 짝 이스라엘 자손이라 쓰고, 또 막대기 하나에는 아브라함의 막대기 곧 요셉과 그 짝 이스라엘 온 족속이라 쓰고, 그 막대기들을 서로 연합하여 하나가 되게 하라. 네 손에서 둘이 하나가 되리라. 마찬가지로 왼 손의 막대기에는 '배달민족의 자손, 남쪽형제의 짝 북쪽형제를 위하여'라고 쓰고, 바른 손의 막대기에는 '배달민족의 자손, 북쪽형제의 짝 남쪽형제를 위하여'라고 쓰고, 그 두 막대기를 포개라, 하나 되게 하라. 통일된 생존의 따뜻한 광명을 찾아 원래 한 형제의 얼굴에서 브니엘을 보아라. 언제 우리는 적이었으며, 언제 우리는 서로 죽음에로 죽임에로 가게 하였던가. 또 그렇게 할 수 있단 말인가. 통일되어 배달민족이 신생의 기쁨을 나눌 일이다. 그 때 진리, 곧 한울님은 우리의 영원한 왕이 될 것이다. 한울님으로 우리가 하나 될 것이다.

윤노빈에 의하면(전게서, p. 306) 통일은 저절로 되는 것이 아니라 인위적으로 달성된다. 그 인위는 인위(人爲)일 수도 있고 인위(人僞)일 수도 있다. 참된 통일도 있고 거짓된 통일도 있다. 분단된 민족 사이에 틈이 있으며, 그 틈에 민족통일의 원수요, 적인 국제적인 악마가 있다. 참된 통일은 그 적과 원수에 대한 승리이다. 그리고 분열된 인간들을 통일시킴으로써 인간들은 해방되며, 분열된 민족을 통일시킴으로써 민족은 해방된다(전게서, p. 307). 분단되어 감금된 정신을 해방시킴으로써 정신은 통일되고, 감금된 인간들을 해방시킴으로써 인간들은 통일되며, 감금된 민족을 해방시킴으로써 민족은 통일된다. 정신의 해방, 정신의 통일, 인간의 해방, 인간의 통일, 민족의 해방, 민족의 통일은 이어져 있다. 이러한 해방과 통일은 인위적(人爲的)으로 해야 한다. 그 인위적 통일은 철학적 진리추구 혹은 거짓 폭로요, 행정정책적 연결이요, 사회문화적 교류요, 정치경제적 나눔이요, 이러한 논의를 하는 우리에게는 참된 사회복지실현의 바탕이다. 원래 남쪽형제와 북쪽형제는 그렇게 통일되어 있었고, 오랜 세월 요소론적 세계관에 의해, 국제적 악마에 의하여 분단, 감금 되어왔으니 이제 우리는 부단한 인위적 노력에 의해, 순간적 깨달음으로 말미암아 그 원래를 회복해야 한다.

통일의 문을 열고 밖으로 나와 서로 손을 잡을 때 우리들 사이에 한울님의 나라가 있게 되고 우리는 단군이 되며 초인이 되고 바로 사람이 사는 낙원을 이룬다(전게서, pp. 330-331). 사람들 사이에 있는 한울나라는 하는님, 행위의 나라요, 낙원은 행위이다. 낙원은 우리가 손을 잡고 만들어가는 동사이지 고정된 실체가 아니다. 우리의 낙원, 우리의 천국이 악마에 의하여 약탈당하였기 때문에 그 악마를 물리치고 사람들 사이의 지옥을 부수며 한울 즉 우리 속에로 탈출해야 한다. 악마의 시각, 악마의 망막을 걷어치우고 가장 가까운 남쪽 형제, 북쪽 형제, 이웃끼리 손잡고 행진함으로 한울님의 사람들은 통일된다. 우리가 통일되는 것이 우리의 한울나라이다. 한울나라는 복지사회이다.

우리는 정신, 인간, 민족의 해방과 통일을 이어져 있는 것, 이어져 실현되는 것으로 보는 윤노빈의 철학적 통찰에 깊이 공감한다. 매우 요약하여 말한다면, 결국 마음의 통일과 민족의 통일이 우리의 과제이다. 마음의 통일은 민족통일의 토대요, 민족통일은 마음통일의 여건이니 상호영향을 지닌다. 원효가 삼국통일의 정신적 토대로서 한 마음(一心)으로 돌아가 하나로 어울려 서로 다름을 근본적으로 극복하고자 노력한 것도 민족통일과 마음통일을 이루어야 할 우리에게 귀중한 역사적 밑거름이다. 통일행위는 우리 민족의 주요한 과제요, 삶의 자립과 자유, 인간들의 교류와 화회, 마음의 안정과 화평을 가져오는 것이기도 하다.

우리는 갈라진 북쪽 형제와 남쪽 형제가 연합하여 하나 된 한반도에 그 통일의 힘을 덧입어 진정한 사회복지정책이 실현되기를 희망한다. 특히 통일된 한반도에 기본소득이 실현된다면 좋겠다. 평등과 자유를 핵심으로 삼는 사회복지정책의 가치(송근원 · 김태성, 1996, pp. 209-276)에 기본소득은 잘 부합한다고 우리는 본다. 기본소득은 자격심사 없이 모든 사람에게, 개인 단위로, 노동요구 없이 무조건 전달되는 정기적인 현금(강남훈, 2019, 참조) 혹은 필요하다면 현물 지급의, 개인의 실질적인 자유를 국가가 공공재정으로 보장하고 실현토록 도움으로써 자본주의적 임금체계가 지니는 근본적인 반인간성, 생태계 지속 오염 등을 극복하여 참된 사회를 열어올 수 있는 대안적 사회복지 제도이며, 임금제도 아래에서 설계된 기존 사회보험의 혜택을 받을 수 없는 불안정노동자(precariat)나 인공지능의 중심으로 변화하는 4차 산업혁명시대의 이득축적 시대에 생기는 임금 불평등을 윤리적으로 완화하여 고용이 원만하게 작동할 수 있도록 돕는 것이기도 하다. 만일 4차 산업혁명으로 인하여 축적되고, 환경오염을 줄일 수 있는 탄소세금, 원래 공공인 토지를 사용하여 거둘 수 있는 토지세금, 기존 공공부조제도의 예산 등으로 모여진 공공재정으로, 남쪽 형제의 경우, 국민기초생활보장제도의 생계급여, 기초연금, 장애수당 등 사회부조의 대안으로(김교성 · 백승호 · 서정희 · 이승윤, 2018, 참조), 북쪽 형제의 경우, 인민시책이나 배급제의 대안으로(이철수, 2003, pp. 213-256) 기본소득이 실현되어 통일된 한반도의 전체 인민이나 시민을 국가와의 관련성 안에서, 공동체의 연대성과 협력 안에서 그것은 서로 살 수 있도록 할 것이다. 생존의 국가책임은 공동체 구성원의 연대와 우의를 도와줄 것임은 틀림없다. 통일된 한반도의 기본소득은 통일복지실현의 실질적 토대가 될 수 있다. 윤노빈의 통일에 대한 철학적 성찰을 우리는, 일정한 제도의 구상과 실현을 통해 보완해야 한다고 보는 것이다. 통일복지사상은 통일을 이루는 구체적인 정책의 밑거름이 된다.

3. 나가며

지난 1983년에 가족과 함께 월북하여 지금 북쪽 형제들과 함께 생존하리라 여겨지는 철학자 윤노빈이 남쪽 형제들에게 남긴 우리나라 책, 『신생철학(新生哲學)』을 사회복지사상의 관점에서 읽고 위와 같이 필자는 글을 썼다. 필자는 '브니엘복지사상'의 이름으로 사회복지정책과 실천이 결국 클라이언트의 얼굴에서 한울님 얼굴을, 커다란 우리의 얼굴을 체험해야 참될 수 있음을 말하고자 하였다. 이러한 우리의 생각은 사회복지전문직 실천의 가치가 개인 고유의 존엄성과 가치 존중(권중돈 외, 2019, p. 56)에 있음을 말하는 맥락과 이어져 있다고 본다. 사회복지 정책과 실천 행위자는 인간의 얼굴에서 한울의 얼굴을 볼 때 비로소 개인 고유의 가치를 존중하고 있다고 할 수 있다. 사회복지 정책과 실천은 브니엘체험의 토대에서 제대로 빚어지며, 브니엘체험을 인간들이 실로 할 수 있도록 거드는 것이어야 한다.

'생존복지사상'의 이름으로 필자는 사회복지 정책과 실천이 결국 인간으로 하여금 살아 있도록 하는 것임을 말하고자 하였다. 살아 있다는 것은 노동을 통해 몸 생명이 유지되고, 수행을 통해 마음 생명이 숙성하는 것이다. 이렇게 노동하고 수행하는 일은 우리 모두에게 예외 없이 필요하고 중요하다.

'통일복지사상'을 통해 필자는 통일될 때 우리는 참되게 연대하고 협력할 수 있다는 것과 통일된 나라에서의 진정한 사회복지 정책과 실천은 무엇인가와 관련된 사상의 토대를 조금 말해보려고 하였다. 특히 통일된 한반도에 기본소득과 같은 제도를 어떻게 실현하는가와 관련된 연구는 앞으로 우리의 숙제이다. 필자는 통일을 외면하고 남쪽 형제만의 복지를 논의하는 일, 통일을 전혀 생각하지 않고 북쪽 형제만의 복지를 실현하려는 일 등은 실로 사회복지적일 수 없다고 생각한다. 이러한 생각은 윤노빈의 '신생철학'에서 우리가 배운 바이다.

보편복지와 선별복지의 대조와 만남

1. 우리의 사회복지는 결국 보편적 복지를 향하여 진보할 수도 있고, 선별적 복지에 머물러 자족할 수도 있다. 보편적 복지든 선별적 복지든 그것이 사회복지정책의 방향과 내용을 정하는 이념이라면, 그것의 주체는 국가이다. 국가는 정치, 경제, 문화, 사회 등으로 얽혀 있다. 정치의 눈으로 국가를 본다면 국가는 시민의 권리와 안녕, 질서와 통합을 유지하고 보전하는 책임의 주체이다. 만일 경제의 눈으로 국가를 본다면 그것은, 시민의 물질생활의 소유와 유지, 생존과 생활의 가능성과 당위성을 뒷받침하는 주체일 것이다. 문화의 눈으로 국가를 본다면 그것은, 전통문화의 계승과 발전, 시민의 정신적 성숙, 참되고 선하며 아름다운 공동체의 삶을 가능케 하는 바탕이다. 사회의 눈으로 국가를 본다면 그것은 사회 공동체의 유지와 발전, 공동체의 평등과 평화를 진작시키고 수호하는 토대로서 작용하는 그 무엇일 것이다. 사회의 평화는 사람의 자립, 안정, 그리고 교류를 통해 가능하며, 국가는 그러한 사회를 이룩하는 일에 있어서 그 존재이유를 갖는다. 하지만 역사 속에서 국가는 가끔 사회의 방해물로 전락하기도 하였다. 전체주의적 국가, 독재 권력의 국가가 그러하였다. 중앙집권적 국가는 경우에 따라, 이미

있는 사회 공동체의 자치와 자립을 훼방할 수도 있는 것이다. 아나키즘과 같은, 탈중앙집권적 사회공동체, 자주와 자치의 공동체를 이룩하려는 노력은 국가의 방해로부터 해방되고자 하는 힘이다. 국가가 기존 사회의 방해물일 경우 그것은 리바이어단 같은 괴물로 전락한다. 소수 국가의 권력자가 다수 생민(生民)의 삶을 유린하고 훼손하는 현상이 그런 국가 안에서 일어난다. 역사는 그런 괴물의 국가를 물리치려는 끊임없는 움직임을 우리에게 보여준다. 생민은 그리하여 국가권력에 늘 긴장하며 공동체적으로 그 국가를 극복하려고 하였다. 자유주의, 자치주의, 민주주의, 사회주의, 평등주의 등 집단의 선진적인 정신은 그러한 극복의 산물이다. 어쨌든 지금 여기에 국가는 우리와 함께 있다. 국가는 우리 생활의 많은 부분에 또한 관여한다. 납세나 선거 행위 등은 단적으로 우리 존재 속에 스며든 국가를 우리로 하여금 느끼게 한다. 따라서 우리는 국가가 우리의 삶, 사회공동체의 유지와 발전에 있어서 소중한 역할을 수행할 수 있기를 바랄 수밖에 없다. 보편적 복지든 선별적 복지든 국가가 복지를 통해 그러한 역할을 잘 수행할 수 있다고 우리는 믿는다.

2. 사회복지에 있어서 '예외주의'나 '보편주의'와 같은 이념은 선별적 복지와 보편적 복지를 지칭하기도 한다. 예외주의는 "사회문제란 특정 범주에 속해 있는 사람들에게서 예측할 수 없이 발생하는 것"으로 보고, "예외적이고, 개인의 결함, 사고, 불행한 상황 속에서 발생"되는 그러한 사회문제의 해결로서 사회복지도 "자연히 개별적인 접근방법이 되어야 한다고 본다(김상균 외, 2011, p. 31)." 보편주의는 "사회문제란 사회체제가 불완전하고 불공평한 데서 발생한다."고 보며, 그것은 "예측이 가능하고 공공의 노력으로서 예방이 가능하다고 보며, 사

회문제가 어느 계층의 사람들에게 특수하게 발생하는 것이 아니"므로 사회복지는 국민 전 계층을 그 대상으로 한다고 본다(전게서, p. 31). 예외주의는 선별적 복지를 지지할 것이고, 보편주의는 보편적 복지를 실현하고자 할 것이다. 산업사회의 심화와 함께 사회복지의 확산을 보고자 하는 윌렌스키(H. L. Wilensky)와 르보(C. N. Lebeaux)는 사회복지를 잔여적(residual) 관점과 제도적(institutional) 관점으로 나눈다. 잔여적 관점은 "사회복지제도란 가족, 시장 같은 공급의 정상적 구조가 파괴될 때에만 역할 하여야 한다."고 보며, 제도적 관점은 "복지서비스를 근대 산업사회의 '제일선'(first line)의 정상적 기능으로 보고자" 한다(Wilensky, H. L. & Lebeaux, C. N., 1965, p. 138). 제도적 관점의 사회복지는 곧 보편적 복지와 이어질 것이고, 잔여적 관점의 사회복지는 선별적 복지에서 머무를 것이다. 역사적으로 사회복지를 자선(charity)에서 정의(justice)에로 옮아오는 것으로 보고자 하는 로마니쉰(J. M. Romanyshyn)은 잔여적 개념에서 제도적 개념에로 사회복지는 진화하여 왔다고 본다(Romanyshyn, J. M., 1971, p. 34). 그에 의하면, 적어도 산업사회의 상황 속에서라면 보편적 복지는 선별적 복지보다 더 발전된 것일 수밖에 없다. 한편, 탈상품화(decommodification) 개념과 계층화(stratification) 개념으로써 복지국가의 유형을 구별하고자 하였던 이스핑-안데르센(G. Esping- Andersen)은 자유주의 복지국가, 조합주의 복지국가, 사회민주주의 복지국가, 셋으로 나누고 가장 탈상품화가 높고, 계층화는 적으며, 보편주의의 원리에 의한 것으로서 사회민주주의 복지국가를 말하고자 하였다(Esping-Andersen, G., 1990, p. 26-27). 스웨덴 등 북유럽 국가들은 대체로 사회민주주의 복지국가에 속한다.

3. 사회복지정책의 형성이나 분석에 있어서 흔히 쓰이는 틀로서 우리는, 누구를 대상으로 사회복지의 급여를 할당할 것인지, 즉 급여대상, 무엇을 그 급여로 할 것인지, 즉 급여내용, 어떻게 그 급여를 전달할 것인지, 즉 전달체계, 그리고 그 급여를 어떻게 마련할 것인지, 즉 재원 등을 말할 수 있다(Gilbert, N. & Terrell, P., 1998). 여기서 급여대상은 사회복지정책을 있게 하는 근원적인 이유이다. 문제는 급여대상을 보편성의 관점에서 보느냐 아니면 선별성의 관점에서 보느냐이다. 여기에 일정한 공동체가 있고, 그곳에는 100명의 구성원이 있다고 하자. 사회복지의 급여를 그 100명 모두에게 전달하고자 한다면 이것은 보편성의 관점이요, 그 100명 가운데 일부를 급여대상으로 삼고자 한다면 그것은 선별성의 관점이다. 급여대상의 자격조건을 논할 때 우리는 보통 그 공동체에서의 거주여부, 거주기간, 시민권이나, 인구학적 조건, 기여, 근로능력, 소득 및 자산조사, 그리고 전문적 혹은 행정적 판단 등을 거론한다(송근원 · 김태성, 1996, pp. 280-297). 거주여부 등이 급여대상의 자격조건이 될 경우 그 사회복지는 보편성의 관점에로 가까이 간다고 할 수 있다. 인구학적 속성이 자격조건이 될 경우 가령, 노인인구일 경우, 그 노인인구 전부가 급여대상이 된다면 역시 보편성의 관점에 가까이 가며, 그 노인인구 일부가 대상이라면 선별성의 관점이다. 소득 및 자산조사나 행정적, 전문적 판단에 의하여 급여대상을 정하고자 한다면 그러한 사회복지는 선별성의 관점에 서 있다. 이렇듯 보편적 복지와 선별적 복지의 일차적인 의미는 그 급여대상과 관련된다. 하지만 보편복지와 선별복지는 실제 현실 속에서 여러 가치들과 긴밀히 이어져 있기도 하다. 공동체 구성원이 실현하고자 하는 대표적인 가치는 자유, 그리고 평등 등이다. 자유는 어떤 다른 존재의 간섭없이 스스로 살아가고자 한다거나, 자기를 스스로 표현하고자 할 때

요청되는 인간과 사회의 대표적인 가치이다. 사회복지는 당사자의 그 자유를 실현하는 데 도움이 되는 것일 수도 있고, 그럼으로써 다른 이의 자유를 침해할 수도 있으며, 오히려 그 당사자의 자유를 제한하는 기제로 전락할 수도 있다. 따라서 자유의 가치를 실현하는 사회를 우리가 바란다고 한다면 우리는 가끔 선별적 복지를 보다 더 선호할 수 있다. 반면에 평등의 가치를 이 땅에서 우리가 실현하고자 한다면 우리는 보편적 복지를 보다 더 선호한다. 평등의 의미도 기회의 평등, 과정의 평등, 결과의 평등으로 나누어 이해될 수 있고, 결과의 평등을 참 평등으로 이해할수록 우리는 보편적 복지를 추구하게 된다. 결과의 평등은 인간의 자유 실현에 있어서 그 바탕이 될 수 있고, 그렇다면 사회에 있어서 보편적 복지는 선별적 복지보다 더 근원적으로 요구되는 그 무엇이다. 보편복지의 재원 마련에 있어서 일부 당사자는 자기 자유의 제한을 거론할 수 있고, 거기에는 선별복지의 선호도 있을 수 있다. 그 자유의 실현이 타인의 존재와 이어져 있음이 통찰된다면 다만 선별복지의 선호에서 우리는 머무르지 않는다.

4. 보편적 복지의 실현에 있어서 가장 적극적인 나라로서 스웨덴 모델을 잠시 살펴보자(미야모토 타로, 2011). 스웨덴 복지국가의 원점은 1932년부터의 사민당(스웨덴 사회민주노동당) 집권이다(전게서, p. 61). 이스핑-안데르센은 스웨덴이 사회민주주의 복지국가로서 노동운동의 강한 주도권 아래에서 형성되고, 정부가 주도하였다고 본다. 블루칼라 노동조합의 지지기반 위의 사민당과, 농민세력을 지지기반으로 하는 농민당 사이의 적록동맹 즉 노동동맹이 그 복지국가를 성립시켰고, 깊어가는 산업화 속에서 농민층이 감소하자 보편적 복지정책을 통해 화이트칼라층을 복지국가의 지지 세력으로 끌어들임으로써 복지국

가는 확산되었다는 것이다(전게서, pp. 38-39). 완전고용을 실현하는 선택적 경제정책과, 소득에 관계없이 모든 시민을 대상으로 복지의 급여와 서비스를 실시하는 보편적인 복지정책이 결합된 것이 스웨덴 모델의 핵심요소이다. 양성의 평등한 노동시장참가를 촉진하는 고용정책과 함께 어린이 육아와 어르신 수발의 정부주도 보편적 가족복지정책의 발달도 스웨덴 모델의 주요 특성이다. 그럼으로써 스웨덴 모델은 시장, 국가, 가족의 복지에 있어서 역할분담을 적절히 실현하였다. 완전고용을 복지국가 실현의 조건으로 보는 베버리지의 관점, 경제정책과 복지정책을 연결시켜보는 케인즈 경제학, 칼레비의 개인자유 실현 위에서의 사회주의, 비그포르스의 잠정적 유토피아(이상사회와 현실간의 왕복운동 속에서 사람들의 합리적 선택을 통해 정책이 제시되고 제도가 만들어져, 다시 그 합리성을 변화시켜나가는) 이념, 노사 교섭절차와 해고절차 등을 정하는 살트셰바덴 협정, 국가를, 어떤 사람이 다른 이를 경시하거나, 그 희생으로 이득을 얻는 자가 없도록 하며, 강자가 약자를 억압하거나 약탈의 대상으로 하지 않는 좋은 집 즉 '인민의 집'에 비유하여 보려는 관점, 높은 출생률을 유지하려는 인구정책, 페미니즘 시각에 서서 여성취업을 당연시하고 자녀와 가족 즉 인적자본에 대한 투자로서 예방적 사회정책을 강조한 뮈르달부부의 생각, 자유주의적 자본주의의 선택적 경제정책과 보편적 복지정책의 결합을 통해 정부는 모든 시민의 복지를 실현하고 시민은 고용의 자유로운 선택 위에서 경제적으로 자립해나가는 '자유선택사회' 지향의 렌 · 메이드네르 모델, 조세제도와 복지정책의 조화, 워크페어와 웰페어의 결합 등이 보편적 복지의 스웨덴 모델을 가능하게 하였다(전게서, pp. 40-219). 조세정책, 가족복지, 고용정책, 노사고용합의구조, 복지정책 등의 유기적 조화가, 말하자면 스웨덴 모델의 내용이다. 하지만 산업화의 내용변화 특히 전통적인 블루칼라와 화이트칼라 구분의 모호해짐과 중간층의 형성, 그에 따른 노사중앙교섭제도의 해체, 탈노동조합화, EU형성에 따른 유럽화, 글로벌라이제이션, 경제성장의 둔화, 완전고용의 어려움 등으로 스웨덴 보편복지 모델은 근원적으로 흔들린다(전게서, pp. 222-261). 그래서 최근 스웨덴은 노동시장 참가를 조건으로 하는 소득비례형 보장과 경제적 빈곤자의 최저보장의 이중구조를 확대하려고 하며, 복지 서비스의 민영화를 부추기기도 한다(전게서, p. 275). 또한 고용정책과 복지정책의 새로운 모델로서, 노동시장 안에서 워크셰어링을 가능케하는 다양한 정책(풀타임과 파트타임의 적절한 고용), 실업이나 전직 등으로 노동시장을 벗어나도 다시 돌아갈 수 있도록 하는 노동시장정책, 개인의 관심이나 산업사회의 변화에 대응하여 노동시장과 교육 사이를 왕래하기 위한 교육수당, 여성 혹은 남성을 가정의 무상노동에 구속시키지 않고 노동시장과 연결시키는 육아휴가나 수발지원, 고령자의 고용정책이나 조기퇴직제도 등을 내용으로 하는 슈미트의 '가교적 노동시장 모델', 국가, 시장, 가족, 지역사회, 비영리조직 등 복지주체의 다원화, 국가의 보편적 복지의 틀을 유지하면서 복지에 시장원리를 도입하고 비영리조직을 복지에 활용함 등이 모색되고, 부분적으로 이루어지고 있다(전게서, pp. 283-287). 시민 모두가 함께 살기에 적합한 집으로서, 즉 인민의 집으로서 국가를 시민과 정부, 노사 등 함께 이룩하려는 노력이 스웨덴 모델을 형성하여 왔다면 오늘 한국의, 자본시장의 약육강식(소위 문어발 대기업, 중소기업과 대기업의 동반성장이 참으로 요청되는) 상황, 정치에 대한 불신의 골이 깊어짐으로써 나타나는 국가에 대한 회의, 윤리 도의에 바탕을 두지 않는 천박한 자본주의, 그리하여 시민의 소유상한제나 기업의 출자총액상한제 등이 절실히 요구되는 지금 여기는 우리 모두의 참된 복지를 보장하는 새로운 모색을 절실히 필요로 하고 있다. 그럼에도 최근 이명박 정부의 사회정책은, 총괄(보건복지재정), 국민연금, 고용보험, 장애연금 등의 소득보장, 전체 시민의 일자리 보장, 주거보장, 건강보장, 취학전 아동에 대한 보육교육, 초중고학생급식, 대학학자금대출 등 서비스 보장, 아동 청소년 및 노인 자살률, 청소년폭력예방 등 안전보장, 출생률 및 이혼, 저출산 고령화 관련 기타 사회정책, 이렇게 여덟 가지로 나누어 평가할 때, 총괄은 우수(보건복지재정의 급증), 소득보장은 보통, 일자리보장은 미흡, 주거보장은 미흡, 건강보장은 우수, 서비스보장은 보통, 안전보장은 미흡, 기타 사회정책은 보통, 이렇게 드러남으로써(김승권, 2012) 우리가 실생활에서 피부로 느끼고 있기도 하지만 고용정책과 복지정책이 온전히 조화를 이루고 있지 못하며, 시민의 생존이 위협받기도 하는 상황이 비일비재하여 '인민의 집'으로서 몹시 부족하다. 또한 복지재정은 급증하나 생존이 위협받는 경제상황과 사회상황은 여전하다. 한국 지금은 여전히 신자유주의의 불평등구조가 대세를 이루고 있어, 어느 정도 평등이 실현된다면 줄어들 각종 범죄율, 자살률, 폭력행동의 비율은 높다. 사회의 소득 평등이 인식의 평등 실현에 기초이고, 그 소득평등이 어느 정도 확산될 때 살인, 폭력 등의 범죄, 우울, 중독 등의 질환, 비만 등이 줄어들고, 그리하여 인간과 사회는 안정과 복지에로 나아갈 수 있다는 역학(疫學, epidemiology) 연구자들의 보고(리처드 윌킨슨 · 케이트 피킷, 2012)가 우리에게 함의하는 바는 크다. 현대 산업사회 사회복지정책의 근본존재이유는 소득의 재분배를 통해 사회통합을 이룩하는 데에 있음을 명심할 필요가 있다.

5. 오늘 우리 사회 속에 보편적 복지는 주로 진보의 입장이고, 선별적 복지는 대체로 보수의 입장이라는 생각이 많은 것 같다. 진보는 평등의 가치를 들고 자유의 현실이 낳는 불평등을 고치고자 하는 견해이고, 보수는 자유의 현실이 정당하다는 시각이다. 인류 역사를 돌이켜보면

평등의 현실이 자유 실현의 모색과 축적 속에서 불평등의 불안정 사회를 낳았고, 그 사회를 바르게 변화시키자는 목소리가 높았다. 평등의 바른 세상에서는 그 평등을 지키자는 것이 보수요, 불평등의 잘못된 세상에서는 그 자유를 모두에게 확산시키자는 것이 진보이다. 보수와 진보는 이렇듯 역사적으로 상대적이다. 그런 점에서 잘못된 사회를 바르게 하고 사회를 안정케 하며 사회통합을 그 본질로 삼아 주장되는 보편적 복지가 꼭 진보의 입장이기만 한 것은 아니다. 우리 사회에서 보편적 복지의 주장이 진보적이게 된 것은 그만큼 지금 우리 사회가 덜 안정되어 있고 덜 통합돼 있으며 그만큼 재분배가 필요한 세상임을 명료히 보여준다.

시대가 잘못될수록 그것을 고치고자 하는 지식인 내지 지성인의 정신이 펄펄 살아 있어 어떤 모양으로든 그것이 표출될 때 우리에게는 희망이 있다. 보기에 따라 근대성 혹은 모더니티를 축으로 하여 그 이전이 전통이고, 그 이후를 현대라 할 때, 우리에게 그 모더니티의 핵심 가치는 개인주의, 자유주의, 그리고 평등주의라 할 수 있으며, 그 가치를 실현하기 최근 몇 십 년 동안 우리 사회에서 표출된 모더니티의 세 얼굴이요 또한 시대정신은 민족주의, 산업주의, 그리고 민주주의이며, 민족주의는 보수와 진보 둘 다 지지해왔으며(가령 신채호의 민족주의는 진보적이고 이광수의 그것은 보수적), 산업주의는 주로 보수가 주창하고, 민주주의는 진보가 표출하고자 하였던 바, 그 시대 속에서 나름대로 지식인은 우리 사회를 변화케 함에 있어서 일정한 기여를 하였다(김호기, 2012). 대기업 중심의 산업화정책은 불평등 사회구조를 고착시키고 대다수 서민의 자유와 인권을 유린하는 경향이 짙어 우리에게는 민주화의 불길과 그 운동이 샘물과도 같았다. 전체의 유기적인 동의와 타협을 통해 일어나는 산업주의의 그 시장은 어느 정도 효율성과 공정성을 담고 있지만, 빈익빈 부익부의 현상을 심화시키는 자본시장은 "온갖 비리와 부정부패의 온상(이정전, 시장은 정의로운가, p. 91)" 일 수 있는 것이다. 이런 부패의 진원지인 시장을 두고 효율적이라 하고, 그대로 두면 저절로 분배가 공정하게 이루진다느니 조잘댄다면, 그것은 가치 있는 보수이기는커녕 시대정신과 공공의 가치를 외면하는 처사에 지나지 않는다. 대체로 경제학자들은 시장의 장점, 가령 자유와 효율의 실현 등에 매료되어 인간의 금전에 대한 탐욕과 생명에 대한 몰이해로 인하여 빚어지는 비정의와 몰상식의 시장을 보지 못하거나 말하지 못할 수 있다. 인간의 행복과 사회의 정의를 고민하고 모색하는 참된 경제학자는 그런 면에서 자본시장의 부패를 멈추고 인간의 행복과, 우리 모두 함께 잘 살 수 있는 경제를 모색하면서 경우에 따라, 철학의 중요성과 사회복지의 중요성을 인식할 수밖에 없다(이정전, 2012, pp. 202-215). 2008년 미국 금융시장 붕괴 이후 지금 세계 도처에서 유기적으로 이어지는 금융위기와 국가부도사태의 위험 앞에서 이제 자본주의는 정부와 국가의 주도와 통제에 의하여 온정적이고 따스한 그 어떤 자본주의 즉, 4.0으로 진화하여야 한다는 이야기들이 많이 오르내린다(아나톨 칼레츠키, 2011). 우리나라의 자본주의도 보편적 복지의 실현과 함께 한 걸음 가치 있게 변화되어야 할 중요한 시대 앞에 우리는 함께 서 있다.

이제 우리는 한국이 다음의 방향으로 재구성될 필요가 있다고 본다. 첫째, 우리 생각이 진리에로 향하여 나가되(원효의 일심복지사상, 다석의 귀일복지사상), 우리 일상생활이 인성의 향상과 윤리의 체득을 통해 건강하고 건전한 삶으로 변화되기(퇴계의 생활복지사상, 율곡의 아동복지사상). 둘째, 나눔과 섬김을 통해 존경과 예절의 생활화(다산의 목민복지사상). 특히 노인공경문화의 확산(장수를 저 아프리카 마사이 사람들처럼 진심으로 축복하는 문화 확산). 셋째, 적극적인 고용정책(자본주의 사회에서 고용은 결국 개인의 자유선택일 수밖에 없으나 그 고용을 골고루 퍼지게 하는 운동은 정책의 도움으로 확산되어야 함), 자신의 소득에서 많은 부분을 공동체를 위해 세금으로 낼 수 있게 돕는 조세정책, 스웨덴 모델에서처럼 아동수당, 노인수당 등의 제도가 핵심이 되는 보편적 복지실현의 정책, 생명세계의 보존, 인간과 자연의 본래적 친화를 부활케 하는 생태정책(해월의 생태복지사상), 물질문명의 창궐 속에서 정신문화와 전통문화를 함께 발전시켜, 함께 있음 속에서 서로 평안을 느낄 수 있게 하는 예술문화정책, 이러한 여러 정책들이 유기적인 관계맺음 가운데 하나하나 우리 삶과 생각, 말, 행위 속에 스며들고 표현되도록 우리나라를 다시 만들어나가는 일, 이렇게 다시 만들어지는, 통일된(윤노빈의 통일복지사상) 우리나라 안에서 우리 하루하루 삶 자체가 복지이도록, 이러한 방향으로.

참고문헌

각묵 스님 옮김(2015). 네 가지 마음 챙기는 공부-대념처경과 그 주석서. 울산 : 초기불전연구원.

강남훈(2019). 기본소득의 경제학. 고양 : 박종철출판사.

고석규(1998). 19세기 조선의 향촌사회연구-지배와 저항의 구조. 서울: 서울대학교출판부.

고영섭(2001). 원효, 한국 사상의 새벽. 서울 : 한길사.

고영섭(2010). 원효 탐색. 개정증보판. 서울 : 연기사.

고익진(2006). 원효의 <기신론소 · 별기>를 통해 본 진속원융무애관과 그 성립 이론. 한국의 사상가 10인: 원효. 서울 : 예문서원.

과학원 철학연구소 편(1989). 정다산 연구. 서울 : 한마당.

구자헌(1991). 한국사회복지사. 서울 : 홍익재.

국사편찬위원회(1995). 한국사 34-조선 후기의 사회.

권경임(2009). 현대불교사회복지론. 개정증보판. 서울 : 동국대학교출판부.

권오봉(2001). 퇴계선생 일대기-가을하늘 밝은 달처럼. 서울 : 교육과학사.

권중돈·조학래·윤경아·이윤화·이영미·손의성·오인근·김동기(2019). 사회복지학개론. 서울 : 학지사.

금장태(1998). 퇴계의 삶과 철학. 서울 : 서울대학교출판부.

금장태(2001). <성학십도>와 퇴계철학의 구조. 서울 : 서울대학교출판부.

금장태(2005). 실천적 이론가 정약용. 파주 : 이끌리오.

금장태(2011). 율곡평전 - 나라를 걱정한 철인. 서울 : 도서출판 지식과교양.

김경애(1984). 동학, 천도교의 남녀평등사상에 관한 연구. 석사학위논문, 이화여자대학교 대학원.

김경재(1982). 최수운의 신개념. 동학사상논총 제1집, pp. 209-225.

김경탁 역주(1978). 완역 주역. 서울 : 명문당.
김교성·백승호·서정희·이승윤(2018). 기본소득이 온다-분배에 대한 새로운 상상. 서울 : 사회평론아카데미.
김규수(2000). 정신보건사회사업 실천론. 대구 : 형설출판사.
김기현(2005). 퇴계의 사회사상. 퇴계 이황. 서울 : 예문서원.
김달진 편역, 고익진 해설(1993), 원효 저. 금강삼매경론. 서울 : 열음사.
김만수(2004). 실업사회. 서울 : 갈무리.
김범수 · 신원우(2011). 지역사회복지론. 2판, 고양 : 공동체.
김상균(1987). 현대사회와 사회정책, 서울 : 서울대학교출판부.
김상균 외(1999). 우리나라 복지이념모형 구축을 위한 기초연구, 사회복지연구, 14.
김상균 외(2007). 사회복지개론, 서울 : 나남출판.
김상균 외(2011). 사회복지개론. 개정3판. 파주 : 나남.
김상현(2000). 원효연구. 서울 : 민족사.
김성이(2002). 사회복지의 발달과 사상, 서울 : 이화여자대학교출판부.
김슬옹(2007). 28자로 이룬 문자혁명, 훈민정음. 서울 : 아이세움.
김슬옹(2013). 세종, 한글로 세상을 바꾸다- 소통과 어울림의 글자 한글 이야기. 파주 : 창비.
김승권(2012). MB정부의 사회정책 평가와 향후 과제. 보건복지포럼 2012. 7월호. 한국보건사회연구원.
김영두 옮기고 풀어씀(2011). 퇴계, 인간의 도리를 말하다. 서울 : 푸르메.
김영종(2007). 사회복지행정, 서울 : 학지사.
김영진(2000). 한국인을 위한 윤리와 논리. 서울 : 철학과 현실사.
김영태(1997). 불교사상사론. 서울 : 민족사.
김영태(2006). <열반경종요>에 나타난 화회의 세계. 한국의 사상가 10인: 원효. 서울 : 예문서원.
김영화 · 조희금 외(2002). 현대사회와 여성복지. 서울: 양서원.
김용옥(2004). 도올심득 동경대전1. 서울 : 통나무.

김용택(1996). 불교 사회복지론. 서울 : 아시아미디어리서치.
김원명(2008). 원효의 열반론. 파주 : 한국학술정보(주).
김종의(2012). 원효, 편견을 넘어서다. 부산 : 이경.
김진(2012). 다석 류영모의 종교사상. 울산 : 울산대학교출판부.
김철 번역(2008). 언더우드부인의 조선견문록. 서울 : 이숲.
김춘성(1999). 해월 사상의 현대적 의의. pp. 51-70, 해월 최시형과 동학사상. 서울 : 예문서원.
김태진(2007). 현대사회의 여성복지론. 경산: 대구대학교 출판부.
김형효(2007). 원효의 대승철학. 서울 : 소나무.
김호귀 역(2005). 원효 열반경종요. 서울 : 석란.
김호기(2012). 시대정신과 지식인. 파주 : 돌베개.
김호태(2008). 헌법의 눈으로 퇴계를 본다. 서울 : 미래를 여는 책.
김흥호(2001). 다석일지 공부 1 - 7. 서울 : 솔출판사.
김흥호 편(2002). 제소리, 다석 류영모 강의록. 서울 : 솔출판사.
김흥호 · 이정배 편(2002). 다석 유영모의 동양사상과 신학. 서울 : 솔출판사.
논어.
다산연구회 역주(1984). 역주 목민심서 Ⅰ. 서울 : 창작과 비평사.
다산연구회 역주(1983). 역주 목민심서 Ⅱ. 서울 : 창작과 비평사.
다산연구회 역주(1985). 역주 목민심서 Ⅲ. 서울 : 창작과 비평사.
다산연구회 역주(1984). 역주 목민심서 Ⅳ. 서울 : 창작과 비평사.
다산연구회 역주(1985). 역주 목민심서 Ⅴ. 서울 : 창작과 비평사.
다산연구회 역주(1985). 역주 목민심서 Ⅵ. 서울 : 창작과 비평사.
다석학회 엮음(2006). 다석강의. 서울 : 현암사.
대학.
대한성서공회(1977). 공동번역 성서.
동국대학교 교양교재편찬위원회 편(2012). 불교학개론. 개정판. 서울 : 동국대학교출판부.
동국대학교한국불교전서편찬위원회(2002). 한국불교전서 제1책. 서울: 동국대학교출판부.
류달영(1998). 협동과 사회복지. 서울 : 홍익재.
류영모(1990). 다석일지 제1권 - 4권. 서울 : 홍익재.
류영모 말씀·박영호 엮음(1993). 씨알의 메아리, 다석어록: 죽음에 생명을 절망에 희망을. 서울 : 홍익재.
류영모 강의·박영호 풀이(2010). 다석 마지막 강의- 육성으로 듣는 동서 회통의 종교사상. 서울 : 교양인.
류영모 번역 강의·박영호 풀이(2010). 공자가 사랑한 하느님- 다석 강의로 다시 읽는 중용사상. 서울 : 교양인.
류정동(1978). 퇴계의 생애와 사상. 서울 : 박영사.
리처드 윌킨슨·케이트 피킷 지음, 전재웅 옮김(2012). 평등이 답이다. 서울 : 이후.
마명 저, 감산대사 풀이, 송찬우 옮김(1991). 대승기신론. 서울 : 세계사.
마하트마 간디 지음, 김태언 옮김(2006). 마을이 세계를 구한다. 대구 : 녹색평론사.
맹자.
모리나가 마쓰노부 지음, 이혜숙 옮김(1992). 불교사회복지학. 서울 : 불교시대사.
미야모토 타로 지음, 임성근 옮김(2011). 복지국가 전략; 스웨덴 모델의 정치경제학. 서울 : 논형.
박광준(2002). 사회복지의 사상과 역사, 서울 : 양서원.
박광준(2010). 붓다의 삶과 사회복지. 파주 : 한길사.
박균섭(1991). 율곡의 향약과 사회교육사상. 조선조향약연구. 서울 : 민속원.
박맹수(1995). 최시형 연구-주요활동과 사상을 중심으로. 박사학위논문, 한국정신문화연구원 한국학대학원.
박석무·정해렴 편역(2000). 다산문학선집. 서울 : 현대실학사.
박석무·정해렴 편역(2001). 다산논설선집. 서울 : 현대실학사.
박석무·정해렴 편역주(2002). 다산시정선. 상, 하. 서울 : 현대실학사.

박성배(2009). 한국사상과 불교: 원효와 퇴계, 그리고 돈점논쟁. 서울 : 혜안.
박승희(1999). 사서(四書)에 나타난 유교의 사회복지사상. 한국사회복지학, 통권 38호, 서울 : 나남출판.
박영규(2005). 한권으로 읽는 조선왕조실록. 서울 : 웅진 지식하우스.
박영호(1996). 다석사상전집 1, 다석 류영모의 생각과 믿음. 서울 : 문화일보.
박영호(1996). 다석사상전집 2, 다석 류영모의 기독교 사상. 서울 : 문화일보.
박영호(1996). 다석사상전집 3, 다석 류영모의 불교사상. 서울 : 문화일보.
박영호(1996). 다석사상전집 4, 다석 류영모의 유교사상(상). 서울 : 문화일보.
박영호(1996). 다석사상전집 5, 다석 류영모의 유교사상(하). 서울 : 문화일보.
박영호(2000). 노자- 빛으로 쓴 얼의 노래, 다석 류영모를 통해 본 노자의 『도덕경』. 서울 : 두레.
박영호(2000). 장자- 자유에 이르는 길, 다석 류영모와 함께 읽는 장자. 서울 : 두레.
박영호 옮기고 풀이(2001). 진리와 참 나, 다석사상의 진수, 다석 류영모 명상록. 서울 : 두레.
박영호(2008). 다석사상전집 1, 진리의 사람 다석 류영모(상). 서울 : 두레.
박영호(2002). 다석사상전집 2, 진리의 사람 다석 류영모(하). 서울 : 두레.
박영호(2009). 다석 류영모- 우리말과 우리글로 철학한 큰 사상가. 서울 : 두레.
박영호(2009). 메타노에오- 신화를 벗은 예수, 다석 사상으로 풀이한 도마복음. 서울 : 인물과사상사.
박영호(2009). 잃어버린 예수- 다석 사상으로 다시 읽는 요한복음. 서울 : 교양인.
박영호(2012). 다석 전기- 류영모와 그의 시대. 서울 : 교양인.
박영호(2012). 죽음 공부- 다석 사상으로 읽는 삶과 죽음의 철학. 서울 : 교양인.
박재순(2008). 다석 유영모, 동서 사상을 아우른 창조적 생명 철학자. 서울 : 현암사.
박재순(2010). 씨알사상. 서울 : 나녹.
박정호(2001). 사회복지 정책론, 서울 : 학지사.

박종홍(1977). 한국사상사. 서울 : 서문당.
박종홍(1982). 지성과 모색. 서울 : 박영사.
박태영(2003). 지역사회복지론. 서울: 현학사.
박태원(2011). 원효사상연구. 울산 : 울산대학교 출판부.
박태원(2012). 원효 : 하나로 만나는 길을 열다. 파주 : 한길사.
법정 옮김(1996). 신역 화엄경. 서울 : 동국대학교 부설 동국역경원.
성교진(1994). 성우계의 성리사상. 대구 : 이문출판사.
성서원(2008). 개역개정판 만나 성경.
성태용(1994). 한국철학사의 새벽-원효. 철학과 현실, 1994, 가을, 서울 : 철학문화연구소.
성학십도.
셰샤기리 라오 지음・이명권 옮김(2005). 간디와 비교종교. 왜관 : 분도출판사.
소광섭(1999). 물리학과 대승기신론. 서울 : 서울대학교출판부.
송근원・김태성(1996). 사회복지 정책론. 서울 : 나남출판.
송두율(1989). 현대 속의 동양사상Ⅰ, 사회와 사상, 1989년 2월호.
송재소(1990). 다산의 사회시. 윤사순 편, 정약용, pp. 48-71. 서울 : 고려대학교 출판부.
송찬섭・홍순권(2001). 한국사의 이해. 서울 : 한국방송통신대학교출판부.
송호근(2011). 인민의 탄생. 서울 : 민음사.
송호근(2013). 시민의 탄생. 서울 : 민음사.
신귀현(2001). 퇴계 이황, 예 잇고 뒤를 열어 고금을 꿰뚫으셨소. 서울 : 예문서원.
신오현(2003). 원효 철학 에세이. 서울 : 민음사.
신옥희(2000). 일심과 실존: 원효와 야스퍼스의 철학적 대화. 서울: 이화여자대학교 출판부.
신용하(2000). 조선후기 실학파의 사회사상연구. 서울 : 지식산업사.
신용하(2005). 동학농민혁명운동의 사회사. 서울: 지식산업사.
신일철(1998). 최해월의 범천주의 세계관. 한국사상 제24집, pp. 29-51.

씨알사상연구소 편(2010). 생각하는 백성이라야 산다- 유영모・함석헌의 철학과 사상. 서울 : 나녹.
아나톨 칼레츠키 지음, 위선주 옮김(2011). 자본주의 4.0. 서울 : 컬처앤스토리.
안경식(1999). 소파 방정환의 아동교육운동과 사상. 서울: 학지사.
양옥경 외(2004). 사회복지 윤리와 철학. 서울 : 나눔의 집.
역사 - 인물 편찬 위원회 엮음(2009). 춤추는 광대처럼 : 원효. 서울 : 역사디딤돌.
예기.
오강남(1987). 원효사상과 현대사회학. 불교연구 3, 서울 : 한국불교연구원.
오강남・성해영(2011). 종교, 이제는 깨달음이다. 서울 : 북성재.
오문환(1994). 해월 최시형의 생활정치 사상 연구. 박사학위논문, 연세대학교 대학원.
오상준. 본교역사.
오지영. 동학사.
원석조(2006). 사회복지정책론, 서울 : 공동체.
원효. 유심안락도. 한글 대장경 155, 1975, 동국대학교 부설 동국역경원.
윤국일 옮김(2005). 신편 경국대전. 서울 : 신서원.
윤노빈(2003). 신생철학. 서울 : 학민사.
윤사순(1986). 퇴계철학의 연구. 서울 : 고려대학교 출판부.
윤사순/고익진 편(1991). 한국의 사상. 서울 : 열음사.
윤찬영(2008). 사회복지의 이해. 파주: 학현사.
은정희 역주(1991). 원효의 대승기신론 소 - 별기. 서울 : 일지사.
은정희(2006). 원효의 삼세 - 아라야식설의 창안. 한국의 사상가 10인: 원효. 서울 : 예문서원.
은정희(2010). 은정희 교수의 대승기신론 강의. 서울 : 예문서원.
이규성(1996). 열망에 대하여. 녹색평론 통권 31호, pp. 32-46.
이기백(1982). 한국사신론. 개정판. 서울 : 일조각.
이기상(2010). 글로벌 생명학- 동서 통합을 위한 생명 담론. 서울 : 자음과모음.
이기영(1986). 원효사상 Ⅰ 세계관. 서울 : 홍법원.

이기영(1994). 원효사상연구 I. 서울 : 한국불교연구원.
이기영(2001). 원효사상연구 II. 서울 : 한국불교연구원.
이기영 역(1997), 원효 저. 금강삼매경론. 한국의 불교사상. 서울 : 삼성출판사.
이덕일(2009). 정약용과 그의 형제들. 1, 2. 서울 : 김영사.
이돈화. 수운심법강의.
-----. 신인철학.
-----. 천도교창건사.
이동인(2004). 율곡의 사회개혁사상. 서울 : 백산서당.
이동준(1976). 율곡사상의 철학적 고찰. 율곡집(이준호 역주). 서울 : 현암사.
이민수(2000). 조선전기 사회복지정책 연구. 서울 : 혜안.
이민수 역(1991). 격몽요결. 서울 : 을유문화사.
이상은(1978). 퇴계의 생애와 학문. 서울 : 서문당.
이완재(2001). 공자에서 퇴계까지. 대구 : 이문출판사.
이완재(2010). 敬思想에 대하여. 열화, 25호.
이윤희(2010). 퇴계가 우리에게. 서울 : 예문서원.
이을호(1976). 다산학. 서울 : 현암사.
이이. 격몽요결.
이이. 답성호원.
이이. 동호문답.
이이. 만언봉사.
이이. 사창계약속.
이이. 성학집요.
이이 지음/고산 역해(2011). 성학집요/격몽요결. 서울 : 동서문화사.
이이화(2004). 한국사 이야기 18-민중의 함성 동학농민전쟁. 서울: 한길사.
이정배(2009). 없이 계신 하느님, 덜 없는 인간- 다석신학의 얼과 틀 그리고 쓰임. 서울 : 모시는 사람들.
이정배(2011). 빈탕한데 맞혀놀이- 다석으로 세상을 읽다. 서울 : 동연.
이정전(2012). 시장은 정의로운가. 파주 : 김영사.

이정전(2012). 세계경제위기와 새로운 자본주의. 계간 철학과 현실, 2012 가을.
이종익(2006). 원효의 <십문화쟁론> 연구. 한국의 사상가 10인: 원효. 서울 : 예문서원.
이종일(1991). 롤즈 정의론의 칸트적 토대에 관한 연구, 계명대학교 대학원 철학과 철학박사 학위논문.
이종일(2004). 과학에 대한 철학적 반성, 사회복지연구, 26, 대구대학교 사회복지연구소.
이종일(2008). 사회복지사상 연구의 의의와 방법. 경안논단 제1집, pp. 39-72.
이종일(2018). 퇴계, 율곡, 다산의 사회복지사상 비교 연구, 대구대학교 대학원 사회복지학과 철학박사 학위논문.
이철수(2003). 북한사회복지. 서울 : 청목출판사.
이황지음,이장우·전일주 옮김(2011).퇴계 이황 아들에게 편지를 쓰다. 개정판,고양:연암서가.
일연 지음, 리상호 옮김, 강운구 사진(1999). 사진과 함께 읽는 삼국유사. 서울 : 까치글방.
임송산(1983). 불교복지 : 사상과 사례 Ⅰ. 서울 : 법수출판사.
임재택 · 조채영(2000). 소파 방정환의 유아교육사상. 서울: 양서원.
임채원(2007). 사회투자국가-미래한국의 새로운 길. 파주: 한울아카데미.
장인협 · 오정수(2004). 아동 · 청소년복지론. 제2개정판, 서울: 서울대학교 출판부.
전재일 외(2004). 사회복지실천론, 대구 : 형설출판사.
전재일 외(2005). 사회복지개론. 대구 : 형설출판사.
전준우(1982). 정약용의 사회개혁 및 복지관에 관한 연구. 대구대학교 대학원 사회사업학과 박사학위논문.
정목 강해(2002). 원효의 새벽이 온다: 무량수경 종요. 서울 : 경서원.
정목 해설(2011). 원효 지음, 아미타경소. 서울 : 자연과 인문.
정석종(1994). 조선후기의 정치와 사상. 서울 : 한길사.
정성철(1989). 실학파의 철학사상과 사회정치적 견해. 서울 : 한마당.

정순목(1992). 퇴계정전. 서울 : 지식산업사.
정약용. 경세유표
논어고금주
농책
목민심서
사형조참의소
원목
전론
탕론
환상론
흠흠신서
정양모(2009). 나는 다석을 이렇게 본다. 서울 : 두레.
정양모 외(2011). 하루를 일생처럼- 다석 류영모 선생 귀천 30주기 추모 문집. 서울 : 두레.
정영근(2006). 원효의 사상과 실천의 통일적 이해-<기신론>의 이문일심 사상을 중심으로. 한국의 사상가 10인: 원효. 서울 : 예문서원.
정일균(2000). 다산 사서경학 연구. 서울 : 일지사.
조동일(1993). 우리 학문의 길. 서울 : 지식산업사.
조성린(2009). 정조대 사회복지시책 연구. 상명대학교 대학원 사학과 박사학위 논문.
주역.
중용.
지교헌(1991). 조선조향약의 이념과 실천. 조선조향약연구. 서울 : 민속원.
진성이씨 세보.
차정식(2007). 예수의 신학과 그 파문, 서울 : 대한기독교서회.
천도교백년약사(상)(1981). 천도교중앙총부.
천도교서.
천도교중앙총부(2000). 천도교경전. 서울 : 천도교중앙총부출판사, 포덕 140년.

최균 외(2000). 복지의식의 경향과 특징: 이중성, 사회복지연구, 16.
최동희(1998). 해월의 종교적인 기본 방향. 한국사상 제24집, pp. 5-28.
최명민・박승희・김성천・김기덕・이은정(2014). 노자 도덕경에 근거한 사회복지실천관계론의 탐색. 한국사회복지학. 제66권 제1호.
최무열(2008). 사회복지의 뿌리를 찾아서-기독교 사회복지의 역사, 서울 : 나눔의 집.
최문형(1991). 율곡향약의 사회 윤리적 기능. 조선조향약연구. 서울 : 민속원.
최봉영(1994). 한국인의 사회적 성격(Ⅰ), 서울 : 느티나무.
최시형. 개벽운수, 기타, 내수도문, 내칙, 대인접물, 부화부순, 삼경, 성·경·신, 수도법, 십무천, 양천주, 영부주문, 포덕, 천지부모, 천지이기, 천지인·귀신·음양, 천도교경전. 천도교중앙총부.
최원규(1989). 다산 정약용의 복지관. 하상락 편, 한국사회복지사론, pp. 279-323. 서울 : 박영사.
최익한(1946). 조선사회정책사. 서울 : 박문출판사.
최익한(1989). 실학파와 정다산. 서울 : 청년사.
최제우. 교훈가, 권학가, 논학문, 몽중노소문답가, 안심가, 포덕문, 천도교경전. 천도교중앙총부.
최창무(2008). 한국전통사회복지사. 파주 : 양서원.
최혜지 외(2008). 사회복지사상, 서울 : 학지사.
퇴계 이황 지음, 성호 이익・순암 안정복 엮음, 이광호 옮김(2010). 이자수어. 예문서원.
퇴계학연구원(2003). 국역 퇴계전서 3. 퇴계선생문집 권6-권8. 서울 : 아세아문화사.
퇴계학연구원(2003). 국역 퇴계전서 5. 퇴계선생문집 권14-권18.
퇴계학연구원(2003). 국역 퇴계전서 6. 퇴계선생문집 권19-권23.
퇴계학연구원(2003). 국역 퇴계전서 7. 퇴계선생문집 권24-권30.
퇴계학연구원(2001). 국역 퇴계전서 10. 퇴계선생문집 권41-권44.
퇴계학연구원(2001). 국역 퇴계전서 11. 퇴계선생문집 권45-권49.

표영삼(2004). 동학(1)-수운의 삶과 생각. 서울: 통나무.
표영삼(2005). 동학(2)-해월의 고난 역정. 서울: 통나무.
하기락(1992). 조선철학사. 대구 : 형설출판사.
한자경(2005). 불교철학의 전개, 인도에서 한국까지. 서울 : 예문서원.
해월선생문집.
해월신사법설, 천도교중앙총부출판부.
홍덕기(1990). 다산 정약용의 토지개혁사상 연구-여전론을 중심으로. 전남대학교 대학원 경제학과 박사학위논문.
홍승균 · 이윤희 공역(2007). 퇴계선생언행록. 서울 : 퇴계학연구원.
홍승아 · 김혜영 · 류연규(2007). 가족친화적 사회환경 구축방안 연구. 한국여성정책연구원.
황병곤(1987). 예안향약을 통해서 본 퇴계의 향민자치관. 퇴계학의 현대적 조명.단대출판부.
황의동(1998). 율곡사상의 체계적 이해 1-성리학 편. 서울 : 서광사.
황의동(1998). 율곡사상의 체계적 이해 2-경세 사상 편. 서울 : 서광사.

Barry, N.(1999). Welfare, 2nd ed., Buckingham: Open University Press.
Brody, B. A.(1973). Logic, New Jersey: Prentice-Hall, Inc., Englewood Cliffs.
Esping-Andersen, G.(1990). The Three Worlds of Welfare Capitalism. New Jersey : Princeton University Press.
Feyerabend, P.(1975). Against Method, London: Humanities Press.
George, Vic & Wilding, Paul(1994). Welfare and Ideology, London: R. K. P.
George, Vic & Page, R. ed.(1995). Modern Thinkers on Welfare, London: Prentice Hall.
Gilbert, N.& Terrell, P.(1998). Dimensions of Social Welfare Policy, 4th ed., Boston: Allyn and Bacon.

Hare, R. M.(1952). The Language of Morals, Oxford: Oxford University Press.

Hare, R. M.(1963). Freedom and Reason, London: Clarendon Press.

Hufnagel, E.(1976). Einfuehrung in die Hermeneutik, W. Kohlhammer.

Jenkins, Joseph(1999). The Humanure Handbook. Jenkins Publishing.(이재성 옮김, 2004, 똥 살리기 땅 살리기, 녹색평론사)

Kueng, Hans(1990). Projekt Weltethos. Muenchen: R. Piper GmbH & Co. (안명옥 옮김, 1992, 세계윤리 구상, 분도출판사)

Mishra, Ramesh(1981). Society and Social Policy, Macmillan Press Ltd.

Nozick, R.(1974). Anarchy, State and Utopia, New York: Basic Books, Inc.

Popper, K. R.(1963). Conjectures and Refutations, London: R. K. P.

Rawls, J.(1971). A Theory of Justice, Cambridge Mass.: Harvard University Press.

Rimlinger, Gaston V.(1971). Welfare Policy and Industrialization in Europe, America and Russia, John Wiley and Sons.

Romanyshyn, J. M.(1971). Social Welfare: Charity to Justice. New York : Random House and Council on Social Work Education.

Taylor, P. W.(1975). Principles of Ethics, Dickenson Publishing Company, Inc.

Wilensky, H. L. & Lebeaux, C. N.(1965). Industrial Society and Social Welfare. New York : The Free Press.

찾아보기

〈 ㅈ 〉

〈 ㅊ 〉

〈 ㅌ 〉

〈 ㅎ 〉